동아시아고대학회
학술총서
14

동아시아의
고도古都와 문화文化

동아시아고대학회 편

"우리는 지구상에서 가장 '오래된 미래', 서안(西安)에 와있다." 본서의 총론은 이렇게 멋진 문장으로 시작합니다. 지금까지 개최해온 학술대회의 경과를 보건대, 2018년 중국 서안 학술대회장에서의 발표였을 것입니다. 이 학술총서는 본래 지난 집행부에서 기획하고 준비해온 것들을 마무리 짓는 성과물입니다.

아무도 예상하지 못했던 코로나바이러스 감염증 유행이 아니었다면 더 이른 시기에 결실을 볼 수 있지 않았을까 생각되기도 합니다. 그러나, 요즘처럼 학술대회 개최 등 학회 운영이 쉽지 않은 여건에서 오랫동안 준비해온 총서 간행을 마무리할 수 있게 된 것을 다행으로 생각합니다. 열네 분의 저자들께 깊이 감사하며, 학회 회원 여러분과 함께 동아시아고대학회 학술총서 14『동아시아의 고도와 문화』 간행을 진심으로 축하합니다.

오랫동안 미루어두던 숙제를 끝낸 느낌입니다. 이번에 동아시아고대학회의 학술총서로 두 권을 발간하기에 이르렀습니다. 두 권이란 『동아시아의 술과 풍류』와『동아시아의 고도와 문화』로, 각각 12편과 14편에 이르는 귀중한 글들이 실려 있습니다. 두 권의 총서에 게재하는 26편의 논문들은 본 학회에서 발행하는 한국연구재단 등재학술지 『동아시아고대학』에 실렸던 것들이 다수를 차지하고, 여기에 몇 편의 글을 새롭게 추가해서 구성했습니다.

회원 여러분과『동아시아의 고도와 문화』를 꾸려주신 저자 여러분, 아래 세 차례의 학술행사를 보자면 이번 도서의 발간은 상당히 오랜 기간 준비된 것을 알 수 있습니다. 2017년 봄에 경희대에서 제65회 학술대회 〈古都와 江, 그 神話와 文化〉를 개최한 것을 시작으로, 2018년 여름에 제70회 학술대회 〈東亞細亞 古都의 文化와 創造的 想像力〉을 中國 西安外國語大學校에서 열었으며, 2019년 가을에는 제75회 학술대회로 〈東아시아의 古都 경주의 서사·역사·문화〉를 동국대학교 경주캠퍼스에서 가졌습니다. 이런 긴 노력 끝에 이 학술총서를 보게 된 것입니다.

본서는 총 3부로 이루어져 있습니다. 동아시아고대학회가 주 무대로 삼아온 한중일 삼국의 고도와 문화에 관한 내용이 고루 분포되어 있습니다. 옥고 중에는 이번 기회에 새로이 손을 봐 주신 귀한 내용도 들어 있습니다. 아무쪼록 여러 신고(辛苦) 끝에 나온 본서가 학술의 바다에서 널리 항해하기를 진심으로 바랍니다.

마지막으로, 이번 작업에 노력을 아끼지 않은 분들께 감사 인사를 드려야겠습니다. 우선 우리 학회의 재정·회원 담당 총무이사이면서 총서 발간 작업을 진두지휘한 류호철 선생님과 힘을 더해준 이민형 간사님, 정말 감사합니다. 두 권의 총서에 실릴 원고를 1차로 분별해준 학회 출판이사 주지영 선생님과 강우규 선생님, 그리고 박혜영 선생님께도 고마움을 전합니다. 그리고 전임 회장이시고 평의원이신 안영훈 선생님은 출판사 섭외를 도와주시고 『동아시아의 고도와 문화』와 함께 발행하는 총서 13 『동아시아의 술과 풍류』의 발간사도 맡아 주셨습니다. 아울러 출판계 사정이 어려운 중에도 흔쾌히 총서 간행을 떠맡아주신 보고사의 김흥국 대표님과 편집부 여러분께도 동아시아고대학회를 대표하여 감사 말씀을 전합니다.

2021년 4월 길일
동아시아고대학회 회장 송완범

차례

고도(古都)와 문화적 상상력

안영훈

1. 고도 순례를 떠나며

우리는 지구상에서 가장 '오래된 미래', 서안(西安)에 와있다. '30년의 중국을 이해하려면 심천(深圳)을 보고, 1000년의 중국을 이해하려면 북경(北京)을 보고, 3000년의 중국을 이해하려면 서안을 보라'는 말이 있다. 서안은 중국 역사상 가장 많은 왕조가 도읍했던 곳이다. 서주(西周), 진(秦), 한(漢), 수(隋), 당(唐) 등 13개 왕조가 도읍을 했고 이들 왕조가 수도로 삼았던 기간을 합하면 1129년이나 되니 그야말로 명실상부(名實相符)한 천년고도(千年古都)라고 할 수 있다. 옛 이름 장안(長安)인 서안은 실크로드의 기점으로 동서 문명의 교류가 활발한 국제도시였다. '서양엔 로마, 동양엔 장안'이라는 말이 대변하듯 중국 역사의 황금기에는 모든 길이 장안으로 통했다.[1] 오랜 세월 켜켜이 쌓아올린 방대한 유물과 이야기가 도시 전체를 문화유산으로, 박물관으로 만들었다.

---

1 이유진, 『중국을 빚어낸 여섯 도읍지 이야기』, 메디치, 2018.

그렇다고 서안이 과거 유물의 도시에만 머무르는 것은 아니다. 2013년 중국이 국정 구호로 내세운 '중국몽(中國夢)'의 실현 전략이 '일대일로(一帶一路)'인데, 그 중심지가 서안이다. 동아시아고대학회 창립 20주년을 맞아 기획한 동아시아의 고도 순례 학술대회의 출발점 중국 서안에서 떠오른 짧은 생각 몇 가닥을 나누는 것으로 우리의 '고도 순례'를 시작하고자 한다.

2. 고도와 고도학(古都學)

서안은 천년고도답게 중국 고도 연구의 중심지이기도 하다. 1983년 서안에서 중국고도학회(中國古都學會)가 창설되어 전국 규모로 운영되고 있다. 현재 회장인 섬서사범대학(陝西師範大學) 숙정홍(蕭正洪) 교수의 글[2]을 통해 몇 가지 참고가 될 만한 사항을 간추려본다.

중국에서 '고도(古都)'라는 명칭은 관습적으로 중화민국 이전의 역사적 도성을 지칭하는 용어로 역사상 정권의 중심지로서 정도(定都)한 도시를 말한다. 고도의 가장 기본적인 의미는 시공간적 양립성(兩立性)에 그 중심을 두고 있다. 시간적인 측면의 '고(古)'와 공간적인 측면의 '도(都)'가 통일성을 이루어야 한다는 것이다. 역대 도성의 규모와 그 역할에 상당한 편차가 있기에 학계에서는 역사상 수많은 사례를 두고 논의를 거듭하는 과정에서 기존의 고도를 관습적으로 분류하는 한편 주요

---

2 蕭正洪, 「古都, 古都學与中國古都學會」, 『馬韓·百濟文化』 제24집, 馬韓百濟文化研究所, 2014.

고도를 '대고도(大古都)'로 분류하는 작업을 진행하였다. 대고도는 통상적으로 도성의 존속기간이 상대적으로 길고 그 규모가 크며 지리적 위치와 지형적 특징이 정치적 공간으로서의 통합작용에 탁월한 우월성을 발휘한 사례를 지칭하고 있다.

1920년대 중국학계는 서안(西安), 낙양(洛陽), 북경(北京), 남경(南京), 개봉(開封)을 '5대고도(五大古都)'로 지정하였다. 그 후 항주(杭州)가 추가되어 '6대고도(六大古都)'가 되었고, 1988년 안양(安陽)에서 개최된 중국고도학회에서 안양을 '7대고도(七大古都)'로 정식 선언하였으며, 2004년 정주(鄭州) 중국고도학회에서 정주가 포함되면서 현재는 '중국 8대고도(中國八大古都)'로 유지되고 있다.

최근에는 중국고도학회가 개최되면 여타 도시들의 대고도 진입에 대한 논의가 자주 제기되는데, 학술적 진정성을 담보하는 차원에서 더 이상의 대고도 지정은 없다고 한다. 학회에서 제시한 대고도 선정의 기본 요건은 다음과 같다.

1) 도성 존속 시간의 장구성
   지속시간-서안;1077년, 북경;903년, 낙양;885년, 남경;450년, 개봉;366년, 안양;351년, 항주;210년, 정주;355년
   건도순서-정주, 안양, 서안, 낙양, 북경, 개봉, 남경, 항주 순
2) 통일 왕조의 도성 혹은 통치 영역이 비교적 광대했던 비통일 왕조의 도성
3) 도성으로서의 존속 시기 중 대량의 인구 밀집이 이루어졌던 도성
4) 정치, 경제 및 문화적으로 탁월한 영향력을 구비했을 뿐만 아니라 특수한 시대적 특징과 국제성을 내포하는 정치, 경제 및 문화의 중심지
5) 현대의 대도시와 일정한 관련성을 가진 도성

이에 따르면 서안은 역사적으로도 그렇지만 학술적으로도 이 요건에 가장 부합하는 대표 사례라고 할 수 있다. 한편, 중국에서 고도에 대한 체계적인 연구는 중국고도학회의 창설 이후라고 할 수 있는데, 학회에서 제시하는 고도학의 주요 내용은 다음과 같다.

1) 고도변천의 역사-시공간적 특징
2) 고도의 지형적 선별 및 지리환경적 조건-특정 도시가 도성으로 선택되는 주요 요인, 도성 및 주위의 지리환경 조건이 지니고 있는 특수성
3) 고도 조영의 계획과 건축적 사상, 예법제도, 공간배치
4) 고도 내부의 정치, 경제 및 문화 활동
5) 고도와 주변 환경
6) 고도와 사회 발전과의 관계-주변 사회에 대한 의존성, 고도에 대한 교통 인프라의 영향
7) 고도 보존정비 과정에서 노출되는 문제점 및 현대적 의의
8) 고도학 연구의 기본 이론체계 및 연구방법론

위와 같이 고도학은 유기적인 학제적 연구 교류가 확보되어야 하는 영역으로 다양한 전공의 참여가 요구된다. 학계뿐만 아니라 정부를 포함한 시민사회의 협업이 필요한데, 도시 이미지 제고에 상당한 영향을 주므로 지방정부의 학술대회 유치 및 지원도 적극적인 편이다. 다만 학술적인 면과 도시의 이익이라는 사회적인 면에서 균형 감각이 필요하다. 그리고 고도 연구는 현실적으로 고도 보존과 개발이라는 상충 문제를 어떻게 해결할 것인가도 관건이 된다.

소(蕭) 교수는 글의 말미에서, 고도라는 역사유산의 보존 작업을 토론함에 있어 외적인 형식 보다 그에 내재된 정신적 함의(含意)를 중시해

야 함을 강조하였다. 모방 건축물 조성, 관광지 활용은 진정한 '유산(遺産)'이 될 수 없고 유산의 본질은 외적 형식이 아니라 정신적 함의라고 역설하였다. 그것을 '시대적 특징이 반영된 사상과 이념을 재현해낸 도시'라고 말하였다. 소 교수의 글은 인상적인 경험담으로 마무리된다. 역사 고도 남경에서 태어나 고성장(古城牆)을 놀이터 삼아 보낸 유년기가 후일 정서와 성향 그리고 직업 선택에까지 큰 영향을 미쳤다고. 그래서 옛 성이나 성벽의 보수에만 국한하지 말고 그것이 지닌 상징성과 스토리를 살려내야 한다고 하였다.

3. 고도와 문학, 수면제 혹은 꿈

고도(문화유산)가 지닌 정신적 함의, 상징성, 스토리와 관련하여 문학 사례 두 가지를 생각해보았다. 일본의 노벨문학상 작가 가와바다 야스나리[川端康成](1899~1972)의 〈고도(古都)〉는 『아사히신문[朝日新聞]』에 1961년 10월 8일부터 1962년 1월 23일까지 연재된 소설이다.[3]

연재 시작 전 〈작가의 말〉에 따르면 작품의 무대는 교토[京都]이고 등장인물도 교토 사람임을 밝혔다. 조간지에 기고한 에세이(〈京都 等〉)에서 "교토와 오사카 사이의 농촌에서 자란 나는 교토도 오사카도 잘 모르는 시골뜨기지만 동해도선(東海道線)이 교토에 가까워짐에 따라 산천풍물(山川風物)에서 부드러운 고향을 느낀다. 나라[奈良], 교토는 일본

---

3 林鍾碩, 「『古都』의 世界」, 『論文集』 제22권 제2호, 충남대학교 인문과학연구소. 이하 참조.

의 고향이라 할 수 있는데 나라에는 오래된 거리가 많다. 고도다운 거리가 아직 남아있는 동안에 나는 새삼스럽지만 교토를 좀 더 봐 두고 싶다."고 고백한다. 작가는 교토를 일본의 고향, 일본인의 마음의 고향으로 사랑한 것이다. 연재를 마친 후에도 '천년의 도읍지로서 고도의 모습을 보존하고 있는 거리는 교토'라고 하면서 일본의 가장 오랜 수도(首都)의 모습을 교토에서 보려했다고 밝혔다. 집필 이유에 걸맞게 이 작품은 같은 시기 그의 다른 작품보다 교토의 관광지 명소 안내 서술이 하나의 특색으로 지적되고 있다. 그래서 지리적, 풍토적 소설로 보기도 한다.

이후 〈고도〉가 단행본으로 간행될 때, 작가는 흥미로운 후기(後記)를 덧붙였다. "나는 매일 〈고도〉를 쓰기 시작하기 전에도, 쓰고 있는 중에도 수면제를 복용했다. 수면제 때문에 몽롱한 의식 상태에서 글을 썼다. 수면제가 글을 쓰게 한 것이었을까? 〈고도〉를 '나의 이상한 소산(所産)'이라고나 해야 할 것 같다."라고. 그런데 이 작품은 비슷한 시기 다른 작품들보다 상식적이고 건전한 작품이라는 평을 듣는다. 작가는 사랑도, 다툼도, 갈등도 없고 연애도 정사 장면도 없다고 쓰고 있다. 수면제란 원래 잠을 이루지 못하는 사람들이 먹는 약인데, 소설을 쓰기 위해서 수면제를 먹고 몽롱한 상태로 옮겨갔다는 것은 역설적이게도 현실이 마계(魔界)와 같아서 그것을 벗어나는 방편으로 또 다른 마계를 택했다는 말로 들린다.

가와바다 야스나리의 이야기를 읽으면 다시 떠오르는 인물이 있다. 15세기 조선을 방외인(方外人)으로 살다간 매월당(梅月堂) 김시습(金時習, 1435~1493)은 스스로를 '몽사로(夢死老)'라고 불렀다. 평생을 꿈속에서 꿈을 꾸다 죽는 늙은이라는 말이다. 그가 남긴 한문소설집 〈금오신화(金鰲新話)〉는 대개 현실과 비현실이 뒤섞인 판타지로 읽힌다. 또 시대에 역행한 그의 행적과 관련지어 오히려 시대 비판적인 현실주의 작품으로 평가하기도 한다. 그런데 주목할 것은 〈금오신화〉에 실린 다섯 편의 작품의 무대(혹은 주인공의 고향)가 하나같이 당대의 중심인 한양(漢陽)에서 벗어난 역사적 고도라는 데 있다. 송도(松都), 평양(平壤), 경주(慶州), 남원(南原) 등. 이들은 모두 과거에는 영화로웠으나 이제는 그것을 잃어버린 고적(古蹟)인데, 이것이 현실을 벗어나는 경계 공간의 역할을 하고 있다. 그곳에서 현실에서는 할 수 없었던[人間不見書] 새로운 이야기[新話]를 풀어내고 있는 것이다.

이들 동아시아 고금(古今)의 소설문학에서 고도는 현실공간을 벗어나 상상의 세계로 또는 시간을 거슬러 유년의 시절로 넘어가는 시간 여행의 무대이며, 새로운 창조의 공간으로 기능하는 것을 볼 수가 있다.

지금, 앞으로 펼쳐질 우리의 '고도 순례'도 우리에게 어쩌면 그러한 역할을 하지 않을까 기대해본다.

제1부

한국편

경주의 海港都市的인 성격에 대한 검토

신라시대를 중심으로

윤명철

1. 서론

필자는 역사의 공간을 바라보는 관점을 '터이론' 속에서 전개하고 있다. 역사적인 상황과 함께 자연환경을 상대적으로 중요시하며, 그에 따라 동아시아를 해양과 대륙을 하나의 유기적인 관계로 보는 東亞地中海(EastAsian-mediterranean-sea)라는 모델 속에서 해석하고 있다. 이는 국가나 넓은 지역 또는 도시 또한 유사하다. 이러한 동아지중해의 특성상 海陸國家를 만들고, 해륙적 성격을 충분하게 구현하려면 국토 개편계획이나 국가발전정책 등등이 필요하고, 그 가운데 하나가 '首都의 역할'이다. 따라서 성공할 수 있는 수도라면 가능하면 海陸的 性格을 지녀야 한다.[1] 이는 수도와 국가의 일반적인 관계에서도 당연한 일이다.

---

1 윤명철, 『광개토태왕과 한고려의 꿈』, 삼성경제연구소, 2005.; 윤명철, 『장수왕 장보고 그들에게 길을 묻다』, 포름, 2007 등에서 이러한 논점을 피력하고 현재적인 가치로 해석했다.

따라서 본고의 주제인 首都를 선택과 이용은 물론이고, 수도와 유기적인 시스템 속에 편재된 중요도시의 선택 또한 그러한 관점에서 이루어질 필요가 있다. 즉 國家發展政策과 首都의 역할은 일치되어야 한다. 이러한 가설 속에서는 逆으로 수도의 위치 성격 역할 등의 규명을 통해서 국가의 성격, 발전방향, 指向性 등을 이해하고, 발전의 한 원동력을 모색하는 일도 가능하다.[2] 본고는 慶州지역을 수도 또는 수도권으로 삼는 新羅王都 자체에 대한 연구가 아니다. 즉 왕도라는 도시공간의 지리적 정치적 범주인, 궁궐 등을 비롯한 내부 구조, 王京 혹은 都城의 형성과정과 시기 및 정치권력과의 상관성, 도시계획과 울산 등 주변도시와의 연관성, 金城을 비롯한 특정 宮城의 위치비정, 방어체제 및 교통로, 신앙시설 및 구조, 시장 및 공방 등의 상업시설을 규명하는 작업이 아니다.

본고는 동아시아의 자연환경과 역사 속에서 도시의 기본 성격과 구조를 해양과 연관해서 살펴보고, 국가발전정책과의 관련성 등을 검토한 후에 海港都市'라는 명칭과 개념에 대하여 살펴본다. 그리고 신라의 수도였던 경주지역를 모델로 선택해서 해양을 비롯한 자연환경을 검토한 후에, 도시구조와 시설, 역할 등이 필자가 개념화한 '海港都市'의 역할과 성격에 어느정도로 부합하는가를 검토한다. 또한 해양과 관련하여 신라가 어떠한 역사적인 활동을 벌였고, 국가발전에 영향을 끼쳤

---

2 배영수, 「도시사의 최근 동향」, 『西洋史硏究』 17에서는 '요즈음에는 공간이 그러한 변형을 통해서 거꾸로 사회에 어떤 영향을 끼치는가 하는 문제가 주목을 끌고 있다.'(236쪽), '또 공간이 사회적 구성물일 뿐만 아니라 사회적 과정의 일부이기도 하다면, 그것은 거꾸로 사회적 과정에 영향을 줄 수 도 있는 것이다.(248쪽) 등 페브르 등의 견해를 소개하면서 도시사에 대한 동향을 소개하고 있다.

는지를 평면적으로 살펴보면서 해항도시들의 존재 가능성을 살펴본
다. 이어 경주의 궁궐 방어체제 교통로 항구 등을 기존의 연구성과에
의존하여 분석한 다음 해항도시에 부합되는 가를 구체적으로 검토한
다. 따라서 이 논문은 정치경제적 의미가 강한 都城 자체에 대한 연구
가 아니며, 도시지역의 연구라는 측면이 강하다. 이 글은 몇 가지 한계
를 갖고 있다. 신라의 王京 또는 都城과 관련된 연구사 검토가 불충분
하며, 신라사 및 신라왕도에 대한 역사 고고학적인 이해 또한 미흡하
다. 이는 연구 목적과 접근 방법론의 차이에도 이유가 있다. 또한 본고
의 궁극적인 목표인 경주가 海港都市로서의 특성, 역할의 구체성, 그
리고 국가가 단계별로 추진한 해양정책과 어떠한 연관성을 가졌는지에
대해서는 충분하게 분석하지 못하였다. 다음 작업으로 미루고자 한다.
이 글을 작성하면서 필자는 '동아지중해'라는 모델 속에서 역사를 규명
해오는 과정에 나온 몇 가지 개념과 용어들을 사용하고자 한다.

2. 고대의 도시의 해양적 성격

1) 고대도시의 개념과 이해

역사에서 공간이란 자연 또한 단순한 지리 지형 기후 동식물의 분포
도 등의 生態的인 공간만을 뜻하지는 않는다.[3] 또한 幾何學的인 空間,
물리적인 차원의 平面만을 의미하지는 않는다. 역사공간이란 地理政

---

3 '풍토학', '환경결정론' 등의 부정적인 측면은 공간을 자연에게 귀속시킨 결과이다.

治的(geo-politic)으로는 영토이며, 地理經濟的(geo-economy)으로 생산 장소와 시장이며, 地理文化的(geo-culture)으로는 소속된 주민들, 세계와 사물을 바라보는 관점, 인간과 집단이 지닌 가치관등의 결정체이다.[4] 그러므로 역사공간의 성격을 이해하려면 생태와 풍토 문제 등 자연지리의 개념과 틀을 포함하면서 歷史와 文化 또는 文明의 개념으로 접근할 필요가 있다. 이는 역사공간의 핵심체인 都市 또한 이와 유사하다. 도시에 대한 보편적인 정의는 불가능하다는 것이 일반적인 견해이다. 都市에 관해서는 일반적인 기능, 구조, 성격, 사상성, 미학, 정치권력, 심지어는 기술적인 문제에 이르기까지 다양한 부분이 규명의 대상이었다.[5] 특히 都市史[6]라는 입장에서 구체적으로 역사에 적용한 글들

---

4 공간은 실제적인 측면 외에도 명분으로도 인간에게 근원적으로 중요한 의미를 지니고 있다. 세포의 형성과정부터 시작하여 존재의 원근거를 모색하는 행위, 그리고 나아가 집단의 탄생과 발전과도 직결되어 있다. 인간 개체와 마찬가지로 집단도 존재의 정당성과 우월성을 입증받고 싶어한다. 앞으로 역사학에서 공간문제는 새로운 각도에서 접근해야 한다.

5 董鑒泓 等 편, 成周鐸 역주, 『中國 都城 發達史』, 학연문화사, 1993, 7쪽. '중국도성발달사는 도성을 여러 종류의 물질적 요소로 구성된 하나의 종합체로 보고 이를 연구하는 것이다. 말하자면 도성의 총체적 배치의 변천(도로망, 주거지역, 상가분포, 녹지 및 수로 등을 포함), 도성 계획의 이론과 중심사상, 도시 공간 배치의 예술성, 도성의 유형 및 그 분포 등등을 종합적으로 연구하는 것이다.'
이 외에 동양사학회 편, 「中國歷代 수도의 유형과 사회변화」, 『역사와 도시』, 서울대학교출판부, 2000.

6 민유기, 「서평 : 프랑스의 도시사 연구의 새 경향」, 『서양사론』 92, 353~354쪽.
도시사(Uran history)는 19세기 급격한 도시화가 낳은 사회적 문화적 구조 변동과 이것이 인간 삶에 미친 변화를 설명하는 '도시성(The Urban; Urbanity)'이란 개념이 일반화된 20세기 초에 등장했다. 20세기 중반까지는 특정 도시의 탄생, 성장, 변화를 다루는 도시의 일대기(City Biography)로서 '도시의 역사(Town's History)' 혹은 시사(市史) 연구가 진행되어 왔다. 하지만 1960년대부터 연구영역, 방법론, 사료 등에 대한 집단적 고민의 결과로 역사학의 새로운 영역으로 확립되었다.

도 있고, 이론을 위해 실제적인 예로 든 도시도 동서고금을 막론한다. 이 장은 도시에 대한 정의가 아니라 우리 고대역사상을 찾고 재구성하는 과정에서 한 도구로서 수도의 보편적인 성격을 살펴보는 것이다. 특히 경주지역의 역사적인 성격을 해양과 관련시켜 규명하고, 海港都市로서의 위상과 역할을 재정립하는 작업의 일환이다. 그러므로 도시에 대한 기존의 연구 중에서 우리의 통념에 변화를 가져오고, 해항도시의 성격과 연관될 수 있는 부분에 국한해서 언급한다.

보통 도시는 都會, 都會地, 大處라고도 하는데 「큰 사전(한글학회)」에는 '市街地를 이룬 都會'라고 했으며, 都會는 都會地라고도 하여 '사람이 많이 살고 번잡한 곳'이라고 한다. 또한 東洋的 개념으로 '都'는 국왕 또는 천자가 거주하는 곳, 즉 수도를 뜻하고 '市'는 물건을 팔고, 사는 저자(市場)를 뜻하며, 수도나 시장은 모두 사람이나 물자가 많이 모여드는 곳이다.[7] 그런데 주민의 성분과 인구규모를 갖고 도시의 기준과 성격을 구분하는 경우가 많다. 보편적으로 都市는 단위면적에 대한 인구밀도가 일반적으로 村落에 비해서 크다. 그리스에서 都市國家(polis)의 개념은 도시인이 생활을 의지하고 있는 주변의 촌락지역을 포함하고 있었고, 인구는 작은 것은 7만 명 정도였고, 그 중 4분의 1이 도시거주자였다.[8] 이는 일반적인 특성이었을 것이다. 또 다른 예가 있다. 1000년 전 무렵에 아메리카의 유카탄과 과테말라에서 도시를 발굴한 결과에 따르면 거대한 규모였다. 도시에서 농촌지역으로 넘어가는 경계가 인식하기 어려울 정도로 애매하고, 도시인구에는 도시인이 아닌

---

7 姜大玄, 『도시지리학』, 교학사, 1980, 2쪽.
8 에머리 존스 저, 이찬 권혁재 역, 『人文地理學 原理』, 법문사, 1985, 195쪽.

주민을 많이 포함하고 있었다.[9]

이것은 여러 가지 점을 시사한다. 그 가운데 하나는 도시의 범주와 인구 속에서는 도시와 함께 주변지역의 인구도 포함한다는 사실이다. 즉 城砦 등으로 둘러싸인 도시의 핵심 외에 경계가 불분명한 촌락의 농부 등도 포함하고 있다는 점이다. 물론 도시는 촌락과 달리 주민이 농경 등 1차 생산작업에 종사하는 사람들보다는 기술자 상인 등 다른 산업이나 정치 종교 등과 연관된 사람들로 주로 구성되었다.[10] 다른 말로 하면 도시는 농업 어업 임업 등 직접생산을 담당하는 주민들과 시스템으로 구성된 것이 아니라 2차 3차 산업에 종사하는 기술전문직 정치인 군사 종교인 등의 존재로 구성된 것이다.

그렇다면 삼한소국들의 인구나 규모 등과 비교하면 시사하는 바가 크다. 참고로 일본열도의 소국들은 『삼국지』 왜인전에 기술되었듯이 對馬國 一支國 末盧國 伊都國 등은 규모가 작은 편이다. 하지만 대표격인 야마다이(邪馬臺)국은 萬餘家라고 했으니 대략 5만에서 7만 명의 인구를 수용하는 국가이다. 당연히 도시격에 해당하는 공간의 주민들뿐만 아니라 외부의 농민거주자들까지 포함한 것이다. 이것은 초기 금성의 인구수를 다른 관점에서 추정하고, 신라사회를 이해하는데 도움을 받을수 있다.

도시의 형성에는 여러 가지 요인이 있다. 도시의 기능과 역할과 연관된 정치 군사 경제 문화 등의 요구에 부응해서 형성된다. 하지만 이러한 요인들도 전략적인 가치, 시대적인 상황에 따라 달라지고, 役割의

---

9 머리 존스 저, 이찬 권혁재 역, 위의 책, 197쪽.
10 姜大玄, 『도시지리학』, 교학사, 1980, 3~4쪽 참고.

比率과 놓여진 位置에 따라서 달라진다. 수도 및 대도시는 몇 가지 조
건을 갖추어야 한다. 우선 자연환경을 고려해야한다.[11] 첫째, 政治·外
交의 中心地이어야 한다.[12]中央的 首都(central capital)는 중앙과 주변
지역 간에 가장 짧은거리를 유지함으로써 광대한 영토를 통치할 수
있다.[13]한 장소가 中核地[14]가 되려면 많은 인구와 풍부한 자원, 집중된
정치권력, 교통상의 結節點(nodal point) 및 非農民을 부양할 수 있는
토지 등을 갖추어야 한다. 특히 정치적인 역할을 하는 도시는 명령이
신속하게 전달되고, 그 조치결과가 집결되어야 하며, 交通·通信網이
放射되고 외국에서 정보를 쉽게 입수해야 한다. 그리스의 폴리스(polis)
나 로마의 키비타스(civitās)도 농업중심지가 아니라 항구에서 하루면
오갈 수 있는 곳에 있었다. 고대에도 중요한 도시들은 가능한 한 일정
한 單位의 지리적인 중앙 뿐 만 아니라, 교통의 잇점 등을 포함하여
역할과 기능의 핵심에 있었다.

　그런데 정치의 중심지는 곧 군사의 중심지이며, 도시는 방어 공간이
라는 의미이다. 고대사회는 모든 권력과 기능이 수도로 집중되었으므
로 적의 공격으로부터 안전해야 한다. 때문에 종래에는 首都의 위치변
화 문제를 군사적인 측면에 비중을 두고 고찰하는 경향이 컸다.[15]실제

---

11 도시를 건설하는 위치에 대해서는 에머리 존스 저, 이찬 권혁재 역, 『人文地理學 原理』,
　법문사, 1985, 207쪽 참조.
12 수도는 中核地가 된다. 한 장소가 中核地가 되려면 많은 인구와 풍부한 자원, 집중된
　정치권력, 교통상의 結節點(nodal point) 및 비농민을 부양할 수 있는 토지 등을 갖추어
　야 한다. 中核地의 개념에 대해서는 任德淳, 『政治地理學原論』, 일지사, 1988, 249쪽
　참조.
13 任德淳, 위의 책, 251쪽, 253쪽 참조.
14 中核地의 개념에 대해서는 任德淳, 위의 책, 249쪽 참조.

로 도시의 위치는 방어를 위한 절대적(局地的)입지[16]였다. 고구려라는
국가의 명칭이 성을 뜻하는 '溝漊'에서 나왔다는 설도 있을 정도로 성
은 각별한 의미를 지닌다. 『舊唐書』에 따르면 60여개의 성에 州와 縣을
두어 정치를 했다고 되어있다. 그런 의미에서 고구려에서 城이란 도시
에 해당하는 중요한 역할을 했다. 고구려의 첫수도인 흘승골성[17]은 그
러한 예이다. 이는 백제도 마찬가지였다. 중국고대에서는 都邑을 원래
'城'이라고 불렀다. 城은 정치적 권위(王)를 保衛하기 위한 高墻壁壘라
는 뜻이었다. 거기에 市의 의미가 덧붙여지면서 도시의 기능을 하게
되었다.[18] 그리이스의 아크로폴리스는 '高地의 도시'라는 의미이다. 산
정도시(hiltop town)가 있다. Ionia인이나 Achaean인 더 나아가 후세의
Dorian인들은, 정복할 민족에 대한 지배를 유지하기 위해 성채를 구축
하였으며, 그 성채가 후의 도시의 발전으로 이어졌던 것이다.[19] 그 외에
도 도시의 중요한 가능이 방어라는 예는 무수히 찾을 수 있다..

　도시는 또한 경제의 중심지 역할을 담당했다. 일반적으로 고대에는
내부에서 다양한 형태의 생산이 이루어지고 物資의 集結이 용이한 곳
이 도시이다. 인간의 移動이 자유롭고 自給自足品目 외에 일상 생활용

---

15 朴漢濟, 「中國歷代 수도의 유형과 사회변화」, 『역사와 도시』, 서울대학교출판부, 2000,
　43쪽.

16 도시의 입지는 고정적인 자연환경을 중심으로 평가되는 절대적 입지(site)와 가변적인
　인문환경을 중심으로 평가되는 상대적 입지(situation)로 분류된다. 테리 조든 비치코
　프, 모나 도모시 지음, 류제현 편역, 『세계문화지리』, 살림, 2008, 254쪽.

17 문헌기록으로 산 위에 있다고 하였다. 만약 현재 桓仁의 오녀산성이라면 이는 전형적인
　山頂수도가 된다.

18 『강좌 한국고대사』 7-촌락과 도시, 가락국 사적개발연구원, 2002, 216쪽.

19 SIBIL MOHOLY-NAGY 著, 崔宗鉉 陳景敦 譯, 『都市 建築의 歷史』, 1990, 22쪽.

품과 사치품 등의 교환이 일어나는 곳도 수도를 비롯한 대도시이다. 또한 다른 지역이나 나라와 무역이 이루어지는 곳도 도시와 수도이다. 도시 내부나 근처에서 고대화폐들이 발견되는 것은 이 때문이다. 전통적으로, 도시의 입지의 선정에는 '방어와 교역'에 대한 욕구가 가장 많이 반영되었다. 예들 들면, 고대 그리스의 도시는 '아크로폴리스(acropolis)'와 '아고라(agora)'라는 두 개의 기능지대로 선명하게 분화되어 있었다. 아크로폴리스는 메소포타미아 지방 도시에 있는 성채와 기능이 유사하였다. 종교 사원, 창고, 행정기관 등이 있었다.[20] 교역을 위한 도시들은 대부분 특정한 입지 조건을 갖춘 곳에 발달하였다.[21] 중국사에서 '都市'라는 말 대신 '城市'라는 용어를 사용하는 것은 城과 市가 갖는 또 하나의 의미를 잘 말해주고 있다. 東晉의 建康, 宋나라의 開封, 南京 등은 대표적인 경제수도의 역할을 한 곳이다.[22]

도시는 문화의 공간역할도 수행해야 한다. 지배계급이 다수 거주하는 도시는 중요한 문화의 集結地와 開化地이며, 생산지(공급)이고, 소비지(수요)이다. 전 근대 사회에서 외국문화를 처음 받아들이는 곳은 수도가 아니라 접촉이 손쉬운 국경지역의 도시들이다. 해로를 이용한 경우에는 바다가의 항구도시들이 그러한 역할을 담당했다. 또한 도시는 신앙공간의 역할을 담당하였다. 지배계급이 있는 곳에는 신앙공간

---

20 테리 조든 비치코프, 모나 도모시 지음, 류제현 편역, 『세계문화지리』, 살림, 2008, 260쪽.
21 위의 책, 253~257쪽 참조.
22 隋 王朝가 통일을 이룩한 후 만든 大運河는 국내 상업의 유통을 촉진시켰으며, 당시 대제국의 경제적 동맥 역할을 하였다. 董鑒泓 等 편, 成周鐸 역주, 위의 책, 1993, 65쪽.

이 반드시 있다. 인도의 하라파를 비롯하여 메소포타미아의 도시들, 그리이스의 몇몇 폴리스들은 이러한 신앙공간을 갖추었다. 그리고 이는 중세도시의 특징이기도 하였다. 우리 역사에서 三韓은 神市에 해당하는 蘇塗라는 신앙공간이 있었으며, 國邑과 天神의 존재는 삼한의 도시를 이해하는데 시사하는 바가 크다.

이처럼 수도 또는 대도시는 종합적 목적을 갖고 형성되었으며, 종합적인 기능을 수행했다. 때문에 정치시설물, 방어용의 군사시설, 神殿 같은 종교시설물, 지배계급의 古墳群, 그 외에 대외교류와 연관된 시설물들을 갖추고 있어야 한다.[23]중세 유럽도시도 방어, 정치, 행정, 경제, 종교 등의 5대 기능을 수행했다.

인류역사에서 도시의 기원과 시작단계에 대해서는 여러 설이 있고, 지금도 계속 수정되고 있다. 일반적으로는 기원전 3000년 전 부터 오늘날의 중동지방에서 도시가 형성되었다고 본다.[24] 물론 더 이른 시기에 형성되었다는 주장들도 많다. 인도지역의 하라파 등이 그 하나이다. 그런데 동아시아에서도 도시의 시작 년대를 올려 잡고 있다. 그 가운데 하나가 遼西지방에 위치한 洪山문화와 뒤를 이은 夏家店하층문화시대에 존재했던 도시이다.

내몽골 赤峰과 요녕성 건평현에 있는 牛河梁 유적은 거대한 규모의 제단(壇), 여신전(廟), 적석총(塚)이 三位一體를 이룬 홍산문화(B.C. 3500~2400)의 대표적인 신석기유적이다. 길이 160m, 너비 50m의 규모에

---

23 선사시대 고대 중세에 이르기까지 중요한 도시들을 열거하면서 특성을 설명하고 있다. 류제현 편역, 테리 조든 비치코프, 모나 도모시 지음, 『세계문화지리』, 살림, 2008, 192~197쪽.
24 에머리 존스 저, 이찬 권혁재 역, 『人文地理學 原理』, 법문사, 1985, 192쪽.

거대한 적석총들이 있고, 내부에는 석관묘들이 있다. 석관에서는 다양한 형태의 가공수준이 뛰어난 玉제품들이 다수 나왔고, 아름답고 기묘한 형태의 채색토기가 발굴됐다. 이는 조직적인 기술자 집단과 활발한 교역의 존재를 입증하는 유물들이다. 이 시대를 초기국가단계에 들어온 古國이라고 말한다. 물론 그 중심에 해당하는 우하량 지역은 도시였다.[25] 뒤를 이은 夏家店하층문화(B.C.2400~15000)는[26]농업이 발달한 시대였는데, 초기 청동기시대이지만 고국의 뒤를 이은 '方國'이라고 명명할 정도로 정교한 조직과 정치력을 갖춘 정치체가 탄생하였다.[27] 이 문화에서 대량의 주거지와 함께 대략 70여개에 달하는 석성들이 발견됐다. 적봉시 외곽의 三座店城은 산의 윗부분에 석성을 둘러쌓고 내부에 규격화된 거주지를 마련하였다. 성벽은 부분에 따라서 이중방어벽을 구축했는데, 雉가 무려 13개나 되며, 성돌 가운데 일부는 잘 다듬은 견치석들이다. 필자는 유적의 위치 규모 성격등을 고려해서 일종의 山頂都市(hiltop town)형태라고 생각한다.

한편 중국 양자강 중류인 호남성에서 발굴되는 城頭山유적이 있다. 6,000년 전의 유적이다. 주위는 성벽에 둘러싸였으며, 동·남·북에는 문이 있고, 내부에서는 제단이 발견됐다.[28] 이 또한 도시유적으로 해석

---

25 李亨求, 「발해연안 석묘문화의 원류」, 『한국학보』 50, 일지사, 1988.; 尹乃鉉, 『고조선연구』, 일지사, 1994.; 郭大順, 『龍出遼河源』, 百花文藝出版社, 2001.; 趙賓福 著, 崔茂藏 譯, 『中國東北新石器文化』, 集文堂, 1996, 92~126쪽에 종합적으로 정리되어 있다.
26 하가점 하층 및 상층문화에 대해서는 복기대, 『요서지역의 청동기문화』, 백산자료원, 2002에 성격의 연구와 함께 연구사 및 쟁점들을 소개하고 있다.
27 북한의 김영근, 「하가점 하층문화에 대한 고찰」, 『단군학 연구』 14, 단군학회, 2006에서 최근북한학계의 견해를 반영하며 하가점 하층문화를 고조선주민들이 창조한 문화로 해석하고 있다.

하고 있다. 그런데 일본에서는 도시의 개념을 보다 느슨하게 설정하면서 성두산 유적과 연관된 5,700년 전의 아오모리(靑森) 현 산나이마루야마(山內丸山) 유적을 정연하게 계획적으로 조성된 조몬(繩文)형 도시라고 부르기도 한다.[29] 이러한 새로운 발굴과 과감한 해석들은 우리 고대사를 해석하고 평가하는데 의미있는 시사점을 제공한다.

그렇다면 우리 역사에서 고대도시는 어떠한 위치에 있으며, 어떤 성격을 지녔을까?[30] 일반적으로 도시의 형성과정이 중국과 같이 정치적 요인에 의해서 발생하고 성쇠했다고 한다. 홍산문화, 하가점하층문화, 하가점상층문화 등과의 관계, 고조선 체제 속에서의 도시문제 등은 관심과 연구의 대상이다. 본고와 관련해서 고조선의 말기 수도였던 王儉(險)城은 의미가 크다. 왕검성의 규모나 위치 성격 등을 알기는 어렵다. 다만 당시의 사회상, 발생한 역사적인 사건들과 연관시켜 보면 港口都市의 형태를 띄운 것은 분명하다. 당시에 전개된 朝漢전쟁의 전황을 보더라도 바닷가 가까이 있는 것이 분명하다. 현재 그 위치로 추정되고 있는 몇몇 지역들도 강 하구와 바다가 만나는 지역이다.[31] 한편

---

28 이시 히로유끼, 야스다요시노리, 유아사 다케오 지음, 이하준 옮김, 『환경은 세계사를 어떻게 바꾸었는가』, 경당, 2003. 주로 야스다의 견해, 70~74쪽.

29 위의 책, 87~91쪽.

30 姜大玄, 『도시지리학』, 교학사, 1980, 61쪽. 우리 역사에서 도시의 발달과정을 5단계로 구분하는 견해도 있다.

31 왕검성의 해륙적 성격과 위치 등에 대해서는 졸고「黃海文化圈의 形成과 海洋活動에 대한 연구」, 『先史와 古代』, 한국고대학회, 1998.12., (『한민족의 해양활동과 동아지중해』, 학연, 2002에 수록) 4장 20~21쪽에서 언급하고 있다. 『史記』朝鮮列傳 第55 元封 2年秋, 遣樓船將軍楊僕從齊浮渤海, 兵五萬人, 左將軍荀彘出遼東, ······ 樓船將軍將齊兵七千人先至王險. ······. 口는 강과 해안이 마주치는 곳이다. 樓船을 齊로 부터 渤海를 건너게 했다는 것은 洌口의 위치가 최소한 遼河 以西일 가능성이 있다. 대동강 이었다면 大海 혹은 다른 명칭으로 표현 했을 것이다. 다만 구체적인 위치는 적시하고 있지

한사군의 하나인 낙랑군 治所로 알려진 곳, 황해도 사리원의 대방군 治地로 알려진 곳을 도시적 성격을 지닌 취락으로 보는 견해도 있다. 토축의 圍壁으로 둘려있고, 그 안에는 정연한 건축군의 초석, 벽돌(甃塼)로 포장된 포도, 하수도 등의 유적이 있기 때문에 도시로 본다.[32] 물론 이 곳이 한사군과 연관된 것인지는 확증할 수 없다. 반면에 이 무렵 남부지방에 있었던 삼한 소국들은 강력한 부족연맹체조직이 부족하여 도시의 형성 역시 미약했고, 都邑과 村落이 분화되지 않은 상태였다는 견해도 있다.

2) 海港都市的 성격

우리 역사에서 고대도시를 이해하려면 먼저 역사공간에 대한 심층적인 이해가 필요하다. 필자는 역사공간을 1차적으로 영토나 영역, 정치 장소로서 성격을 살펴본 다음에 총체적인 연결망, 즉 네트워크의 개념으로 접근한다. 왜냐하면 하나의 공간에서도 중심부와 주변부를 구분하고, 시대와 역할에 따라 모습이 달라져야 한다. 따라서 필자는 역사공간을 '터와 다핵(field & multi core) 이론'[33]을 통해서 해석하고 있다. 恒星에 해당하는 核은 행정적 기능을 가진 大城에 해당한다. 교통과 통신의 길목으로서 放射狀으로 퍼지는 일종의 허브(hub)형이다. 자체적으로도 존재이유가 있지만, 다른 상태로 전화가 가능하므로 필요에

않았다.

32 姜大玄, 위의 책, 62쪽.

33 필자가 개념화한 '터'는 자연 지리 기후 등으로 채워지고 표현되는 단순한 공간은 아니고, 생태계 역사 등 등이 모두 포함된 총체적인 환경이다.

따라 관리와 조정기능을 할 수 있다. 또한 인체의 穴(경혈)이 경락들을 이어주는 역할을 하는 것과 마찬가지로 집합과 배분기능을 동시에 하면서 문화를 주변으로 이를 공급하는 능력도 있다. 터이론에서는 中核문화를 모방하거나 변형된 주변부의 行星과 衛星들도 피동적인 주변부가 아니라 핵인 항성으로 향하면서 중핵 및 전체 터에 영향을 끼친다. 즉 轉入과 傳播가 일방통행이 아니라 하나로 연결되어 환류하면서 영향을 주고 받는다. 여러 요소들이 일방적 관계나 격절된 부분이 아니라 전체가 부분 되고, 부분들이 전체로 되돌아가는 有機的인 관계이다. 이러한 '터'이론[34]의 성격과 시스템은 동아시아 전체 우리역사의 터 또는 首都 및 大都市에도 적용할 수 있다.

동아시아라는 역사의 '터'는 자연지리적인 관점에서는 중국이 있는 대륙, 그리고 북방으로 연결되는 대륙의 일부와 한반도, 일본열도로 이루어졌다. 즉 크게는 大陸과 海洋이 만나고 엮어지는 海陸的 환경의 지역이다. 또한 기후라는 면에서는 온대성 아열대성 아한대성이 섞여 있으며, 생태적으로는 바다와 평원 초원 사막 대삼림과 강 등이 한 터에 있으면서 상호작용하고 있다. 그리고 무엇보다도 주민들의 생활양식과 혈통과 언어를 달리하는 종족들의 분포, 정치체제는 중층적이고 복합적이다.[35] 따라서 문화적으로는 한반도를 가운데 둔채 바다 주변

---

34 터이론을 이용하여 역사상의 실제적인 분석한 몇몇 연구가 있다. 졸저, 『고구려는 우리의 미래다』, 고래실, 2004.; 『장수왕 장보고 그들에게 길을 묻다』, 포름, 2006.; 졸고, 「장보고를 통해서 본 경제특구의 역사적 교훈과 가능성」, 남덕우 편, 『경제특구』, 삼성경제연구소, 2003.; 「동아시아의 해양공간에 관한 재인식과 활용 -동아지중해모델을 중심으로-」, 『동아시아 고대학』 14, 동아시아 고대학회, 경인문화사, 2006.

35 최근에 발표한 윤명철, 「渤海 유역의 역사문화와 동아시아 세계의 이해-'터(場, field)이론'의 적용을 통해서-」, 동아시아 고대학회, 2007.; 윤명철, 「고구려 문화형성에 작

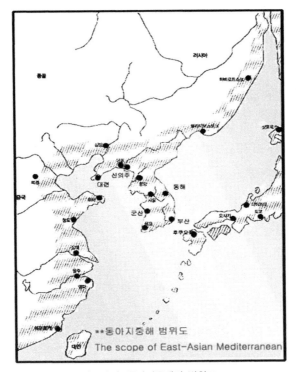

〈그림 1〉 동아지중해의 범위도

의 주민과 문화들이 상호간에 영향을 주고받는 일종의 '環流시스템'을 이루고 있었다. 필자는 동아시아의 이러한 지리적이고 문화적인 특성을 설명할 목적으로 동아시아의 내부 '터' 이면서 동방문명의 중핵으로서 東亞地中海(EastAsian-mediterranean-sea)란 범주를 설정하고 학문적인 모델로서 제시하였다. 이 이론 속에서는 몇몇 국가들이 독특하게 대륙과 해양을 유기적으로 연결한 '터' 속에서 생성하고 발전한 海陸國

용한 자연환경의 검토-터이론을 통해서-」, 『한민족 연구』 4, 2007 등 참고.

家였으며, 그래서 발전했다고 주장해왔다.[36] 그 국가들의 수도는 자연
환경, 역사적인 계승성, 국제관계를 고려할 때 海陸都市의 성격을 가
졌음을 강조하였다. 그 외에 중요한 도시 또는 성들 또한 수도 및 국토
전체와 有機的 體制를 가져야하는 만큼 해륙적 성격을 가졌을 가능성
을 고구려의 예를 들어서 언급하였다.[37]

그렇다면 동아지중해 또는 우리 역사터에서 한반도 중부 이남지역에
서는 고대에 어떤 과정을 거쳐서 도시가 발달했으며, 역사의 전개에서
어떤 역할을 담당했을까? 어느 시대를 막론하고 서해안과 남해안을
구체적으로 살펴보면 도시나 촌락들은 지형상으로 陸地와 江과 海洋이
연결된 지역, 즉 강가의 나루나 바다의 浦口에서 형성됐다. 물론 동해
안은 백두대간과 단조로운 해안선, 거친 해양환경으로 인하여 비율이
상대적으로 적었다.

항구도시가 되려면 구체적으로 몇 가지 조건을 갖추어야한다. 첫째
로, 양질의 港口와 부두시설이 구비되어야 한다. 국제관계에서 해양교
섭이 주를 이루는 상황에서는 사신선을 비롯한 군선 등 각종 선박들이
發着하는 훌륭한 항구시설이 필요했다. 고구려는 두 번째 수도인 국내
성 궁궐의 남쪽 벽에 돌로 쌓은 부두시설이 있었다고 한다.[38] 압록강

---

36 윤명철, 「海洋史觀으로 본 한국 고대사의 발전과 종언」, 『한국사연구』 123, 2003.;
   「한국사 이해를 위한 몇 가지 제언」, 『한국사학사학회보』 9, 한국사학사학회, 2004.;
   「한국 고대사 연구의 반성과 대안」, 『단군학 연구』 11, 단군학회, 2004.; 「東아시아의
   海洋空間에 관한 再認識과 活用 -동아지중해모델을 중심으로-」, 『동아시아 고대학』
   14, 동아시아 고대학회, 경인문화사, 2006. 기타.

37 윤명철, 「고구려 수도의 海陸的 성격 검토 - 江海都市論을 중심으로-」, 『백산학보』
   80호, 2008, 4쪽.

38 손영종, 『고구려사』 2, 과학백과사전종합출판사, 1997, 39쪽.; 『文物』, 1984-1기,
   39~40쪽.

하구에는 外港이 있었는데, 여러 기록들을 고려할 때 西安平城과 泊灼城이 있는 泊灼口였을 것이다. 1920년대에 丹東市에서도 부두석축시설이 드러났는데, 축조한 시대는 확인할 수 없지만 고구려 시대의 것으로 추정한다.[39] 백제는 한성시대에 風納토성에 항구는 물론이고, 양질의 부두시설이 있었을 가능성이 높다. 또한 외항역할을 했을 것으로 추정되는 關彌城이 한강하구 또는 강화도에 있었으며. 인천지역에도 한진(大津)[40]등의 외항이 있었다. 마찬가지로 해안가의 소국들은 시설이 훌륭한 부두가 있어야 하며, 큰 소국이거나 도시가 내륙으로 들어온 지역일 경우에는 바다와 만나는 곳에 外航을 따로 구비해야 한다.

둘째는 교통의 발달, 특히 대외항로와 쉽게 연결되어야 한다. 수도나 도시가 교통의 결절점에 있어야 함은 앞에서 언급하였다. 그런데 우리지역처럼 해륙적인 환경 속에서, 또한 국가가 해양을 중요시하는 정책을 취할 경우에는 陸路交通도 중요하지만 內陸水路交通에도 적합해야 한다. 강은 일반적으로 물자를 운반하는 데에 편리하고 수송량이 많기 때문에 물자를 유통시키는 物流網으로 절대적인 역할을 담당했다. 또한 內陸水路와 陸路를 연결한 후 海路와 통합되어 공급지와 수요지, 그리고 집결지를 연결시켜 주기에 적합한 역할을 한다. 그리고 구릉성산지가 발달한 노년기지형에다 강이 발달한 한반도에서는 강을 장악하면 정치적으로 내륙을 統合하는 데 유리하고, 물류도 원활하게 이루어진다. 하나의 생활권, 경제권을 만들면서 자연스럽게 내륙의 정치적인 統一을 이루는데 효율성이 높다. 또한 모든 지역이 바다와 연결

---

39 손영종, 『고구려사』2, 과학백과사전종합출판사, 1997, 39쪽.
40 인천시 남구의 옥련동에 있는 凌虛臺 자리.

될 뿐 아니라 대외적으로 교섭을 할 필요가 있으므로 항구와 가깝고
해양교통에도 유리해야 한다. 일본 고대사에서 小國들의 위치선정이
해양과 관련있음을 각국 간의 거리를 계산해서 추정한 연구가 있다.
松枝正根씨의 계산법은 다음과 같다. 해류인 黑潮는 평균 2~4kn이다.
이때 노꾼 10인으로서 항해거리를 계산한다면 4노트로서 1일 8시간
항해하여, 1일 항해거리는 약 32마일(약 59km)이 된다. 이 거리를 중시
한다면 首都라고 생각되는 지점에서 약 60km마다에 港이 발전해야만
한다. 그런데 씨는 위 계산법에 의거해 항로와 거리·일수 등을 열거하
면서 유적의 분포와 일치함을 주장하고 있다.[41]

　세 번째는 군사력과 해양방어체제가 갖추어져야 한다. 우리 역사터
의 자연환경과 지형을 고려할 때 도시란 해양군사적인 측면에서 몇
가지 조건이 필요하다. 그 가운데 하나는 수군을 양성하고, 적절하게
이용할 수 있어야 한다. 백제시대까지만 살펴보더라도 수군 작전과 연
관된 사건들이 벌어졌을 가능성은 여러 번 있었다. 이러한 상황에서
수군활동과 연관해서 주변에 조선용 숲, 조선소를 비롯하여 수군함대
기지 등을 설치하는 장소가 필요했다. 그런데 바다와 너무 가까운 해항
도시 또는 내륙으로 일부 들어간 '江海都市'는 해양으로 진출하는데
강점으로 작용할 수 있지만, 동시에 수비의 약점이 될 수 있다. 특히
대규모의 상륙군이 급습을 한다면 해양의 메카니즘상 본질적으로 방어
상에 문제가 노출된다. 따라서 도시는 방어적인 측면에서 江邊防禦體
制[42] 및 海洋防禦體制[43]와 유기적인 시스템을 구축해야 한다. 서해안처

41 松枝正根, 『古代日本の軍事航海史』上, 191~192쪽.
42 윤명철, 「한강 고대 강변 방어체제 연구—한강하류지역을 중심으로—」, 『향토서울』 61,

럼 리아스식 해안이 발달한 곳은 串과 浦, 灣이 많아, 장소와 전술적인 목적을 고려하여 '串城' '浦口城' '津城'을 쌓는다. 하지만 만 전체를 주변지역과의 유기적인 관계 속에서 작전을 수행하기 위하여 반도의 한 가운데, 반도와 육지가 이어지는 부분, 내륙에 있는 大城 내지 治所와 이어지는 곳에는 규모가 큰 거점성을 건설한다. 조선시대에 설치한 鎭城들의 일부는 이러한 성격을 지녔다. 이외에도 조선을 하는데 필수적인 숲의 존재 등도 항구도시가 성립되는데 고려해야 할 요소가운데 하나이다.[44]

　이러한 다양한 조건을 갖춘 곳은 대체로 하항도시, 해항도시의 역할을 했다. 역사시대에 들어오자 각 나라들은 해양의 중요성을 실감하고 점유한 지역을 중심으로 치밀하고 복합적이며, 다양한 해양관련시설을 구축하였는데, 그 가운데 하나가 일종의 항구역할을 하는 浦口나 津이다. 三韓 78개국의 상당수가 江河口나 해안가 가까이 위치해 있다. 따라서 소국들은 해양문화가 발달했고, 만안이나 나루, 포구 등에서 정치적으로 성장하고 교역을 통해서 번창한 '도시국가'의 성격을 가지고 있었다. 일종의 '나루국가'였다. 유사한 시대에 일본의 奴國·末盧國·伊都國 등은 그러한 海港都市國家였을 것이다.[45]이 때 小國을 소

　서울시사편찬위원회, 2001.;「고대 한강 강변방어체제연구 2」,『鄕土서울』 64호, 서울시사편찬위원회, 2004.;「국내성의 압록강 방어체제연구」,『고구려 연구』 15집, 고구려연구회, 2003.

43 해양방어체제의 성격과 기능에 대하여는 윤명철,「江華지역의 해양방어체제연구-關彌城 위치와 관련하여」,『사학연구』, 58·59 합집호. 1999.; 신형식 등의 공저,「경기만 지역의 해양방어체제」,『고구려 산성과 해양방어체제』, 백산출판사, 2000 참조.

44 조선용 목재의 중요성과 그것이 국가의 흥망과 연관된 부분은 존 펄린 지음, 송명규 옮김,『숲의 서사시』, 따님, 2006 참조

위 고대국가나 근대국가에서 이해하는 국가개념으로 파악할 필요는 없다. 우두머리 무덤 혹은 수장묘의 존재와 그 위치 확인은 대체로 邑落과 國 수준의 지역집단에서 가능한바 중심지 역시 읍락이상의 지역집단에서나 찾을 수 있는 것이다.[46]

역사가 발전하면서 해양거점을 중심으로 형성된 정치세력은 해양도시국가를 수도인 중핵으로 삼아 영역을 확장시켜가면서 고대국가로 성장하였다. 이러한 예는 王險城 國內城 平壤城 漢城 및 彌鄒忽 熊津城 泗沘城 金城 上京城 開京 漢陽 등이 되며, 중국에서는 南京 및 杭州, 일본의 오오사카(옛 難波) 등이 해당된다. 신라의 출발점이며, 핵심지역이며 왕도인 경주지역이 이러한 단계를 밟았을 것으로 추정된다. 해항도시가 되려면 또한 도시의 일반적인 조건인 정치 행정의 중심지이어야 하며, 시장 등 상업지구가 발달해야 한다. 그 외에 대외교류의 흔적들이 구체적으로 나와야 하며, 특히 역사발전과 직접적인 관계를 맺어야한다.

---

45 윤명철, 『동아지중해와 고대일본』, 청노루, 1996, 93~94쪽.; 江上波夫, 「古代日本の對外關係」, 『古代日本の國際化』, 朝日新聞社, 1990, 72쪽 참조.; 武光 誠, 『大和朝廷は古代の水軍がつくった』, JICC, 1992, 32~36쪽 참조.

46 이청규, 「경주 고분으로 본 신라 1000년」, 『역사비평』, 280쪽에서 "대체로 산천을 경계로 하는 지리적 범위에 다수의 마을이 모여 고대 문헌기록에 나타난 읍락(邑落)을 구성한 것으로 이해된다. 다수의 읍락이 모여 일정한 네트워크를 구축하여 일정한 지역집단 혹은 정치체제를 결성하게 되면 이른바 '국(國)'이 된다."라고 하였다. 이는 필자가 주장해온 삼한 소국들의 해양도시국가의 개념과 유사한 부분이 있다.

3. 신라의 해양적 역사상-경주의 해항도시적 성격 규명과
관련하여

경주가 '해항도시'의 성격을 갖기 위해서는 앞장에서 언급한 구체적인 조건들을 갖추어야 한다. 그리고 신라에게 해양활동은 국가발전의 필수적인 요소이며, 실제로 해양활동이 활발했어야 한다. 항로를 이용하여 활동한 구체적인 증거들이 있어야 한다. 다른 지역과 교류가 활성화됐고, 항해를 통해서 주민들의 진출과 정착이 활발해야 한다. 어업 패총 항해업 등이 발달하고, 주변의 항구도시들과 관계를 맺어야한다. 또한 정치적으로 다른 국가(고구려 신라 및 중국)들과 해양을 통해서 교류한 증거들이 나타나야 한다. 이 장에서는 경주의 해항도시적인 성격을 규명하는 과정으로서 신라와 관련된 해양적인 역사상을 평면적으로 살펴보고자 한다.

신라는 건국과 더불어 일본열도의 세력(倭, 倭人, 倭兵, 倭軍, 倭賊 등을 모두 포함)과 관계를 맺었다. 朴赫居世 38년에 瓠公이 본래 倭人로서 표주박을 허리에 차고 건너왔으며, 결국 재상이 되었다.[47] 2대인 남해 차차웅 때에는 애인이 병선 100여 척에 나누어 타고 영일군 등 해안을 침범하였다.[48] 그 후에도 때때로 대규모로 침입하였으며, 수도를 위협한 적도 있었다. 만약 수도가 토함산 등 너머의 경주분지 안에 있지 않았다면 심각한 상황에 직면했을 것이다. 물론 신라는 방어만 한 것은 아니었고, 수군을 동원하여 적극적으로 공격하고, 일본열도로 진출하

---

47 『삼국사기』 권1, 「신라본기」, 朴赫居世 38년 조.
48 『삼국사기』 권1, 「신라본기」, 南海次次雄 條.

거나 공격을 가했을 것이다. 4대 脫解니사금은 왜국으로부터 표류해서
도착한 인물이다. 그는 즉위 3년에 왜국과 친교를 맺고 사신을 교환하
였다.[49] 가야와 黃山津口에서 싸웠는데, 동해남부와 남해동부를 놓고
두 나라는 경쟁하지 않으면 안 되었다. 8대 阿達羅왕 20년(173) 5월에는
왜국의 여왕인 卑彌乎가 사신을 보내어 수교하였다. 그녀는 야마대국
의 여왕으로서 이 무렵에 대방은 물론 魏나라와도 교섭을 하였다. 연오
랑과 세오녀가 일본열도로 건너가는 무렵이다.

그런데 『古事記』와 『日本書紀』에는 신라와 관계된 기록들이 유달리
많이 나타난다. 일본신화를 보면 스사노노미꼬도는 아마테라스오오미
까미(天照大神)와 벌인 싸움에서 패배하자 根國인 신라로 돌아간다. 또
다른 기록에는 그가 신라국에 내려와 살다가 흙(埴土)으로 만든 배를
타고 이즈모(出雲) 지방의 도리가미노다께(鳥上峯)에 내려왔다고 한다.
그는 신라계이면서 동시에 鐵神이었다.[50] 이러한 신화적인 상황을 역
사적으로 보기도 한다. 1세기경 한반도의 동해안에서 건너온 신라인계
집단이 선주의 海人族을 구축하고, 그들은 2세기경부터 東으로 이동하
여 出雲의 사철지대를 점령하였다.[51] 그 후 韓鍛冶라는 한반도에서 건
너온 제철 기술자들에 의하여 새로운 방법으로 철이 주조 되었다.

그런데 『삼국유사』에 따르면 8대 阿達羅왕 때(158) 延烏郎과 細烏女
가 일본에 건너가 소국의 왕과 왕비가 되었다. 이는 신라에서 종교적인

---

49 『삼국사기』 권1, 「신라본기」, 倭國結好交聘.

50 眞常弓忠, 『古代の鐵と神神』, 學生社, 1991, 34쪽. 출운은 제철의 생산이 가능한 砂鐵
  地帶가 많은 지역으로서 神門川, 裴伊川 유역은 대표적이다. 『出雲國 風土記』에 보면
  각 지역에서 철을 생산하는 장소를 표시하고 있다.

51 文脇禎二, 『出雲の 古代史』, NHK ブックス, 1986, 27쪽

집단이 배를 타고 일본열도에 진출하여 소국가를 형성하는 과정과 이로 인해서 신라 내부에 혼란이 벌어졌던 상황을 표현한 것이다. 이와 비슷한 이야기가 『日本書紀』에도 있다. 垂仁 3년에 신라의 왕자인 아메노히보코(天日槍)가 배를 타고 건너왔는데, 그는 7가지 고귀한 보물을 가지고 왔다. 천일창은 혼슈 남단의 동해와 붙은 시마네(島根)현의 이즈모(出雲)지역에 정착한 세력을 말한다.[52] 해양조건상 큐슈지역이 가야·백제적인 성격을 가지고 있었다면 출운지역은 신라계의 왜였던 것이다.[53]

　신라인들은 시마네현과 북쪽의 돗토리(鳥取)현 등의 해안가에 정착하였고, 일부는 신라본국으로 돌아가기도 했을 것이다. 그 가운데에 능력있고 활달한 사람들은 상인으로 배를 타고 양쪽을 오고가면서 교역을 했다. 한편 일부는 혼슈 남부를 가로지르는 척량산맥을 넘어 기히(吉備, 현재의 오까야마지방)으로 가서 거대한 전방후원분들을 축조하였다. 쯔끼야마 고분에서 나온 말자갈, 행엽 등의 말장식품은 경주에서 나온 것들과 매우 유사하다. 또 근처인 구로야마 2호분에서는 초기 신라계 토기들도 많이 출토됐다.

　10대 奈海 이사금 때인 209년에 낙동강 하류와 경상남도 남해안의 항구일대에 있던 8개의 소국, 즉 浦上八國이 난을 일으켜 김해지역에 있었던 가라를 공격하였다. 이 때 신라는 군사를 파견하여 물리치고 이를 구원하였다. 助賁王 때인 233년에는 해상에서 왜와 화공전을 벌

---

52 이 부분에 대해서는 졸고 「海洋條件을 통해서 본 古代 韓日關係史의 理解」, 『日本學』 14, 동국대 일본학연구소, 1995, 93~99쪽. ; 졸저 『동아지중해와 고대일본』, 1996에 관련자료들과 함께 기술하고 있다.

53 김석형, 『고대한일관계사』 (원서명 『초기 조일관계사』, 1966년판) 한마당, 1988.

였으며, 儒禮니사금 때인 289년에는 왜국이 쳐들어온다는 정보를 듣고 병선을 수리했다. 295년에는 백제와 공모하여 왜국을 치려는 계획을 세웠으나 일부의 반대로 중지하였다. 이 무렵까지는 주로 일본열도와 연관을 맺은 것을 알수 있다.

그런데 4세기말에 이르러 신라의 해양활동과 정책에는 변화가 생긴다. 고구려의 등장이다. 광개토태왕릉비문에는 태왕 9년(399)인 己亥조에 '倭人滿其國境'이라고 하여 왜군이 대대적으로 신라에 침공하였음을 알려준다. 태왕은 이듬 해(400)에 步騎 5만을 보내 신라를 구원하였다.[54] 그 직후 고구려에 인질로 억류당했던 實聖은 귀환하여 즉위하자마자 왜국과 우호관계를 맺고, 내물왕의 아들인 未斯欣을 인질로 보냈다. 그럼에도 왜군은 3년 만에 경주의 명활성까지 공격하였고, 다음 해에 해안으로 공격해왔다. 그러자 실성왕은 408년에 대마도를 정벌하려는 계획을 수립하였다.[55] 왜는 눌지 마립간 때도 집요하게 침입하였으며, 444년에는 수도인 금성을 10일 동안이나 포위한 적도 있었다. 慈悲마립간 때인 459년에는 4월에 왜인들이 병선 100여척으로 공격하고, 月城을 포위했다. 이어 양산을 공격하고 사람들을 납치해갔다.

왜의 침입을 막기 위하여 신라는 보다 능동적이고 적극적인 정책을 집행한다. 하나는 강력한 수군을 양성하는 일이고, 다른 하나는 방어체제를 공고히 하는 것이다. 자비 마립간 때인 463년에는 沿海邊에 성

---

54 이 작전이 해륙국가를 지향하는 광개토태왕의 국가발전전략의 일환이라는 필자의 주장은 여러차례 밝힌바 있다. 윤명철, 「廣開土大王의 對外政策과 東亞地中海戰略」, 『軍史』 30, 국방군사편찬위원회, 1995 등.

55 『삼국사기』에 따르면 왜군들은 대마도에다 군영을 마련하고 군대와 무기, 식량 등 각종의 군수물자들을 쌓아 놓고 신라를 습격하려 했다.

2개를 쌓았으며, 467년에는 전함을 수리했다.[56] 이어 소지마립간 15년
인 493년에는 臨海鎭과 長嶺鎭을 서둘러 설치하였다. 왜인은 497년을
전후해서 쳐들어왔고, 500년에는 長峯鎭이 함락 당하는 일까지 생겼다.

　신라는 일본열도의 세력과 해양에서 충돌하는 와중에 동해안에서
고구려군과 공방전을 펼쳤다. 장수왕은 481년에 말갈병을 함께 거느리
고 金城(경주)근처인 彌秩夫(흥해)까지 공격하였다. 이는 내륙 동쪽에
대한 영향력을 확대하려는 목적도 있지만, 동해남부까지 해양력을 확
대시키려는 의도가 강했다.[57] 이때 신라는 백제 등의 힘을 빌어 역공을
취하면서 泥河(강릉)까지 추격하였다. 이렇게 신라와 고구려가 동해중
부연안과 해상권을 놓고 갈등을 벌이는 상황 속에서 울릉도의 해양
전략적인 가치는 매우 높았고,[58]결국 신라는 수군을 동원해 울릉도를
복속시켰다. 그 후 신라는 낙동강 수계를 완전하게 손에 넣어 한강으로
이어진 한반도 內陸 水運路를 확보하였다. 또한 섬진강 이동의 남해안
을 장악하여 현재 사천만 남해도 거제도 등이 신라의 바다로 편입되었
다. 일본열도와 교섭하는 주요한 항구지역들을 모두 차지하므로써 가
야 및 백제의 해양세력을 잠식하고, 왜와 백제의 교섭에 위협을 가할
수 있는 전략적 우위를 확보한 것이다. 신라는 이 무렵, 즉 560년과
561년의 두 차례 등 왜국에 사신을 보냈는데, 전과는 달리 강한 태도로

---

56 『삼국사기』 권3, 慈悲, 麻立干 10년.

57 이러한 관점은 졸고 「長壽王의 南進政策과 東亞地中海 力學關係」, 『고구려 남진경영
　연구』, 백산학회, 1995.4. ;「高句麗發展期의 海洋活動能力에 대한 檢討. (5~6세기를
　중심으로)」, 『卓村 申延澈敎授停年退任論叢』, 일월서각, 1995 참조.

58 윤명철, 「독도와 해양정책−울릉도와 독도의 해양 역사적 환경검토」, 『해양정책세미나
　논문집』 1집, 2001.5. 외.

외교적인 압박을 가했다. 이는 안라를 비롯한 가야 남부의 일부지역을 이미 병합했던 정치적인 상황을 반영한다.

그 후 삼국을 통일한 신라는 고구려와 백제가 이룩해왔던 해양능력과 해양활동범위를 흡수하였다. 발해의 남방한계선인 동해의 원산 혹은 강릉 이남의 해역을 차지하였으며, 남해전체, 그리고 대동강 하구 이남의 황해해역을 차지하였다. 특히 경기만의 완전한 장악은 신라의 해양력을 비약적으로 향상시켰다. 하지만 일본과의 관계는 악화일로에 있었다. 일본은 신라에 대해 기본적으로 적대적인 태도를 취했다. 하지만 양국 간의 관계가 완전히 끊어진 것은 아니었으며, 668년부터 779년까지 사절에 의한 공적인 관계는 지속되었다. 이때 遣新羅使가 24회에 걸쳐 파견되었고, 상대적으로 신라의 견일본사는 그 2배에 해당하는 47회를 파견했다. 670년부터 710년까지 『일본서기』에는 출국하고, 귀국한 對唐학문승, 對新羅 학문승의 숫자가 24명으로 나타난다. 그러나 신라와 일본 간에는 해양을 통한 소규모의 군사적 충돌이 지속됐으며, 대규모 전쟁이 발발하기 직전까지도 이른 적도 있었다. 9세기에 이르면 신라와 일본의 관계가 매우 험악해진다. 遣新羅使도 836년을 끝으로 더 이상 보내지 않았으며, 신라사 역시 9세기에 들어오면 없다고 봐야 할 정도다. 9세기 중반을 넘기면서 상황은 더욱 심각해졌다. 신라의 해적들이 끊임없이 일본의 해안을 공격한 탓이다.[59]

이렇게 신라는 건국 당시부터 멸망할 때 까지 해양과 밀접한 관련을 맺으면서 역사를 발전시켜왔다. 신라가 구체적으로 해양정책을 어떻

---

59 이 부분에 대해서는 崔在錫, 「9世紀 신라의 西部日本進出」, 『韓國學報』 69, 1992에 상세하게 연구되어 있다.

게 추진하고 실천했으며, 그 성공과 실패가 국가의 발전에 어떠한 영향을 끼쳤는지는 추후의 작업으로 넘기고자 한다. 다만 수도인 경주의 해항도시적인 성격을 규명하는데, 신라의 해양활동이 얼마나 중요했는가를 개괄적으로 살폈다.

4. 경주 지역의 海港都市的 조건 검토

신라의 도성은 처음부터 고대국가의 수도로서 입지가 선정되고, 계획도시로서 성장한 것이 아니다. 신라는 현재 경주시내로 추정되는 斯盧 6村에서 시작되었고, 사로국이 신라건국의 주역이었으므로 수도의 역할을 담당한 것이다. 물론 사로 6촌 세력이 승자가 되는 데에는 거주지역의 선택도 작용했을 것이다. 신라의 수도와 연관된 명칭은 金城 半月城 王京 王都 王畿 都城 등의 다양하며, 범주와 성격을 놓고서는 더욱 복잡한 양상을 보인다.[60] '都城이라함은 통치집단의 治所를 보호하는 목적으로 축성되어 행정기관과 백성을 수용하는 城郭을 말하나, 신라에서는 이러한 도성의 흔적이 확인되지 않기 때문에 왕궁이었던 月城, 金城, 滿月城 등을 칭하는 뜻으로 사용하고 있다.'[61]는 견해가 있다. 반면에 도성을 궁성과 백성들이 거주하는 공간인 거주성을 포함하는 개념으로 보는 경우도 있다.[62] 또한 도성의 중심인 王京에는 궁궐

---

60 이외에도 다양한 명칭들이 있는데, 이 부분에 대한 종합적인 연구는 김용성, 「신라왕도의 범위에 대하여」, 『신라왕도의 고총과 그 주변』 제 9장, 학연문화사, 2009에 정리되어 있다.

61 朴方龍, 「都城, 城址」, 『韓國史論』 15, 국사편찬위원회, 1985, 337쪽.

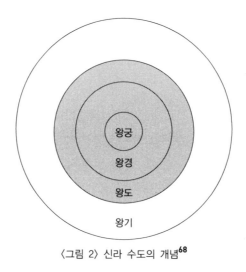

〈그림 2〉 신라 수도의 개념[68]

을 비롯하여 그 주위로 사찰과 민가 등이 밀집되면서 이루어졌다는 견해도 있다.

그럼에도 불구하고 기본 核은 역시 사로 6촌이 된다.[63] 초기의 중핵인 사로 6촌의 위치는 여러 설이 있는데, 경북일대와 경주시, 경주군을 포함한 지역, 그리고 경주 또는 경주평야 안이라는 견해들이다.[64] 초기에 궁성으로 사용된 것은 금성인데, 어느 곳에 위치했는지에 대해서는 사실상의 宮역할을 한 月城을 비롯하여 여러 설들이 있다.[65] 사로 6촌은 辰韓 6部(유리왕 9년인 32년)로, 다시 王京 6部로 바뀌었다. 점차 상황과 요구에 적응하고, 성격의 변화를 요구받음에 따라 구조와 형태에도

---

62 邢基柱, 「都城計劃綜考」, 『일본학』 5, 동국대 일본학연구소, 1987, 279쪽.

63 吳英勳, 「新羅王京에 대한 考察-成立과 發展을 中心으로-」, 『경주사학』 11집, 3쪽.

64 吳英勳, 「新羅王京에 대한 考察-成立과 發展을 中心으로-」, 『경주사학』 11집, 11쪽.

65 金鎬詳, 「新羅王京의 金城硏究」, 『경주사학』 18집에서 종합적으로 다루고 있다.

변화가 생겼다. 점차 中核의 범주가 확장, 또는 이동하였는데, 이는 도시계획의 일환으로 추진되기도 하였다.[66] 王京의 성립을 지방과 수도의 구분이 명확해지고, 명실상부한 도시로서의 기능과 수도로서의 행정조직이 갖추어지는 단계로 보고, 慈悲마립간 12년부터 法興王 7년 사이로 보는 견해도 있다. 이 무렵에 기능묘역 신성구역 경제구역과 수도로서 행정조직이 정비되기 때문이다.[67]

이러한 다양성 속에서 가장 보편적이면서, 본고가 논지를 적용하는 데 타당한 설은 금성은 초기의 궁성임과 동시에 왕도 전체를 가리키는 대명사이며[69], 경주 분지 전체가 신라의 왕도 역할을 한 것으로 보는 견해이다. 결국 초기 중핵을 그대로 둔 상태에서 상황에 적응하여 확장하면서 약간의 구조변화를 해왔다면 신라의 발전과 연관된 경주지역의 기본구조와 성격에는 변화가 없다고 보는 것이 합리적이다. 더구나 고구려 백제 등과 직접 충돌할 가능성이 희박하고, 왜적과는 충돌해야하는 군사적인 환경도 크게 변화가 없었다.

그렇다면 시간의 변화과정에 크게 변모하지 않는 구조적이며 태생적인 특성을 규명할 필요가 있다. 통시적으로 변모하지 않는 것 가운데 하나는 자연환경이며, 특히 해양환경은 더욱 그러하다.[70] 동해의 해양

---

66 金秉模, 「도시계획」, 『歷史都市 慶州』, 열화당, 1984, 130쪽.

67 吳英勳, 「新羅王京에 대한 考察-成立과 發展을 中心으로-」, 『경주사학』 11집, 2쪽, 10쪽.

68 김용성 『신라왕도의 고총과 그 주변』, 학연문화사, 2009, 271쪽.

69 朴方龍, 「都城·城址」, 『韓國史論』 15, 1985, 341~342쪽. ; 『三國史記』, 『三國道事』에는 경주를 '王都', '京城', '京師', '都城', '金城' 등으로 표현하였는데, 금성은 고대의 섬 개념과 마찬가지로 방어개념이 아닌 왕도전체를 가리키는 대명사로 보아야함을 주장하고 있다.

및 해안선은 서해안 남해안에 비하여 상대적으로 변화가 적은 편이다. 이는 海港都市로서의 성격에도 마찬가지였다고 생각된다.

1) 자연환경 검토

신라의 수도 내지 수도권을 현재의 경주지역[71]으로 보면서 경주와 연관된 자연환경을 살펴보자. 경주 또는 신라의 수도는 분지도시로 이해하는 경향이 있다. 전근대에도 이러한 인식을 지녔다. 즉 "땅은 산이 險한 데가 많다. 『隋書』에, '땅은 산이 험한 데가 많다.' 하였으며, 또, "田地는 매우 비옥하며 물에 심는 곡식과 마른 땅에 심는 것을 겸해할 수 있다." 하였다.[72] 이청규는 고고학적인 분석을 통해서 이렇게 정의하고 있다. "우선 경주지역권을 살피는데 일차척인 중심지는 大陵園과 월성이 자리잡고 있는 서천과 남천, 북천 사이가 주목된다. 이렇게 세 하천으로 둘러싸인 고대 왕경의 지리적 범위를 경주지역의 1차 중심지로 삼고자 한다. 대체로 이 지역은 大陵園을 중심으로 반경 2km 내외가 된다. 다음으로 경주 도시의 외곽을 싸고도는 선도산, 남산의 정상, 명활산, 소금강을 포괄할 경우 반경 3km 내외가 된다. 이를 2차 중심지로 규정하고자 한다. 경주권은 기본적으로 주변지역과의 관계에서 길

---

70 육지의 지형은 부분적으로 변한다. 고대사연구를 하면서 이러한 변모를 간과하는 경향이 있는데, 특히 경주연구와 관련해서 이러한 문제점을 지적한 논문이 있다. 金鎬詳은(「新羅王京의 金城研究」, 『경주사학』 18집, 27쪽.) '신라시대의 지형을 현재의 지형과 같은 것으로 가정하고 연구를 진행했다는 것이다.'라고 기술하고 있다.

71 『신증동국여지승람』 제 21권 경상도. 경주부는 동쪽으로 蔚山郡界까지 61리, 長鬐縣界까지 83리, 남쪽으로는 彦陽縣界까지 62리, 서쪽으로는 淸道郡界까지 76리, 永川郡界까지 53리이며, 북쪽으로는 迎日縣界까지 36리이고, 서울과의 거리는 7백 83리이다.

72 『신증동국여지승람』 제 21권 경상도.

목이 되거나 단절이 되는 결절지점을 경계로 삼을 수 밖에 없다. 경주
1차 중심권은 세 강의 지류로 둘러싸인 저지대에 있지만, 그 중심지
바깥으로는 하천변을 따라 길게 이어지는 산간 계곡 혹은 谷間의 대지
가 형성되었다. 따라서 남천이 이어지는 울산 방면과 형산강 상류로
계촉되는 언양 방면의 谷間 그리고 서쪽의 대천으로 이어지는 영천
방면의 谷間 "북쪽의 형산강 하류로 이어지는 안강 방면 곡간을 경주주
변의 지리적 공간으로 규정할 수 있다."고 하였다. 이어서 "대체로 행정
구역상 현재의 경주시와 그 지리적 범위가 일치 하는데, 다만 토함산
이동의 동해안지역은 제외된다. 대체로 월성을 중심으로 반경 15km
내외의 거리이다."라고 하였다.[73] 이는 경주지역의 범주와 특성을 명확
하게 보여준다. 경주지역이 분지의 특성을 지니고 있는 것은 분명하다.
그러나 해양과 연관해서는 토함산 이동의 부분까지 경주지역권에 포함
시키는 것이 바람직하다.

　위의 인용문에서 언급하였듯이 경주지역에서 강의 존재는 중요하
다. 강은 물자를 유통시키는데 효율적이며, 큰 강의 주변에는 토지를
이용하는 마을과 도시가 형성된다. 또한 강의 하류를 장악하면 정치
경제 군사적으로 매우 유리하다. 경주지역은 형산강의 지류들로 촘촘
하게 연결되어 있는데 크게 보면 3지류이다. 강의 서쪽은 거대한 內南
평야가 있고, 경주에서 毛良川 阿火川 기린천 西川 蛟川 關川 荒川
掘淵川이 만나고 다시 안강읍에서 한천 달성천과 만나 兄山과 弟山
사이로 흘러 영일만으로 흘러 들어간다. 중간에 兄山浦가 있는데 安康
현의 동쪽 24리에 있다.[74] 그런데 남천은 울산의 외동방향과 통하여

---

73 이청규, 「앞 논문」, 282~283쪽.

해안으로 양남면에 이른다. 이 통로는 아진포에서 석탈해 집단이 경주로 들어오는 길이면서, 당연히 왜구의 침입로이기도 하다. 상류를 따라서는 울산 언양 방향과 경주의 서부지역으로 각각 통할 수 있다. 또 경주에서 鵄述嶺을 넘어 울산으로 가면 주변에 西生浦 包伊浦 등의 포구들이 있다. 태화강은 48.5㎞에 달하는 긴 강이므로 경주를 교통의 結節點으로 만드는데 역할을 하였다. 또한 지마왕은 10년(121)에 대증 산성을 축조하였는데 이를 보면 낙동강 하류까지 세력을 확장시켰다고 볼 수 있다.

그렇다면 해양환경은 어떠할까?

해항도시의 성격을 갖고, 국가가 해양정책을 펼치는 데는 해양환경 및 해양의 메카니즘에 영향을 받는다. 동해는 일반적으로 해안선이 단조롭고, 서쪽으로 해발 1000m 이상의 태백산맥 능선이 발달하고 있다. 평지가 부족해서 농경이 발달하지 않았다. 또한 대륙붕이 짧아 수심이 갑자기 깊어지고 조석 간만의 차이가 거의 없어서 어업 또한 불리하다. 섬들이 적은데다가 원양에 노출되어 있으므로 파도의 큰 영향으로 무동력항해에 불편하다. 때문에 일부지역을 제외하고는 인간이 거주하기에 좋은 환경은 아니었다. 때문에 다른 해역에 비하여 상대적으로 주민과 문화의 交流와 만남이 적었고, 문화가 활발하지 못했다. 이러한 것들은 동해남부와 연접한 신라의 발전을 더디게 한 요인도 되었지만, 상대적으로 신라가 경주를 중심으로 해양과의 연관성을 국가발전의 주된 정책으로 활용해야함을 의미하기도 한다.

반면에 다른 잇점도 많았다. 그림 3과 같이 동중국해에서 동북상한

---

74 『신증동국여지승람』 권 21, 경상도 경주부 산천조.

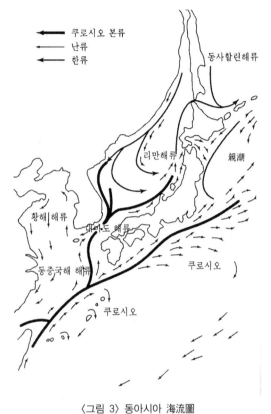

〈그림 3〉 동아시아 海流圖
동아지중해 지역은 한류와 난류가 교차하는 지역으로 해류의 흐름과 함께
문화가 전파되었을 것으로 생각되고 있다

난류(黑潮)가 대마도를 가운데에 두고 통과하여 한 흐름은 한반도 남동
단을 지나 북북동으로 흘러 元山 外海와 울릉도 부근에 이르러 동쪽으
로 전향한다. 반면에 북쪽에서는 한류가 연근해를 타고 내려온다. 이
흐름을 타고 인간과 문화의 이동이 가능하며, 또한 난류와 한류가 만나
는 곳이므로 물고기들이 많이 잡힌다.

　동아시아는 계절에 따라 바람이 방향성[75]을 가진 계절풍 지대이다.

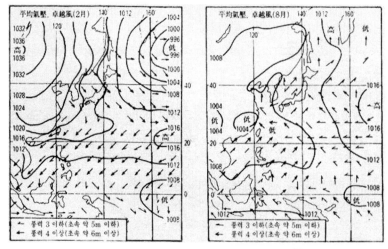

〈그림 2〉 계절풍 도표 왼쪽은 1월, 오른쪽은 5월[76]

때문에 바람은 인간의 해상 이동에 상당한 영향을 끼치며, 특히 동해와 연변한 신라의 역사에 직접 영향을 끼쳤다.

삼국시대의 對外使行에는 계절풍과 해류의 영향이 작용했다.[77] 백제와 중국의 관계[78] 신라와 왜의 관계, 통일신라와 일본의 관계에서 동일하게 나타난다. 日本(倭)의 對新羅關係 월별통계를 보면[79] 왜의 침입이

75 金光植 외 14인, 『한국의 기후』, 일지사, 129쪽.

76 이와 함께 일본측의 茂在寅南, 『古代日本の航海術』, 小學館, 1981, 96~97쪽.; 荒竹淸光, 「古代 環東シナ海 文化圈と對馬海流」, 『東アジアの古代文化』 29號, 大和書房, 1981, 91쪽 등의 것이 참조된다.

77 졸고, 「海洋條件을 통해서 본 古代韓日 關係史의 理解」, 『日本學』 15, 동국대 일본학연구소, 1995.; 졸고, 「渤海의 海洋活動과 동아시아의 秩序再編」, 『고구려연구』 6, 학연문화사, 1988 등에 도표에 자세하게 나와 있다.

78 鄭鎭述, 「韓國先史時代海上移動에 관한 硏究」, 『忠武公 李舜臣 硏究論叢』, 해군사관학교, 1991, 45쪽 도표 참조.

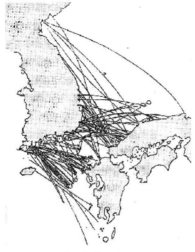

〈그림 3〉 표류도
1629~1840간 조선에서 일본에 표류한 선박들의 길.(시바다게이시. 손태준 작성)
울산 포항 울진 등에서 출발한 배들은 야마구치현과 시마네현에 집중적으로 닿고 있다

봄철에 집중되어 있어 남풍계열, 즉 남동풍을 활용하였음을 알 수 있다. 그 후 남북국시대에도 바람의 중요성은 마찬가지였다. 신라에서 일본으로 갈 때, 10월에서 3월까지의 6개월 동안에는 40번, 그 나머지는 21번이다. 특히 650년부터 700년경은 일본입국시기가 10월에서 12월 사이에 거의 집중되고 있다. 북풍계열의 겨울 계절풍을 이용하고 있음을 알 수 있다. 반면에 일본에서 신라로 향하는 경우에는 봄에서 초여름, 가을에 걸쳐 있다. 남풍계열의 바람을 이용했기 때문이다.[80] 「발해사 항해시기 도표」[81]를 보면 발해인들은 일본에 갈 때는 늦가을부

79 申瀅植, 『新羅史』, 이화여대출판부, 1988, 212쪽.
80 吉野正敏, 「季節風と航海」, 『Museum Kyushu』 14호, 1984, 14쪽 도표 참조.
81 吉野正敏, 「앞 논문」, 16~17쪽에는 발해의 遣日使들의 月別分析을 통해서 항해가 계절

터 초봄에 걸쳐 부는 북풍계열의 바람을 이용하였다. 반면에 귀국할 때에는 늦봄부터 여름에 걸쳐 부는 남동풍계열을 이용하였다. 이러한 해양환경과 역사의 메카니즘은 신라에서 경주의 위상과 역할은 물론 주로 국가발전과 깊은 관계에 있었다. 그림 5를 보면 동해남부 지역에서 자연환경의 영향으로 표류할 경우에 일본열도 혼슈 남단지역에 표착하는 모습을 확인할 수 있다.

2) 경주의 도시형태 및 구조 검토

도시를 비롯한 수도의 선정과 형성은 현실의 다양한 요인들이 복합적으로 작용하지만, 한 시대의 역사적인 특성이 반영된 산물이다.[82] 그러므로 자연환경뿐 만 아니라 역사적인 환경 속에서 살펴볼 필요가 있다. 우선 경주의 형태 및 도시구조를 역사적으로 검토해보아야 한다.

(1) 상업지구 및 행정지구

4세기말 무렵 신라는 생산기술이 발달되고 영토가 확장되면서 경제력이 급성장하게 되는데 이와 궤를 같이하여 物類流通 또한 활발하게 진행되었을 것이다.[83] 王京지역에서는 月城 내에서의 관영수공업외에

풍의 영향을 절대적으로 받았음을 보여준다.

82 董鑒泓 等 편, 成周鐸 역주, 『中國 都城 發達史』, 학연문화사, 1993. 8쪽에는 '도성 발달의 시대구분에는 그 시대의 역사적 특성이 반영되어 있는 것을 알 수 있다. 따라서 그 전체의 시대구분은 마땅히 사회발달사를 중요 관점으로 삼아야만 한다. -도성은 장기간여 걸쳐 이루어진 것으로서 사회와 경제 및 기술적 조건의 제약을 많이 받으면서도 발달과 변화는 비교적 완만하게 이루어져 일정한 연속성을 가지고 있으므로 어떤 하나의 특수한 정치적 사건을 전후로 한 갑작스러운 변화는 없는 것 같다.'라는 내용이 있어 도시발달과 역사상의 관계에 대한 이해를 돕는다.

도 왕경의 여러 곳에서 관영수공업과 사영수공업이 이루어졌다. 수공업 유적으로 城東洞 北門路工房遺蹟, 東川洞 工房遺隨, 皇龍寺 동쪽 王京址 工房遺蹟을 비롯하여 많은 공방들이 있었음이 발굴조사결과 밝혀졌다.[84] 현대의 鐵工所와 같은 기능을 한 곳, 鍮器工房같은 金屬工藝房[85]과 船府(司舟府, 利濟府)[86]같은 부서의 존재는 해항도시의 성격과 연관하여 주목할 만하다.

공방에서 생산된 물건들은 시장에서 거래되었다. 본격적인 고대도시는 사람들이 모여들고 조직적인 유통이 이루어지는 시장이 존재해야 한다. 신라가 수도에 市場을 열었음을 처음 기록한 것은 소지왕 때이고,[87] 이어 지증 마립간때에도 나온다. 하지만 그 이전부터도 鄕市나 촌락에서 열린 자연시장의 성격을 뛰어넘는 본격적인 형태의 시장이 왕경에 있었을 것은 자명한 일이다. 수도의 중심지에 있었던 官市는 방향에 따라 東市, 西市, 南市가 있었다. 이곳에서는 왕경 중심지와 외곽지역 또는 지방에서 온 穀物과 織物, 소금, 農具, 武器, 金屬類(鐵, 鋼, 金, 銀), 각종의 가공생산물품에 이르기까지 다양한 물품들이 거래되었다.[88] 때문에 이 시기에 들어와 비로서 경주지역이 명실상부한 도시로서의 기능을 갖추었다고 보기도 한다.[89] 지방에서는 鄕市가 있었다.

신라는 관영수공업의 발달과 시장을 바탕으로 무역을 국가의 중요한

---

83 朴方龍, 「新羅王京과 유통」, 『신랑왕경의 구조와 체계』, 65쪽.

84 朴方龍, 「新羅王京과 유통」, 『신랑왕경의 구조와 체계』, 68쪽.

85 朴方龍, 「新羅王京과 유통」, 『신랑왕경의 구조와 체계』, 68쪽.

86 『三國史記』39卷, 雜志8 職官條宮中(官營)手工業場을 관장하는 18개의 부서가 있다.

87 『삼국사기』 권3, 炤知麻立干 12 년(490)조 "… 初開京師市肆 以通四方之貨".

88 朴方龍, 「新羅王京과 유통」, 『신랑왕경의 구조와 체계』, 86쪽.

89 吳英勳, 「新羅王京에 대한 考察-成立과 發展을 中心으로-」, 경주사학 11집, 9쪽.

사업으로 삼았다. 공방에서 생산된 물건들은 외국으로 수출되고, 수입된 물건들은 시장에서 거래되었다. 7세기 이후에 신라가 당과 일본에 보낸 물품 종류는 토산품을 비롯하여 수공업 제품 등 실로 다양하다.[90] 엔닌의『입당구법순례행기』에는 고급 '新羅刀子'를 주었다는 기록이 나오는데, 일본에서 사용되었다.[91] 서역에도 다양한 물품을 수출했다.

신라는 초기에는 철을 교역의 수단으로 이용하였다. 즉『三國志』[92] 의 기사를 고려해보면 신라는 어떠한 형태의 것이든 교역의 매개수단이 있었다. 唐의 화폐인 開元通寶가 발굴되었지만, 몇 점 안되는 것으로 보아 일상적으로 사용된 화폐는 아니었다.[93] 신라는 당과 교역을 벌였으며, 일본에는 玳瑁·紫檀·沈香·孔雀尾·瑟瑟·毬毯·翡翠毛 등 소위 '남해박래품'을 보냈다. 일종의 중계무역이다.[94] 신라는 사치품의 수입이 심각하여 한 때는 香木·毬毯·㲪㲪 등에 대한 사용을 금하는 법령[95]을 내릴 정도였다. 사치품의 생산지이며 소비지인 수도가 국제 항구 가까이 있다는 점도 크게 작용했을 것이다.

혜공왕 15년(779)에 두절된 신라와 일본 간의 국교는 9세기에 이르러 재개되었다. 하지만 얼마 후인 809년에는 다시금 단절된다. 하지만

---

90 劉敎聖,「韓國商工業史」,『한국문화사대계』3, 정치·경제사(中), 고려대학교 민족문화연구소, 1979, 1016쪽 참조.

91 『日本書紀』권29, 天武 8년.

92 『삼국지』권30, 魏書 烏丸鮮卑東夷傳 弁辰條. '國出鐵韓濊皆從取之 諸市買皆用鐵 如中國用錢 又以供給二那'『後漢書』도 유사한 기사가 있다. '國出鐵濊倭馬韓并從市之凡諸貿易皆以鐵爲貨'

93 朴方龍,「新羅王京과 유통」, 72쪽.

94 『삼국사기』권33, 雜志 2의 色服 車騎 器用 屋舍조.

95 李龍範,「三國史記에 보이는 이슬람 商人의 貿易品」,『李弘稙博士回甲記念韓國史學論叢』, 新丘文化社, 1969, 103쪽.

이러한 기간 동안에도 민간상인들의 활동은 그치지 않았다. 그 가운데 장보고 선단이 있다. 장보고는 大唐賣物使를 교관선이라는 무역선에 실어 파견하였으며, 현재 후꾸오까시에 지점을 설치하고 廻易使라는 무역선을 보내어 사무역은 물론 공무역 까지도 시도하였다. 신라가 이 처럼 외국과 활발하게 무역을 한 국가였다는 점은 경주의 해항도시적 인 성격을 규명하는데 매우 중요한 요소이다. 신라로서는 고구려 백제 가 아닌 모든 교역이 해양을 이용할 수밖에 없기 때문이다.

(2) 수도 내부 및 주변도시들과의 교통

신라가 차지한 지경학적인 위치와 당시 국제관계로 보아 신라가 공 산품을 수출하고, 또한 수입하는 수단은 육로가 아니라 해로였다. 다만 해안가로 이동하는 중간 과정으로서 육로는 의미가 있었다. 수도를 중 심으로 운송 수단[96] 및 교통로가 발달할 것은 자명한 일이다. 수도 내부 에도 도로는 초기부터 존재했다.[97] 초기의 상태를 벗어나 계획도시가 되면서 도로를 건설하는 일은 첫 번째로 중요한 사업이었을 것이다.[98]

발굴결과를 토대로 재구성하면 신라는 왕경을 중심으로 몇 개의 도 로들이 있었다. 1980년대에 皇龍寺址南外郭東西道路의 발굴조사를 시작으로 상당수의 도로유구가 확인되었다. 또 2004년도에는 도로를 통한 도시계획을 검토한 결과 신라왕경의 도시계획은 3차에 걸쳐 이루

---

96 이 부분에 대해서는 朴方龍, 「新羅王京과 유통」, 79~81쪽 참조.

97 도로 및 국도의 정의에 대해서는 다양한 견해가 있으나, 본고와 관련돼서는 경화면이나 배수구의 존재 등의 정비된 도로에는 못 미치더라도 국가가 특정한 목적을 갖고 자연상 태의 것을 인공적으로 보완하여 정비한 공간을 의미한다. 朴方龍, 「위 논문」, 184쪽.

98 朴方龍, 「新羅都城의 交通路」, 『경주사학』 제16집, 167쪽.

어 졌다고 한다.[99] 해안가와 연관된 것을 보면 皇城洞 제철유적 동쪽
남북도로는 형산강 방향과 동일한 북동-남서방향의 도로 유구가 발견
되었는데 통일신라시대에 축조된 것이다.[100] 남산토성에서 도당산으로
이어지는 부분에도 고도로 추정되는 도로가 남아있는데, 포항방면으
로 연결되는 곳에 있다.[101] 그런데 『삼국사기』의 阿達羅니사금 3년조
(256)에는 계립령로가 개척되었음을 기록하였다. 그 2년 후인 258에는
竹嶺路가 개척되었다. 연오랑과 세오녀가 일본열도로 이주 또는 진출
하는 무렵이다. 이러한 사실을 보면 신라는 3세기 무렵부터는 관도가
정비되었음을 알 수 있다. 이는 지방 통치조직의 일환이기도 하다. 그
렇다면 왕경과 가까우면서도 일종의 都城圈인, 대외관계에 필수적인
해안지방으로 연결되는 관도 또한 그 규모나 구조는 알 수 없지만 일찍
부터 개척되었을 것은 자명하다. 『삼국유사』에는 박(김)제상이 떠났다
는 소식을 듣고 부인이 쫓아가는 장면이 나온다.[102] 이 기사를 보면 망덕
사 앞을 지나 栗浦가 있는 蔚山방면으로 가는 도로가 있었음을 알 수
있다.[103] 나라에는 4개의 큰 도로가 있었으며,[104] 동해와 연결됐음을 알
수 있다.

---

99 도로의 너비 등 구조에 대해서는 黃仁鎬, 「新羅王京의 變遷 -道路를 통해 본 都市計劃-」,
　　『東アジアの古代文化』, 大和書房(古代社會研究所編), 2005에 나와 있다고 한다.

100 국립경주박물관, 『경주 성황동 유적발굴조서약보고서』(住1公아파트 건립부지 第2次
　　地區), 1981. 8., 10쪽.

101 朴方龍, 「新羅都城의 交通路」, 『경주사학』 제16집, 175쪽.

102 『삼국유사』 권1, 기이 1, 奈勿王 金堤上 조.

103 朴方龍, 「新羅王都의 交通路-驛·院을 中心으로-」, 『신라문화제학술발표회논문집』
　　16집, 신라문화선양회, 1995, 180쪽.

104 『삼국사기』 권32, 잡지 1, 제사 조.; 四大道祭 東古里 南, 詹 并樹, 西 渚樹, 北 活併岐.

그 외에 교통로와 연관된 것이 驛체제이다. 역은 소지마립간 9년 (487)에 전국적으로 설치되었다. 왕경의 중심에 京都驛(都停驛)이 있었 고 이를 중심으로 하여 地方의 驛으로 연결되었던 交通體系를 갖추고 있었다.[105] 京都驛에서 왕경외곽의 도성지역과 지방이 시작되는 경계부 근에 五門驛이 있었다.[106] 이 五門驛은 왕경에서 지방으로 연결되었던 五道[107]와 관계가 있다. 자비 마립간시대에는 왜가 5道로 침공하였다. 이 5문역은 고려시대까지도 사용되었다고 한다.[108] 조선시대의 역을 통 해서 역의 위치를 비정하였는데, 仁庇驛 六驛 등은 현재 포항시내에 있다.[109] 종합적으로 고려하면 교통로 또한 경주의 해항도시적인 성격 을 보완해준다.

(3) 해양방어체제의 구축

국가방어체제는 주된 방어대상, 진출경로 및 국가의 발전 전략과 관련하여 구축한다. 신라는 초기에는 주변의 소국들과 쟁패전을 벌였 지만, 한편으로는 왜의 침입을 받았다.[110] 이 무렵 신라를 침공한 왜의

---

105 朴方龍, 「新羅王京과 유통」, 『신라 왕경의 구조와 체계』, 83쪽.

106 朴方龍, 「新羅王都의 交通路-驛·院을 中心으로-」, 『신라문화제학술발표회논문집』 16집, 신라문화선양회, 1995, 99~118쪽 참조.

107 『삼국사기』 3, 신라본기 3, 慈悲 麻立干20년 (477)조. "二十年夏五月 倭人擧兵 五道 來侵--"

108 朴方龍, 「新羅王京과 유통」, 84쪽. 신라시대에 축조된 驛과 幹線官道는 고려·조선시 대를 거치면서도 큰 변화 없이 사용되었다고 할 수 있을 것이다. 그렇다면 전 근대 시대에는 내내 거의 유사한 교통체계를 갖추고 있다고 보는 것이 타당하다.

109 朴方龍, 「新羅王都의 交通路-驛·院을 中心으로-」, 191쪽.

110 금성에 침입한 것만 '夏四月 倭人猝至圍金城'(『삼국사기』, 助賁, 니사금 3년). '倭兵猝至風島 抄掠邊戶 又進圍金城急攻'(『삼국사기』, 沾解, 니사금 37년).

1. 월성　　　　　8. 서형산성
2. 도당산토성　　9. 남산신성
3. 남산토성　　　10. 고허성
4. 명활산토성　　11. 부산성
5. 양동리성지　　12. 북형산성
6. 작성　　　　　13. 관문성
7. 명활산성　　　14. 신대리성

〈그림 4〉 경주지역 신라성 분포도[113]

존재와 거주지역, 공격방향에 대해서는 여러 설이 있다. 한반도 남부지역과 큐슈북부 지역과의 깊은 관련성은 왜와 가야인의 동일성 내지 깊은 관련성을 주장하는 견해로도 나타나고 있다. 해양조건을 고려할 경우 가야인의 일본열도 진출은 활발했으며 큐슈북부지역에 거점을 확보한 후에는 本國 내지 母國과의 정치적 결합 내지 경제적 결합을 추진했을 가능성이 충분히 있다.[111]침입한 존재의 성격이 어떠하든 분명한 것은 침공로가 바다라는 점이다. 이는 해양방어체제의 구축이 수도와 궁성 보호에 필수적을 알려준다.

　경주에는 羅城이 없었다는 견해들이 많다. 王都 내에는 현재까지

　'夏五月 倭人來圍金城 五日不解'(『삼국사기』, 奈勿, 니사금 38년).
　'夏四月優兵圍金城十日'(『삼국사기』, 訥祇, 마립간 28년).
111 물론 이것은 해양을 매개로 한 만큼 결속력이 강한 강고한 조직은 아니었을 것이다.

11개소의(正宮인 月城을 제외함)신라 성곽이 알려져 있다. 방어시설을 3 기로 나누어 분석한 경우도 있다.[112] 1기에는 월성 주변에 都堂山토성 과 南山토성을 축조하였다. 명활산토성이 중요한데, 왕도를 방어하기 위한 최초의 산성이다. 물론 이때의 적은 왜병이다. 2기에 해당하는 5~6세기에 이르면 왕경 전체를 지킬 성곽이 필요하여 남산토성, 남산 신성, 동쪽으로 명활산석성(서쪽 포함), 서쪽에 서형산성, 북쪽에 북형 산성 등이 축조되었다. 이 성들은 대체로 교통의 요충지이며, 월성 둘 레 3,5km 안에 있다.

동쪽의 명활산성은 최초의 석성으로 알려져 있는데, 양북면의 해안과 영일 오천 지역과 통하는 길목에 있다. 교통의 측면 외에 규모나 왕경방 어의 역할을 고려할 때 이 방면 거점성의 역할을 실제로 담당하였다.[114] 즉 해양방어체제의 일환이다. 北兄山城은 왕경의 북쪽 지역이 확대됨에 따라 포항, 迎日지역의 東海岸으로 출몰하는 왜적으로 부터 王京을 지키기 위한 역할을 하였다.[115]이 또한 일종의 해양방어체제였다.

이어 3기에 해당하는 삼국말기에서 통일초기에는 왕경이 확대되고, 방어체제도 더욱 견고해졌다. 왜적의 침입에 대비한 대표적인 례가 新 垈里城과 毛伐郡성(關門城 長城)이다. 新垈里성은 陽南面 일대와 陽北

112 朴方龍, 「新羅王都의 守備 -慶州地域 山城을 中心으로-」, 『신라문화』 제9집, 그는 크게 3기로 나누어 분석하고 있다.; 閔德植, 「新羅王京의 防備에 관한 考察」, 『史學硏 究』 39, 1987. 참조.
113 김용성, 『신라왕도의 고총과 그 주변』, 학연문화사, 2009, 286쪽.
114 『삼국사기』 권3, 實聖, 마립간 4년.; 『삼국사기』 권3, 訥祇, 마립간 15년.; 기사 『삼국 유사』, '己未年倭國兵來侵 始築明活城入避 來倭梁州城 不克而還' 기사.
115 吳英勳, 「新羅王京에 대한 考察-成立과 發展을 中心으로-」, 『경주사학』 11집, 27쪽 참조.

面 해안이 내려다보이는 곳에 있는데, 7세기 후반의 성으로서 울산 일대의 왜적의 침입에 대비한 산성이다.[116] 毛伐郡城은 성덕왕 21 년 (722)에 동남쪽으로 침입하는 왜적의 침입을 차단하고 왕경을 보호하기 위해 만든 長城임을 『삼국유사』와 『삼국사기』[117]의 기록을 통해서도 알 수 있다. 毛伐郡城의 2개 문지는 왕경의 동남쪽으로 통하는 관도가 연결되고 있다. 특히 모화리 문지는 일본사신의 왕래가 잦은 곳이었다고 한다.[118]

삼국시대에는 사방을 방어하기 위해 城廓을 쌓았으나 통일신라시대에는 주로 일본의 침입을 저지할 목적으로 축성이 이루어졌다.[119] 당시의 국제정치적인 상황과 전쟁의 규모 등을 고려한다면 일본의 침입은 물론이고, 기본적으로 방어체제가 견고해야하고, 해안가 산 수도권을 불문하고 해양방어체제의 시스템 속에 편재될 수밖에 없었다.

그렇다면 수도권의 해양방어체제는 어떻게 구성되었을까?[120] 浦項 지역은 '연오랑과 세오녀'의 설화에서 보이듯 신라의 국가항구역할을 한 곳이다. 南彌秩夫城은 포항시 흥해읍 남쪽에 쌓은 토성이다. 『삼국사기』에 따르면 지증왕 5년(504) 9월에 波里城 彌實城 珍德城 등 12개의 성을 쌓았는데, 그 가운데 미실성이 남미질부성이다. 北彌秩夫城은

---

116 鄭永鎬, 「신라 關門城에 대한 小考」, 『古文化』 5집, 한국대학교 박물관협회, 1977, 2~18쪽. 특히 5쪽.
117 『삼국사기』, 신라본기 8, 성덕왕 21년, '冬 十月--築毛伐郡城 以遮日本賊路'.
118 朴方龍, 「新羅都城의 交通路」, 『경주사학』 제 16집, 189쪽.
119 朴方龍, 「新羅王都의 交通路-驛·院을 中心으로-」, 『신라문화제학술발표회논문집』 16집, 신라문화선양회, 1995, 188쪽.
120 이 부분은 전덕재교수가 작성한 『장보고 시대의 포구조사자료』를 토대로 재작성한 것이다.

홍해읍 홍안리에 있는 토성이다. 지증왕 5년(504)에 쌓았으며 남미질부
성과 동서로 마주보는 전형적인 串城이다. 萬里산성은 포항시 남구에
있는데, 경주에서 울산까지 이어진 일종의 해안장성이다. 신라시대에
왜구를 방어하던 성으로서 고구려의 대행성 등과 유사한 기능을 했을
것이다. 古縣城은 포항시 남구 오천읍 원리에 있는데, 진한 12국 가운
데 하나인 勤耆國이며, 近烏支縣의 치소였다. 文星산성은 북구 기계면
에 있는데, 白馬산성이라고도 한다. 삼국 혹은 신라 시대의 성이다.

다음은 盈德郡지역이다. 영덕읍에는 읍성이 있다. 阿達羅王 9년(162)
에는 왕이 沙道城에 가서 군사를 위로했다. 助賁王 4년(233) 5월에는
왜구가 침입하자 于老를 보내 격퇴시켰다. 儒禮王 9년(292)에는 大谷을
보내 왜구를 막고 사도성을 개축하였다. 이러한 기록들이 있는 것으로
보아 사도성은 신라 때부터 왜구의 침입을 방어하는 해양방어체제의
하나임을 알 수 있다. 병곡면 병곡리에는 浦城이 있는데, 삼국시대의
초기를 전후한 시대에 축조되었다고 한다. 온정면에는 신라가 쌓은 白
岩山城을 비롯해 조선시대의 越松鎭城이 있다.[121] 울진은 포항의 북쪽
에 있지만 역시 경주의 해양방어체제와 깊은 연관을 맺었다. 죽변지역
의 竹邊城은 眞興王 때 국경인 召公嶺과 해상에서 쳐들어오는 외적을
방어하기 위하여 쌓은 토성이다. 또한 長山城이 있는데 于珍 읍성으로
불리었으며, 敬順王 초기에 파괴되었다. 경주의 남쪽에도 방어체제가
촘촘하게 구축되었다. 慶州 주변지역에는 산성 외에 봉수대도 있었다.
禿山 봉수대는 감포읍 대본리에 있는데, 『世宗實錄地理志』에는 禿村
봉수로 기록되어 있다. 大岾 봉수대는 경주시내인 외동읍 모화리에 있

---

121 『한국의 해양문화』동남해역(上), 해양수산부, 2002, 416~418쪽 참고.

는데, 시대는 알 수 없으나 關門城에서 북쪽으로 200m 가량 떨어진 곳에 있으므로 신라와 연관있을 가능성이 높다. 그 외에도 많은 수의 烽燧들이 있었는데, 해안가의 봉수란 군사적인 목적외에 항로의 표시기인 등대의 역할도 겸하였다.

신라는 소위 삼국통일을 이룩한 후에 일본열도의 세력과 군사적인 충돌이 발생할 정도로 긴장이 조성되었다. 그 무렵의 긴장상황과 신라인들의 인식을 엿볼 수 있는 몇 가지 상황이 있다. 文武王은 죽어서 큰 龍이 되어 나라를 守護하려한다는 유언과[122] 國人들이 大王岩에 祭事지냈다는 사실, 또한 문무왕이 감은사의 공사를 착수한[123] 사실, 神文王이 東海口에서 龍이 된 文武王과 天神이 된 金庾信將軍으로부터 萬波息笛을 받은 사실들은[124] 해양방어체제를 구축하는 일과 직결되었다. 결국 신라는 도성인 경주 내부와 주변 및 수도권에 방어체제를 구축하였는데, 이는 초기 일부의 예와 고구려와 동해중부해안 쟁탈전을 제외하고는 주적인 일본열도의 세력과 연관하여 벌인 해양방어체제의 구축이었다.

(4) 항구 및 부두의 존재

해항도시로서의 역할을 하려면, 특히 航路가 발달하려면 양질의 內港이 필수적이다. 대규모 船團을 보유하고 정박할 수 있는 훌륭한 부두

---

122 『삼국유사』 권2, 紀異 2 文虎(武)王 法敏 조.

123 『삼국유사』 권2, 萬波息笛 조.

124 이 외에도 몇 가지를 왜와 연관 시키고 있다. 朴方龍, 「新羅王都의 守備 ―慶州地域 山城을 中心으로―」, 『신라문화』 제9집, 31~32쪽 참조.

시설을 갖추고, 넓고 안정된 灣이 발달되어야 한다. 灣 안에는 흐름을 조절할 수 있는 섬들이 있어야 한다. 그런데 자연조건이 적절하게 갖추어졌다 해도 양질의 항구인 것은 아니며, 한 항구가 모든 시대를 일관해서 사용되는 것도 아니다. 정치적인 상황, 군사적인 목적, 그리고 국제환경의 변화에 따른 대외교섭의 방향 등 시대상황에 따라 이용방식이 달라지기 때문이다. 경주주변 지역에서 사용되었을 항구들은 해당 시대의 유적 유물을 기본으로 조선시대에 개방되고, 사용되었던 포구들을 통해서 추정할 수 있다.

포항은 延烏郞과 細烏女와 관계가 깊다. 8대 阿達羅王 즉위 4년에 그들 부부는 바위를 타고 바다를 건너가 일본에서 소국가의 왕이 되었다.[125] 迎日郡 延日面에 烏川이 있는데 이곳이 연오랑이 출발한 지역이다. 신라인들이 집단적으로 출발하는 국제항구였을 것이다. 울산은 석탈해와 연관이 있다. 『삼국사기』에는 석탈해가 倭國에서 東北으로 1,000리 되는 곳에 있는 多波那國 출생[126]으로서 상자(檟)속에 넣어져 표류의 형식을 통해서 伽倻를 거쳤다가 新羅의 阿珍浦에 들어온 것으로 기술되어 있다.[127] 5세기 초에 朴堤上(삼국유사에는 김제상이라고 되어있다.)이 내물왕의 아들인 未斯欣을 구하기 위하여 출발한 栗浦도 이 해역이다.[128] 甘浦는 비록 항구는 작고, 면적이 좁으나 출발장소로 사용되

---

125 『三國遺事』 권 1, 紀異 2.
126 『삼국유사』에는 龍城國 출신. 탈해가 도착한 阿珍浦口의 위치를 迎日(李丙燾, 『國譯三國史記』) 혹은 下西로 보고 있다.(井上秀雄, 「任那日本府と倭」), 多婆那國의 위치는 왜국의 동북쪽이므로 出雲地方으로 비정하는 견해도 있다.(金澤均, 「三國史記 新羅의 對倭關係記事 分析」, 『江原史學』 6집, 강원대 사학회, 1990, 10쪽) 이즈모지역의 철생산과 한반도와의 관련성은 眞常弓忠, 『古代の鐵と神神』, 學生社, 1991, 15쪽 참조.
127 『삼국유사』의 '駕洛國記'에는 역사적 사실로서 보다 구체적으로 기술하고 있다.

었다. 경주와 가장 가까우며, 동시에 일본열도에서 경주지역으로 들어오는 첫 상륙지이기도 하였다. 그래서 그곳에는 문무왕이 왜적을 막기 위해 용이 된 수중릉과 감은사가 있는 것이다. 시대에 따라 그 중요도에는 변화가 있었고, 진출과 방어라는 기능적인 측면에서도 역할의 비중은 변화했을 것이다. 다만 위치, 역사상을 고려할 때 울산이 가장 중요한 국가항구일 가능성이 크다. 처용설화가 등장하는 시기인 49대 憲康王대(879)에는 울산이 국제무역항이었다.[129]

(5) 대외항로의 연결

항로의 메카니즘의 대해서는 필자가 여러 글에서 밝힌바가 있다. 간단히 언급하면 해양환경을 고려할 때 특정지역에서 출항하면 특정지역에 도착할 수밖에 없는 구조라는 점이다. 경주지역이 海港都市의 성격을 갖고 가능하려면 항로의 발달이 필수적이다. 동아지중해의 역사에서는 다양한 항로들이 사용되었다. 그 가운데에서 경주지역과 연관있는 부분을 약술하고자 한다.

① 동해 연근해항로

동해의 서쪽인 한반도 쪽 해안을 북-남으로 이어주는 항로로서,[130] 선사시대부터 사용되었다. 1947년에 발견된 함경도의 서포항 패총유

---

128 『삼국유사』 김제상 조에 기술된 望德寺를 望海寺로 추정하고 蔚州郡 青良面 栗里의 靈鷲山 東麓일 것으로 판단하고 있다.(李鍾恒)

129 이용범, 「처용설화의 一考察-唐代 이슬람의 商人과 新羅」, 『진단학보』 32, 1969.

130 이 항로의 일반적인 성격은 윤명철, 「渤海의 海洋活動과 東아시아의 秩序再編」, 『高句麗研究』 6, 학연문화사, 1998.12. 등 참고.

적지는 구석기시대, 신석기시대, 청동기시대의 문화층이 함께 있다. 강원도 양양군 鰲山里유적은 기원전 6000~4500년 사이의 유적이다. 융기문토기와 함께 다량으로 출토된 結合式釣針은 부산의 동삼동, 상노대도 등의 유적지에서도 발견되어 연결성을 보여주고 있다.[131] 청동기시대에 무문토기도 동해안을 따라 확산정착된 것으로 나타난다.[132] 동해권의 전파로와 관련하여 경주 지역과 직접 연관된 것은 암각화이다. 영일만지역의 칠포리 암각화를 비롯하여, 근처인 蔚州 대곡리에도 대형의 반구대 암각화, 경주 및 고령의 암각화가 있다. 암각화의 기원과 문화적 성격에 관하여 많은 논란이 있다. 전파의 입장에서 그동안 연구성과를 정리하면 북방 연해주지역에서 내려온 것으로 이해하고 있다.[133] 물론 동해연근해항로와 직결되어있으며,[134] 특히 蔚山 盤龜臺 벽화의 곤도라형의 船文은 [135]가장 원시적 항해수단인 뗏목형태와 유사하다.

② 동해 남부 횡단항로

동해남부 횡단항로는 신라가 초기부터 사용하였다. 경주의 외항인 울산 포항 감포 등지를 출발하여 동해남부를 횡단한 다음에 일본열도의 혼슈 남부지역인 산음지방의 돗도리(鳥取)현의 但馬, 伯耆, 시마네

---

131 任孝宰, 「신석기 시대의 한일문화교류」, 『한국사론』 16, 17쪽, 21쪽.

132 江原道, 『江原道史』(歷史編), 1995, 220쪽.

133 송화섭, 「한국 암각화의 신앙의례」, 『한국의 암각화』, 한길사, 1996, 264쪽.

134 윤명철, 「동해문화권의 설정 검토」, 『동아시아 역사상과 우리문화의 형성』, 한국학중앙연구원 동북아고대사연구소, 2005.

135 國分直一, 「古代東海の海上交通と船」, 『東アジアの古代文化』 29號, 大和書房, 1981, 37쪽 참조.; 金元龍, 「蔚州盤龜臺 岩刻畵에 대하여」, 『한국사연구휘보』 제33호, 1980.

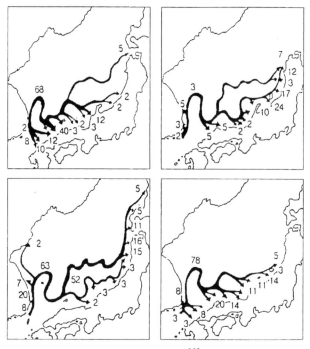

〈그림 5〉 해류병도[140]
대한해협에서 투입한 표류병의 도착 상황.
겨울에는 전체의 40%가 이즈모 지역에 도착하고 있다.

(島根)현의 出雲, 隱岐, 야마구치(山口)縣의 長門 등에 도착한다. 그 다음에는 연안 혹은 근해항해를 이용하여 북으로는 후꾸이(福井)현의 敦賀(쓰루가)지역으로, 남으로는 큐슈지역으로 들어가기도 했다. 연오랑과 세오녀의 설화에 나오는 항로이다. 앞에서 언급한 해양환경과 아래의 그림을 고려하면 가장 자연스러운 항로임을 확인할수 있다.

이즈모 지역은 신라인들이 도착하는 가장 대표적인 곳이다.[136] 『일본

---

136 울산이나 포항지방과 위도가 북위 35.5도로 거의 비슷하다. 때문에 동해남부나 남해

서기』垂仁天皇 3년 조에는 신라
국의 왕자라는 天日槍이 7개 또
는 8개의 보물을 갖고 艇을 탄 패
일본열도에 와서 정착하는 과정
이 있다. 그런데 『고사기』에서
는 天日(之)矛라는 명칭으로서 8
가지 보물을 가져왔다고 했다.
그런데 그 보불이 당시에 사용된
항해계기라는 주장도 있다.[137]한
편 시마네(島根)현지역의 出雲
등에는 고구려 문화의 흔적이 있
다.[138] 조희승은 고구려인들이
동해를 건너 이즈모일대에 정착

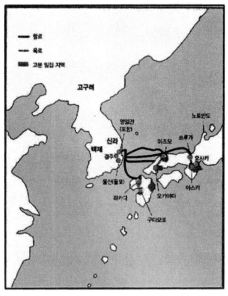

〈그림 6〉 통일전 신라의 대일본 항로

하였다가 다시 척량산맥을 넘고 쯔야마 분지일대에 정착한 것으로 생각
한다고 하였다.[139]

에서 리만한류를 타고 항해를 하다, 북위 30도 부근에서 대한난류를 횡단하여 본류에
올라타면 시마네현 앞에 있는 오끼(隱岐)제도를 경유하여 비교적 자연스럽게 도달할
수 있다. 거기다가 북서 계절풍을 활용한다면 항해는 크게 어렵지 않다.

137 茂在寅男, 『古代日本の航海術』, 小學館, 1981, 170~173쪽 참조.

138 조희승, 『초기조일관계사』 하, 사회과학출판사, 1989, 303~304쪽.

139 조희승, 『초기조일관계사』 상, 303쪽.

140 日本海洋學會 沿岸海洋研究部會編, 『日本全國沿岸海洋誌』, 東海大學出版會, 1985,
925~926쪽.

(3) 남해항로

남해항로는 남해동부 출발-대마도 경유- 큐슈북부 도착항로이다. 해류와 조류의 작용을 고려한다면 최종 출항지는 김해해역이 아니라 거제도권이다.[141] 거제도는 김해세력의 外港역할을 했거나 아니면 독자적인 해상세력 집단의 거점일 가능성이 크다.[142] 김해는 교역의 관점에서 수출항적 성격보단 수입항적인 성격을 띠었다.[143]

반면에 산인(山陰)의 이즈모(出雲)에서 출발하는 경우는 큐슈북안까지 대마해류의 반류에 타고 대마도를 경유하여 북동진하는 해류에 타서 한반도의 동해남부 혹은 남해동부 해안에 도착할 수 있다.[144] 더구나 봄에 남풍계열의 바람을 이용하면 더욱 쉬워진다. 선사시대 일본열도계의 유물이 한반도 남해서부, 즉 釜山 東三洞이나 朝島패총에서[145], 그리고 동해남부인 蔚山의 西生浦 등에서 발견된다. 이 또한 일본열도

---

141 이 부분에 대한 상세한 언급은 졸고, 「海路를 통한 先史時代 韓·日 양지역의 文化接觸 可能性檢討」, 『韓國上古史學報』 2집, 한국상고사학회, 1989 참조.; 森 繁弘, 『發見 邪馬臺への航跡』, 講談社, 1987, 192쪽.

142 교역의 관점에서 수입항적 성격보단 수출항적인 성격을 띠었다. 신경철은 대성동 양동리 등의 倭系遺物들은 本加耶의 鐵에 대한 대역품으로 받은 것이란 견해를 보였다. (「최근 加耶地域의 考古學的 成果」, 『加耶史論』, 고려대 한국학 연구소, 1993, 114~118쪽.)

143 신경철은 대성동 양동리 등의 倭系遺物들은 本加耶의 鐵에 대한 대역품으로 받은 것이란 견해를 보였다. (「최근 加耶地域의 考古學的 成果」, 『加耶史論』, 고려대 한국학 연구소, 1993, 114~118쪽.)

144 松枝正根 松枝正根, 『古代日本の軍事航海史』 上, かや書房, 1994, 109~111쪽.

145 林墩, 「朝島의 史的考察」.; 孫兌鉉, 「古代에 있어서의 海上交通」, 『논문집』 15, 한국 해양대학, 1980.; 江坂輝彌, 「朝鮮半島 南部と西九州地方の先史·原史時代における 交易と文化交流」, 『松阪大學紀要』 第4號, 1986, 7쪽. '五島列島 북부의 宇久島, 小値 賀島에서는 가을날의 쾌청한 날 등에는 조선반도의 서남부의 해상에 있는 제주도의 한라산을 보는 것이 가능하다.'

혹은 對馬島에서 흘러오는 해조류의 흐름과 바람을 자연스럽게 이용한 것을 입증한다.[146] 이러한 다양한 해양환경을 고려할 때 고대에도 일본 열도 세력들이 쉽게 도착할 수 있는 지역이 신라의 해변이다. 때문에 삼국사기에는 왜와 관련된 기사가 500년까지 50여회에 달할 정도였다.[147] 이상을 고려한다면 신라는 일본을 향해 항해할때는 주로 동해남부와 남해항로를 사용하였다. 물론 그 외에도 통일 전에는 황해중부를 활용한 대중국항로가 있었으며, 통일 후에는 황해중부 이남과 동중국해 등에서 정부와 민간인들이 활용한 다양한 항로가 있었다.[148]

5. 결론

필자는 '동아지중해 모델'을 설정한 후에 동아시아 역사와 한민족의 역사를 해양적인 관점에서 해석해왔다. 그 가운데 하나가 본고의 주제인 '海港都市論'이다. 신라는 해양과 깊은 연관을 맺으면서 발전해왔다. 해양환경을 포함한 자연환경과 역사적인 환경 속에서 그렇게 될 수밖에 없었다. 동해남부는 해양환경상 해양활동을 하기에 적합한 면이 많았고, 경주 및 주변지역은 水陸과 海陸的 성격을 공유하였으며, 물류망이 육상과 강 바다로 이어지는 유기적인 체제가 가능했다.

---

146 조류에 흐름에 대해서는 많은 논문이 있으나 가장 정확하게 길을 제시한 논문은 市田惠司 高山久明, 「古代人の航海術對馬海峽 시뮤레이션」, 『考古學 저널』 12월, 通倦 212號, 뉴 사이언스사, 1982에 컴퓨터 분석에 의한 각종 도표가 있다. 尹明喆, 「海路를 통한 先史時代 韓日 양 지역의 文化接觸 可能性 檢討」, 『한국상고사학보』 2, 1989.

147 이 부분에 대해서는 申瀅植, 『新羅史』, 이화여대출판부, 1988, 210~213쪽 참조.

148 이와 관련된 해양활동 및 항로에 대해서는 필자의 연구성과 등을 참조하기 바란다.

진흥왕 이전까지는 발생지와 인접한 동해남부를 중심으로 활동을 해왔으며, 해양교섭의 대상은 일본열도의 세력이었다. 초기에는 주로 일본열도로부터 공격을 받는 것으로 기술되어 있다. 이는 피해자의 인식을 반영한 삼국사기의 입장이다. 韓日 양측의 사서에서 나타나는 일부의 기록들과 유적 및 유물들을 고려하고, 무엇보다도 그 당시 동아시아의 국제관계, 한일 양 지역의 역학관계, 해양의 메카니즘, 그리고 신라의 해양능력을 고려한다면 신라인들은 초기부터 일본열도로 진출하였으며, 점차 정치적, 무역의 목적을 띄고 조직적으로 진출하였다.

일본세력과는 존속기간 내내 갈등과 협력의 관계를 연출했고, 이는 해양과 직결된 문제이었다. 따라서 신라에게 해양이란 생존과 발전의 문제였으며, 그에 따라 국가발전전략으로 해양정책을 추진할 수밖에 없었다. 이 부분에 대해서는 추후에 체계적으로 언급하려고 한다. 그리고 이러한 국가정책의 한 부분으로서 수도인 경주지역의 위상과 역할이 있었다. 경주지역은 태생부터 해양과 연관이 깊었고, 점차 역사가 발전하는 과정에서 해양과의 관계가 더욱 깊어졌다. 그리고 해항도시로서의 면모와 성격을 갖추어갔다.

본고는 해항도시의 조건을 거론한 다음에 4장에서 경주지역의 환경과 구조 등이 그 조건에 근접하는 지를 살펴보았다. 그 결과 신라의 수도 내지는 수도권이었을 경주지역은 해항도시의 성격을 가지고 있다고 결론 내렸다. 신라의 역사에서 首都는 국가와 마찬가지로 海陸的 성격을 갖는 것이 바람직하며, 江海 다양한 육지 등을 유기적으로 연결시킬 수 있는 시스템을 갖추고, 이는 구체적으로 通路의 문제와 연관된다. 경주는 모든 요건을 고려할 때 육지와 바다가 만나는 곳에서 형성되고 발전한 일종의 '海港都市'[149]이다. 물론 서론과 각 장에서 언급한 바 있지만 이는 1차 시도인 만치 평면적인 분석과 서술에 그친 한계가 있다. 추후에 몇 가지 분석도구를 사용하여 보다 구체적으로 해항도시의 성격을 규명하고자 한다. 특히 국가발전정책의 일환으로 해항도시의 역할이 무엇이었는가 등은 본 연구 주제의 궁극적인 목표라고 생각한다.

참고문헌

『高麗史』.

『三國史記』.

『三國遺事』.

『三國志』.

『續日本紀』.

『新增東國輿地勝覽』.

『日本書紀』.

1. 단행본

〈국내저서〉

姜大玄, 『도시지리학』, 교학사, 1980, 1~346쪽.

김석형, 『고대한일관계사』(원서명 『초기 조일관계사』, 1966년판) 한마당, 1988, 1~515쪽.

김용성, 『신라왕도의 고총과 그 주변』, 학연문화사, 2009, 1~400쪽.

董鑒泓 等 편, 成周鐸 역주, 『中國 都城 發達史』, 학연문화사, 1993, 1~257쪽.

---

149 윤명철, 「강해도시 김포시의 역사성과 21C 가치 효용성」, 『김포 수로도시 국회 공청회』, 김포저널, 기타.

복기대, 『요서지역의 청동기문화』, 백산자료원, 2002, 1~336쪽.

손영종, 『고구려사』 2, 과학백과사전종합출판사, 1997, 1~270쪽.

申瀅植, 『新羅史』, 이화여대출판부, 1988, 1~289쪽.

에머리 존스 저, 이찬 권혁재 역, 『人文地理學 原理』, 법문사, 1985, 1~280쪽.

尹乃鉉, 『고조선연구』, 일지사, 1994, 1~905쪽.

윤명철, 『고구려 해양사 연구』, 사계절, 2003, 1~534쪽.

_____, 『동아지중해와 고대일본』, 청노루, 1996, 1~309쪽.

_____, 『장보고 시대의 해양활동과 동아지중해』, 학연, 2002, 1~319쪽.

_____, 『한국 해양사』, 학연, 2003, 1~432쪽.

_____, 『한민족의 해양활동과 동아지중해』, 학연, 2002, 1~512쪽.

이시 히로유끼, 야스다요시노리, 유아사 다케오 지음, 이하준 옮김, 『환경은 세계
    사를 어떻게 바꾸었는가』, 경당, 2003, 1~286쪽.

任德淳, 『政治地理學原論』, 일지사, 1988, 1~312쪽.

조희승, 『초기조일관계사』하, 사회과학출판사, 1989, 1~355쪽.

존 펄린 지음, 송명규 옮김, 『숲의 서사시』, 따님, 2006, 1~413쪽.

테리 조든 비치코프, 모나 도모시 지음, 류제현 편역, 『세계문화지리』, 살림, 2008,
    1~330쪽.

SIBIL MOHOLY-NAGY 著, 崔宗鉉 陳景敦 譯, 『都市 建築의 歷史』, 1990, 1~330쪽.

〈외국저서〉

郭大順, 『龍出遼河源』, 百花文藝出版社, 2001, 1~271쪽.

武光 誠, 『大和朝廷は古代の水軍がつくった』, JICC, 1992, 1~71쪽.

茂在寅南, 『古代日本の航海術』, 小學館, 1981, 1~238쪽.

文脇禎二, 『出雲の 古代史』, NHK ブックス, 1986, 1~262쪽.

森 繁弘, 『發見 邪馬臺への航跡』, 講談社, 1987, 1~260쪽.

松枝正根, 『古代日本の軍事航海史』上, かや書房, 1994, 1~330쪽.

趙賓福 著, 崔茂藏 譯, 『中國東北新石器文化』, 集文堂, 1996, 1~312쪽.

眞常弓忠, 『古代の鐵と神神』, 學生社, 1991, 1~238쪽.

2. 논문

〈국내논문〉

姜泰昊, 「新羅 都城의 空間構造 形成過程에 관한 硏究」, 『慶州史學』第15輯, 동국
대학교 국사학과, 1996, 25~53쪽.

金鎬詳, 「新羅王京의 金城硏究」, 『慶州史學』第18輯, 동국대학고 국사학과, 1999,
27~49쪽.

김영근, 「하가점 하층문화에 대한 고찰」, 『단군학 연구』 14, 단군학회, 2006,
103~126쪽.

김용성, 「신라왕도의 범위에 대하여」, 『신라왕도의 고총과 그 주변』 제9장, 학연문
화사, 2009, 268~297쪽.

朴方龍, 「신라 도성의 교통로」, 『慶州史學』第16輯, 동국대학교 국사학과, 1997,
167~206쪽

_____, 「新羅 王都의 守備」, 『신라문화』 제9집, 1992, 동국대학교 신라문화연구
소, 25~38쪽.

_____, 「新羅王京과 流通」, 『신라왕경의 구조와 체계』, 신라문화제학술발표회,
제2집, 동국대학교신라문화연구소, 2006.3, 63~104쪽.

朴漢濟, 「中國歷代 수도의 유형과 사회변화」, 『역사와 도시』, 동양사학회 편, 서울
대학교출판부, 2000, 39~92쪽.

신형식·최근영·윤명철·오순제·서일범 공저, 「경기만 지역의 해양방어체제」, 『고
구려 산성과 해양방어체제』, 백산출판사, 2000, 393~606쪽.

吳英勳, 「新羅王京에 대한 考察-成立과 發展을 中心으로-」, 『경주사학』 11집, 동
국대학교 국사학과, 1992, 1~39쪽.

윤명철, 「고구려 문화형성에 작용한 자연환경의 검토-터이론을 통해서-」, 『한민
족 연구』 4, 2007, 161~198쪽.

_____, 「고구려 수도의 海陸的 성격 검토 - 江海都市論을 중심으로-」, 『백산학보』
80호, 2008, 51~96쪽.

_____, 「고대 한강 강변방어체제연구 2」, 『鄕土서울』 64호, 서울시사편찬위원회,
2004, 129~160쪽.

_____, 「국내성의 압록강 방어체제연구」, 『고구려 연구』 15집, 고구려연구회,
2003, 57~77쪽.

_____, 「東아시아의 海洋空間에 관한 再認識과 活用 -동아지중해모델을 중심으

로-」, 『동아시아 고대학』 14, 동아시아 고대학회, 경인문화사, 2006, 323~358쪽.

윤명철, 「동해문화권의 설정 검토」, 『동아시아 역사상과 우리문화의 형성』, 한국학 중앙연구원, 민속원, 2005.9, 1~44쪽.

_____, 「渤海의 海洋活動과 동아시아의 秩序再編」, 『고구려연구』 6, 학연문화사, 1988, 469~514쪽.

_____, 「영일만 지역의 해양환경과 암각화의 길의 관련성 검토」, 『한국 암각화연 구』 7·8합집, 2006.12., 11~28쪽.

_____, 「한강 고대 강변 방어체제 연구-한강하류지역을 중심으로-」, 『향토서울』 61, 서울시사편찬위원회, 2001, 89~124쪽.

_____, 「한국사 이해를 위한 몇 가지 제언」, 『한국사학사학회보』 9, 한국사학사학 회, 2004, 5~36쪽.

_____, 「海路를 통한 先史時代 韓·日 양지역의 文化接觸可能性檢討」, 『韓國上古 史學報』 2집, 한국상고사학회, 1989, 91~118쪽.

_____, 「海洋條件을 통해서 본 古代韓日 關係史의 理解」, 『日本學』 15, 동국대 일본학연구소, 1995, 67~113쪽.

李龍範, 「三國史記에 보이는 이슬람 商人의 貿易品」, 『李弘稙博士回甲記念韓國史 學論叢』, 新丘文化社, 1969.

_____, 「처용설화의 一考察-唐代 이슬람의 商人과 新羅」, 『진단학보』 32, 1969.

李亨求, 「발해연안 석묘문화의 원류」, 『한국학보』 50, 일지사, 1988.

鄭永鎬, 「신라 關門城에 대한 小考」, 『古文化』 5집, 한국대학교 박물관협회, 1977.

鄭鎭述, 「韓國先史時代海上移動에 관한 研究」, 『忠武公 李舜臣 研究論叢』, 해군사 관학교, 1991.

趙賓福 著, 崔茂藏 譯, 『中國東北新石器文化』, 集文堂, 1996.

崔在錫, 「9世紀 신라의 西部日本進出」, 『韓國學報』 69, 1992.

邢基柱, 「都城計劃綜考」, 『일본학』 5, 동국대 일본학연구소, 1987.

黃仁鎬, 「新羅王京의 變遷 -道路를 통해 본 都市計劃-」, 『東アジアの古代文化』 大和書房(古代社會研究所編), 2005.

〈외국논문〉
江上波夫, 「古代日本の對外關係」, 『古代日本の國際化』, 朝日新聞社, 1990, 51~80쪽.

國分直一, 「古代東海の海上交通と船」, 『東アジアの古代文化』29號, 大和書房, 1981, 28~41쪽.

吉野正敏, 「季節風と航海」, 『Museum Kyushu』14호, 1984.

荒竹淸光, 「古代 環東シナ海 文化圈と對馬海流」, 『東アジアの古代文化』29號, 大和書房, 1981, 86~93쪽.

신라 고도 경주의 지역 축제 스토리텔링 전략 연구

제47회 〈신라문화제〉를 중심으로

이채영

1. 들어가며

축제는 비일상성에 기반을 둔다. 하지만 국내의 축제는 88올림픽 이후 해가 거듭되면서 양적으로 팽창하여 오늘날 지자체의 행사 일정에 매달 빠짐 없이 등장한다는 점에서, 비일상성보다는 차라리 일상성에 가깝다. 특히 지역의 정체성을 부각하고 강화하기 위해 지역의 역사적 사건·인물이나 지역 고유의 옛이야기, 문학 작품 등을 테마로 한 축제는, 지역적 경계를 막론하고 빈번히 기획, 개최되는 단골 행사 중 하나다.

신라문화제 역시 경주시의 지역적 정체성이 강하게 드러나는 축제로, 2019년을 기준으로 47회나 개최된, 유구한 역사를 지닌 축제이다. 1934년부터 개최된 '신라제'[1]를 전신으로 한 신라문화제는 1962년부터

---

1 신라제는 신라의 발상을 재현하고 6부의 건국을 현창하는 행사로, 제전식(祭典式)과 더불어 선덕여왕을 기리는 행렬, 화랑단 행렬, 김유신 장군 출진 행렬 등과 궁술·체육·백일장 대회가 열렸다. 신라제는 1940년까지 열리다 전쟁으로 중단되었으며, 1947년

는 현재의 명칭으로 변경되어 2019년 현재까지 지속되고 있다. 또한 신라문화제는 2014년에는 문화체육관광부가 선정한 대한민국 지역 우수축제로 자리매김하기도 하였다. 이처럼 신라문화제는 역사성과 지역적 특색을 잘 보존, 전승하고 있는 대표적인 지역 문화제 중 하나다.

유구한 역사를 가진 도시의 문화원형을 활용한 축제는 다른 축제보다 지역 정체성이 강하게 드러난다. 또한 지역 문화와 역사에 대한 집단의 기억과 해석을 다양한 방식으로 재현하고 있다는 점에서 여타의 축제에 비해 함의하고 있는 시사점이 많다. 이에 본고에서는 제47회 신라문화제를 연구 대상으로 삼고, 축제 스토리텔링의 전략적 특성과 의미를 분석하고자 한다. 신라문화제의 통시적인 변화과정을 모두 조망하면 좋겠지만, 축제 스토리텔링 전략을 구체적으로 파악하기 위해서는 공시적인 관점으로 한정하고 해당 축제를 세부적으로 구조화하여 정치하게 분석하는 것이 더 적합하다고 판단했기 때문이다.

불필요한 논의를 줄이고 원활하게 논지를 전개하기 위해, 축제 스토리텔링 분석 연구[2], 축제의 만족도 요인이나 효과 등을 주제로 한 연

다시 거행되었다. (박현, "경주, 천년 수도에서 관광 도시로 – 일제강점기와 1970년대", 레디앙, 2019.05.14, 참조. http://www.redian.org/archive/133052.)

2 대표적으로 다음과 같은 연구를 들 수 있다.
백승국, 「축제기획을 위한 문화기호학적 방법론」, 『인문콘텐츠』 6, 인문콘텐츠학회, 2005, 249~267쪽.; 류정아, 「지역문화콘텐츠 개발의 이론과 실제 –축제를 중심으로」, 『인문콘텐츠』 8, 인문콘텐츠학회, 2006, 39~57쪽.; 이윤선, 「설화기반 축제 캐릭터 스토리텔링과 노스탤지어 담론 –전남의 장성 〈홍길동〉 및 곡성 〈심청〉을 중심으로」, 『남도민속연구』 15, 남도민속학회, 2007, 237~273쪽.; 안성혜, 「지역문화축제 활성화를 위한 전략적 기획 방안의 모색」, 『한국콘텐츠학회논문지』 8, 한국콘텐츠학회, 2008, 168~175쪽.; 신현식, 「문화관광축제 스토리텔링 속성 분석에 관한 연구: 효석문화제를 중심으로」, 『인문콘텐츠』 19호, 인문콘텐츠학회, 2010, 41~65쪽.; 전명숙·김근종, 「지속가능한 지역축제의 스토리텔링 요소 분석」, 『한국사진지리학회지』 제20권 제4호,

구³, 그리고 경주 지역 축제나 신라문화제에 대한 연구⁴ 등을 본고의

한국사진지리학회, 2010, 87~95쪽.; 김원호, 「지역 축제와 디지털 스토리텔링」, 『마케팅』 46-2, 한국마케팅연구원, 2012, 32~42쪽.; 이정진, 「'바우덕이'콘텐츠의 스토리텔링 연구: 축제 이벤트 프로그램 개발을 위한」, 『인문콘텐츠』 25, 인문콘텐츠학회, 2012, 211~237쪽.; 한명희, 「〈진주남강유등축제〉와 〈대만등불축제〉의 비교-축제의 스토리텔링을 중심으로」, 『글로벌문화콘텐츠』 21, 글로벌문화콘텐츠학회, 2015, 303~324쪽.; 김정웅·유동환, 「구술특성을 적용한 지역 축제의 차별화 방안 연구」, 『문화콘텐츠연구』 7, 건국대학교 글로컬문화전략연구소, 2016, 185~214쪽.; 이가연, 「스토리텔링을 활용한 성공적 축제 사례 연구 -프랑스 망통 레몬 축제를 중심으로」, 『유럽문화예술학논집』 13, 유럽문화예술학회, 2016, 27~46쪽.; 이경희, 「하동 야생차문화축제의 축제 장소 다핵화와 스토리텔링 연구」, 『차문화·산업학』 31, 국제차문화학회, 2016, 15~136쪽.; 송은아·임준묵, 「성공적인 지역 축제를 위한 스토리텔링의 도입」, 『한국엔터테인먼트산업학회논문지』 11-1, 한국엔터테인먼트산업학회, 2017, 37~46쪽.; 오영훈·박미숙, 「지역 축제의 이야기와 표현 속성 연구 -인천 소래포구 축제를 중심으로」, 『지역과 문화』 4-4, 한국지역문화학회, 2017, 69~85쪽.

3 대표적으로 다음과 같은 연구를 들 수 있다.
신현식·김창수, 「지역 축제 스토리텔링이 축제매력성과 방문자 만족에 미치는 영향」, 『관광연구』 62-3, 대한관광경영학회, 2011, 225~242쪽.; 김현철·전인오, 「스토리텔링 선택 속성이 축제의 브랜드 자산과 사후 행동 의도에 미치는 영향」, 『한국콘텐츠학회논문지』 13-10, 한국콘텐츠학회, 2013, 480~494쪽.; 이덕순·오훈성, 「지역 축제 스토리텔링 속성이 몰입과 만족에 미치는 영향」, 『관광연구저널』 30-1, 한국관광연구학회, 2016, 137~150쪽.; 이제용 외 3인, 「전통문화 축제의 스토리텔링이 축제 매력성과 방문객의 만족에 미치는 영향」, 『한국콘텐츠학회논문지』 16-9, 한국콘텐츠학회, 2016, 396~409쪽.; 천민호, 「축제 스토리텔링 매력지각과 재방문의도 연구—브랜드 명성을 조절효과로」, 『관광경영연구』 85, 관광경영학회, 2018, 537~552쪽.; 김동한 외 2인, 「지역 축제의 스토리텔링과 몰입도가 만족도에 미치는 영향 -2017 영주 한국선비문화축제를 중심으로」, 『관광레저연구』 31-3, (사)한국관광레저학회, 2019, 131~149쪽.

4 이봉석, 「지역문화축제 활성화 방안에 관한 연구 -신라문화제를 중심으로」, 『논문집』 16, 서라벌대학, 1999, 7~26쪽.; 이태희·이충기, 「경주세계문화엑스포에 대한 축제참가 동기 분석」, 『관광학연구』 23-2, 한국관광학회, 2000, 84~98쪽.; 이충기, 「지역문화관광축제에 대한 평가와 개선방안 : 경주 '한국의 술과 떡 잔치 2000' 행사를 중심으로」, 『경주문화연구』, 3, 경주대학교 경주문화연구소, 2000, 139~159쪽.; 조현호·유영준, 「지역 축제의 만족도에 관한 연구 -경주 전통주와 떡 축제를 대상으로」, 『관광학논총』 4, 경주대학교 관광진흥연구원, 2000, 127~153쪽.; 박경용, 「문화관광축제의 '전통' 창출과 관광자원화 -경주 '한국의 술과 떡 축제'를 중심으로」, 『지방사와 지방문

선행 연구 범주로 분류하여 검토하였다. 다양한 주제의 유의미한 논의들도 많았으나, 이론적 배경인 스토리텔링의 개념과 실제 축제 분석의 내용이 동떨어져 있는 연구나 정량 연구에 편중되어 있는 만족도 조사 연구들도 다수 있었다. 또한 신라문화제에 대한 선행 연구는 축제 관광객의 선택 속성, 행동 특성을 분석하거나 1990년대까지의 신라문화제 개최의 현황과 평가를 개괄적으로 정리한 연구[5] 위주라 '신라문화제'의 스토리텔링에 대한 후속 연구가 필요하다고 판단된다.

본고에서는 축제 스토리텔링 분석의 이론적 배경으로, 서사학의 텍스트 분석 방법론과 공간의 개념을 활용하여 제47회 신라문화제 분석을 시도하고자 한다. 먼저 신라문화제의 공간 스토리텔링 전략을 분석하고, 축제 행사 유형에 따른 구성의 양상을 파악하면서 축제의 서사 차원을 거시 서사와 미시 서사로 나누어 각각의 서사에서 드러난 스토리텔링 전략이 무엇인지를 분석할 것이다. 이를 통해 신라문화제의 스토리텔링 전략이 대중의 축제 향유에 어떠한 영향을 미치는지를 다각도에서 살펴볼 수 있을 것이다. 또한 이러한 분석은 추후 신라문화제 스토리텔링 기획, 나아가 여타의 축제 스토리텔링 기획이나 진행의 분석 방법으로 활용될 수 있다.

화』 5-1, 역사문화학회, 2002, 94~147쪽.; 고호석, 「지역문화축제 관광객의 선택속성이 재방문의사에 미치는 영향 : 경주 신라문화제를 중심으로」, 『문화관광연구』 7-1, 한국문화관광학회, 2005, 101~119쪽.; 강석근, 「신라 다리를 활용한 '경주다리밟기' 축제화 방안」, 『공연문화연구』 31, 한국공연문화학회, 2015, 123~150쪽.; 장성재, 「김유신 문화콘텐츠 기획」, 『新羅文化』 46, 동국대학교 신라문화연구소, 2015, 331~363쪽.; 이태균, 「경주 지역 축제·행사 유형별 차별화 전략 연구」, 『관광연구』 32-3, 대한관광경영학회, 2017, 101~120쪽.

5 이봉석, 위의 논문.

2. 축제 스토리텔링 전략 분석의 이론적 배경

스토리텔링(storytelling)이란 사건에 대한 진술이 지배적인 담화 양식이다. 스토리텔링은 스토리, 담화, 이야기가 담화로 변하는 과정 세 가지를 모두 포괄한다.[6] 축제 스토리텔링 역시 이러한 세 요소를 모두 포괄한다. 특히 축제 스토리텔링은 다른 분야의 스토리텔링에 비해 수용자의 적극적 참여가 전제된다는 점에서 스토리텔링의 주요 특성인 "雙방향성(interactivity)"[7]과 "현재 진행성"[8]이 매우 강하게 드러난다. 축제 참여자는 특정한 시공간 속에서 이야기가 담화로 변하는 축제의 과정을 적극적으로 향유할 수 있다. 따라서 축제 스토리텔링은 참여자가 축제를 향유하는 과정과 밀접하게 결부되어 있다고 볼 수 있다.

축제 스토리텔링 전략은 여러 관점에서 살펴볼 수 있으나, 구조주의 서사학의 텍스트 분석 방법론에서 서사의 층위를 구분하고, 이야기를 인물, 사건, 배경 요소로 나누는 방식[9]을 토대로, 축제 이미지와 스토리텔링을 구성하는 요소를 도식화할 것이다. 그런데, 서사학의 인물, 사건, 배경 요소를 그대로 적용하면 축제 이미지와 스토리텔링 전략을 다각도로 분석하기가 어렵다고 보아, 크게는 가시화되는 요소인 표출

---

6 고욱 외, 『디지털 스토리텔링』, 황금가지, 2003, 13쪽.
7 박기수, 「문화콘텐츠 스토리텔링의 창의성 구현을 위한 시론」, 『디지털 스토리텔링 연구』 제4권, 한국디지털스토리텔링학회, 2009, 40쪽.
8 최혜실 외, 『문화산업과 스토리텔링』, 다할미디어, 2007, 19쪽.
9 이러한 형태의 구분은 아리스토텔레스의 『시학』 이래 꾸준히 이루어졌는데, 시모어 채트먼은 이를 수형도로 구조화하고, 이를 발전시켜 이야기와 담론의 요소를 체계적으로 논의한 바 있다. 관련 논의는 S. 채트먼, 한용환 옮김, 『영화와 소설의 서사구조 – 이야기와 담론』, 푸른사상, 2012, 15~29쪽을 참고하기 바란다.

요소와 축제의 요소에 내재해 있는 것으로 판단되는 내재 요소로 나누고 이들을 다시 하위 요소로 분류하고자 하였다. 이는 다음의 〈표 1〉, 〈그림 1〉과 같이 정리할 수 있다.

〈표 1〉 축제 이미지와 스토리텔링을 구성하는 요소

구분	구성 요소	내용
표출 요소	자연·환경 요소	축제 공간의 자연 환경과 입지 및 주변 건축물과의 조화, 도로 구조 등과 같은 배경 요소
	구조물· 시설 요소	축제의 행사 진행을 위해 만들어진 무대나 행사장 등과 같은 축제 기반 시설 요소
	행사 요소	축제에서 진행되는 공연·전시·체험·판매 등과 같은 행사 요소
	캐릭터 요소	축제 대표 캐릭터나 개별 행사의 개별 캐릭터 요소
	상징 요소	슬로건, 심볼, 안내 현수막, 안내 간판, 축제 기념 소품, 포스터 등과 같은 축제의 상징 요소
내재 요소	문화 요소	축제의 지향 서사 요소, 지역의 역사, 전통, 생활 풍습 등과 같은 문화원형 및 문화 코드 요소
	지역 사회 요소	축제가 개최되는 지역의 산업적 특성, 지역 개발 정도, 경제 발전 정도 등과 같은 지역 사회 요소

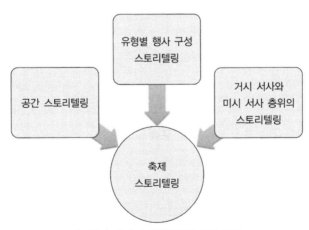

〈그림 1〉 축제 스토리텔링의 세부 영역

〈그림 2〉제 47회 신라문화제 상징과
제47회 신라문화제 포스터[10]

기획 의도와 주제에 맞게 축제를 구현하기 위해서는 〈표 1〉에서 제시
한 표출 요소와 내재 요소가 적절히 결합되어 축제의 시·공간, 행사
특성에 맞게 기획되어야 한다. 먼저 표출 요소는 축제에서 표면적으로
드러나는 요소로, 서사의 3요소인 배경, 인물, 사건에 대응되는 각각의
요소로 구분할 수 있다. 배경에 해당하는 요소는 자연, 구조물, 시설
등 공간과 관련된 요소로, 사건에 해당하는 요소는 행사 요소로, 인물
에 해당하는 요소는 캐릭터 요소로 분류해 볼 수 있다. 이 외의 요소로
축제의 대내외에서 다양하게 활용되는 상징 요소가 있다. 축제 분석
연구에서는 표출 요소의 분석을 토대로 축제에 내재해 있는 문화 코드
및 문화원형 요소, 지역 사회적 배경 요소의 특징과 의미를 함께 살펴

10 신라문화제 누리집 참조, http://www.gyeongju.go.kr/sillafestival/page.do?mnu_
   uid=2151&

볼 수 있다.

제47회 신라문화제는 2019년 10월 3일부터 10월 9일까지 총 7일에 걸쳐 경주시 황성공원 일대 외 시가지 일원에서 9개 부문, 45개 행사로 나뉘어 진행되었다. 제47회 신라문화제의 주제는 "신라 화랑에게 풍류의 길을 묻다"이고, 슬로건은 "신라의 빛! 신라의 꽃! 화랑!"으로 기획되었다. 그런데 주제와 슬로건은 누리집이나 홍보 자료를 통해 확인할수 있으나, 축제의 대표 캐릭터는 부재한 상태다. 또한 축제의 상징역시 아래의 〈그림 2〉와 같이 신라문화제 누리집에서 찾아볼 수는 있으나 실제 축제에서 제대로 활용되지는 못했다. 따라서 본 연구에서는신라문화제의 캐릭터 요소와 상징 요소를 제외하고, 공간 요소와 행사요소를 중심으로 논의를 진행하고자 한다. 공간 요소는 다음 장인 3장에서 공간 스토리텔링과 함께, 행사 요소는 4장 유형별 행사 구성 스토리텔링, 5장 거시 서사와 미시 서사 층위의 스토리텔링과 함께 심층적으로 분석하고자 한다. 이러한 스토리텔링의 분석을 통해 축제의 내재요소의 특징과 의미도 함께 추정할 수 있을 것이다.

3. 참여자의 향유 과정에 기반한 축제 공간 스토리텔링 분석

신라문화제는 아래의 〈그림 3〉과 같이 경주시 황성공원과 그 인근공간을 활용하여 진행되었다. 그런데 〈그림 3〉을 자세히 들여다보면실제 축제는 황성공원의 절반 정도의 공간을 주로 활용하고 있음을알 수 있다. 활용되지 않는 위쪽 공간은 주로 숲이 우거져 있는 공간으로, 이 구역보다는 실내체육관, 예술의 전당, 축구공원, 야외공연장,

도로 옆 인도 등의 공간을 주로 활용하였다. 본 절에서는 축제 참여자가 축제의 공간에 발을 들여 어떻게 축제를 향유하게 되는지 그 과정을 추적하는 것을 논의의 출발점으로 삼고 공간 스토리텔링 분석을 전개하고자 한다.

도보나 승용차로 축제 공간에 진입하는 경로는 여러 개가 있으나, 주요 행사 거점과 주차장에서 행사장까지의 진입로 등의 구성 때문에, 참가자는 대다수 3. 신라 저잣거리를 거치거나, 5. 플리마켓, 6. 푸드트럭을 통과하면서 축제의 메인 공간으로 입장하게 되므로 3,5,6을 축제의 기점으로 인지하게 된다. 즉, 3. 신라 저잣거리, 5. 플리마켓, 6. 푸드트럭은 서사의 단계적 구성에 대입하자면 서사의 도입부에 해당하는 공간이라 볼 수 있다. 그런데 이들 공간은 실제로는 신라의 건축 양식이나 문화를 활용하지 않고, 여타의 다른 지역 축제들에서 흔히 볼 수 있는 가건물이나 천막, 트럭 등을 활용하여 섹션별로 배치된 특징을 보인다. 따라서 축제의 기점 역할을 하는 장소들은 본격적인 신라 문화를 직관적으로 이해할 수 있는 이미지를 내세우고 있지는 않지만, 축제가 벌어지는 장소라 먹거리와 플리마켓이 모여 있다는 것을 참가자들이 인지할 수 있도록 해 주는 공간으로서 기능을 한다.

본격적으로 신라문화제 행사가 펼쳐지는 공간은 종합상황실이 있는 실내체육관 근처이다. 주요 공연과 상시 체험·판매 행사가 바로 10, 11, 12, 13, 15, 16이 모여 있는 실내체육관과 그 인근에서 개최되기 때문이다. 실내체육관 주변 곳곳에 배치된 15. 신라방체험마을은 체험 행사의 성격이 각각 다른 부스들이 모여 있으나, 초가집 형태의 외관으로 제작되어 참가자가 '전통적' 성향의 축제 특성을 인식할 수 있다. 초가집 형태 외에도 실내체육관 앞에 마련한 십이지신 조각상 배열

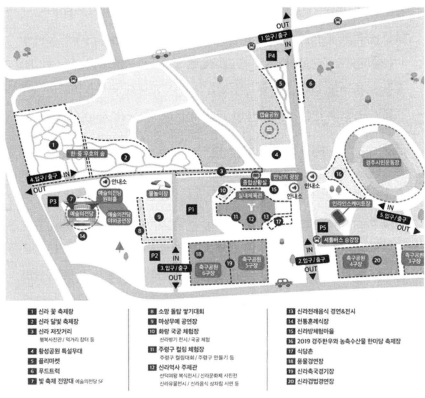

<〈그림 3〉 신라문화제 진행 공간[11]

공간과, 전통 놀이 체험 공간 등도 신라 이미지를 재현하는 기능을 한
다. 하지만 초가집이나 십이지신상은 전통문화의 소재라 볼 수는 있어
도 신라 문화를 대표한다고 보기는 어렵다. 또 이들 주변에는 모두 현
대적 구조물과 시설로 공간이 맥락 없이 채워져 있어 수용자가 신라의

---

11 신라문화제 누리집 참조, http://www.gyeongju.go.kr/sillafestival/page.do?mnu_
uid=1894&

이미지를 직관적으로 인지하기에는 부족하다.

한편, 1.신라 꽃 축제장과 2.신라 달빛 축제장은 주요 행사가 열리는 실내체육관에서 이동 시 도보 5분 정도 소요되는 위치에 있는 한·중 우호의 숲과 황성공원 물놀이터에서 개최되었다. 다양한 등과 조명을 활용하여 꽃, 나무, 달빛을 표현한 이 공간들은 야간 개장되는 테마파크에서 조명을 활용해 꽃, 나무, 동물 등의 형상을 재현하는, 빛 축제 스토리텔링 요소를 활용하고 있었다. 일반적인 빛 축제 스토리텔링의 요소를 중심으로 공간이 구성되다 보니, 신라문화제의 특성은 신라 문화원형을 이미지화한 몇몇 조형물에서만 발견된다. 대표적으로 수막새, 천마도, 석가탑, 귀면기와 등을 구현한 조형물이 그러하다. 하지만 축제장에서 이러한 신라 문화원형을 살린 조형물의 배치 비중이 크지는 않아 '신라'보다 '꽃'과 '달빛' 등의 '빛'에 더 방점을 두고 있다. 따라서 축제 참여자는 신라 꽃 축제장과 신라 달빛 축제장을, 빛을 소재로 한 다수의 일반 테마파크 축제장 구성과 유사하게 인식할 수 있다.

그 외 축제 진행 공간으로 활용된 곳은 예술의 전당과 축구 경기장이다. 예술의 전당에서는 주로 버스킹을 위해 야외공연장을 활용하는 경우가 가장 많았다. 예술의 전당 내부 공간은 전반적으로 활용도가 낮은 편이었는데, 화랑홀이 유일하게 〈마담수로〉와 〈치술신모〉 공연 장소로 활용되었다. 축구 경기장 역시 축국 경기 진행이나 풍물, 신라검법 경연 시에만 활용되었다. 또한 이 두 공간은 종합상황실에서 벗어나면 도보로 몇 분 정도 이동을 해야 하므로, 버스킹이나 경연이 있다는 것에 크게 관심이 없는 시민이나 관광객은 굳이 가보지 않는 경우도 발생하는 약점을 지닌다. 따라서 예술의 전당과 축구 경기장은, 주요 공간에 비해서는 활용도가 떨어지며, 축제 진행에 있어서는 주변적·보조적 공간 기능을 하는 특징을 보인다.

공간은 "인간이 살아가면서 경험하게 되는 직접적이고 구체적인 다양한 장소와 장소 경험들을 어떤 범주로 묶어서 유형화하거나 개념화한 것"[12]을 의미한다. 유목화는 이러한 공간의 개념을 바탕으로 축제의 서사 활용과 공간 구성에 대해 논의한 바 있다. 그에 따르면 지역 축제의 서사는, 텍스트로 향유되거나 구전 전승된 이야기가 물리적 표상화를 통해 축제장에서 구체적으로 활용되거나 다양한 형식을 기반으로 변환되는데 이러한 점에서 서사를 활용한 축제는 복합적인 양식의 총체라 볼 수 있다.[13] 이처럼 축제에서 지역의 서사나 문화원형이 잘 표상화될 수 있도록 하기 위해서는 공간의 구성이 지니는 효과를 극대화할 수 있도록 스토리텔링할 필요가 있다.

공간은 그 구성 요소와 배치에 따라 특성이 달라질 수 있다. 공간 구성의 시각적 속성으로 연속성, 방향성을 들 수 있고, 물리적 속성으로 영역성, 전이성을 들 수 있다. 연속성을 활용한 공간 구성을 하게 되면 축제 참여자가 시간의 흐름에 따라 각각의 공간을 연결하여 보다 풍성하고 총체적인 체험을 얻을 수 있다. 이와 함께 방향성을 활용한 공간 구성을 하게 되면 축제 참여자가 시각적으로 일정한 체계적 흐름을 인지할 수 있도록 유도할 수 있다. 한편, 영역성은 배타적으로 점유된 공간의 특성이라 할 수 있다. 축제에 있어 성과 속, 또는 비일상과

---

12 에드워드 랠프, 김덕현 외 옮김, 『장소와 장소상실』, 논형, 2005, 305쪽.

13 유목화, 「지역축제의 서사문학 활용과 그 의미-곡성심청축제를 중심으로」, 『공연문화연구』 제17집, 한국공연문화학회, 2008, 220쪽.; 유목화, 「서사를 활용한 축제의 공간 구성과 의미-남원 춘향제를 중심으로-」, 『호남문화연구』 55, 호남학연구원, 2014, 160쪽 참조.

일상의 경계 영역을 잘 구분할 수 있도록 만드는 영역성 역시 중요한 기능을 한다. 이와 함께 전이성은 두 가지 이상의 이질적 요소의 이질감을 완화하고 갑작스러운 상황 전환을 조절, 완충, 매개하는 기능을 담당하는 기능을 담당한다.[14]

네 가지의 속성은 신라문화제 공간 구성에 있어 일정 부분 기능을 담당하고 있다. 그러나 이들 속성이 충분히 고려되어 신라문화제 공간 스토리텔링이 이루어졌다고 보기는 어렵다. 그 이유로 첫째, 연속성의 부족을 들 수 있다. 〈그림 1〉의 공간 배치도에서도 알 수 있듯이 축제 참여자가 입장하는 입·출구의 인도에 푸드트럭 등이 배치되는 정도로 구성된 것이 전부라, 입·출구에서 주요 행사가 열리는 실내체육관까지 가는 공원 숲은 제대로 활용되지 못하였다. 또한 실내체육관에서 주요 행사를 접한 참여자가 다른 행사에 참여하러 예술의 전당이나 축구 공원으로 이동을 하려면 주차장과 도로를 거쳐야 한다. 이러한 불연속적 배치를 완화하는 공간 구성이나 기획이 부족하기 때문에 축제 공간은 자연스럽게 연속되지 못하는 결과로 이어진다.

둘째, 방향성 역시 부족하다고 평가된다. 현재의 공간 스토리텔링에서는 축제 참여자가 어떠한 과정을 거쳐 축제에 몰입하는 것이 축제

---

14 본 연구에서 주목하는 "연속성, 방향성, 영역성, 전이성"이라는 공간의 특성에 입각한 축제의 공간 스토리텔링 관련 선행 연구를 찾아보기 어려워, 본 연구에서는 일반적인 공간의 특성을 주제로 한 선행 연구에서 도출된 공간 특성을 축제 공간 스토리텔링에 적용하고 이를 재구성하여 논의를 진행하고자 한다. 참고한 논문은 다음과 같다.
황미영, 「박물관 전시공간의 시각적 시퀀스 구조에 관한 연구」, 홍익대학교 대학원 박사학위논문, 2003, 81쪽.; 이지선·김주연·하은경, 「지역문화 스토리텔링을 적용한 외부 공간 특성에 관한 연구」, 『한국공간디자인학회 논문집』 제4권 2호 통권 9호, 한국공간디자인학회, 2009, 56~57쪽.

향유를 극대화할 수 있는지에 대한 기획 의도가 선명하게 드러나지 않기 때문이다. 상시 체험 행사가 개최되는 실내체육관과 개막식, 폐막식이나 주요 공연을 개최하는 황성공원 특설 무대를 축제 주요 공간이라고 지정하고 봐도 이 주요 공간을 기점으로 주변 공간으로 나아가야 하는지, 아니면 주변 공간에서 주요 공간으로 가야 하는지, 또 이외의 공간 간의 방향성을 어떻게 잡아나가면서 축제를 향유할 수 있을지가 불분명하다.

셋째, 황성 공원과 그 일대로 한정된 축제 공간의 설정은 일차원적 영역성을 담보한다. 하지만 이는 원래 황성공원이 지니는 지리적 경계에서 확보된 영역성이다. 축제 참여자가 축제 공간으로 입장하면서 축제에 몰입하기 위해서는 일상과는 다른 영역에 진입했다는 것을 알게 만드는 축제의 독자적 영역성, 즉 다차원적 영역성이 필요하다. 즉, 성과 속, 비일상과 일상의 경계 영역을 구분 짓는 영역성이 축제 공간 스토리텔링에 녹아 있어야 하는데, 신라문화제의 입·출구에는 푸드트럭, 놀이기구 트럭, 판매 부스 등이 인도를 따라 이어져 있을 뿐이어서 신라문화제만의 독자적 영역성이 제대로 확보되었다고 보기 어렵다.

넷째, 축제 참여자가 축제 공간에 들어섰을 때 느끼는 이질감이나, 또는 축제를 향유하는 중에 느낄 수 있는 이질감을 완화하는 전이성 역시 일부 공간에서만 발견되고, 축제 행사가 열리는 전체 공간 차원에서 보면 전이성은 부족하다고 평가된다. 두 가지 이상의 이질적 요소의 이질감을 완화하고 완충, 매개하는 역할을 하는 공간과 시설은 실내체육관과 그 주변, 신라방체험마을과 황성 공원 특설 무대 등이다. 이들 공간은 다른 공간에 비해 신라나 한국의 전통 문화원형을 이미지화하는 시설이나 구조물이 다수 배치되어 있어 축제 참여자가 축제에 참여하는 것을 돕는 기능을 한다. 하지만 앞서 지적한 연속성, 방향성의 부족으로 인해 축제 공간 전반을 이동하는 축제 참여자는 이질감을 다시 느끼면서 축제의 몰입에 어려움을 겪을 수 있다.

　수용자에게 있어 축제 공간은 축제를 온몸으로 향유하고 축제의 이미지를 각인할 수 있는 텍스트 그 자체이다. 따라서 주제와 기획 의도에 맞게 축제의 이미지를 재현할 수 있도록 하는 축제 공간 구성 스토리텔링 전략이 축제에서 매우 중요하다. 연속성, 방향성, 영역성, 전이성 등을 충분히 고려한 공간 스토리텔링 전략과 수행은 수용자가 축제를 긍정적, 적극적으로 향유할 수 있도록 할 것이고, 나아가 해당 축제의 이미지와 브랜드가 지속, 강화되는 효과로 이어질 수 있다. 그러나 현재의 공간 구성 및 활용에서는 축제의 몰입을 극대화할 수 있는 공간의 특성을 제대로 활용하지 못했다.

　또한 서사의 물리적 표상화와 다양한 형식으로의 변환이 부족하다. 다시 말해, 구조물·공간 요소에 신라문화제의 주제와 정체성이 잘 드러날 수 있는 구성과 기획이 부족하다. 구조물과 공간 구성에서 신라의 건축 양식, 신라를 대표하는 이미지 등 신라의 역사나 문화원형, 생활 풍습을 담고 있는 스토리텔링을 찾아보기 어렵기 때문이다. 세부 행사 진행 공간의 명칭을 '신라방 체험마을', '신라 저잣거리', '신라 축국 경기장', '신라 검법 경연장' 등으로 명명한 전략은 신라의 특색을 드러내고 참여자의 호기심을 유발하는 시도의 일환으로 볼 수 있다. 하지만 축제 참여자가 실제로 축제에 참여하면서 보게 되는 체험·판매존은 트럭이거나 초가집 모형으로 구성한 정도가 전부이다. 즉, 구조물·공간 요소의 외형에서 구현되어야 할 '신라'의 특징이 부재해 있는 것이다. 따라서 신라문화제의 개최 공간에서는 '신라'와 '경주'의 특색을 잘 드러내는 서사나 문화원형이 물리적 표상화를 통해 축제 참여자에게 직관적인 이미지로 각인될 필요가 있다.

4. 유형별 축제 행사 스토리텔링 분석

47회 신라문화제의 세부 행사들을 신라문화제 누리집에서 제시하고 있는 유형으로 분류, 정리하면 〈표 2〉와 같다.

〈표 2〉 신라문화제 프로그램 전체 내용 구성표[15]

행사 유형	세부 행사 명칭
주요 행사	서제, 개막식, 폐막식, 진흥왕(순수관경)행차, 불교 무용 바라춤, 코스프레 퍼레이드, 가배(길쌈) 놀이
공연 행사	마상무예 공연, 코미디쇼 〈웃는 날 좋은 날〉, 신라가요제, 창작음악극 〈치술신모〉, 신라 K-POP 커버댄스 페스타, EDM 페스타, 세계 민속 음악페스티벌, 인형극 〈동경이의 도둑 소탕 작전〉, 창작오페라 〈마담 수로〉, 신라명인-명창 국악한마당, 마당극 〈덴동어미 화전놀이〉, 화랑-원화 퍼포먼스, 버스킹
전시 행사	신라의 달밤 불빛 축제, 신라의 향기 꽃축제, 신라 역사 주제관, 신라 전래음식 경연·전시
체험 행사	소망 돌탑 쌓기 대회, 주령구 컬링체험, 화랑 병기 국궁체험 및 전시관, 신라 축국 경기, 전통혼례식, 페이스 페인팅, 행복 사진관, 먹거리 장터, 신라방 체험 마을, 전통 연날리기 체험, 탁본 체험
문화예술 행사	화랑·원화 선발대회, 신라 불교 문화 영산 대제, 풍물 경연, 독서삼품과 재현, 셔블 향연의 밤, 신라검법 경연, 전국시조경창대회, 원효예술제, 고운서예 전국 휘호대전
연계 행사	이사금쌀 가래떡 최장 기록 도전, 민족 통일 전국대회

15 신라문화제 누리집 참조 논자 재구성.

〈표 2〉는 신라문화제 누리집에 나와 있는 유형별 프로그램 소개 내용을 참고하여 재구성한 것이다.[16] 이중 문화예술 행사, 연계 행사 프로그램은 일회적인 행사로 진행되었고, 공연 행사 역시 몇몇 개를 제외하고는 일회적 공연으로 진행되었다. 또한 주요 행사에서도 서제나 개막식, 폐막식은 1회로 한정되어 진행된 바 있다. 이에 대비되는 상시 행사로는 전시 행사(신라 전래음식 경연·전시 제외), 체험 행사의 프로그램들을 들 수 있다.

전체 프로그램 구성과 진행 일정을 고려하면, 공연 행사의 비중이 압도적으로 높고, 다음이 체험 행사, 다음이 전시 행사 순임을 알 수 있다. 그런데 이는 다수의 지역 축제에서 발견할 수 있는 공통점이라 해도 과언이 아니다. 공연이 축제에서 가장 많은 비중을 차지한다는 건 무엇을 의미하는가?

공연은 특정 주제를 가지고 특정한 인물들이 무대 위에서 서사, 퍼포먼스, 음악 등으로 구현하는 행사 양식이자 행위 예술이다. 따라서 체험 프로그램에 비해 주최 측에서 기획, 제시한 프로그램이 축제 참여자에게 일방향적으로 전달되는 특성이 강하다. 또한 공연 행사를 위해 가수나 댄스 팀 등을 섭외하는 경우 비용이 많이 발생하는 문제점도 있다.

한편 다양한 주제의 공연을 어떤 순서와 비중으로 전체 프로그램

---

16 그런데 누리집의 프로그램 분류를 들여다보면 그 기준이 모호한 행사들이 눈에 띈다. 대표적으로 주요 행사, 문화예술 행사, 연계 행사라는 명칭이 그러한데, 주요 행사나 문화예술 행사들은 공연과 전시, 체험 행사에도 포함될 수 있어 중복의 문제가 발생한다. 따라서 행사 스토리텔링 분석에서는 공연, 전시, 체험 행사로 분류하여 논의를 진행하고자 한다. 그러나 〈표 2〉에서는 신라문화제 주최 측의 기획 의도를 드러내기 위해 주최 측의 분류와 명시를 따름을 밝혀둔다.

일정에 편성하느냐에 따라 축제의 방향성이 완전히 달라질 수 있다. 예컨대, 축제의 주제와는 연관성이 없는 초대가수나 댄스 팀의 공연이 주요 행사로 기획되어 있다면, 지역 축제의 정체성은 약화되고 축제 참여자의 축제에 대한 향유와 인식의 일관성을 훼손하는 결과로 이어질 수 있다. 또한 공연은 축제 참여자가 다른 행사에 비해 수동적으로 참여하는 특성을 지닌다. 따라서 공연 행사 비중이 높을수록 축제에 대한 참여자의 능동적 향유, 도전, 모험 등의 의미는 약화될 소지가 있다. 김창현의 논의대로 "축제의 본질은 도전, 일탈, 모험, 합일의 경험에 있고, 그 주체는 사람"[17]이다. 따라서 지역 축제의 공연 행사 위주의 유사한 구성에서 탈피할 필요가 있다.

신라문화제의 전체 행사 중 신라 문화를 테마로 하는 공연이 많지만, 그렇지 않은 행사도 다수 존재한다. 가장 많은 시간을 차지하는 버스킹은 대다수 신라와는 연관이 없는 주제로, 다양한 가수나 합창단 등의 참여로 진행되었다. 또한 코미디쇼 〈웃는날 좋은날〉, 세계민속음악페스티벌, 마당극 〈덴동어미 화전놀이〉 등은 전통문화를 소재로 하고는 있으나 신라를 테마로 다루지는 않는다. 또 신라가요제, 신라 K-POP 커버댄스 페스타, 신라명인-명창 국악한마당은 '신라'라는 키워드를 제목에서 차용하고는 있으나 실제 신라의 역사와 문화를 주제로 하고 있지는 않은 공연이다. 이러한 공연의 기획은 시민들의 일회적 참여를 유도할 수는 있으나 축제 전체의 주제로 연결되기는 어렵다. 따라서 참여자에게는 개개의 공연이 파편적으로 나열될 뿐, 축제 주제의 온전

---

17 김창현, 「에듀테인먼트로서 지역 축제의 스토리텔링 전략」, 『문학교육학』 제45호, 한국문학교육학회, 2014, 137쪽.

한 몰입 경험으로 이어질 수 없다.

공연 다음으로 많은 비중을 차지한 체험 행사의 경우, 신라방 체험 마을의 다양한 소품 만들기 체험, 한복 입기 체험, 탁본 체험, 연날리기 체험과 화랑 병기 국궁 체험, 실내체육관 내에서 진행된 주령구 컬링체험 등으로 구성되었다. 다수의 지역 축제에서는 가족 단위로 방문하는 축제 참여자들을 고려해 인포테인먼트나 에듀테인먼트적 성격을 지니는 체험 행사 프로그램을 구성하는 경우가 많다. "가족의 친화와 관련된 항목이나 지적 욕구, 교육 등의 동기가 많기도 많고 축제를 경험한 후의 만족도 등에 미치는 영향"[18]도 크기 때문이다. 신라문화제 역시 인포테인먼트나 에듀테인먼트적 특성이 강한 체험 프로그램이나 전시 프로그램을 다수 기획, 운영하였다. 실제 체험 부스를 방문해 보면 아이들이 각각의 부스에서 체험 행사에 참여하고 있는 경우가 많았는데, 이처럼 가족 단위로 축제 공간을 방문한 참여자가 시도할 만한 체험 위주로 구성되어 있음을 알 수 있다.

그러나 체험 행사에서도 공연 행사와 유사한 문제점이 발견된다. 주령구 컬링체험, 화랑 병기 국궁 체험 및 전시관, 신라 축국 경기 등은 신라의 문화를 담고 있는 체험 행사들이지만 이외의 행사들은 신라와 직접적인 연관성이 떨어지는 체험 행사들이다. 게다가 주령구 컬링체험, 화랑 병기 국궁 체험 등은 주령구와 국궁이라는 소재만을 차용했을 뿐 경기 진행 과정과 규칙은 현대식이라 축제 참여자가 신라의 문화를 생생히 체험한다고 보기는 어렵다. 또한 신라문화제 누리집을 보면 먹거리 행사나, 신라방 체험 마을이 신라의 문화를 다루고 있는 것으로

---

18 김창현, 위의 논문, 136쪽.

파악되나 실제로 진행된 먹거리 행사와 신라방 체험 마을은 여타의 지역 축제에서 쉽게 찾아볼 수 있는 일반적인 이벤트 체험 부스로 구성되어 있었다. 푸드트럭, 향초 만들기, 패브릭 만들기, 과자 집 만들기, 한복 입기 등의 천편일률적인 체험 코너들이 그것이다. 축제의 정체성이 약화되는 단편적, 개별적 행사 기획의 결과라 분석된다.

한편, 상시 개최된 신라문화제의 전시 행사는 크게 한·중 우호의 숲에서 진행된 꽃 축제장, 달빛 축제장, 그리고 실내체육관을 중심으로 진행된 신라 주제관, 신라 전래 음식 경연·전시로 나뉜다. 전술했듯이, 꽃 축제장과 달빛 축제장의 경우 조명을 활용하여 꽃을 비롯한 식물과 동물, 신라의 상징물 등을 전시하고 있어 인포테인먼트의 기능을 일부분 담당하고는 있으나, 여타의 빛 주제 테마 파크에서 축제 참여자가 누릴 수 있는 정도의 심미적 만족감을 주는 기능이 주를 이룬다. 이에 비해 신라 주제관, 신라 전래음식 경연·전시에서는 인포테인먼트와 에듀테인먼트적 스토리텔링 특성이 보다 강하게 드러난다. 가벽으로 공간을 구분하고 참여자의 관람 방향을 기획하기는 하였으나, 이들 전시 행사는 모두 박물관·미술관 등에서 일반적으로 보여주는 전시 스토리텔링과 유사한 구성을 따르고 있다. 시간별, 세부 테마별로 섹션이 구분되고 입장 공간을 지나 관람객이 벽에 전시된 이미지나 배열된 소품을 보면서 이동할 수 있도록 구성하고 있다. 하지만 실내체육관의 공간이 협소한 편이라 신라 역사나 문화에 대한 부분적인 정보나 단편적인 지식을 전달하는 정도에 그친다. 이러한 분석을 통해 전시 행사가 신라문화제의 특색을 보여주기 위한 주제로 구성되었으나, 축제의 주제를 단편적, 부분적으로 전달하고 있으므로, 보완이 필요하다는 것을 알 수 있다.

5. 축제의 거시 서사와 미시 서사의 스토리텔링 분석

서사(narrative)를 소설이나 영화 장르의 전유물로 오인하기 쉽다. 그렇다 보니 축제의 서사라고 하면 생소하게 받아들이는 경우도 발생한다. 소설이나 영화 장르의 서사적 특징인 선형성, 단계성, 일방향적 전달성을 떠올려 본다면, 이러한 '전통적인 서사'의 개념과 특성을 축제에 그대로 적용하기가 어렵기 때문이다. 그러나 2000년대에 들어 스토리텔링의 개념이 대두되면서 서사는 그 외연을 확장하였다. 특히 스토리텔링의 상호작용성, 현장성, 현재 진행성이라는 대표적 특성은 디지털 미디어뿐 아니라 축제나 여타의 참여형 콘텐츠 장르에서도 발견되는 특성이다. 따라서 축제의 서사를 기존 정통 서사학의 방식으로 분석, 평가한다면 추상적이거나 단편적, 지엽적인 결론을 도출하는 우를 범할 수 있다.

소설이나 영화의 서사가 2차원적 평면의 서사라면, 축제의 서사는 3차원적 공간의 서사라 할 수 있다.[19] 또한 상호작용성, 현장성, 현재 진행성이 두드러지게 드러나는 특성을 가지고 있기에 축제의 서사는 선형적, 단편적이지 않고 복잡다단한 층위로 구성된다고 봐야 한다. 따라서 축제의 서사 층위를 구분하여 스토리텔링 전략을 분석할 필요가 있다.

---

19 한혜원은 게임의 서사를 설명하기 위해 소설, 영화의 서사와의 차이점을 논의하고 있는데 본고에서는 게임 서사의 상호작용성과 같은 일부 특성이 축제 서사의 특성과 유사하다고 판단하여 한혜원의 논의를 변용하여 대입하였다. 게임 서사의 특성에 대해서는 한혜원, 「뉴미디어를 위한 성배, 상호작용성」, 『디지털콘텐츠』 8, 한국데이터베이스진흥원, 2005, 60쪽을 참조하기 바란다.

축제의 서사는 층위에 따라 거시 서사와 미시 서사로 나뉠 수 있고, 미시 서사는 다시 주최 측의 기획 의도, 그리고 전체 주제나 축제의 주요 이미지를 구현하는 정도에 따라 중심 서사와 주변 서사로 나뉠 수 있다. 거시 서사는 축제 전반을 통해 읽어낼 수 있으며 축제 전체를 포괄하는, 축제의 정체성을 대표하는 서사이다. 따라서 거시 서사는 축제의 개별 행사들을 연결할 때 전체 축제를 관통하는 하나의 큰 흐름으로 파악될 수 있다. 즉, 거시 서사는 주최 측에서 '주요 행사'로 기획한 미시 서사들의 배치와 구조를 파악해야 가능할 수 있다. 이러한 거시 서사는 축제의 주제나 주요 이미지를 집약적으로 드러내면서 개별 행사 기간을 하나로 이어주는 역할을 한다.

신라문화제의 거시 서사는 신라의 빛이자 꽃인 화랑에게 풍류의 길을 묻다라는 축제의 슬로건과 주제에서 짐작할 수 있다. 또한 앞서 〈그림 2〉로 제시한 신라문화제 포스터에 집약되어 있는 화랑과 원화의 이미지처럼 신라문화제는 신라문화를 계승하여 천년의 역사를 재조명하고 새로운 문화 창조에 기여하는 축제로 당대의 풍류 가객이면서도 유불선의 도를 실천함으로써 정신적으로 신라를 통합하는데 결정적 역할을 했던 화랑정신과 풍류도를 찾아 그들의 훈련장이었던 황성공원에서 새롭게 펼쳐내는 것을 목적으로 하고 있다.[20] 이를 통해 신라문화제의 거시 서사는 화랑과 풍류, 유불선의 도 등에 포커스를 두고 있고, 축제 참여자가 신라 문화를 온전히 향유하도록 하는 서사라 요약할 수 있다. 이러한 거시 서사는 개막식, 폐막식의 구성, 그리고 진흥왕(순

---

20 신라문화제 누리집 참조, http://www.gyeongju.go.kr/sillafestival/page.do?mnu_uid=2151&

수관경) 행차–불교 무용 바라춤–코스프레 퍼레이드 등의 반복 재현을 통해 더욱 선명해진다. 거시 서사는, 미시 중심 서사를 통해 개별 이미지로 구현되면서 7일간 복잡다단하게 펼쳐진 신라문화제의 프로그램을 하나로 연결하는 기능을 한다.

한편 미시 서사는 각각의 개별 행사들이 보여주는 고유한 서사로, 그 자체로는 전체 축제를 관통하는 역할을 하지 못하지만, 개별 프로그램의 주체, 주제, 진행 방식 등에 따라 그 성격이 다양하게 구현될 수 있는 서사라 할 수 있다. 미시 서사는 다시 축제의 이미지를 강화하는 중심 서사와 축제 주제와는 연관성이 떨어지는 주변 서사로 나뉠 수 있다. 축제의 서막을 알리는 개막식과 축제를 마무리 짓는 폐막식, 그리고 축제 기간동안 반복되는 공연이나 체험 행사 등이 중심 서사로 기능하는 경우가 많고, 그 외의 부대 행사들이 주변 서사의 기능을 한다고 볼 수 있다.

신라문화제의 미시 서사는 전술한 바 있듯이 주요 행사, 체험 행사, 전시 행사, 공연 행사, 문화예술 행사, 연계 행사 등으로 유형화된 세부 프로그램의 서사이다. 이중 '중심 서사'로 기능하는 행사는 주최 측에서 '주요 행사'라고 분류한 행사와, '주요 행사'는 아니지만 축제의 주제를 직접적으로 구현하는 행사, 예컨대 신라 문화를 주요 소재나 주제로 다룬 공연과 체험 행사를 들 수 있다. '주변 서사'는 신라 문화라는 축제의 핵심 이미지와는 연관성이 떨어지는 프로그램의 서사로, 주로 버스킹, 페스타, 현대적 소품 만들기 프로그램 등의 행사를 들 수 있다.

중심 서사와 주변 서사의 세부적인 스토리텔링 전략을 파악하기 위해, 요일과 시간에 따른 주요 행사와 일반 행사의 구성[21]을 도표로 시각화하면 다음과 같다.

〈표 3〉 요일과 시간에 따른 주요 행사 – 일반 행사의 구성

시간	10.3.(목)	10.4.(금)	10.5.(토)	10.6.(일)	10.7.(월)	10.8.(화)	10.9.(수)
10:00 ~12:00		일반 행사	일반 행사	일반 행사	일반 행사	일반 행사	일반 행사
12:00 ~15:00	일반 행사	일반 행사	일반 행사	일반 행사	일반 행사	일반 행사	일반 행사
15:00 ~17:00	주요 행사 진흥왕(순수관경) 행차, 불교 무용 바라춤, 코스프레 퍼레이드, 가배(길쌈) 놀이	일반 행사	주요 행사 진흥왕(순수관경) 행차, 불교 무용 바라춤, 코스프레 퍼레이드, 가배(길쌈) 놀이	주요 행사 진흥왕(순수관경) 행차, 불교 무용 바라춤, 코스프레 퍼레이드, 가배(길쌈) 놀이	일반 행사	일반 행사	주요 행사 진흥왕(순수관경) 행차, 불교 무용 바라춤, 코스프레 퍼레이드, 가배(길쌈) 놀이
17:00 ~19:00	일반 행사	주요 행사 서제	일반 행사	일반 행사	일반 행사	일반 행사	일반 행사
19:00 ~22:00		주요 행사 개막식	일반 행사	일반 행사		일반 행사	주요 행사 폐막식

중심 서사에 해당하는 주요 행사는 개막식, 폐막식, 서제, 그리고 '진흥왕(순수관경) 행차', '불교 무용 바라춤', '가배(길쌈) 놀이'다. 축제 기간 중 10월 7일 월요일과 10월 8일 화요일을 제외하고 주요 행사는 반복 진행되었다. 이 중 개막식, 서제, 폐막식이 축제를 열고 닫는, 시작과 끝 역할을 한다면, '진흥왕(순수관경) 행차', '불교 무용 바라춤',

---

21 여기에서 논하는 주요 행사는 신라문화제 누리집과 홍보물에서 '주요 행사'로 기재되어 있던 행사를 의미하고, 일반 행사는 주요 행사 외의 유형에 있던 행사들, 즉, 공연 행사, 체험 행사, 전시 행사. 문화예술 행사, 연계 행사를 통칭한다. 한편 주요 행사 외의 중심 서사로 기능하는 일반 행사들은 다양한 시간대에 흩어져 있다. 이들까지 포괄하자 니 〈표 3〉이 너무 방대해져 주요 행사의 배치를 중심으로 중심 서사와 주변 서사의 구성 특성을 파악함을 밝혀 둔다.

'가배(길쌈) 놀이'는 4일에 걸쳐 반복 재현되면서 축제 이미지를 강화하고 전체 축제의 서사를 하나의 흐름으로 집약시키는 기능을 담당한다.

가배(길쌈) 놀이는 따로 진행(3일은 경주역, 마지막 날은 황성 공원 활용)되지만 진흥왕(순수관경) 행차와 불교 무용 바라춤은 매회 같은 공간에서 연속적으로 진행되었다. 이들 행사는 행차이자 퍼레이드의 형태라 한 공간에 한정되어 진행되지 않고, 여러 지역을 거쳐 이동하는 경로로 기획되었다. 이동 경로는 경주시 '봉황대 ⇒ 신한은행 ⇒ 경주역 ⇒ 경주교 ⇒ 경주시 청소년수련관 ⇒ 황성 공원'이다. 행차 집단이 축제의 주요 공간인 황성 공원의 실내체육관 앞 도로 인근에 다다르면, 불교 무용 바라춤과 화랑의 군무 등이 도로 위에서 펼쳐진다. 퍼레이드 군단에는 많은 인원이 참여하는데, 신라의 화랑, 원화, 진흥왕과 왕비뿐 아니라 여러 장수와 말 등 다양한 캐릭터들이 참여하여 화려한 볼거리를 자랑한다.

이때까지 버스킹 공연을 보거나, 먹거리 부스에서 음식을 먹거나, 또는 향초 만들기 부스에서 만들기 체험을 하는 축제의 참여자들은 현대 시간의 흐름과 세속적 질서에 여전히 소속되어 있다. 그러나 저녁이 되기 직전, 해가 지기 전의 오후 시간, 쏟아지는 햇빛을 받으면서 신라 문화를 대표하는 다양한 캐릭터 군단의 입장 행렬의 연속과 함께 화려하게 펼쳐지는 연주와 군무는 각각의 축제 공간에 흩어져 있던 축제 참여자들이 퍼레이드 근처로 운집하게 한다. 이 퍼레이드는 축제 참여자가 과거 신라 시대의 시간과 축제의 질서에 편입할 수 있게 해주는 기능을 한다. 이는 에드먼드 리치의 지적대로 "축제(festival)는 존재의 정상적인 세속적 질서에서 비정상적인 성스러운 질서로 시간적으로 이동하는"[22] 역할을 담당한다고 해도 과언이 아니다.

세속에서 벗어난 축제 고유의 질서와 시간으로 이동하는 기능을 담당하는 중심 서사는 이뿐만이 아니다. 신라 문화를 제목뿐만 아니라 행사 내용이나 주제에서 직접적으로 구현한 프로그램들이라면 신라문화제의 중심 서사로 보아도 무방하다. '진흥왕(순수관경) 행차', '불교무용 바라춤', '가배(길쌈) 놀이' 외에도, 개막식의 '찬기파랑가 주제 공연', 폐막식의 '화랑 경상북도 도립 무용단 축하 공연'. '마상무예 공연', 창작 음악극 '치술신모', 인형극 '동경이의 도둑 소탕 작전', 창작 오페라 '마담 수로', '화랑·원화 퍼포먼스', '신라 축국 경기', '신라 불교문화 영산 대제', '셔블 향연의 밤', '신라검법 경연', '원효예술제', '독서삼품과 재현' 등을 들 수 있다.

이처럼 신라문화제 행사에는 신라 문화를 직접적으로 드러내는 프로그램도 많지만, 앞서 살펴본 바 있듯이 현대 문화 요소나 트렌드 위주로 구성된 프로그램들 역시 다수 찾아볼 수 있다. 일반 가수 축하 공연, 불꽃놀이, 코미디쇼 '웃는 날 좋은 날', 신라가요제, EDM 페스타, 넌버벌 퍼포먼스 플라잉, 세계 민속 음악페스티벌, 신라 명인·명창 국악한마당, 마당극 〈덴동어미 화전놀이〉, 다양한 가수들의 버스킹, 전통혼례식, 페이스 페인팅, 행복 사진관, 풍물 경연, 전국 시조경창대회, 이사금쌀 가래떡 최장 기록 도전, 민족 통일 전국대회 등이 그것이다.

신라문화제의 중심 서사는 신라문화제의 주제를 적극적으로 재현하고 있는 프로그램으로 구성되어 있으나, 주변 서사는 현재의 트렌드

---

22 에드먼드 리치의 논의는 류정아, 『축제의 이론』, 커뮤니케이션북스, 2013, 60쪽 재인용, Edmund R. Leach, "Time and False noses", in Rethinking Anthropology, London: Athlone, 1961.

위주로 구성되는 일반적 축제 행사 프로그램들을 차용하고 있다. 즉, 신라문화제에서는 과거와 현재로 대비되는 문화적 특성이 각각의 프로그램에서 서로 다른 양상으로 기능하고 있음을 확인할 수 있다. 이를 통해 두 가지의 상반되는 의미를 도출할 수 있다.

첫째, 신라 문화 이미지를 강화하는 중심 서사와 현대 트렌드와 일반 축제 요소를 차용하는 주변 서사의 복합적 배치를 통해 축제 참여자들의 향유를 다양화하는 의미가 있다. 둘째, 그러나 이러한 복합적 배치는 바꿔 말하면 신라문화제의 주제, 중심 이미지 등 축제 고유의 정체성을 약화시키고 향유자가 신라문화제 고유의 질서에 몰입하거나 행사 간의 연속성을 인지하는 것을 방해한다.

현대적 요소를 가미한 프로그램도 물론 필요하다. 하지만 축제 주제와 거시 서사를 직접적으로 구현하는 중심 서사가 풍성하게 마련되지 않은 상태에서 행사 수를 늘리기 위해 축제의 특성과는 동떨어진 일반 축제의 행사들을 천편일률적으로 차용하게 된다면 참여자들의 축제 이미지에 대한 인식과 축제 향유의 만족도는 부정적인 방향으로 고착될 수 있다. 따라서 중심 미시 서사, 주변 미시 서사의 관계망을 중심으로 전체 행사 프로그램의 맥락이 거시 서사를 잘 구현하고 있는지 점검하는 것이 축제 서사 스토리텔링 전략에서 반드시 필요한 과제라 할 수 있겠다.

6. 신라문화제 스토리텔링 전략 제언

본 장에서는 앞서 분석한 신라문화제 스토리텔링의 의의와 한계를 토대로 신라문화제 스토리텔링 전략을 제언하고자 한다. 신라문화제 분석의 범주와 마찬가지로 신라문화제 스토리텔링 전략 역시 크게 공간 스토리텔링 전략과 행사 스토리텔링 전략, 축제 서사의 스토리텔링 전략으로 구분하여 논의할 수 있다.

먼저, 신라문화제의 특성을 강화하고 한계를 보완할 공간 스토리텔링 전략은 다시 네 가지로 세분화된다. 첫째, 연속성 강화를 위해 축제의 입·출구와 주요 행사 공간, 보조 행사 공간 등을 이어주는 테마존 및 스팟을 다양화하여 표출 요소의 불연속적 배치를 완화하는 공간 구성 스토리텔링 전략을 들 수 있다. 둘째, 축제 참여자가 축제 향유를 극대화할 수 있는 방향성을 축제 서사에 녹여 공간화하는 전략을 들 수 있다. 축제의 참여자가 축제의 주요 공간에서 주변 공간으로 갈 것인지, 주변 공간에서 주요 공간으로 갈 것인지의 방향성을 직관적으로 알고 참여할 수 있도록 기획 단계에서부터 각종 축제 장소들을 큰 방향으로 구성할 필요가 있다. 다시 말해, 축제 참여자의 축제 향유 과정이 전체 축제의 스토리를 샅샅이 체험하는 과정으로 인지될 수 있도록 장소와 장소 사이의 방향성을 마련할 필요가 있는 것이다. 셋째, 축제의 독자적 영역성, 성과 속, 비일상과 일상의 경계를 구분 짓는 영역성을 염두에 두고 공간 스토리텔링 전략이 있다. 넷째, 일부 공간에서만 드러나는 전이성을 축제 전체 공간 스토리텔링 전략으로 확대할 필요가 있다.

이러한 공간 스토리텔링 전략을 실제로 구현하기 위해 신라와 한국의 전통 문화원형을 이미지화하는 시설, 구조물을 입·출구부터 주변, 주요 공간에 이르기까지 연속적으로 배치하되 축제 서사가 지향하는 주제에 맞게 그 방향성을 살려 이를 전체 축제 공간 차원으로 확대

구성해야 한다. 크게는 구조물과 공간 구성에서 신라의 건축 양식, 신라를 대표하는 문화재를 활용하는 차원을 생각해 볼 수 있다. 예컨대 첨성대나 석가탑, 다보탑, 동궁과 월지, 불국사 등의 특징을 직관적으로 인지할 수 있는 이미지를 축제의 시설 및 구조물에서 더 많이 활용할 필요가 있다. 건축물뿐만 아니라 현수막, 모형, 조각품 등 다양한 형태로 신라 문화제의 주제 및 신라 문화를 구현하는 각종 문화재를 표현할 수 있다. 또한 이번 47회 신라문화제의 주제인 화랑, 원화의 이미지를 드러내는 모형이나 시설, 구조물 등을 더욱 확대하여 배치하는 것도 공간 스토리텔링 전략에서 반드시 활용해야 할 점이다.

한편, 세부 행사 진행 공간의 명칭을 '신라방 체험마을', '신라 저잣거리', '신라 축국 경기장', '신라 검법 경연장' 등으로 명명한 전략을 살려 대다수의 프로그램이나 공간의 이름을 특색 있게 바꾸는 기획도 필요하다. 나아가 실제 프로그램과 공간 역시 개별 명칭의 특성이 살아날 수 있도록 디자인적 요소를 강화하고, 또 실제 프로그램 진행의 소재나 주제로 명칭이 활용될 수 있도록 행사 스토리텔링에 반영할 필요가 있다.

행사 스토리텔링 전략은 공연, 체험, 전시의 부문으로 나누어 살펴볼 필요가 있다. 행사 스토리텔링의 경우, 축제 주제와는 무관한 공연의 편수 늘리기 편성을 과감히 버리고 신라문화제의 특색을 살릴 수 있는 내용의 공연을 추가로 확보하는 것이 필요하다. 예컨대, 주요 행사인 진흥왕 행차, 불교 무용 바라춤, 코스프레 퍼레이드, 가배(길쌈)놀이나 창작 음악극 〈치술신모〉, 인형극 〈동경이의 도둑 소탕 작전〉, 셔블 향연의 밤, 창작 오페라 〈마담 수로〉 등과 같은 공연의 기획 또는 유사 공연의 초청을 확대할 필요가 있다. 특히 제한된 무대 위에서 펼쳐지는 공연 외에, 진흥왕 행차나 불교 무용 바라춤 등과 같은 이동형, 개방형 공연의 확대는 시민들의 일상 속 축제 참여 기회를 늘리고 축제를 홍보하는 효과도 있다는 점에서 차후의 신라문화제에서 다양한 주제로 확대 기획하면 좋을 아이템이다.

체험 행사에서도 신라문화제의 독자성을 드러낼 수 있는 행사를 확대 편성하는 스토리텔링 전략을 마련해야 한다. 예컨대, 축제 참여자들의 참여가 많았던 주령구 컬링 체험과 같은 체험 행사를 확대하는 방법을 들 수 있다. 또한 프로그램의 이름에서만 신라 문화가 드러나는 것이 아니라, 참여자가 실제 행사 체험을 하는 도중에 신라 문화를 더 다양하게 맛볼 수 있도록 체험 행사 안에서 감각적으로 접할 수 있는 다양한 소재들을 함께 디자인하여 시각적으로 구축할 필요가 있다. 또한 천편일률적인 체험 코너의 전환 시도도 필요하다. 이를 위해 축제 기획 단계에서 축제 참가자가 신라를 소재로 체험할 수 있는 다양한 행사 아이디어 공모전을 개최하고, 시민들의 아이디어를 살려 체험 부스를 만드는 전략을 활용할 수 있다.

전시 행사 역시 공간을 더 확대하여 정보나 지식을 입체적, 종합적으로 전달할 수 있는 방편을 마련하는 스토리텔링 전략을 취해야 한다. 또한 단순히 텍스트와 사진을 포스터 형식으로 전시하는 형태의 행사 기획에서 탈피하여 3D, 4D, 또는 특수한 구조물로 신라 문화를 입체화한 신라 문화 관련 영상을 기획하거나, 전시 요소와 체험 요소를 융합한 복합적 전시 행사의 기획 스토리텔링을 마련하면 신라문화제의 전시 행사가 더욱 각광 받을 수 있을 것이다.

다음으로 축제의 서사 스토리텔링을 보완하는 전략으로, 축제 주제를 지속적이면서 강렬하게 구현할 수 있는 프로그램의 추가 기획과 연속적인 배치가 우선적으로 요구된다. 물론 중심 미시 서사로 분석된 진흥왕 행차 등의 주요 행사는 거시 서사를 뒷받침하는 역할을 하고 있으나, 전반적으로 47회 신라문화제의 슬로건과 주제가 중심 미시 서사에 고루 구현되지는 못하고 있다. 47회 신라문화제의 슬로건은 '신라의 빛이자 꽃인 화랑에게 풍류의 길을 묻다'이므로 화랑정신, 풍류도가 중심 소재인 프로그램을 공연, 체험, 전시 부문으로 다양화하여 기획, 구성할 필요가 있다. 또한 프로그램의 기획과 구성이 일차적으로 끝나면 중심 미시 서사와 주변 미시 서사의 관계도를 도식하하여 전체 행사 프로그램의 맥락이 거시 서사를 잘 구현하는지를 점검하는 과정도 스토리텔링 전략 시행에서 반드시 필요하다.

7. 나가며

　본 연구는 경주의 지역 축제 중 제47회 신라문화제를 연구 대상으로 삼고, 축제 스토리텔링 전략을 분석하고 이를 토대로 축제의 의의를 강화하고 한계를 보완하는 스토리텔링 전략 제언 에 초점을 두었다. 축제의 서사는 소설, 영화의 서사와는 차이가 있다. 또한 축제의 구성 요소는 다양하게 나뉘므로 이러한 축제 서사와 구성 요소의 특성에 입각해 스토리텔링 전략 분석을 1)공간 스토리텔링, 2)유형별 행사 구성과 배치 스토리텔링, 3)층위에 따른 서사 구성 스토리텔링으로 세분화하여 진행했다.

　먼저 신라문화제의 공간 스토리텔링은 연속성, 방향성, 영역성, 전이성의 측면에서 볼 때 구조물·공간 요소의 외형에서 구현되어야 할

'신라'의 특징이 부족하다고 평가된다. 따라서 신라문화제의 개최 공간에서는 물리적 표상화를 통해 '신라'와 '경주'의 특색을 잘 드러내는 서사나 문화원형이 축제 참여자에게 직관적으로 각인될 필요가 있다.

둘째, 신라문화제의 유형별 행사 구성의 스토리텔링을 분석한 결과, 공연이 가장 많은 비중을 차지하고, 다음으로 체험과 전시 순으로 행사 구성이 이루어졌다는 것을 확인할 수 있었다. 공연은 주최 측의 일방향적 전달로 진행될 수 있는 행사이므로 축제에 대한 참여자의 몰입과 향유의 즐거움을 극대화하기 위해서는 축제의 주제를 잘 구현한 체험 행사가 더욱 확대될 필요가 있다. 한편 공연, 체험 프로그램의 경우 '신라 문화'와는 동떨어진 행사 기획도 다수 발견할 수 있었다. 전시 행사의 경우 '신라 문화'를 주제로 하고는 있으나 단편적인 정보나 파편적 소재의 나열로 인해, 참여자에게 인포테인먼트와 에듀테인먼트의 경험을 제공하기에는 부족한 측면이 존재했다. 따라서 공연, 체험, 전시 행사 모두 축제의 정체성을 잘 확립할 수 있는 행사 기획 및 구성의 강화가 필요하다.

셋째, 층위에 따른 서사 구성 스토리텔링을 분석한 결과, 신라문화제의 거시 서사는 화랑정신과 풍류도를 통해 신라 문화를 계승하는 것이라 할 수 있다. 신라문화제의 거시 서사는 개막식, 폐막식의 구성, 그리고 진흥왕(순수관경) 행차-불교 무용 바라춤-코스프레 퍼레이드 등의 반복 재현을 통해 일관성을 유지한다고 분석된다. 한편 신라문화제의 미시 서사는 다시 신라 문화 이미지를 강화하는 중심 서사와 현대 트렌드와 일반 축제 요소를 차용하는 주변 서사의 복합적 배치로 다양하게 드러난다. 그런데 축제의 주제와 맥락에서 이탈된 주변 미시 서사들은 거시 서사나 축제 정체성을 훼손하는 부정적 기능을 함을 간과해서는 안 된다. 따라서 중심 미시 서사, 주변 미시 서사의 관계망을 기반으로 거시 서사가 잘 구현되고 있는지에 대한 총체적 분석과 평가가 필요하다.

제47회 신라문화제의 누적 방문객 수는 외국인 관광객 1만여 명을 포함, 총 54만 명이라고 집계되었다. 제47회 신라문화제는 기존의 관주도형 행사에서 과감하게 탈피해 시민과 지역예술인이 직접 참여한 콘텐츠가 늘어 성황리에 진행되었다는 것이 시 당국의 자체 평가 내용이다.[23] 47회의 역사를 지켜 온 신라문화제가 오래도록 계승될 수 있기 위해, 그리고 앞으로도 다양한 축제 참여자가 지속적, 자발적으로 참여하는 축제가 되기 위해서는 축제 스토리텔링 분석을 토대로 도출된 약점을 보완하고 강점을 강화할 필요가 있다.

본 연구에서는 신라문화제의 스토리텔링 특징을 축제 참여자의 향유과정에 기반하여 분석하고 이를 토대로 축제 스토리텔링의 전략을 제언하다 보니, 공간, 행사 유형, 거시 서사—미시 서사 등으로 한정하여 논의를 전개하였다. 축제 스토리텔링 전략으로 함께 살펴볼 수 있는 축제의 기획 방법이나 연구 방법을 다양한 각도에서 고찰하여 좀 더 다각적으로 축제 스토리텔링을 분석할 필요가 있다. 이에 대한 고찰과 후속 연구는 추후의 과제로 삼고자 한다.

---

23 김병진, "제47회 신라문화제 '성료'… 54만명 참여", 헤럴드경제, 2019.10.12. 기사, http://news.heraldcorp.com/view.php?ud=20191012000020
송종욱, "신라문화제에 외국인 1만명도 반했다", 영남일보, 2019.10.12. 기사, http://www.yeongnam.com/mnews/newsview.do?mode=newsView&newskey=20191012.010080717080001
최주호, "제 47회 신라문화제, 54만 명 관람… 대한민국 명품축제로 부상", 아주경제, 2019.10.13. 기사, https://www.ajunews.com/view/20191013061038397

참고문헌

Edmund R. Leach, "Time and False noses". in Rethinking Anthropology. London: Athlone, 1961.

S. 채트먼, 한용환 옮김, 『영화와 소설의 서사구조 - 이야기와 담론』, 푸른사상, 2012, 15~29쪽.

강석근, 「신라 다리를 활용한 '경주다리밟기' 축제화 방안」, 『공연문화연구』 31, 한국공연문화학회, 2015, 123~150쪽.

고욱 외, 『디지털 스토리텔링』, 황금가지, 2003, 13쪽.

고호석, 「지역문화축제 관광객의 선택속성이 재방문의사에 미치는 영향 : 경주 신라문화제를 중심으로」, 『문화관광연구』 7-1, 한국문화관광학회, 2005, 101~119쪽.

김동한 외 2인, 「지역 축제의 스토리텔링과 몰입도가 만족도에 미치는 영향 -2017 영주 한국선비문화축제를 중심으로」, 『관광레저연구』 31-3, (사)한국관광레저학회, 2019, 131~149쪽.

김원호, 「지역 축제와 디지털 스토리텔링」, 『마케팅』 46-2, 한국마케팅연구원, 2012, 32~42쪽.

김정웅·유동환, 「구술특성을 적용한 지역 축제의 차별화 방안 연구」, 『문화콘텐츠연구』 7, 건국대학교 글로컬문화전략연구소, 2016, 185~214쪽.

김창현, 「에듀테인먼트로서 지역 축제의 스토리텔링 전략」, 『문학교육학』 제45호, 한국문학교육학회, 2014, 137쪽.

김현철·전인오, 「스토리텔링 선택 속성이 축제의 브랜드 자산과 사후 행동 의도에 미치는 영향」, 『한국콘텐츠학회논문지』 13-10, 한국콘텐츠학회, 2013, 480~494쪽.

류정아, 「지역문화콘텐츠 개발의 이론과 실제 -축제를 중심으로」, 『인문콘텐츠』 8, 인문콘텐츠학회, 2006, 39~57쪽.

_____, 『축제의 이론』, 커뮤니케이션북스, 2013, 60쪽.

박경용, 「문화관광축제의 '전통' 창출과 관광자원화 -경주 '한국의 술과 떡 축제'를 중심으로」, 『지방사와 지방문화』 5-1, 역사문화학회, 2002, 94~147쪽.

박기수, 「문화콘텐츠 스토리텔링의 창의성 구현을 위한 시론」, 『디지털 스토리텔링 연구』 제4권, 한국디지털스토리텔링학회, 2009, 36~58쪽.

백승국, 「축제기획을 위한 문화기호학적 방법론」, 『인문콘텐츠』 6, 인문콘텐츠학회, 2005, 249~267쪽.

송은아·임준묵, 「성공적인 지역 축제를 위한 스토리텔링의 도입」, 『한국엔터테인먼트산업학회논문지』 11-1, 한국엔터테인먼트산업학회, 2017, 37~46쪽.

신현식, 「문화관광축제 스토리텔링 속성 분석에 관한 연구: 효석문화제를 중심으로」, 『인문콘텐츠』 19호, 인문콘텐츠학회, 2010, 41~65쪽.

신현식·김창수, 「지역 축제 스토리텔링이 축제매력성과 방문자 만족에 미치는 영향」, 『관광연구』 62-3, 대한관광경영학회, 2011, 225~242쪽.

안성혜, 「지역문화축제 활성화를 위한 전략적 기획 방안의 모색」, 『한국콘텐츠학회논문지』 8, 한국콘텐츠학회, 2008, 168~175쪽.

에드워드 랠프, 김덕현 외 옮김, 『장소와 장소상실』, 논형, 2005, 305쪽.

오영훈·박미숙, 「지역 축제의 이야기와 표현 속성 연구 ─인천 소래포구 축제를 중심으로」, 『지역과 문화』 4-4, 한국지역문화학회, 2017, 69~85쪽.

유목화, 「서사를 활용한 축제의 공간구성과 의미─남원 춘향제를 중심으로─」, 『호남문화연구』 55, 호남학연구원, 2014, 160쪽.

_____, 「지역축제의 서사문학 활용과 그 의미─곡성심청축제를 중심으로」, 『공연문화연구』 제17집, 한국공연문화학회, 2008, 220쪽.

이가연, 「스토리텔링을 활용한 성공적 축제 사례 연구 ─프랑스 망통 레몬 축제를 중심으로」, 『유럽문화예술학논집』 13, 유럽문화예술학회, 2016, 27~46쪽.

이경희, 「하동 야생차문화축제의 축제 장소 다핵화와 스토리텔링 연구」, 『차문화·산업학』 31, 국제차문화학회, 2016, 15~136쪽.

이덕순·오훈성, 「지역 축제 스토리텔링 속성이 몰입과 만족에 미치는 영향」, 『관광연구저널』 30-1, 한국관광연구학회, 2016, 137~150쪽.

이봉석, 「지역문화축제 활성화 방안에 관한 연구 ─신라문화제를 중심으로」, 『논문집』 16, 서라벌대학, 1999, 7~26쪽.

이윤선, 「설화기반 축제 캐릭터 스토리텔링과 노스탤지어 담론 ─전남의 장성 〈홍길동〉 및 곡성 〈심청〉을 중심으로」, 『남도민속연구』 15, 남도민속학회, 2007, 237~273쪽.

이정진, 「'바우덕이'콘텐츠의 스토리텔링 연구: 축제 이벤트 프로그램 개발을 위한」, 『인문콘텐츠』 25, 인문콘텐츠학회, 2012, 211~237쪽.

이제용 외 3인, 「전통문화 축제의 스토리텔링이 축제 매력성과 방문객의 만족에
　　　미치는 영향」, 『한국콘텐츠학회논문지』 16-9, 한국콘텐츠학회, 2016,
　　　396~409쪽.
이지선·김주연·하은경, 「지역문화 스토리텔링을 적용한 외부 공간 특성에 관한
　　　연구」, 『한국공간디자인학회 논문집』 제4권 2호 통권 9호, 한국공간디자
　　　인학회, 2009, 56~57쪽.
이충기, 「지역문화관광축제에 대한 평가와 개선방안 : 경주 ‘한국의 술과 떡 잔치
　　　2000’ 행사를 중심으로」, 『경주문화연구』, 3, 경주대학교 경주문화연구
　　　소, 2000, 139~159쪽.
이태균, 「경주 지역 축제·행사 유형별 차별화 전략 연구」, 『관광연구』 32-3, 대한
　　　관광경영학회, 2017, 101~120쪽.
이태희·이충기, 「경주세계문화엑스포에 대한 축제참가 동기 분석」, 『관광학연구』
　　　23-2, 한국관광학회, 2000, 84~98쪽.
장성재, 「김유신 문화콘텐츠 기획」, 『新羅文化』 46, 동국대학교 신라문화연구소,
　　　2015, 331~363쪽.
전명숙·김근종, 「지속가능한 지역축제의 스토리텔링 요소 분석」, 『한국사진지리
　　　학회지』 제20권 제4호, 한국사진지리학회, 2010, 87~95쪽.
조현호·유영준, 「지역 축제의 만족도에 관한 연구 -경주 전통주와 떡 축제를 대상
　　　으로」, 『관광학논총』 4, 경주대학교 관광진흥연구원, 2000, 127~153쪽.
천민호, 「축제 스토리텔링 매력지각과 재방문의도 연구-브랜드 명성을 조절효과
　　　로」, 『관광경영연구』 85, 관광경영학회, 2018, 537~552쪽.
최혜실 외, 『문화산업과 스토리텔링』, 다할미디어, 2007, 19쪽.
한명희, 「〈진주남강유등축제〉와 〈대만등불축제〉의 비교-축제의 스토리텔링을 중
　　　심으로」, 『글로벌문화콘텐츠』 21, 글로벌문화콘텐츠학회, 2015,
　　　303~324쪽.
한혜원, 「뉴미디어를 위한 성배, 상호작용성」, 『디지털콘텐츠』 8, 한국데이터베이
　　　스진흥원, 2005, 60쪽.
황미영, 「박물관 전시공간의 시각적 시퀀스 구조에 관한 연구」, 홍익대학교 대학원
　　　박사학위논문, 2003, 81쪽.

김병진, “제47회 신라문화제 ‘성료’... 54만명 참여”, 헤럴드경제, 2019.10.12. 기

사, http://news.heraldcorp.com/view.php?ud=20191012000020

박현, "경주, 천년 수도에서 관광 도시로 – 일제강점기와 1970년대", 레디앙, 2019.05.14, http://www.redian.org/archive/133052.

송종욱, "신라문화제에 외국인 1만명도 반했다", 영남일보, 2019.10.12. 기사, http://www.yeongnam.com/mnews/newsview.do?mode=newsView& newskey=20191012.010080717080001

최주호, "제 47회 신라문화제, 54만 명 관람... 대한민국 명품축제로 부상", 아주경제, 2019.10.13. 기사, https://www.ajunews.com/view/201910130610 38397

신라문화제 누리집, http://www.gyeongju.go.kr/sillafestival/index.do

林椿 漢詩에 나타난 都城 心象과 意識 일고찰

유지봉(劉志峰)

1. 머리말

西河 林椿은 12세기 후반에 활약했던 고려문인이고 문장으로 세상에 이름이 알려졌으나 불우한 삶을 살 수밖에 없게 되고 말았다.[1] 하지만 임춘은 고려중후기에 문학창작과 문예이론을 정립하고 발전하는 면에 큰 기여를 하였다고 할 수 있다.[2] 현재까지 전해지는 임춘의 문집 『西河集』에는 시 144제와 문 54편이 수록되어 있다. 기존 작품 분량이 많다고 할 수 없지만 임춘 문학의 다양성과 사상성을 충분히 확인할 수 있다. 선행 한·중 학계의 임춘 연구는 문인의식·현실인식·한시· 생애·고문·두시수용·문학사상 등에 관한 성과이고[3] 도성 심상을 통

---

1 『高麗史』卷102,「列傳」15, "以文章鳴世 屢擧不第 鄭仲夫之亂 闔門遭禍 椿 脫身僅免 卒窮夭而死".

2 李巖,「林椿及其文學思想」,『朝鮮中古文學批評史硏究』, 인민문학출판사, 2015, 348쪽.

3 李東歡,「임춘론」,『어문논집』19·20, 안암어문학회, 1977.; 金鎭英,「임춘의 현실인식과 문학」,『한국고전산문연구』, 동화문화사, 1981.; 朴性奎,「임춘론 ―그의 고문 숭상과 산문성의 한시를 중심으로―」,『한문학논집』12, 근역한문학회, 1994.; 呂運弼, 「임춘 생애에 대한 재검토」,『한국한시연구』4, 한국한시학회, 1996.; 尹上林,「西河 林椿의 古文論」,『동양고전연구』9, 동양고전학회, 1997.; 鄭善謨,「高麗詩壇에 있어

해 임춘과 그의 한시와 의식을 접근하는 연구시각이 드물다.

도성은 한 국가의 정치·경제 및 문화의 핵심이므로 예로부터 문학작품의 소재와 주제가 되어 왔다. 도성 심상이란 문학작품에 그려진 수도의 이미지라고 요약할 수 있지만 역사상 수도가 된 적이 있는 모든 도시를 포함할 수 있고 이미지라는 것도 실제로 된 성벽·건축·도로일 수가 있는가 하면 문화에 속한 시민생활·세시풍속 등도 포괄할 수 있다. 문학작품에 반영된 도성 심상은 시인의 현실 처지와 정감·심미적 의식을 드러내기도 하다. 그리하여 長安·洛陽 등 옛날 도성 이름이 동아시아한문문명권 각국의 수도를 뜻하는 의미를 갖게 되었다. 도성 심상은 시인의 문학세계를 살피는 독특한 시각이 되고 이를 통해 특정 작가의 의식 특징을 탐색하는 것도 의의가 있다고 본다. 따라서 본고는 임춘 생애를 결합하여 그의 시에 나타난 도성 심상을 고찰함으로써 임춘의 현실인식과 문학의식을 재조명하고자 한다.

2. 임춘 한시의 도성 심상 양상

도성 심상은 수도를 문학적 표현으로 부각된 이미지이고 특정한 시인의 현실 인식·창작 배경 및 심미적 경향 등을 반영할 수 있다. 장안·낙양 등을 비롯한 도성 심상은 때로는 시 형식면에는 운율이나 평측 때문에 사용된 경우도 있겠으나 중요한 주제나 소재로 수많은 중국

서의 杜詩受容 양상 고찰 -林椿의 杜詩評價를 중심으로-」, 『한문학보』 12, 우리한문학회, 2005.; 李巖, 「林椿及其文學思想」, 『朝鮮中古文學批評史研究』, 北京, 인민문학출판사, 2015 등이 있다.

·한국·일본의 시인들에게 읊게 되었고 다양한 문화 배경의 시인들이
거듭 음영함에 따라 도성 심상의 의미도 끊임없이 확장되고 풍성해지
고 있다.

임춘 자신이 평생 동안 시를 1000수를 지었다고 했으나[4] 그 후에
이인로에 의해 엮은 문집에는 겨우 114제밖에 수록되지 못했다. 그러
나 기존 114제 시 중에 도성을 언급된 것은 거의 전체의 1/4에 차지한다
는 것을 감안하여 도성 심상은 임춘 시문학에 있어서 중요한 의의를
지닌다고 본다. 뿐만 아니라 현존의 문집자료에 의거하여 임춘은 『한
국문집총간』에 수록된 한시 중에 장안과 낙양으로 고려 수도를 가기키
는 최초의 시인으로서 그의 시에 나타난 도성 심상의 문학사적인 의의
도 없지는 않다.

1) 수도 표현으로 본 도성 심상

도성에 관련된 임춘 시는 25수 내외가 있는데 그 중의 수도 표현은
3 가지 유형으로 나눌 수 있다. 즉, 장안·낙양이란 말로 고려 수도를
직접 지칭한 것, 일반적으로 수도를 가리키는 都·京 등 말로 표현한
것, 도성 고사에 연관되거나 도성의 부속물을 언급한 것이다. 구체적인
양상은 아래 표와 같다.

---

4 『西河集』卷2,「次韻李相國知命見贈長句二首」. "平生只有詩千首 芥視萬戶封侯輕 大
   平不遇亦可樂 久向菟裘已得營".

〈표 1〉 수도 표현으로 본 임춘 한시의 도성 심상

도성 표현	한시 제목	한시 구절
長安	謝人見訪	長安霖雨後, 思我遠相過.
	贈眉叟二首	長安初識少麒麟, 不見于今七換春.
	杖劍行	長安塵土中, 高枕臥五載.
	戲贈若水	聞君閉戶對塵編, 讀過長安苦雨天.
	與眉叟同會湛之家	久因流落去長安, 空學南音著楚冠.
洛陽 洛城 上洛 洛下 洛生謳 洛陽生 洛橋	暮春聞鶯	似識洛陽花下客, 殷勤百囀未能休.
	戲尙州妓一點紅敎坊妓有紅一點	仙花曾見洛陽城, 今日江南眼更明.
	賀皇甫沆及第二首	往日遊洛陽, 交友更賢英.
	重遊尙州寄人	上洛重遊日, 秋深物象饒.
	諸公餞皇甫若水赴中原書記僕以病不往作詩寄之	好帶腰錢十萬歸, 洛下春風初發軫.
	次韻崔相國惟淸留題四絶	我似多情謝安石, 聊成一曲洛生謳.
	眉叟訪子於開寧以鵝梨旨酒爲餉作詩謝之	作賦誰先吳國士, 誦書曾號洛陽生.
	憶舊遊二首	春風折柳洛橋東, 一別如何信未通.
故都 帝京 三都 玉京 天京 京師 帝關 舊京 西都 都門 都邑 京輦 輦下	用前韻贈演之	膝下歡猶在, 遂巡戀故都.
	書外院壁	早抱文章動帝京, 乾坤一介老書生.
	次韻李相國知命見贈長句二首	仙風道骨眞有餘, 久欲飛昇朝玉京.
		居賦罷囚山篇, 夢魂不復飛天京.
	代書答皇甫淵二首	數年身不到天京, 久作三閭澤畔行.
	重到京師	惆悵玄都仙館裏, 免葵燕麥動春風.
	贈湛之	去國同流落, 今朝入帝關.
	賀皇甫沆及第二首	邇來因避亂, 數載辭舊京.
	悼金閣甫	蟬貂七葉盛西都, 光祿眞爲烈丈夫.
	賦眉叟家垂柳得園字	免被行人攀折苦, 也勝憔悴在都門.
	題天院柳光植家橙	紫梨丹李遍都邑, 笑爾獨立何羈孤.
	咸寧侯手種四季花於足庵代闍公作詩謝之	紛紛走看傾都邑, 鶴林復有司花神.
	諸公餞皇甫若水赴中原書記僕以病不往作詩寄之	舊聞紅粉盛都邑, 燕寢凝香侍雲鬟.
	聞從兄庭玉到尙州以詩戲之	兄方客京輦, 我亦居變陬.
	次韻呈湛之三絶	謫居南國更無州, 輦下相逢各白頭.
武昌都	八月十五夜	誰知淸景好, 却勝武昌都.

우선 도성 심상이 빈도 높게 나타난 것은 시인이 한문 에 능통하거나 용사 기교에 집착했다는 결과로 볼 수 있으나 개경이 임춘 생애와의 밀접한 관계를 간관할 수 없다. 개경은 임춘이 관료 자제로 자란 곳이고 國子監試를 합격했고 젊은 나이에 성가를 얻은 곳이며, 무신란에 가족들이 살해당한 곳[5]과 5년 동안 칩거한 곳, 35세 병든 몸으로 다시 과거를 응시한 곳이다. 개경은 임춘의 전생애에 걸친 곳이자 立身揚名의 꿈을 깃든 도시이므로 도성 개경의 심상은 임춘과 그의 시를 이해하는 데서 중요한 요소로 작용된다고 본다.

다음에 洛城·上洛·京師·京輦·輦下 등 일반적으로 수도를 가리키는 말과 도성에 연관된 다양한 고사를 사용한 것을 보면 임춘이 典據修辭를 좋아하고 고사를 원용함으로써 시를 짓는 형태적·표현적 특징[6]을 재확인할 수 있다. 도성을 가리키는 시어만 봐도 故都·帝京·玉京·天京·京師·帝關·舊京·西都·都門·都邑·京輦·輦下 등 10여 가지나 이르니만큼 임춘의 능숙한 한문학 능력을 엿볼 수 있다.

2) 지칭 유형으로 본 도성 심상

임춘 시에 나타난 도성 심상의 의미를 고찰하면 장안·낙양 등 각색 시어로 일부러 고려 수도 개경을 직접 지칭하는 경우도 있는가 하면 수도에 연관된 고사를 빌려 간접으로 도성의 의미를 언급한 예도 있다. 즉 시인이 경험한 수도를 뜻하는 직접적인 지칭과 직접 경험하지 않거

---

5 林椿의 부친 光庇는 정3품의 상서를 지낸 적이 있고 백부 宗庇는 한림학사를 지낸다고 했는데 『고려사』 열전에 아무 기록을 남기지 않은 것을 보면 무신란 때 모두 살해당했다고 추정된다.

6 金鎭英, 『고전작가의 풍모와 문학』, 서울, 경희대학교 출판국, 2004, 58~59쪽.

나 부차적으로 언급하는 간접적인 지칭으로 나눌 수 있다. 구체적으로
아래 표와 같다.

〈표 2〉 지칭 유형으로 본 도성 심상

지칭 유형	의미	한시 제목	한시 구절
직접적 지칭	만남	謝人見訪	長安霖雨後, 思我遠相過.
		贈眉叟二首	長安初識少麒麟, 不見于今七換春.
		戲尙州妓一點紅敎坊妓有紅一點	仙花曾見洛陽城, 今日江南眼更明.
		次韻呈湛之三絶	謫居南國更無州, 輦下相逢各白頭.
	이별	與眉叟同會湛之家	久因流落去長安, 空學南音著楚冠.
		贈湛之	去國同流落, 今朝入帝關.
		賀皇甫沆及第二首	邇來因避亂, 數載辭舊京.
	활동	書外院壁	早抱文章動帝京, 乾坤一介老書生.
		杖劍行	長安塵土中, 高枕臥五載.
		戲贈若水	聞君閉戶對塵編, 讀過長安苦雨天.
		重遊尙州寄人	上洛重遊日, 秋深物象饒.
		重到京師	惆悵玄都仙舘裏, 免葵燕麥動春風.
		賀皇甫沆及第二首	往日遊洛城, 交友更賢英.
	동경	用前韻贈之	膝下歡猶在, 遂巡戀故都.
		代書答皇甫淵二首	數年身不到天京, 久作三閭澤畔行.
		聞從兄庭玉到尙州以詩戲之	兄方客京輦, 我亦居變陬.
간접적 지칭	고사	暮春聞鶯	似識洛陽花下客, 慇勤百囀未能休.
		次韻崔相國惟淸留題四絶	我似多情謝安石, 聊成一曲洛生謳.
		眉叟訪予於開寧以鵝梨旨酒爲餉作詩謝之	作賦誰先吳國士, 誦書曾號洛陽生.
		次韻李相國知命見贈長句二首	仙風道骨眞有餘, 久欲飛昇朝玉京.
	부속물	賦眉叟家垂柳得園字	免被行人攀折苦, 也勝憔悴在都門.
		憶舊遊二首	春風折柳洛橋東, 一別如何信未通.
	일반	題天院柳光植家橙	紫梨丹李遍都邑, 笑爾獨立何羈孤.
		咸寧侯手種四季花於足庵代闍公作詩謝之	紛紛走看傾都邑, 鶴林復有司花神.
		諸公餞皇甫若水赴中原書記僕以病不往作詩寄之	舊聞紅粉盛都邑, 燕寢凝香侍雲鬟.
		諸公餞皇甫若水赴中原書記僕以病不往作詩寄之	好帶腰錢十萬歸, 洛下春風初發軫.

이상 수도 개경을 직접적으로 지칭한 長安·洛陽·輦下·帝京·帝關·舊京·故都·上洛·京師·天京·京輦 등 도성 심상은 만남의 장소, 이별의 장소, 활동의 장소, 동경한 곳으로 나눌 수 있다. 다시 말하면 도성은 임춘이 시에 주로 다루게 된 소재와 주제로서는 시인의 사회생활과 수도에 대한 동경이 잘 반영되어 있다고 할 수 있다. 직접적 지칭은 시인의 생애 경험과 현실인식에 밀접하게 연관되어 있으므로 해당한 작품의 창작배경을 결합하여 분석하기로 한다.

간접적으로 지칭하는 경우는 "洛陽花下客"·"洛生謳"·"洛陽生"·"玉京" 등을 통해 임춘의 한문 고사를 원용한 능력을 엿볼 수 있고 수도의 부속물인 다리·성문 등으로 도성을 일컬은 경우도 있다. 그리고 도읍·낙하와 같은 일반 의미의 수도는 보통 시인이 직접 경험하는 수도가 아니라 상상한 정경인 경우도 많은 것으로 보인다.

3. 도성 심상에 반영된 모순적 현실인식

『西河集』에 수록된 임춘 시 3권은 지은 시간 순서대로 편차된 것이 아니라 절반 이상 창작 시간을 규명하기가 어렵지만 대체 무신란 이후에 지은 것으로 추측된다. 무신란 이전의 임춘은 1167년 20세 때 사마시를 급제했었고 1168·1169년에 연이어 예부시를 응시했으나 낙방한 것으로 고증된다.[7] 무신란 후 임춘의 생애에 대하여 呂運弼은 세밀한 고증을

---

7 呂運弼, 「林椿의 生涯에 대한 再檢討」, 『高麗後期 漢詩의 研究』, 서울, 월인, 2004, 95~99쪽.

통해 재검토한 결과 임춘은 1148년에 출생하여 1186년에 39세를 일기로 사망했다고 추정하고 開京蟄居期(1170~1174.5)·江南移居期(1174~1782)·開京復歸期(1782~1784)·長湍隱居期(1784~1786) 등 시기로 나눈다.[8] 이 시기 구분에 따라 임춘은 정중부의 난을 만나 집안이 기울어지고 과거를 할 수 없게 되자 개경 주변 시골로 도피하여 칩거 생활을 했다가 金甫當亂이 실패한 뒤 숙청당할 위험을 피하기 위해 1174년에 예천·상주 등 강남 지역으로 피난했고 1180년에 과거 응시하러 잠시 상경했으나 질병으로 그만두었다. 1182년에 가족을 데리고 개경으로 복귀하고 인생의 제3차 과거를 했지만 실패한 후에 좌절을 당한 시인은 부끄러움과 억울함을 느끼고 점차 과거를 체념하게 되어 은거하기 시작했으며 4년 후에 長湍 紺嶽山에서 병으로 죽었다고 요약할 수 있다. 임춘은 거의 일생을 걸고 급제를 위해 고심을 기울였으며, 과거를 체념한 뒤 삶의 목표도 살아진 듯 사는 의욕도 없어진 게 아닌가 한다.

무신란 후 발생한 큰 사건을 중심으로 임춘의 문학창작 시기를 다시 칩거(1170~1174.5)·피난(1174~1180)·상경(1180~1181)·귀경(1182)·은거(1183~1186) 등으로 나눌 수 있는데 그 중 은거시기를 제외하고 나머지 시기 에 지은 시에서는 모두 도성 심상 표현을 드러내고 모순된 임춘의 현실인식을 반영한다.

1) 교제활동 내면의 적막한 도성

도성은 한 나라의 權貴와 名流들이 모여드는 곳이고 사대부 문인끼

---

8 呂運弼, 위의 글, 92~118쪽.

리 교제하는 공간이라고 할 수 있다. 임춘 시에서의 도성은 지인들을 만나고 이별한 장소로서 나타났다. 아래 시에서 장안·낙성·낙교·연하 등 말을 통해 만나고 이별한 도성 심상을 표현했다.

> 장안에서 처음 젊은 기린을 뵈었고 못 만난 지 7년이 되었네.
> 長安初識少麒麟, 不見于今七換春.　　　　　　　　　「贈眉叟二首」(권1)

> 옛날 서울에서 살았을 때, 賢人과 英傑을 많이 사귀었네.
> 往日遊洛城, 交友更賢英.　　　　　　　　　「賀皇甫沆及第二首」(권2)

> 봄바람에 낙교의 동쪽에서 버들가지 꺾은 뒤,
> 한 번의 이별도 어찌 이다지 소식이 통하지 않는가?
> 春風折柳洛橋東, 一別如何信未通.　　　　　　　　　「憶舊遊二首」(권3)

> 남쪽에 유배된 후 만날 수 없었지만, 서울에서 만날 땐 서로 백발이 되었네.
> 謫居南國更無州, 輦下相逢各白頭.　　　　　　　　　「次韻呈湛之三絕」(권3)

교제활동은 인간 사회의 일상이고 교유를 통해 우정을 돈독히 하고 사회적인 연계와 정신적인 교류를 이루기도 한다. 하지만 임춘 시 중에 도성은 우인을 만난 적막한 곳으로 변했다. 무신란 초기 개경 시골에서 칩거시기에 지은 「謝人見訪」(권1)을 살펴보자.

> 장맛비 뒤의 개경으로 나를 생각해 멀리 찾아왔네 그려.
> 적막한 달팽이 같은 집 앞에서 사마 수레가 머물러 있고.
> 굶주림을 항상 참는 궁색한 두자미, 참 병을 앓지 아닌 늙은 유마힐.

떠날 때 문간에 이름을 적지 마소. 앞으로 세상에 더욱 큰 명성을 얻기를.[9]

    난리 와중에 낙척한 시인은 자유롭게 외출하지 못한 것 같아 달팽이처럼 좁은 집에서 박혀 있다가 친구가 마차를 타고 방문하러 왔다. 그러나 시인은 방문한 친구가 반갑기는커녕 자신 때문에 연루되기를 걱정하고 문간에 이름을 남기지 말고 그냥 가면 명성이 더 높아질 거라고 권했다. 마차를 타고 방문한 친구와 가난하고 늙은 시인의 모습과 대조가 이루어져 도성의 적막함과 쓸쓸함을 드러냈다. 이 시기를 회상한 「杖劍行」(권1)에서도 '서울의 흙먼지 속에서 베개 높이 베고 지낸 오년 세월.(長安塵土中 高枕臥五載)'이라고 하고 흙먼지 속에서 묻게 된 듯이 이름을 감춘 5년 동안을 가만히 보냈다. 적막한 도성 심상은 임춘과 우인 간에 극과 극인 신분 차이로 빚어진 것이라고 짐작이 된다.

    오래 유락하여 서울을 떠나서 헛되게 남국 음악을 배우고 초관을 쓰게 됐네.
    살아가면서 자주 빠른 세월에 놀라고, 시문은 다시 멀고 싸늘한 하늘을 만났네.
    등불 돋우며 10년을 얘기하고 반평생에 공명 쫓기던 얼굴을 거울에 비춰보네.
    늙어가서 후배를 뒤쫓는 것도 우스운데 글과 벼슬 생각이 이제 모두 시들었군.[10]

---

9 『西河集』卷1, 「謝人見訪」, "長安霖雨後 思我遠相過 寂寞蝸牛舍 徘徊駟馬車 恒飢窮子美 非病老維摩 莫署吾門去 聲名恐更多".

10 『西河集』卷3, 「與眉叟同會湛之家」, "久因流落去長安 空學南音著楚冠 歲月屢驚羊胛熟 風騷重會鶴天寒 十年契闊挑燈話 半世功名抱鏡看 自笑老來追後輩 文思宦意一時闌".

옛적 서울 떠나 함께 유락했더니 오늘 제가 다시 개경에 들어왔네.
하늘이 시켜 두 검이 합했지만 난리 뒤에 한 구슬만 돌아왔다네.
세월은 허연 머리에 붙어 있으며 풍상에 옛 얼굴은 달라졌네.
평생에 교분이 두터운데 이제 또 뒤쫓아 가는 것도 즐겁네.[11]

또 1180년 전후 개경에서 단기간으로 머무른 시기에 임춘은 급제한
죽림고회 동인인 李仁老와 李湛之를 만나게 되어 「與眉叟同會湛之家」
(권3)와 「贈湛之」(권3)를 지었다. 개경을 떠난 지 10년 동안의 유랑 생활
을 한탄하고 과거에 성공한 후배들을 따라 쫓아가겠다고 하며 과거시
험을 다시 응시할 뜻을 표했다. '장안을 떠난다(流落去長安)'·'국도를 떠
난다(去國同流落)' 등 구절은 수도를 떠난 후에 유랑과 떠도는 외롭고
적막한 심정을 드러냈다.

2) 동경하면서도 무서운 도성

강남 피난 시기에도 임춘은 개경에 대한 동경을 때때로 나타냈다.
「用前韻贈演之」(권1)에서 그는 '슬하의 즐거움을 아직 누리고 있지만
서울을 그리워하는 마음이 서슴서슴 있네.(膝下歡猶在 逡巡戀故都)'라고
읊으면서 서울을 그리워하는 마음을 드러냈고, 상주를 들른 종형 庭玉
에게 부친 「聞從兄庭玉 到尙州」(권2)에서 '형은 서울에 옮겨 가고 저도
벽촌에 살고 있네. 형제는 연꽃 두 송이와 같이 큰 바다에 떠버렸네.(兄
方客京輦 我亦居變陬 譬如兩葉蓮 飄然大海浮)'라고 하여 서울에 있는 형과

---

11 『西河集』 卷3, 「贈湛之」, "去國同流落 今朝入帝關 天敎雙劍合 亂後一珠還 歲月粘衰鬢
風霜改舊顏 平生交分厚 猶喜更追擎".

대조되는 피난하고 있는 자신의 처지를 노림조로 읊었다.

임춘은 개경을 그리워하면서 자신이 개경 사람이라는 것도 잊은 적이 없었다. 그는 「暮春聞鶯」(권3)에서 '옛적 서울 꽃 아래 나그네를 아는 양 하여 꾀꼬리가 은근히 울고 울어 쉬지를 않네.(似識洛陽花下客, 殷勤百囀未能休)'라고 하고 歐陽脩의 「戱答元珍」의 洛陽花下客이란 시어를 수용하여¹² 피난하고 유랑하다가 우는 새라도 보니 '자신과 옛날에 개경에서 만났던 것 같구나'라고 해서 개경 생각이 자주 난 모양이었다. 또 기생 일점홍에게 부친 시 「戱尙州妓一點紅敎坊妓有紅一點」(권3)에서도 '낙양성에서 꽃과 같은 그대를 뵌 적 같은데 오늘 강남에서 만나 보니 눈이 더 예뻐졌구나.(仙花曾見洛陽城 今日江南眼更明)'라고 했으며 무심코 한 구절에서 개경의 추억을 회상하게 되었다.

도성 개경은 임춘에게 동경한 곳이었으나 무서워한 곳이기도 했다. 「八月十五夜」(권1)에서 은거하는 시골의 맑은 경치는 무인정권 치하 삼국 오나라 폭군의 武昌都와 비슷한 개경보다 낫겠다고 읊었다. 후한 삼국시기 오나라 폭군 孫晧가 횡폭으로 다스린 무창 도읍에 관한 고사를 원용하여 무인정권의 공포정치를 신랄하게 풍자함으로써 무인정권과 타협하지 않겠다는 절개를 드러냈다.¹³

---

12 「戱答元珍」, "曾是洛陽花下客 野芳雖晩不須嗟."

13 후한 삼국시기 오나라 마지막 황제 孫晧가 265년에 수도를 建業으로부터 武昌까지 옮겼다. 그러나 손호는 권력을 전횡하고 잔인한 폭군이고 사치스럽고 황음무도하여 백성들이 '건업의 물을 먹을지언정 무창의 생선을 먹지 않겠다. 건업에 돌아가 죽을지언정 무창에서 살지 않겠다(寧飮建業水 不食武昌魚 寧歸建業死 不止武昌居)'라는 동요를 지어 손호의 포악을 풍자했다.

　　중추절 달님을 함께 보며, 높은 누대 올라 술 한 잔 했지.

　　구름 끝에서 달이 솟아오르니 하늘은 온통 맑구나.

　　계수나무 씨앗 항아의 품에 떨어지고 노랗고 오래된 진주 달빛 교교하구나.

　　누가 이 맑은 경치를 알리오? 무창 도읍보다 훨씬 더 좋네 그려.**14**

　이렇듯 임춘은 서울을 연연해하면서 개경에 돌아가 뜻을 펴기를 기대하면서도 무인정권 공포정치 치하의 개경에 거리를 두려고 했다는 갈등을 드러냈다. 金甫當의 난이 진압된 뒤 심각해진 시국 아래에 개경에 돌아가 과거하기는 꿈과 같은 일이었을 뿐이다. 그래도 불구하고 시인은 자신이 서울 사람이란 것을 언제나 잊지 못하고 있었음을 엿볼 수 있다.

3) 번성하면서도 황폐한 도성

　임춘은 죽림고회 성원인 李仁老와 皇甫沆이 1176년에 승보시에 급제했다는 소식을 듣게 되어 과거에 대한 희망이 다시 타오르게 되었다. 그는 1180년에 개경에 잠시 올라가서 응시하려고다가 병을 앓게 되어 계획대로 하지 못했다. 병 때문에 중국으로 출사할 皇甫沆을 배웅하지도 못하여 「諸公餞皇甫若水赴中原書記 僕以病不往 作詩寄之」(권3)를 짓고 '서울의 봄바람 불 때 비로소 떠나는 수레, 양관의 제4성을 부르고 싶네.(洛下春風初發軫 欲唱陽關第四聲)'라고 하며 서울의 봄바람을 타고 출

---

14 『西河集』卷1,「八月十五夜」. "共看中秋月 高樓對酒壺 雲頭初湧出 天面淨都盧 子落恒娥桂 光潛老蚌珠 誰知淸景好 却勝武昌都".

사한 친구의 의기양양한 모습에 대한 부러워함을 드러냈다. 그리고 황보항의 아우인 皇甫淵에게 「代書答皇甫淵二首」(권3)를 부치고 개경을 그리워하고도 의지할 곳은 없고 남들이 다 급제했었는데 스스로가 계속 살길을 찾아야 한다는 복잡한 심정을 하소연했다.

수년 동안 이 몸이 천경에 못 갔어도 삼려대부(굴원)처럼 못가를 거닐었네.
시골에서 용납할 만한 곳을 찾았지만 이 세상에 어디에서 인정을 말하겠는가?
요즘 급제자들의 소식을 듣기 싫지만 그대 집안 좋은 형제들만 기억하고 있다네.
글을 보내고 다시 생계를 도모해야 하는 것은 한 가문에 결국 홀로 살아남기 때문이라오.[15]

개경에서 활동했던 시기에 임춘 시에는 번화한 개경의 모습을 칭찬하는 동시에 외로운 소외자 이미지를 빌려 자신의 쓸쓸한 처지를 부각하기도 했다. 그는 「題天院柳光植家橙」(권1)에서 유광식 집에서 재배된 귤나무를 '도읍이 온통 주황 배, 붉은 자두인데, 서먹서먹하고 외로운 너의 모습이 참 우습네.(紫梨丹李遍都邑 笑爾獨立何羈孤)'라고 읊었다. 「賦眉叟家垂柳」(권3)에서 이인로 집에서 심어 있는 버드나무에 도읍에서 심게 되면 행인들에게 가지를 꺾여 시들시들할 텐데 이 집에서 자라게 된 게 다행이라고 하면서 자신이 수도에서 분주한 권태를 나타내기도 했다. 개경은 시인이 동경한 곳이지만 막상 올라가보니 생각과 다른

---

15 『西河集』 卷3, 「代書答皇甫淵二首」. "數年身不到天京 久作三閭澤畔行 林下欲求容膝地 世間何處稱人情 厭聞時輩登科第 唯記君家好弟兄 寄語低頭須碌碌 一門終要獨全生".

곳이었다. 어쩔 수 없이 외롭고 쓸쓸한 귤나무나 버드나무를 빌려 자신의 근심스러움을 표현했다. 뿐만 아니라 도성에서 심게 된 소외된 귤나무나 버드나무 이미지는 적막한 도성의 심상도 반영되었다고 할 수 있다.

> 한 그루 버드나무 後園 근처에 드리워져, 어느 해 이 곳에 뿌리 내렸나.
> 노란 잎에 반쯤 벌레 먹은 것 같고, 부드러운 가지에는 낮 그늘이 번거롭다.
> 나직하게 비에 젖어 빈 집을 가리고, 봄바람을 빗겨 띠고 적은 마루에 걸려 있네.
> 행인들에게 꺾이는 고통은 면하였으니, 도성문에 초췌하게 된 것보다 나을걸.[16]

임춘은 개경에서 유력인사를 뵙고 관계를 맺기 위해 자신의 문학 실력을 발휘하여 번화한 수도 모습을 칭찬한 작품도 있었다. 金闥을 대신하여 咸寧候가 심은 四季花를 읊은 시에서는 '하나하나의 꽃잎 도읍에선 일색이어라, 鶴林엔 또 다시 司花神이 나오겠네.(紛紛走看傾都邑 鶴林復有司花神)'라고 한 적도 있었다.

시인은 무인란 이전과 달라진 개경 광경을 보면서 슬퍼하여 劉禹錫 시「再遊玄都觀」[17]을 떠올려「重到京師」(권3)를 지었고 '유랑이 이제 백두옹이 되었으니, 지난 10년간이 꿈결과 같네. 근심스러운 현도관에

---

16 林椿 著, 秦星圭 譯註, 『西河集』, 일지사, 1984, 189쪽. "一株垂柳近粧園 此地何年幸托根 老葉半書蟲字暗 柔條長繫午陰繁 低含宿雨藏虛閣 斜帶春風掛小軒 免被行人攀折苦 也勝憔悴在都門".

17「再遊玄都觀」. "百畝庭中半是苔 桃花淨盡菜花開 種桃道士歸何處 前度劉郎今又來".

서 아욱과 귀리만 봄바람에 흔들리네.**18'**라고 하였다. 잡초가 우거지고 황폐한 개경 모습을 묘사하고 악몽과 같은 10년을 겪고 난 뒤 머리가 하얗게 된 자신의 근심을 읊었다.

그러나 상경하고 상주에 되돌아온 임춘이 누군가에게 부친 「重遊尙 州寄人」(권3)에서 그린 개경은 완전 다른 모습이었다. 시 중 개경의 늦 가을 경치는 매우 풍요롭고 즐길 만하다. 허송된 세월과 청춘을 더 이 상 어기지 않도록 급제자들의 이름이 적힌 士板을 찾아 헤매고 관료들 을 뵙고 절을 한 시인은 과거를 대비하기 위해 준비를 적극적으로 했었 다. 옛날 집안 서로 교분이 있는 호걸을 만났다고 하면서 가문자랑도 했었다.

> 상락에서 다시 놀던 날, 깊은 가을이라 만물도 풍요로워.
> 강산은 비록 다르지만, 풍경과 달빛은 서로 맞이해 주었다네.
> (중략)
> 한가히 사판을 찾아 나서서, 관료를 뵙고 길게 절하네.
> 수레의 일산을 기울여 새 준사를 만나니, 집안이 통하여 구교가 있다네.
> 그 가운데 무엇이 빠졌는가? 홍장을 한 아교가 보이지 않는 것.**19**

1182년에 임춘은 드디어 가족들을 데리고 개경에 복귀했고 과거를 응시하기로 했다. 후원을 받기 위해 그는 옛날 친분이 있던 이지명 학 사를 찾아가서 「上李學士知命書」(권4)와 「上李常侍知命啓」(권6)를 지

---

18 『西河集』卷3, 「重到京師」. "劉郎今是白頭翁 一十年來似夢中 惆悵玄都仙館裏 兎葵燕 麥動春風".

19 『西河集』卷3, 「重遊尙州寄人」. "上洛重遊日 秋深物象饒 江山雖自異 風月好相邀 (중 략) 閑行尋士板 長揖謁官寮 傾蓋逢新俊 通家有舊交 就中何所欠 不見阿紅嬌".

어 자신을 莫邪·干將과 같은 보검에 비유하여 알아주는 사람을 찾고 있는 간절한 심정을 털어놓았고 자신이 이학사에게 의탁할 수 있다면 죽더라도 기러기 털보다도 가볍게 여긴다고 하며 나라를 위해 온 힘을 기울이겠다는 다짐을 했다.[20] 하지만 임춘은 이번 과거시험에 또 낙방하였다. 그 후에 다시 이지명에게 「次韻李相國知命見贈長句」(권2) 2수를 드렸다. 첫째 수는 112구, 둘째 수는 120구로 총 232구로 된 대작이다. 시 중에 원용된 고사가 수십 종, 언급된 인물도 수십 명에 이르렀다. 시의 핵심 내용은 이지명의 문재와 인물의 뛰어남을 온갖 美辭麗句로 장황하게 늘어놓은 것으로써 벼슬을 구한다는 목적을 달성하기 위한 것으로 보인다.[21] 그 중에 도성과 연관된 구절을 살펴보자.

① 포부가 높고 넓어 우주를 좁게 하고 먹에 취하고 음영에 미쳐 대붕을 부하였네.
명가는 삼도를 능가했고 만장의 광염은 남은 수정을 응결했네.
高懷磊落狹區宇 醉墨狂吟賦大鵬 直敎名價凌三都 光焰萬丈凝餘晶

② 초연히 법도 밖을 벗어나서, 봉록과 벼슬을 풀같이 여기고 삼경도 가벼이 하였다.
선풍도골은 참으로 여유가 있어 오랫동안 훨훨 날아 옥경을 조알하려 하였고.
超然自放繩墨外 芥視祿位輕三旌 仙風道骨眞有餘 久欲飛昇朝玉京

---

20 『西河集』卷4,「上李學士知命書」, "今僕之在寒鄕氷谷中也久矣 雖往往有冤氣上徹於天 而世無雷煥者望而知之"; 卷6,「上李常侍知命啓」, "俯記孤生之潦倒 千里附於驥尾 儻得依歸 一死輕於鴻毛 誓圖報效".

21 尹用植,「西河林椿文學硏究」, 단국대학교대학원 박사학위논문, 1992, 87쪽.

③ 장한 마음은 늙을수록 약하여, 바람 속에 꺾인 깃발과 같았네.

한거부가 구산편보다 나아, 몽혼은 다시 천경에 날지 않으리.

壯心老去便全降 低摧却倒風中旌 閑居賦罷囚山篇 夢魂不復飛天京

①은 이지명의 탁월한 문장 솜씨는 洛陽의 紙價를 올렸다는 「三都賦」를 능가했다고 하며 만 길 길이로 타오르는 이백과 두보의 문장들이 응결한 정수이라고 극찬하였고 ②는 삼공의 벼슬도 가벼이 하는 초연한 태도를 가지고 마치 신선처럼 玉京에 날아가 天帝를 뵈려 하였다고 했다. 三都나 玉京은 개경을 가리키는 말이 아니지만 도성에 연관된 고사라고 볼 수 있다. 또 ③은 임춘이 자신을 읊은 구절인데 옛날 자부한 마음을 가진 사람인데도 늙으면 꺾인 깃발과 같으니 귀양살이보다 한가롭게 사는 게 더 낫다고 하겠으나 서울에 다시 올라갈 수 없게 되기에 섭섭하다고 말하고 있다. 이렇듯 높은 자리 사람의 인격을 격찬한 시를 올린 것은 이지명이 자신을 알아주는 것을 바라고 자신이 과거의 좌절을 당했으나 개경에 대한 동경과 재기하고 싶은 마음을 표현했다. 그러나 얼마 지나지 않아 임춘은 지인 李湛之에게 오해를 받고 분하게 글 「與湛之書」(권4) 부쳤으며 은거할 뜻을 표하였다.[22] 1182년말 내지 1183년 초에 은거생활이 시작했고 후에 長湍으로 옮겨가고 거기서 죽은 것으로 추측된다.

이상 칩거·피난·상경·귀경 시기의 임춘 시의 도성 심상은 사회적 교제활동이 반영되는 동시에 외롭고 적막한 칩거 생활을 드러내기도

---

22 『西河集』卷4,「與湛之書」. "僕今窮甚 方將深潛遠遁 不聞乎時 則與足下出處殊途 而足下之庭 可以無某之跡也".

한다. 개경은 시인이 꿈에서도 동경한 곳이지만 무인정권의 통치로 인해 무서운 곳이 변해버리기도 하며, 풍요롭고 번화한 도회와 황폐하고 서먹서먹한 곳, 두 가지 대조된 이미지를 동시에 지니고 있다. 이와 같은 여러 모순된 도성 심상은 모두 시인의 과거 모티브에 깊이 연관되어 있다고 할 수 있다. 즉 과거를 할 수 없게 된 시기에는 시인은 비관적이고 쓸쓸한 정서를 드러내는가 하면, 과거를 응시할 희망이나 가능성이 있는 시기에는 낙관적이고 진취적인 모습을 보여주었다. 그러면 개경 칩거시기와 1180년 상경하다가 질병 때문에 과거를 그만두게 된 시기에 나타난 도성 심상은 소극적이 편이고 1176년 죽림고회 동인들이 급제 소식을 알게 된 후, 혹은 이지명의 후원을 청했을 때 지은 작품 속에 나타난 도성 심상은 적극적인 것이라고 할 수 있다.

임춘은 평생 동안 과거에 대한 열의와 추구는 공명과 부귀에 집착한다고 평가하기보다 儒家價値를 숭상한 士로서의 名分觀念의 결과라고 봐야 한다. 이러한 道와 義를 지향하고 나라를 다스리려는 선비로 처신한 임춘은 역사적 격변기를 만나 혹독한 정치 박해를 당한 상황에 과거를 통해 뜻을 펴는 일은 힘겨운 일이 아닐 수 없었다. 도성 심상을 고찰하기를 통해 그 간에 시인이 겪은 이상과 현실의 갈등과 모순도 매우 심각했을 거라고 짐작한다.

4. 도성 심상에 반영된 자립적 문학의식

長安과 洛陽은 모두 漢과 唐나라의 오래된 수도라는 것은 알려진 사실이다. 특히 당은 시 문학이 가장 번성한 시대이었으므로 시에서 그려진 장안과 낙양의 심상은 후세 시대에도 지속적인 영향을 미쳐가면서 이후의 문인들은 장안과 낙양을 빌려 수도를 가리키는 문학적 관습을 이루게 되었다. 사실 해외로 전파된 당과 송나라 문학의 파문으로 한국·일본·베트남 등 동아시아문명권 국가에서는 모두 장안과 낙양으로 자기 나라 수도를 노래하기 시작했다. 장안·낙양은 이미 동아시아 도성을 뜻하는 보편적인 문학적 부호가 된다고 할 수 있다. 그러면 이런 도성 표현은 언제부터 한국에서 시작된 것인가? 현재 전해지는 문집 기록을 살펴보면, 신라의 최치원을 제외하고 13세기 말까지 활약한 고려문인의 문집이 七帙만 전해진다고 하는데[23] 그중에 임춘은 고려문인 중에 최초로 장안과 낙양으로 고려 수도를 가리켜서 시를 지었다. 신라 최치원도 장안을 읊은 적이 있었으나 그것은 당나라 수도를 뜻했을 뿐이다.[24]

그리고 임춘 시에서는 故都·帝京·玉京·天京·京師·帝關·舊京·西都·都門·都邑·京輦·輦下 등 수도를 가리킨 시어가 10여 가지가 나타났는데 그중에 유난히 주목할 많은 것은 '帝京'과 '帝關'이다. 帝라는 말은 천자를 의미하고 제국이나 황제를 뜻하는 말로 고고학 중에 '古國-王國(方國)-帝國'이라는 국가 기원과 발전의 모형의 제3단계를 의미한다.[25] 고려왕을 '帝'로 지칭하는 경우가 매우 드물었다. 일본 나라시

---

23 즉 林椿·李奎報·李承休·陳澕·洪侃·白賁華·金坵 등 7명의 문집이다. 呂運弼, 「신흥 사대부 한시의 세계관적 경향」, 『고려후기 한시의 연구』, 월인 도서출판, 2004, 207쪽.

24 『孤雲先生文集』卷1, 「春日 邀知友不至」(每憶長安舊苦辛 那堪虛擲故園春)·「長安旅舍 與于愼微長官接隣」에서 장안이 나타났으나 모두 당나라 수도 장안을 뜻한 것이다.

25 林澐·鄭載男, 「중국 고고학에서 "古國(Ancient State)" "方國(Chiefdom)" "王國(Kingdom)"의 이론과 방법문제」, 『동아시아 고대학』 42, 동아시아고대학회, 2016, 300~309쪽.

대 말기의 한시집『懷風藻』에서는 '帝京'·'皇都'라는 말도 있는데 藤原
宇和의 한시에서만 있을 뿐이다. 藤原宇和는 당나라 초기에 遣唐副史
로 長安城을 방문한 적이 있었기에 그는 시에서 일부러 奈良의 수도인
平原京을 帝京이라고 노래하면서 당나라 장안성과 비견할 만한 도성이
라는 뜻을 드러냈다고 한다.[26] 임춘은 중국을 직접 방문한 적이 없었으
나 그의 시에서도 고려의 수도인 개경을 황제의 서울(帝京)이나 황제의
관문(帝關)이라고 노래함으로써 고려의 국가적 주체성과 꿋꿋한 자립
의식을 고양한 것으로 보인다.

　이렇듯 임춘 시에서 漢과 唐의 도성인 장안과 낙양을 빌려 고려 수도
개경을 읊은 문학 현상은 고려 전기에 성행했던 사대적 풍기와 달리
고려중기 한문학의 자립적 문학의식을 드러낸다고 본다. 이어서 임춘
이 시인으로서의 성격과 인격, 더불어 문학의식을 고찰하기로 한다.

1) 자부한 성격과 독립적 인격

　이규보가 임춘을 겸손하지 않은 문인의 대표로 보아 '자신의 재능을
믿고 남을 업신여긴다.(恃才傲物)'라고 지적했다.[27] 임춘의 특수한 성격
은 그의 불우한 삶의 비극을 빚은 중요한 원인으로 보는 견해도 있는데
먼저 임춘이 글에서 제 성격에 대한 평가를 일일이 살펴보자.

26　郭雪妮, 「奈良貴族的都城意識與國家觀--藤原宇和漢詩出典研究」, 『日本問題研究』
　　29, 2015年 第4期, 46쪽.
27　『東文選』卷60, 「上閔常侍湜書」. "士當以謙恭畏愼爲志 近世有詩人林椿者　恃才傲物
　　竟不登一第 至窮餓而死".

① 저는 언행이 약속받지 않고 관례에 자주 어긋났으므로 다른 사람들에게 비난 많이 받았습니다. 그래서 남들이 저보고 비굴하게 언행하고 겉으로 존경하는듯하지만 실제로는 저를 미워했습니다. 저도 자신이 이미 이 시대의 비웃음을 받아서 마침내 버려진 물건이 되었다고 생각했습니다.[28]

② 줄곧 언행이 약속받지 않고 관례에 어긋났으므로 사람들의 질투를 받았으니 여러 사람들의 입으로 전하게 되어버렸습니다.[29]

③ 저는 자유분방하고 약속을 받지 않으므로 세상 사람들의 미움을 받았습니다. 모든 사람들은 그렇게 나를 헐뜯었으니 제가 궁색하게 살지 않는다면 질투심이 강한 무리들의 마음을 어떻게 시원해질 수 있겠습니까?[30]

④ 제가 지키는 것은 족하가 잘 알겠습니다. 제 성격이 어려서부터 거만하기에 남들에게 미움을 받았으니 지금에 이르러 세상일을 많이 겪어봤지만 절개를 굽히는 것을 하는 않았습니다.[31]

이상 제시된 바와 같이 임춘 성격은 거만하고 분방한 면이 확실히 있다는 것을 확인된다. 그러나 그가 자신의 단점을 분명히 의식했는데도 굽히지도 않은 것은 꿋꿋한 아집으로 말미암았을 것이다. 그리고 「杖劒行」(권1)에서 '가소롭다! 문장 해 봐야 맞돈 한 푼 못 받는데, 만승 천자가 어찌 「子虛賦」를 읽었다던가? 어지러운 이 세상 더러운 무리들

---

28 『西河集』 卷4, 「答朴仁碩書」, "豈以僕疏狂謬戾 爲人所訕罵 故卑其書辭 外若加敬 而實惡之耶 僕自念旣取當世儇笑而卒爲棄物矣".

29 『西河集』 卷4, 「與王若疇書」, "抑向以疏狂謬戾 人多嫉娼 故爲衆口所鑠而然耶".

30 『西河集』 卷4, 「與皇甫若水書」, "況僕以疏狂 獲罪於世 吠者成群 非困辱如此 何以悅其仇嫉者之心耶".

31 『西河集』 卷4, 「與湛之書」, "僕之所守 足下知之熟矣 雖少性倨慢 爲人所嫉 及今多更事 故 折節而不爲".

은, 치질 핥고 30 수레 얻었다네.(可笑文章不直錢 萬乘何曾讀子虛 紛紛世上
鄙夫輩 舐痔猶得三十車)'라고 하면서 현실과 자신 처지 사이의 심각한 갈
등을 노래하고 문장의 가치 즉 자신의 가치를 천시한 세상을 비판했다.
또 천자가 「子虛賦」를 읽지 않은 것을 감히 지적했다는 것과 '舐痔'라
는 파격적인 표현을 통해 임춘 성격의 솔직함을 엿볼 수 있다. 그리고
임춘의 시와 글 중에 '造物小兒[32]'라는 말이 여러 차례 등장했는데 시인
은 운명을 멸시적인 태도를 드러내며 순탄치 않은 운명에 굴복하지
않겠다는 의지를 보여주었다. 다시 말하자면 임춘은 소신을 꿋꿋하게
지키고 자신 재학에 자부하고 생각을 솔직하게 표현한 성격이라고 할
수 있다. 그러나 이러한 임춘은 남에게 거만하다는 인상을 주기 마련이
었을 것이다. 임춘의 자부한 성격은 그의 시 곳곳에서 보이게 된다.

　① 西晉의 陶淵明을 속이고, 南朝 鮑照를 억압하겠네.
　韓愈가 죽은 뒤 계승할 사람이 없었지만 500년 이래 고문을 처음 보게
되네.[33]
　② 일찍이 문장으로 서울에 울렸더니 천지에 홀로 남은 한낱 늙은 서생
이네.[34]
　③ 부를 지기에 누가 오국 선비를 앞서랴! 글 외우는 데는 일찍 洛陽生
으로 불렀다.
　鸞凰은 심상히 응하지 않지만, 태평성대가 될 때를 기다려 보리라.[35]

---

32 『西河集』 卷3, 「次友人見贈詩韻」. "十載崎區面撲埃 長遭造物小兒猜"; 권4, 「與趙亦樂
　書」, '曾不知遂爲造物小兒所困'.
33 『西河集』 卷3, 「次友人見贈詩韻」. "西晉遠欺陶處士 南朝高壓鮑參軍 昌黎死後無人繼
　五百年來見古文".
34 『西河集』 卷1, 「書外院壁」, "早抱文章動帝京 乾坤一介老書生".

④ 나는 다정한 謝安石과 같이 애오라지 洛生詠 한 곡을 하겠네.[36]
⑤ 우리 집안의 백부와 선친은 모두 雄文을 떨쳐 은벽한 곳까지 울렸다.[37]
⑥ 시명은 韓退之와 柳宗元 같고, 교의는 孔子와 程子 같았다.[38]

①은 우인에게 차운한 시이지만 내용상 보면 자신 문장이 陶淵明이나 鮑照를 앞서는 호기와 한유의 고문을 계승하겠다는 의지를 읊었다. ②는 1167년 20세 나이로 일찍 감시에 급제하여 명예를 얻었던 것을 회상했다. ③은 자신이 글 외우기를 잘해서 남에게 洛陽生(賈誼)이라고 부르게 되었고 봉황과 같은 현명한 인재로 자처했다. ④는 자신이 진나라 사안을 닮아 시를 낙양 서생들의 중탁한 소리로 읊을 수 있다고 했다. ⑤는 백부와 아버지의 뛰어난 문장 실력을 자랑했다. ⑥은 자신의 시의 명성은 한유와 유종원과 비슷하고 공자와 정자를 교제한다고 읊었다.

이렇듯 임춘은 자신의 재능을 믿고 문학적 호기를 자유분방하게 나타냈지만 일반 사람 눈에는 지나치게 거만하다는 오해를 받기가 십상이다. 특히 ②는 『파한집』에 따라 임춘이 10년 피난 생활을 마치고 개경에 돌아왔을 때 어느 절을 들렀다가 스님에게 '어떤 사람이기에 이같이 거만하게 구는가?'를 묻자 절의 벽에다 지은 것으로 기록된다.[39]

35 『西河集』卷2, 「眉叟訪子於開寧 以鵝梨旨酒爲餉 作詩謝之」. "作賦誰先吳國士 誦書曾號洛陽生 鸞鳳不是尋常應 待看來儀表聖明".
36 『西河集』卷3, 「次韻崔相國惟清留題」. "我似多情謝安石 聊成一曲洛生謳".
37 『西河集』卷2, 「次韻李相國見贈長句」. "吾家伯父與先子 共振雄文隱地轟".
38 『西河集』卷2, 「眉叟訪子於開寧 以鵝梨旨酒爲餉 作詩謝之」. "詩名早竊韓齊柳 交道重申孔遇程".
39 李仁老 著, 林性奎 譯註, 『破閑集』, 보고사, 256~257쪽.

이 시의 첫째 줄인 '早抱文章動帝京'은 임춘이 평생 이룩한 제일 큰 업적이었고 즉 도성 개경에서 감시를 급제한 것이다.

임춘에 관한 평가는 그의 거만한 성격에 지나치게 집중하는 반면에 그의 독립적이고 君子다운 인격을 소홀히 한 것 같다. 임춘은 젊었을 때에 부친이 그에게 여러 차례 蔭仕의 특권으로 진출하라고 권했으나 임춘은 집안의 권세를 등지고 벼슬길을 올라가는 게 수치스러운 일로 생각하여 제 재능으로 당당하게 자립하겠다고 蔭敍를 거절했었다.[40] 무신란 이후에는 과거를 함으로써 기울어진 가문을 다시 일으키는 소원을 품고 분주했으며, 열악한 환경에서도 철학을 사색하고 大道를 추구했다는 것은 '修身-齊家-治國'이라는 군자가 지켜야 하는 禮에 맞는다고 할 수 있다. 그의 가치나 이상을 반영된 자료를 살펴보자.

① 내 어릴 때부터 다른 기술을 좋아하지 않아서 장기·바둑·투호·음악·활쏘기·말달리기 등 한 가지도 아는 바 없으며 다만 글을 읽고, 문장을 배워서 이것으로써 自立하되, 문호의 餘蔭을 빙자하여 벼슬을 요구함을 부끄러워하였으므로 先君이 집권하셨을 때에도 어찌 祿利를 구하는 것으로서 제 몸의 영광을 삼았겠습니까. 하물며 선군께서 간혹 벼슬할 것을 말씀하였으나, 여러 차례 따르지 않았던 것입니다.[41]

② 피난하러 온 뒤 돌아갈 생각 있었지만 꿈속에서는 때때로 과거장에 들어갔지요.

40 『西河集』卷4,「與王若疇書」, "故先君柄用時 豈求取祿利 以爲己榮哉 況先君或強之仕 而不從者屢矣".

41 『西河集』卷4,「與王若疇書」, "僕自幼不好他技 博奕投壺 音律射御 一無所曉 唯讀書學文 欲以此自立 而恥藉門戶餘陰以干仕宦 故先君柄用時 豈求取祿利 以爲己榮哉 況先君或強之仕 而不從者屢矣 此亦年少氣銳 未更世變 信心直遂 不識幾微耳".

이제라도 다시 집안 명성 떨치려면 청운에 서로 짝지어 날아야 하겠지요.[42]

③ 저는 애초부터 본성이 활달하고 大道에 관심이 많아 세속적인 글짓기를 즐기지 않았습니다.[43]

④ 혼자서 백족화상의 불도를 닦지 말고 한번 일어나면 응당 백성을 위하리라.[44]

⑤ 칼집 속엔 서릿발 싸늘한 석자의 칼, 장사 지닌 마음 끝내 나라에 보답하리.[45]

①은 임춘이 어릴 적부터 문장 배우기에 몰두하여 자립하겠다는 뜻을 세웠고 門蔭으로 벼슬이 되는 것에 부끄러워한다고 했다. ②는 강남 피난시기에 종형에게 부친 시인데 하루빨리 과거를 급제하고 가문을 구하겠다는 의지를 말했다. ③은 자신이 大道를 묻기에 좋아했으나 세속적인 글을 좋아하지 않았다고 했다. ④는 그 전에 절에서 피난했던 이인로에게 불도를 지나치게 닦지 말고 백성들을 위해 일어나서 힘써야 한다고 권한 말이다. ⑤는 나라를 보답하겠다는 마음을 읊었다.

물론 단독적으로 이상 자료를 고찰하면 임춘의 과거 모티브를 求官欲이나 집념으로 이해하는 견해도 있으나[46], 위와 같은 임춘의 인생 이상과 가치가 반영된 자료들을 정리해 보면 임춘이 품고 있는 독립적

---

42 『西河集』卷3, 「寄從兄」. "自從避地便忘歸 夜夢時時入試闈 要使家聲今復振 靑雲相伴鶼鶼飛".

43 『西河集』卷4, 「與趙亦樂書」. "僕性本曠達 好問大道 不樂爲世俗應用文字".

44 『西河集』卷2, 「眉叟訪子於開寧 以鵝梨旨酒爲餉 作詩謝之」. "莫愛孤棲參自足 應須一起爲蒼生".

45 『西河集』卷1, 「杖劍行」. "匣中霜劍寒三尺 壯士有心終報國".

46 李東喆, 「고려 중기 문인들의 자아 인식의 양상 -임춘과 이규보의 경우-」, 『어문학』 62, 한국어문학회, 1998, 183쪽.

인격과 군자의 가치를 더욱 돋보이게 된다.

2) 자립적 문학의식

임춘은 장안·낙양으로 개경을 노래한 것은 장안·낙양을 고정된 시어 고사로 삼아 원용한 면도 있겠지만 12세기 점점 고양된 고려의 국가의식과 고려문인의 문화적 자부심과 무관하다고 보기 어렵다. 고려중기로부터 박인량을 비롯한 고려문인들이 북송 사행을 계기로 고려의 문화수준이 중화와 동등하다는 '同文'의식이 형성되었으며, 자국문화에 대한 자부심을 가지고 '小中華'로 자임하기 시작했다.[47] 게다가 1127년에 북송이 금나라에 멸망당했다는 역사적 변화는 고려 사회에 큰 충격을 주는 하편 고려문인들은 민족의식과 문명의식의 전환기를 맞이하게 되었다. 따라서 임춘은 시에서 장안·낙양이란 말로 고려 수도를 가리킨 일은 우연한 것이 아니고 그의 자립적 문학의식과 시대적 배경의 소산이라고 본다.

임춘에 대하여 시대변화를 받아들이지 않고 고려전기에 이룩한 규범을 자기 혼자라도 지키려다가 무너뜨리는 데 가담한 인물로 평가했다는 견해[48]도 있지만 임춘은 고려중기 문학비평의 새로운 지평을 열어준 인물이고 이규보 못지않게 일찍 자립적 문학인식을 깨달았고 큰 소리를 외쳤던 문인이었다.

그는 투철한 성격과 대도를 묻기를 좋아하는 학문적 습관으로 말미

---

47 鄭墡謨,「북송사행을 통해서 본 박인량의 문학사적 위상」,『한국한문학연구』46, 한국한문학회, 2010, 52쪽.

48 趙東一,『한국문학통사』2(제4판), 서울, 지식산업사, 2005, 19쪽.

암아 고려문인들이 동파를 모방하는 기풍, 과거 관행의 문제, 명유에 대한 잘못된 인식 등 여러 폐단을 비판했고 자신의 견해를 밝혔다.

① 내가 보건대 근세에 東坡의 글이 한 시대에 크게 유행하였으므로 학자라면 누구나 가슴에 담아 흥얼대지 않는 이가 없소. 그러나 한갓 그의 글을 음미하였을 뿐이어서 가령 그를 모방하고 표절한다 하더라도 스스로 그의 風骨을 얻은 자와는 어찌 멀지 않겠소. 그러므로 학자는 다만 그의 量을 따라서 그 편안한 곳으로 나아갈 따름이요, 반드시 牽强 摸寫할 필요가 없고 그 天質을 잃지 않는다는 것이 역시 하나의 중요한 일이라 생각되오. 다만 내가 그대와 비록 일찍이 그의 글을 읽은 적은 없으나, 가끔 句法이 이미 대략 서로 같았으니, 어찌 그 마음에서 얻은 것이 가만히 서로 합하여서 그런 것이 아니겠소.[49]

② 이른바 場屋의 글을 취하여 읽어 보니, 비록 공교롭다면 공교롭기는 하나 이른바 이것이 매우 어려울 것은 없고, 실로 俳優의 말과 같았으므로 스스로 이런 것을 글이라 이를 수 있다면, 비록 甲科・乙科라도 가히 팔 한번 굽힐 사이에 이룩할 수 있겠다고 생각하였습니다.[50]

③ 대개 세속에서 말하는 명유란 것은 章句에 공교로워서 科第를 취함에 불과하니, 과연 이렇게 해서 명유가 될 수 있다면 어찌 어지러울 정도로 명유가 많지 않겠소.…… 명유의 실상이 없이 그 이름만을 도적질한 자는 역시 우리 道에 罪人이니 실로 그렇게 되기를 원치 않거니와, 만일 나에게

---

49 신호열 譯註, 『東文選』 卷59, 1968, 「與眉叟論東坡文書」. "僕觀近世 東坡之文大行於時 學者誰不伏膺呻吟 然徒翫其文而已 就令有搯撜竊窺 自得其風骨者 不亦遠乎 然則學者但當隨其量以就所安而已 不必牽强橫寫 失其天質 亦一要也 唯僕與吾子 雖未嘗讀其文 往往句法已略相似矣 豈非得於其中者 闇與之合耶".

50 신호열 譯註, 『東文選』 卷59, 1968, 「與趙亦樂書」. "故出而逎取時所謂場屋之文者 讀之 工則工矣 非有所謂甚難者 誠類俳優者之說 因自計曰 如是 而以爲文乎 則雖甲乙 可曲肱而有也".

이것으로써 허여하는 자가 있다면 삼가 두 번 절하고 사양할 것이오.[51]

임춘은 동파 문학을 맹목적으로 모방하기보다 그의 풍골을 얻는 것이 더 바람직하다고 하며 개인의 기양에 따라 글을 쓰면 좋고 천질을 잃고 남을 모방할 필요가 없다고 말했다. 특히 임춘은 자신과 이인로가 일찍이 동파의 글을 읽은 적이 없었으나 글귀가 동파와 유사한 면이 있다고 말하는 것을 보면 스스로 동파 문학을 배운다는 것을 인정하지 않았고 단지 비슷한 시인의 기질로부터 나온 유사한 풍골이라는 것을 암시하고 있다더니 임춘의 자립적 문학의식은 강하지 않다고 말할 수 없다.

또 과거의 글이 지나치게 공교롭게 돼서 배우의 말과 같다고 비웃었다. 이런 공교로운 문장 구절로 급제한 명유들을 우습게 여겨 자신이 그런 거짓 명유가 되지 않겠다고 말했다. 즉 임춘은 당시의 문학 기풍의 문제를 지적하고 인재를 뽑는 제도를 비판함으로써 올바르지 않은 시대와 동조하지 않겠다는 의지를 드러냈다. 그리고 남을 모방하기보다 스스로의 風骨과 天質이 더 중요하다고 강조했다. 한편 글은 배울 수 없다고 하고 '至剛之氣'를 가득 길러야 자연스럽게 글을 이룰 수 있다고 말했다.

문장이 어렵다 함은 말할 것도 없거니와, 배워서 능할 수도 없을 것입니다. 대개 지극히 剛한 기운이 가운데에 충만하여, 얼굴에 넘치고 말에 나타나서 스스로 알지 못하는 것이 곧 문장이니, 실로 그 기운을 기른다면

---

51 신호열 譯註, 『東文選』 卷59, 1968, 「答靈師書」. "夫世所謂名儒者 不過工章句取科第爾 果如是而爲名儒 則何擾擾焉名儒之多耶 不唯今世所不見 雖古亦少 …… 無名儒之實 而竊其名者 亦吾道之罪人也 誠不願爲之 若有與僕以此者 則謹再拜而辭".

비록 일찍이 붓을 잡아서 배우지 않는다 하더라도 문장은 더욱 저절로 기이할 것입니다. 그 기운을 기르는 것은 名山大川을 두루 구경하여 천하의 奇聞과 壯觀을 궁구하지 않는다면 역시 가슴 가운데에 있는 뜻을 넓힐 수 없을 것입니다.[52]

임춘의 자립적 문학관은 아래 몇 가지를 포함한다. 글은 배울 수 없는 것이고 글을 잘하는 관건은 견문과 시야를 넓히고 기를 길러야 글을 깨달을 수 있다고 하는가 하면, 무리하게 남을 모방하는 것은 그 풍골을 얻지 못할뿐더러 소중한 자신의 본래의 기질까지 잃게 되는 것을 삼가야 한다. 소동파를 모방하는 경향은 소동파를 제대로 배우지 못하고 단지 문장과 구절만 공교롭게 꾸민 것일 뿐이다. 즉 문학은 자신의 기량에 따라 스스로 터득해야 한다는 자립적 문학의식을 말하고 있다.

물론 자립적 문학관은 완전 독자적으로 창조하라는 뜻은 아니고 참된 名儒나 正道를 계승하여 발전한다는 뜻으로 이해해야 한다. 임춘은 죽림고회의 동인인 皇甫沆에게 부친 「贈皇甫若水」(권2)에서 아래와 같이 읊었다.

일찍 풍조가 貞元시기에 흥성했다더니 몇 세대나 학사 가문에 전해졌을까?
당의 문풍이 변하여 지금 쇠미했지만, 하늘은 안정을 위해 후세 자손을 낳게 했네.
韓公 이후 正道를 부지하고 諸家를 배척하여 孔氏를 높였지.

---

52 신호열 譯註, 『東文選』 卷59, 1968, 「上李學士書」. "文之難尙矣 而不可學而能也 蓋其至剛之氣 充乎中而溢乎貌 發乎言而不自知者爾 苟能養其氣 雖未嘗執筆以學之 文益自奇矣 養其氣者 非周覽名山大川 求天下之奇聞壯觀 則亦無以自廣胸中之志矣".

선조의 정령이 의당 기뻐하실 터라, 고매한 제주가 우리 울타리에 들어
오네.[53]

당 이후에 문풍이 변하여 점차 쇠약해지만 이 문풍은 고려에 전해
들어오기에 조상이 기뻐할 만한 일이라고 하고 한유의 유가가치를 중시
한 문학관을 올바른 도라고 읊었다. 당나라 문학의 올바른 도를 이어받았
다는 것은 고려문학이 이미 송의 문학과 비견하거나 심지어 앞선다는
의미를 드러내기도 했다. 따라서 長安과 洛陽 같은 당의 수도 명칭을
빌려 고려 수도 개경을 가리킨 것도 크게 놀라운 일이 되지 않을 것이다.

5. 맺음말

林椿에 관한 선행연구는 이미 풍부한 성과를 거두었지만 도성 심상
이라는 연구시각으로 접근하는 작업이 드물었다. 본고는 임춘의 한시
에 나타난 도성심상을 연구대상으로 『西河集』에 수록된 시 144제를
검토하고 도성 심상을 포함한 25수 정도의 작품을 추출하여 분석했다.
임춘 시에 나타난 도성 심상은 수도 표현으로 長安·洛陽·武昌 등 역사
상의 수도와 故都·帝京·玉京·天京·京師·帝關·舊京·西都·都門·都
邑·京輦·輦下 등 수도를 일반적으로 가리키는 말, 洛生謳·洛陽生 등
수도에 관한 고사를 포함한다. 그리고 직접과 간접적 지칭 방식으로
그 의미를 분석할 수 있다.

---

53 『西河集』卷2, 「贈皇甫若水」. "早聞風烈盛貞元 幾葉傳爲學士門 文變唐朝今掃地 天敎
  安定世生孫 扶持正道韓公後 破黜諸家孔氏尊 鼻祖有靈應自喜 高才眞箇入吾藩".

무신란 후 임춘 생애를 중심으로 그의 문학창작 시기를 칩거·피난·상경·귀경 등으로 구분하고 임춘의 생애을 결합하여 각 시기의 도성 심상을 살펴본 결과, 여러 모순된 도성 심상은 모두 시인의 과거 모티브에 깊이 연관되어 있다는 특징을 발견했다. 즉 과거를 할 수 없게 된 시기에는 시인은 비관적이고 쓸쓸한 정서를 드러냈고, 과거를 응시할 희망이나 가능성이 있는 시기에는 낙관적이고 진취적인 모습을 보여주었다. 도성 심상을 고찰함으로써 道義를 지향하고 나라를 다스리려는 임춘이 역사적 격변기를 만나 혹독한 정치 박해를 당한 상황에 과거를 통해 뜻을 펴는 과정에 겪은 이상과 현실의 갈등을 엿보게 되었다.

『한국문집총간』에 수록된 고려 문집을 고찰한 결과 시에서 장안과 낙양이란 말로 고려 수도를 가기키는 최초의 시인은 임춘이라는 것을 발견했다. 이는 우연한 현상이 아니라고 생각하여 그 원인을 밝히고자 임춘의 문학과 글 내용을 참고하면서 그의 성격·인격·문학의식을 고찰하였다.

임춘의 성격은 소신을 꿋꿋하게 지키고 자신 재학에 자부하고 생각을 솔직하게 표현한다는 편이라고 할 수 있으나 이러한 성격은 남에게 거만하다는 인상을 주기 마련이었을 것이다. 임춘의 인격은 집안을 의지하지 않고 蔭敍를 거절했던 것을 보면 스스로의 힘에 의지하여 자립하는 면이 있는가 하면, 무신란 이후 기울어진 가문을 일으키기 위해 분주했고 열악한 환경에서 大道를 추구한 것을 보면 '修身−齊家−治國'이란 禮에 맞는 군자다운 면도 있다고 본다.

임춘은 글은 배울 수 없는 것이라고 하고 글을 잘하는 관건은 견문과 시야를 넓히고 기를 길러야 글을 깨달을 수 있다고 하는가 하면, 무리하게 남을 모방하는 것은 그 풍골을 얻지 못할뿐더러 소중한 자신의 본래의 기질까지 잃게 되는 것을 삼가야 한다고 했다. 즉 문학은 자신의 기량에 따라 스스로 터득해야 한다는 자립적 문학의식을 말하고 있다.

따라서 임춘은 시에서 장안·낙양과 같은 당나라의 수도 명칭을 빌려 고려 수도인 개경을 지칭한 것은 고정된 문학적 시어를 원용한 면도 있겠지만 12세기에 점점 고양된 고려문인들의 문화적 자부심과 연관성도 있으며 근본적으로는 임춘의 독립적인 인격과 자립적 문학의식의 소산이라고 본다.

참고문헌

1. 원전자료
『高麗史』.
『東國李相國集』.
『東文選』.
『西河集』.
『破閑集』.

2. 연구서
金鎭英, 『고전작가의 풍모와 문학』, 서울, 경희대학교 출판국, 2004, 55~76쪽.
呂運弼, 『고려후기 한시의 연구』, 서울, 월인 도서출판, 2004, 87~136쪽.
李巖, 『조선중고문학비평사연구』, 北京, 인민문학출판사, 2015, 293~348쪽.
趙東一, 『한국문학통사』 2(제4판), 서울, 지식산업사, 2005, 16~23쪽.

3. 연구논문
郭雪妮, 「奈良貴族的都城意識與國家觀-藤原宇和漢詩出典研究」, 『日本問題研究』

29, 保定, 2015년 제4기, 43~53쪽.

린윈(林澐) 著·鄭載男 譯, 「중국 고고학에서 "古國(Ancient State)" "方國(Chiefdom)" "王國(Kingdom)"의 이론과 방법문제」, 『동아시아 고대학』 42, 서울, 2016, 300~309쪽.

朴性奎, 「임춘론: 그의 고문 숭상과 산문성의 한시를 중심으로」, 『한문학논집』 12, 서울, 1994, 233~249쪽.

박유리, 「임춘의 생애와 의식 세계」, 『동양한문학연구』 1, 서울, 1985, 23~40쪽.

서정화, 「고려 무신집권기 산문의 일고찰-林椿의 散文 세계와 문학사적 성취를 중심으로」, 『고전과 해석』 4, 서울, 2008, 37~61쪽.

손정인, 「林椿의 士意識과 隱顯觀」, 『동방한문학』 14, 서울, 1998, 107~130쪽.

심호태, 「임춘의 문학사상연구」, 『대동한문학』 1, 서울, 1988, 127~158쪽.

엄연석, 「임춘의 유학사상 이해와 출처은현관의 특징」, 『인문연구』 72, 서울, 2014, 355~384쪽.

呂運弼, 「임춘 생애에 대한 재검토」, 『한국한시연구4』, 서울, 1996, 203~245쪽.

吳野迪, 「高麗文人林椿的漢詩硏究」, 吉林大學校 박사학위청구논문, 長春, 2014, 1~165쪽.

尹上林, 「西河 林椿의 古文論」, 『동양고전연구』 9, 서울, 1997, 3~24쪽.

尹用植, 「西河林椿文學硏究」, 단국대학교대학원 박사학위청구논문, 서울, 1992, 1~186쪽.

李東喆, 「고려 중기 문인들의 자아 인식의 양상-임춘과 이규보의 경우」, 『어문학제』 62, 서울, 1998, 103~129쪽.

李東喆, 「林椿 詩에 나타난 自我認識 考察」, 『어문학』 55, 서울, 1994, 281~305쪽.

李東歡, 「임춘론」, 『어문논집』 19, 서울, 1977, 599~617쪽.

임병학, 「西河 林椿의 철학사상」, 『인문과학』 94, 서울, 2011, 123~150쪽.

鄭墡謨, 「高麗詩壇에 있어서의 杜詩受容 양상 고찰 – 林椿의 杜詩評價를 중심으로」, 『한문학보』 12, 서울, 2005, 3~35쪽.

_____, 「북송사행을 통해서 본 박인량의 문학사적 위상」, 『한국한문학연구』 46, 서울, 2010, 5~57쪽.

홍성욱, 「林椿 散文의 硏究 : 무신 집권기 산문 창작 경향의 변화와 관련하여」, 『민족문학연구』 32, 서울, 1999, 447~472쪽.

중암 강이천의 문학관과 〈漢京詞〉

주지영

1. 머리말

중암 강이천은 18세기 후반을 살아간 소북 명가 출신의 문인이다. 그는 1768년(영조 44)에 태어나 1801년(순조 1)에 사망했으니 33세로 생을 마쳤다. 그의 삶은 짧았고 순탄하지 않았다. 중암은 태독으로 인해 태어날 때부터 오른쪽 눈이 보이지 않았다. 또한 어릴 때부터 다리에 종기가 심했던 탓에 걸음이 불편했다. 그는 '左視'라 불리는 절름발이의 모습으로 살았다. 그의 조부는 문인 화가로 유명한 표암 강세황이다. 조부를 비롯해 증조부, 고조부가 모두 耆老所에 출입했기에 그의 가문은 '三世耆榮之家'라 불리기도 했다.[1] 그는 명예로운 가문에서 태어났으나 가족을 일찍 잃었다. 일곱 살이던 해에 부친이 세상을 떠났고, 스무 살 무렵에 모친과 조부가 죽음을 맞았다. 문학 활동을 하며

---

[1] 조선 시대에 3대가 연이어 기로소에 들어간 가문은 다음의 다섯 가문뿐이었다. 順興安氏(安宗源-安景恭-安純), 泗川睦氏(睦詹-睦敍欽-睦來善), 東萊鄭氏(鄭惟吉-鄭昌衍-鄭太和), 晋州姜氏(姜栢年-姜銀-姜世晃), 延安李氏(李喆輔-李福源-李時秀). 중암은 아들의 이름을 '三世耆榮之家'의 '耆'와 행렬자 삼수변을 합자 해 지었는데, 이는 가문에 대한 높은 자부심을 보여준다.

성균관 유생으로 생활하던 중암은 '飛語獄' 사건[2]에서 비롯한 신유사옥에 휘말려 심한 고문을 당한 끝에 옥사했다. 문집 『重菴稿』에 그가 남긴 약 160편의 시가 전하는데, 〈漢京詞〉는 그 중 대표작으로 꼽힌다.

문학 연구에서 중암은 이가원에 의해 가장 먼저 언급되었다. 이가원은 중암의 생애나 문학에 대해 조명하지는 않았고 문체반정과 비어옥사에 대해 설명하는 가운데 그의 이름을 거론했을 뿐이다.[3] 중암의 문학이 관심의 대상이 된 것은 1990년대 이후부터이다. 임형택은 중암의 시 〈南城觀戲子〉를 번역하여 소개했다.[4] 그는 〈남성관희자〉를 뛰어난 서사시로, 중암을 천재성을 보여주는 작가로 높이 평가했다. 이후 〈남성관희자〉는 연극사에서 중요한 가치를 갖는 자료로 각광받았고, 중암의 문학이 본격적으로 연구 대상으로서 다뤄지기 시작했다.

중암의 시 〈한경사〉가 연구 주제로 처음 등장한 것은 방현아의 논문에서이다.[5] 방현아는 중암의 생애와 문학적 배경에 대해 서술하고, 〈한경사〉를 '18세기 서울의 도시적 양상의 형상화'라는 측면에서 분석하였다. 이후 정우봉이 중암의 문학관과 관련지어 〈한경사〉에 대해 논의하였다.[6] 정우봉의 논문은 '18세기 서울의 시적 형상화'의 관점에서 〈한경사〉가 단순히 풍속사의 보조 자료로서 뿐만 아니라 시 자체로서 가치를 갖는다고 평하였다. 강경훈은 중암의 예술가적 생애를 복원하는 것

---

2 이 사건의 공식적인 죄목은 해적에 대한 유언비어 날조 및 유포 죄였다. 이 사건으로 중암은 유배를 당했다. 정조 승하 후, 순조 1년에 이 사건은 재조사되어 신유사옥으로 이어졌다.

3 이가원, 「文體波動」, 『燕巖小說研究』, 을유문화사, 1965, 461쪽.

4 임형택, 「南城觀戲子」, 『李朝時代敍事詩』 2, 창작과비평사, 1992.

5 방현아, 『重菴 姜彝天의 漢京詞 研究』, 성균관대학교 석사학위 논문, 1994.

6 정우봉, 「姜彝天의 漢京詞에 대하여」, 『한국학보』 75, 일지사, 1994.

을 목표로 당시의 문단과 관련해 중암의 문학을 종합적으로 고찰하고
자 했다.[7] 중암의 시세계에 대해 논하는 과정에서 〈한경사〉는 대표작
으로 취급되어 비중 있게 다루어졌다.

〈한경사〉에 대한 이상의 연구들은 모두 〈한경사〉를 분석하기에 앞
서 중암의 문학관에 대해 언급하고 있다. 선행 연구들이 도출한 중암의
문학관은 '眞의 추구', '감동과 감염력에 대한 인식', '시대의 특성과
작가의 개성 중시', '효용성 강조' 등으로 정리할 수 있다. 이는 중암의
문학관을 특징짓는 중요한 내용들이다. 그런데 각각이 단편적으로 수
집되어 개별적으로 나열되어 있어, 하나의 의미망 안으로 포섭되지 못
하고 있는 것으로 보인다. 또한 피상적인 분석으로 인해 오인의 여지가
있거나 아직 주목받지 못한 부분이 존재한다. 그의 문학관에 대한 더
세밀하고 광범위한 접근이 요구된다.

그의 문학관에 대한 이해가 확장됨에 따라 〈한경사〉에 대한 해석도
달라질 수 있을 것으로 생각한다. 그동안의 선행 연구들은 저마다의
의의를 지니면서도, 〈한경사〉를 분석하는 구체적 내용에서는 대동소
이했다. 요컨대 〈한경사〉에 표현된 시정의 풍경을 복원하듯 설명하고
해설을 덧붙이며, 작가의 시선이 그것을 얼마나 생생하게 포착했는지
를 강조했다.[8] 더불어 이러한 〈한경사〉 해석이 각 연구가 내세운 중암

---

7 강경훈, 「重菴 姜彝天 文學研究」, 동국대학교 박사학위 논문, 2001.
8 위에 언급된 세 편의 선행 논문들이 〈한경사〉를 분석하면서 제시한 항목을 확인하는
   것으로 분석의 내용과 그 대동소이함을 미루어 볼 수 있다. 방현아의 논문에서는 "운종
   가'를 중심으로 한 상업적 번영상', '시정문화와 연희예술의 성행', '기락의 발달과 향유
   양상', '세시풍속과 민간의례의 면면'으로, 정우봉의 논문에서는 '시정 군상의 일상적
   삶의 단면', '시정 문화의 난만한 전개 양상', '도시 유흥의 발달상'으로, 강경훈의 논문
   에서는 '시정 군상의 건강한 삶', '기층문화와 예술의 다양한 전개', '도시 유흥과 기락',

문학관의 요지와 긴밀히 연결되고 있는가 하는 점에서 아쉬움이 남는다. 작품 분석의 장에서 반복적으로 부각된 것은 시를 고증하는 풍속사적 사실이거나, 거꾸로 시가 증명하는 풍속사의 한 장면이었다. 그의 문학관은 작품을 통해 충분히 해명되지 못했다. 따라서 작품에게도 해명되지 않은 부분이 남아 있다.

이전의 연구들에서 도출된 성과와 문제의식을 기반으로 중암의 문학관과 〈한경사〉에 다시 접근해 보고자 한다. 특히 문학의 본질과 창작에 관한 견해에 주목하여 그가 내면화한 문학관을 파악할 것이다. 그리고 그것이 〈한경사〉에 어떻게 투영되고 있는지 확인할 것이다. 이로써 〈한경사〉의 새로운 면모를 드러내는 동시에 중암의 문학관이 구체적 작품으로서의 실체로 더욱 뚜렷해질 것으로 기대한다.

2. 중암의 문학관

중암이 살았던 18세기는 사회 전반적으로 큰 변화가 나타난 시기이다. 문학 역시 새롭고 다양한 양상을 띠게 되어 이 시기 문학의 변화상은 중요하게 평가되었다. 중암은 어린 시절부터 당대의 문화가 축적한 문학적 예술적 자산의 수혜를 누릴 수 있었다. 그는 조부인 표암과 함께 안산 지역에서 거주하며 성장했다. 표암은 예원의 총수로 일컬어질 만큼 큰 영향력을 지닌 인물이었으며, 표암의 처남인 해암 유경종은 안산으로 문예인들을 불러들이는 데 적극적인 역할을 했다. 특히 안산

'통과의례와 세시풍속'으로 제시되었다.

에는 남인 계열 문인들이 거주하며 안산을 학문의 근거지로 삼았다. '안산 15학사'[9]라는 명칭은 당시 안산이 문인 활동의 중심지로서 지녔던 위상을 보여준다.

표암 강세황으로 대표되는 소북계와 혜환 이용휴로 대표되는 남인계의 문예인들이 모여드는 한가운데에서 중암은 유년기를 보냈다. 그는 그들에게서 학문을 배웠고 예술에 대한 안목을 익혔다. 주지하듯 그들의 문예관은 '眞實'과 '寫實'을 추구하는 것이었다. 이로부터 영향을 받으며 중암은 자신의 문학관을 정립해 나갔다. 그러나 여기에서는 중암에게 영향을 주었을 이들의 발언을 가져와 중암의 사유를 추론하는 자료로 활용하지는 않을 것이다. 중암 자신이 남긴 글들을 통해 그의 내면에 자리 잡았던 문학관을 파악하고자 한다.

> 文은 천지로부터 생겨난다. 이미 문이 있음에 法이 없을 수 없고 법이 갖춰지면 거기에서 妙가 생겨난다. 문은 묘가 假稱하는 것이 아니고, 묘는 문이 베푸는 것이 아니다. 묘라는 것은 이미 천지 사이에 무성히 펼쳐져 있어 그것을 다하게 할 수 없다. 성신의 일어남이며 넓고 큰 뜻이다. 대상에 닿아 감정을 느끼고, 감정을 견인하여 법이 이루어지며, 법에 기대어 묘가 생겨난다. 그렇게 함이 없는데도 그러함이 있으며, 그러한 연유를 스스로 알지 못하면서도 그러함이 있다. 천지가 이러한 묘로써 인간에게 기대어 베풀어진다. 비록 성인이라도 관여되는 바가 없는데 또한 하물며 文華의 도리에 있어서랴. 이러한 까닭에 숨겨진 채 그 깊음이 나타나지 않고, 밝혀진 채 그 드러남이 좇아질 수 있다. 깊음과 드러남의 쓰임, 신통

---

9 李用休, 姜世晃, 任希聖, 許佖, 柳重臨, 趙重輔, 嚴慶膺, 李壽鳳, 崔仁祐, 李匡煥, 蔡濟恭, 朴道孟, 申宅權, 柳慶種, 申光洙, 安鼎福 등이 안산 15학사로 불린다. 星潮 李漢의 장자 李孟休가 『蓮城同遊綠』에서 처음 언급했다.

의 계기는 인간에게 있을 뿐이다.[10]

위의 인용문은 문학의 근본 성격에 대한 중암의 생각을 포괄적이면 서도 요약적으로 보여준다고 판단되어 주목할 만하다. 문학이 발생하는 근원, 문학이 발현되는 과정, 문학의 주체로서 인간의 위상에 대해 논하고 있다. 중암은 문이 천지로부터 생겨난다고 말하고 있다. 천지로부터 생겨나는 것이기 때문에 문은 "이미" 존재하고 있다. 작가 개인의 위상을 중시하고 한 사람의 천재적 개성을 문학 창작의 동력으로 인식한다면 문학이 이미 존재한다는 중암의 발언은 이해가 난망한 사변일 것이다. 그러나 중암은 문학 창작에 있어 인간의 역할을 이런 견해와는 완전히 다른 각도로 이해하고 있다. 인간은 문학이 형태를 갖고 드러나기 위해 의지하고 있는 대상이다. 즉 문은 이미 존재하고 있지만 인간에 의해서가 아니라면 드러나지 않고 그저 숨겨져 있을 뿐이다.

문이 숨겨진 것이 아니라 드러난 것으로서 존재하기 위해서는 일정한 과정을 거쳐야 한다. 인간이 천지를 대함으로써 감정이 불러일으켜지고, 감정이 불러일으켜지면 그것은 필연적으로 일정한 형체를 갖고자 한다. 형체는 법식이라는 말로 대신할 수도 있다. 그렇게 세워진 형체, 즉 법식은 천지에서 비롯한 것이기에 천지가 아니면서도 천지를 담고 있다. 그것이 문이 묘함이 되는 까닭이다. 문이 있으면 법이 있고

---

10 『重菴稿』冊三,〈讀文心雕龍〉. 文自天地生 既有文矣 不得不有其法 法之所具而妙以之生 文非妙不稱 妙非文不宣 妙也者固已森布於天地之間 無可以窮旣之矣 聖神之作 閎博之旨 觸境而感情 引情而成法 依法而生妙 有莫之然而然者 有不自知其所以然而然者 天地以是妙而憑於人以宣 雖聖人無所與 又況於文藻之倫乎 是故隱而不章其奧也 明而可跡其顯也 奧顯之用 神通之機 存乎人而已矣.

법에서 묘가 생겨난다는 말은 이러한 의미이다.

천지의 묘함은 세상에 무한하게 펼쳐져 있다. 세상천지가 바로 다 묘이다. 그것은 이중적 성격을 갖는다. 숨겨져 그 깊은 심연을 보여주지 않고, 동시에 밝게 드러나 있어 좇을 수 있게 한다. 깊이 숨겨져 있음과 밝게 드러나 있음 사이에서 결정적으로 존재하는 것이 인간이다. 중암은 천지의 묘, 그 신통함의 발현 여부는 오직 인간에게 있다고 말한다. 여기에 인간 역할의 절대적 중요성이 있다. 중암의 문학관에서 인간의 역할은 문학을 작가 개인의 감성이나 능력의 분출로 여기는 관점에서보다 오히려 더 막중하다. 인간은 문학을 통해 단지 개인의 내면을 분출하는 존재가 아니라 천지의 이치를 실어 나르는 존재가 되기 때문이다.

> 화양자상이 강물을 내려다보며 앉은 채 노래를 부르며 즐거워하다가 이윽고 탄식을 뱉으며 슬퍼하였다. 연구자기가 곁에서 모시고 있다가 여쭈었다.
> "전, 슬픔과 기쁨은 동시에 일어날 수 없다고 들었는데, 선생께서는 물을 내려다보시며 즐거워하시다가 어느새 슬퍼하십니다. 선생께서 병이 드신 게 아닌지요?"
> 그 말에 자상은 이렇게 답했다.
> "아! 내 네게 말해주마. 대저 물이란 아름다우면서도 성대하다. 천하의 온갖 사물을 싣고서도 그 크기를 헤아릴 수 없으며, 천하의 온갖 변화를 드러내면서도 그 끝이 무엇인지를 알 수 없지. 이 물이란 것이 어떤 때는 계곡을 흘러가기도 하고, 골짜기에 쏟아져 들어오기도 하며, 드넓은 벌판을 채우기도 하고, 바다로 들어가기도 한다. 또 어떤 때는 합해져서 모이기도 하고, 나뉘어 섬이 드러나기도 한다. 그러면서 평탄한 물, 수직으로 선 물, 뒤흔드는 물, 넘실대는 물, 구불구불 흐르는 물, 머물러 있는 물,

괴이하게 뒤따르는 물이 생긴다. 마치 기뻐서 가는 듯이 콸콸 소리를 내고, 우쭐대며 으스대듯이 좍좍 소리를 내고, 갔다가 돌아오는 듯이 철썩철썩 대고, 서로 마뜩지 않은 듯이 쏴쏴 울고, 미련하게 큰 듯이 유유히 흐르며, 화가 나서 일어나듯이 쿵쾅거린다. 물이 지닌 멋이 여기에 다 있기에 내가 바라보며 즐거워하고 있다.

저 물에 근원이 있다는 말을 너는 듣지 못했느냐? 근원에서 물이 흐르기 시작하여 온갖 오묘한 모습이 생성되어 드넓고 아득하게 흘러 그 끝이 보이지 않는다. 저 물의 근원도 아직 찾아가보지 못했거늘 하물며 너무 멀리 흘러간 물이야 말할 나위 있겠느냐? 나는 그 때문에 슬퍼하느니라."[11]

중암은 천지가 문학을 통해 발현하게 하는 것이 인간의 역할이라고 하였다. 그러나 과연 인간에게 그 역할은 얼마나 수행 가능한 것일까? 위의 인용문은 중암이 경금자 이옥의 작품집에 대해서 평한 글의 일부이다. 중암은 일반적인 비평문의 형식을 벗어나 문학에 대한 한 편의 우언을 작성했다. 이 글은 물에 대한 두 사람의 대화를 그 내용으로 하고 있다. 한 인물이 물을 보고서 기뻐하다가, 또 금방 슬퍼한다. 기쁨과 슬픔을 동시에 느끼는 이유를 묻자, 물이 헤아릴 수 없이 다양한 모습을 띠기 때문에 그 모습을 보는 것이 기쁘고, 그 근원과 끝을 찾아볼 수 없기 때문에 슬프다고 말한다.

근원에서 샘솟기 시작한 물은 아직 보이지 않는다. 이미 멀리 흘러가 버린 물 역시 이제 보이지 않는다. 인간이 볼 수 있는 것은 바로 눈앞에서 움직이고 있는 물의 온갖 모습일 뿐이다. 근원은 다가올 것의 유래이고, 아득히 흘러간 물은 다가왔다가 지나가 버린 것이다. 눈앞으로

---

11 안대회, 「무명의 불량 선비, 강이천」, 『고전 산문 산책』, 휴머니스트, 2008, 461~462쪽.

다가올 미래와 눈앞에서 사라진 과거 사이에서 인간은 오직 현재를 살아갈 뿐이다. 현재는 다 형용하기 어려울 정도로 다채롭게 움직이고 있다. 그 성대한 멋은 보는 이에게 즐거움을 자아내지만 인간이 그 이상의 것을 추구할 때는 좌절을 겪게 된다.

흘러간 것과 흘러올 것, 과거와 미래를 보려 함은 삶의 원리, 천지의 이치에 다가가고자 함이다. 그리고 중암에게 문학이란 천지의 묘함이 인간에게 기대어 형체로서 나타나는 것이었다. 곧, 글로 쓰였다고 해서 모두 다 문학은 아니다. 적어도 진정한 문학은 아니다. 천지의 이치가 배어 있어야 진정한 문학이고, 진정한 문학의 산출을 가능하게 하는 것은 인간이다. 인간이 그 역할을 쉽게 감당할 수 있다면 문학 역시 쉽게 창작될 것이다. 그러나 중암의 글에 등장하는 인물이 토로하듯, 인간이 만물, 만상의 근원을 파악하기란 불가능에 가까워 보인다. 그런데 만약 어떤 계기로 근원이 포착된다면 어떨까? 근원이 포착된다면 흘러간 것과 흘러올 것은 문학 안에 어떤 식으로 자리하게 될까?

여기 아름다운 것이 있다. 수놓은 것도 아니고 그린 것도 아닌데 빛이 그 속에 숨어있다. 둥근 것도 아니고 모난 것도 아닌데 法軌가 함께 들어 있다. 지나간 것이 머물러 있고 도래할 것을 미루어 안다. 道義가 이로 하여 빛나고 黜陟이 이로 하여 세워진다. 큰 것은 오래가고 작은 것은 곧 폐해진다. 이것이 없으면 죽음과 함께 동화된다.

제자가 어리석고 불민하여 부자께 질정을 청하였더니 부자께서 말씀하셨다. "이는 무릇 심중에 쌓여 밖으로 베풀어지는 것이다. 萬象의 변화가 무성하나 그 부류가 문란해서는 안 된다. 정도에 순수한 자가 군자이고, 언사를 숭상하는 자는 소인이다. 군왕은 그것으로 만민을 하나로 만들고, 필부는 그것으로 이름을 날리게 된다. 의리를 정밀히 하는 것이 眞이고 두루 통하게 하는 것이 神이다. 공효가 끝이 없으니 청컨대 文으로 文으로 돌아갈지어다."[12]

위의 인용문은 중암이 '文賦'라는 제목으로 쓴 글이다. "어리석고 불민"한 제자가 스승에게 가르침을 청하는 구성을 취하고 있다. 만약 이 글을 읽는 사람이 제목을 먼저 보지 않고 글을 대한다면, 끝까지 읽기 전까지는 무엇에 관한 글인지 파악하지 못할 수도 있다. '文' 자는 마지막에야 나오고 앞쪽에는 그것의 성질에 대해서만 마치 수수께끼 문제처럼 제시되고 있기 때문이다. 이 수수께끼 문답 같은 구성 덕에 이 글에는 문학이 현실에서 어떤 모습으로 존재하며 인간사에서 어떤 작용을 하고 있는지에 대한 중암의 인식이 드러나고 있다.

앞에서 남겨진 질문과 관련하여 위 인용문에서 먼저 "지나간 것이 머물러 있고 도래할 것을 미루어 안다"는 구절에 주목해 보겠다. 물의 비유에서 보았던 흘러간 것과 흘러올 것은 각각 "지나간 것"과 "도래할 것"에 대응한다. 흘러간 것, 지나간 것은 과거이고 흘러올 것, 도래할 것은 미래이다. 중암이 물의 비유를 통해 표현한 것은 천태만상으로 움직이는 현재에만 참여할 수 있을 뿐 과거와 미래를 넘겨다 볼 수 없는 인간의 처지에 대한 안타까움이었다. 그러나 중암이 말하고자 하는 것은 여기에서 그치는 것이 아니다. 중암은 문학적 지향을 공유하는

---

12 『重菴稿』册一,〈文賦〉. 爰有美物 不繡不繪 光在其裡 亡規亡榘 以具法軌 往者以留 來者以推 道義以彰 黜陟以紀 大能久存 小能易廢 無有焉則與死俱化 弟子愚而不敏 請 質之夫子 夫子曰 此夫中之積而外之宣者耶 嘗萬象之變而類不可紊者耶 純庳正者爲君 子 尙庳辭者爲小人者耶 王者持之一萬民也 匹夫持之致有名也 精義之眞也 周通之神也 功用無疆 請歸之文文.

동료의 글에 부치는 그 비평문을 통해 진정한 문학이 갖는 가치와 지향에 대해 말하고 있다. 진정한 문학은 과거와 미래가 엿보이게 한다. 문학은 "아득하게" 흘러간 것을 지금, 여기에 머무르게 한다. 또한 "아직" 이르지 않은 것을 미루어 알 수 있게 해 준다.

과거와 미래를 아우르는 근원은 곧 세계의 작동 원리, 다시 말해 천지의 이치이다. 중암은 천지의 이치에 따라 인간의 도리와 윤리가 밝혀지며, 이는 문학을 통해서 이루어진다고 말하고 있다. 인용문의 말미에 나타나 있듯 문학이 "의리를 정밀히" 할 때 그것은 '眞'의 성격을 갖게 된다. 따라서 진실한 문학에는 천지의 이치가 담겨 있다. 앞선 인용문에서 중암은 그러한 문학은 '妙'로써 나타나며, 묘는 천지에 무한정 펼쳐져 있다고 하였다. 천지에 펼쳐져 있어 인간이 감각할 수 있는 온갖 것들은 현실의 영역 안에 있는 것이다. 현실의 물상들은 과거로부터 와서 미래로 사라져 간다. 즉 모든 것은 각자의 방식대로 죽는다.

인용문의 "죽음과 함께 동화된다"는 구절은 모든 물상이 결국 죽음으로 귀결한다는 의미이다. 모든 물상은 천지의 묘를 품은 채 생성하고 곧 소멸하는 운명을 공유한다. 중암은 그 운명에 대해 "이것이 없으면"이라는 단서를 붙인다. "이것"은 문학이다. 중암의 말을 바꾸어 쓰면, 문학이 있다면 모든 것은 다만 사멸할 뿐은 아니다. 죽어 없어질 것들은 문학을 통해 언제까지고 현재에 살아 있을 수 있다. 근원을 포착한 진실한 문학은 영원을 선사하며, "빛"과 "법"을 간직하고 있는 "아름다운 것"이다.

중암에게 문학은, 시간의 흐름에 따라 필연적으로 소멸하는 만물이 영원히 존재 가능하게 해 주는 것이었다. 시간의 흐름은 시대의 교체를 가져온다. 시간의 흐름 속에서 문학이 갖는 위상에 관한 이해를 바탕으

로, 그는 시대에 따라 변화하며 형성되어 온 문학사에 대한 견해를 뚜
렷이 밝혔다. 문학사와 선대 시인에 대한 그의 발언은 시인이 어떤 태
도로, 어떤 시를 써야 하는가에 대한 견해를 읽을 수 있게 한다.

> 열두 나라의 시를 선별하니 시대마다 각기 법식이 갖추어져 있고 사람
> 마다 각기 풍격을 구비하고 있다.[13]

> 시는 대개 한 시대에는 한 시대의 전형이 있고, 한 사람에게는 한 사람
> 의 모습이 있다. 옛 것을 배우는 데 뜻이 있는 사람은 모름지기 먼저 이를
> 분별하여 뒤섞여 있는 것을 경계할 줄 안 후에 비로소 편법에 대하여 논할
> 수 있다. 그 한 편 중에 建安을 배우는 자라면 건안의 문체를 들고, 六朝를
> 배우는 자라면 육조의 문체를 들어야 한다. 왕유와 맹호연, 고적과 잠삼을
> 배우고 이백과 두보를 배워도 또한 그러하지 않음이 없다. …… 서로 다른
> 색은 눈을 기쁘게 할 수 있고 각기 다른 음은 아울러 귀에 그러할 수 있다.
> 만약 웅장한 머리에 가냘픈 꼬리, 왼쪽은 살찌고 오른쪽은 야위었다면
> 어떤 사물이 되겠는가.[14]

이상의 두 인용문은 중암이 시대의 차이와 개인의 개성을 존중하고
있음을 보여준다. 중암은 한 시대에는 그 시대의 규격이, 한 사람에게
는 그 사람의 특성이 있다고 하였다. 시는 창작 시기나 창작자에 따라
다른 특색을 갖고 있기 때문에 그것을 파악하여 분별할 줄 알아야 한다

---

13 『重菴稿』 冊二, 〈詩選序〉. 選十二國詩 代各備法 人各具體.
14 『重菴稿』 冊三, 〈讀古唐詩〉. 詩盖一代有一代之典型 一人有一人之貌相 有志古學者 先
　須分辨乎此而知揉雜之爲可戒 　然後始可與論於篇法 於其一篇之中而如學建安則擧體
　建安矣 如學六朝則擧體六朝矣 學王孟高岑 學李杜亦莫不然 …… 足稱異色而俱悅於目
　殊音而並可於耳 若雄首纖尾 左腴右癯 將成何物事.

고 강조하였다. 각 시대와 각 작가의 서로 다름이 분명하게 존재하며, 그 다양성이 가치 있는 것이라고 역설하고 있다.

　그런데 앞에서, 진정한 문학은 과거, 현재, 미래를 모두 포괄하는 근원을 담아내야 한다고 여겼던 중암의 관점을 확인한 바 있다. 그는 문학에 있어 시대를 초월하는 가치와 만물을 관통하는 이치를 추구했다. 그러면서도 동시에 시대의 차별성과 각자의 개별성을 강조한 것이다. 대립적인 것으로 보이는 이 사유가 어떻게 통합되는지 살펴야 그의 문학관을 정확하게 파악할 수 있다. 이를 위해 시의 시대적 양상에 관한 중암의 언급을 아래에 더 들어 보도록 하겠다.

　　무릇 양경 시대의 渾灝가 있었기에 건안 시대의 華麗함이 있고, 건안 시대의 화려함이 있었기에 육조 시대의 精切이 있으며, 육조 시대의 정절이 있었기에 성당 시대의 淡寂함이 있는 것이다. 이것이 忠, 質, 文이 서로를 비추는 것과 무엇이 다르겠는가. 담적함이 떨어지자 만당 시대의 直俚함이 되었다. …… 직리하여 다시 떨어질 것이 없었다.[15]

　　삼백 편 모두 實地를 그렸는데　　　　　三百篇皆畫實地
　　뒤쫓아 지은 시도 각각 뜻을 말하였네　踵後爲詩各言志
　　詞와 騷 이후 漢과 魏를 거쳐　　　　　詞騷以來漢與魏
　　이 道가 唐에 이르러 크게 갖추어졌네　斯道至唐始大備
　　말세에 일종의 표절하는 무리들이　　　叔季一種剽竊輩
　　꽃과 잎을 엮어 다투는 것　　　　　　　纏花鬪葉從爲事

15 『重菴稿』册三, 〈讀古唐詩〉. 夫有兩京之渾灝 不得不有建安之華麗 有建安之華麗 不得不有六朝之精切 有六朝之精切 不得不有盛唐之淡寂 此與忠質文之交暎何異哉 淡寂降而爲晚唐之直俚矣 …… 直俚而更無可降矣.

혹 지혜로운 말을 따라하고, 혹 거짓 얼굴을 하니　　或慧牙後或假容
억지웃음엔 기쁨이 없고, 곡을 해도 눈물이 없네　　強笑無歡哭無淚[16]

　위에 인용한 글에서 중암은 양경, 건안, 육조, 성당, 만당 시대에
시가 각기 어떤 풍조를 띠는지 요약하였다. 그리고 그것들이 결코 독자
적으로 형성된 것이 아님을 설명하였다. 이전 시대의 시를 계승하고
또 전복하면서 시대마다 새로운 시풍이 형성되어 간다는 것이다. 그런
데 여기에서 중암은 성당 시대까지와 그 이후를 구분 지었다. 양경,
건안, 육조, 성당 시대에 걸친 시풍의 변화는 하, 상, 주 3대 왕조가
덕업을 이어가며 서로를 빛내 주는 모습에 비견할 만하지만[17], 만당으
로부터는 다시 떨어질 것이 없었다고 하여 詩史의 긍정적 영향 관계가
단절된 것으로 보았다.
　이러한 견해는 이어 인용한 시에서도 일관되게 나타난다. 시에 따르
면 시경을 뒤따라 나온 시들은 각 시대마다 뜻을 갖고 있었다. 당에
이르러 도가 크게 갖추어졌는데, 말세에 표절이 성행하게 되었다. 말세
는 성당의 다음 시대, 즉 만당 시대를 말한다. 만당 이후의 시문은 거짓
된 것들로서 부정적으로 평가되었다. 중암은 만당 시대의 문학이 "직
리", 곧 저속하다고 평했다. 그것은 당시의 문인들이 표절과 가식을
일삼았다고 생각했기 때문이었다.

16　『重菴稿』册一, 〈簡南丈 南丈寄示其詩稿二卷 大抵多引用時俗里巷之談〉. 여기에서는
　　시의 앞부분 절반만 인용하였다.
17　'此與忠質文之交暎何異哉'라는 구절에서 '忠', '質', '文'은 각각 하, 상, 주 왕조를 말한
　　다. 중암은 시대적으로 서로 선후가 되는 세 왕조가 서로를 빛내준다는 비유로써 시대
　　별 시풍의 관계를 설명했다.

중암은 각 시대와 개인의 차별성을 존중했으나, 만당의 시에 대해서는 매우 박한 평가를 내렸다. 여기에서 그가 문학의 시대적 상대성을 무조건적으로 옹호하는 입장을 가졌던 것이 아님을 알 수 있다. 시대와 시인이 각기 다른 특성을 지닌다는 중암의 발언은 단순히 차이를 인정하고 각자의 문체를 구사해야 한다는 주장에 그치는 것이 아니다. 아래에 든 시의 독해와 학습에 관한 글을 통해, 그가 시대적, 개인적 개성을 강조함으로써 궁극적으로 말하고자 했던 것이 무엇인지를 읽어 보도록 하겠다.

두보가 제재를 취함이 넓으니 후세에 두보를 논하는 자는 두보가 따라서 나온 바에 거슬러 올라가서 알지 못하였다. 이에 句를 쫓아가기에 급급하여 평론하기를 '이는 후세 누구의 것을 열었다'고 한다. 이것은 모두 흐름은 보았으나 근원을 잊었고 그림자를 본떴으되 원형을 빠뜨린 설이다. …… 진실로 의고하는 법을 보면, 形似에 얽매이지 말고 字句에 구애받지 말아야 한다. 그러나 그 한 구 한 편에 모두 자기의 본모습이 풀려나오고 있는 것이니, 의고하되 그 神韻을 얻기에 힘써야 한다.[18]

아, 시의 가르침이 크도다. …… 시를 배우는 요체는 마땅히 시대의 변화를 관찰하는 것보다 앞서는 것이 없다. 그 변화의 기틀은 육조 시대의 작가에 있다. 何水曹는 육조 시대의 작가가 아닌가. 나는 그러므로 시를 짓는 자는 절대 하수조의 시를 알지 못해서는 안 된다고 말하겠다.[19]

---

18 『重菴稿』 册三, 〈讀古唐詩〉. 杜少陵取材却博 後之論杜者 不知探溯乎杜之所從出 乃汲汲然逐句而評騭之曰 是開後之誰某云爾 是皆見流而忘源 摸影而遺形之說也 …… 誠觀其擬法 不切切於形似 不規規於字句 然其一句一篇 皆能脫出自家本相 盖擬古而務得其神韻者也.

19 『重菴稿』 册二, 〈何水部詩集序〉. 嗚呼 詩之爲敎亦大矣 …… 學詩之要 宜莫先乎觀乎世變

중암은 詩聖으로 추앙받는 성당 시대의 시인 두보를 들어, 사람들이 시를 대하는 태도에 대해 비판하였다. 두보에 대해 논하는 사람들이 두보 시의 연원을 보지 못하고 그저 구를 쫓아가기에 급급할 뿐이라는 것이다. 구를 쫓아가기에 급급한 사람들의 행태는 앞서 인용했던 시의 "표절하는 무리들"과 다르지 않다. 표절하는 무리들은 선대 시인들의 작품을 보고 그 외연만을 좇아 따라 읊는 자들이다. 따라서 그들의 언어는 "거짓"이고 정서는 "억지"라고 중암은 단언하였다. 기계적 답습으로서의 모방은 "다시 떨어질 것이 없"는 저급한 것이다.

그러나 중암은 의고 자체를 거부하는 것이 아니다. 그는 참된 의고에 대해 말한다. 形似나 字句에 매달릴 것이 아니라 神韵을 얻는 데 힘쓰라고 하였다. 형식이나 수사, 제재와 내용에 이르기까지 어떤 면에서라도 그저 옛 시를 흉내 내려 한다면 그것은 참된 의고가 아니다. 의고를 하려는 자는 神韵, 즉 비가시적으로 내재되어 있는 운치를 포착해 "근원"과 "원형"을 볼 줄 알아야 한다. 그것이 "진실로 의고하는 법"이다.

곧 중암에게 중요한 것은 시의 진실됨이다. 시에는 진실이 담겨 있어야 하고 의고는 그 진실을 의고해야 한다. 앞에서 '眞'이란 '의리를 정밀히 하는 것'이라고 정의한 중암의 말을 확인한 바 있다. 그는 진실한 문학을 끊임없이 역동하는 물의 흐름 앞에 선 인간이 물의 근원을 지향하는 모습으로 비유하기도 하였다. 근원을 포착한 문학은 모든 사라질 것들이 영원할 수 있게 한다고도 했다. 중암은 사람들이 두보의 시에서 흐름만을 보고 근원을 보지 못하고 있다고 말한다. 두보 시의 근원을 보는 것은 진실한 시가 영원을 가능하게 하며 스스로 영원해지는 것을

其變之之機 在乎六朝作家 何水曹非六朝作家乎 余故曰爲詩者 絶不可不知何水曹詩.

보는 것이다.

한편 중암은 시를 배우는 자가 반드시 알아야 할 시인으로 육조 시대의 何遜을 꼽았다. 육조 시대는 당시가 번성할 수 있는 토대를 마련해 준 시대이다. 육조 시대의 문단에서는 궁정 생활과 남녀 간의 염정을 노래하는 궁체시가 주류를 이루고 있었는데, 하손은 당시의 주류와 다른 성향의 시를 쓴 시인으로 평가된다. 하손은 서경시의 명맥을 이으며 섬세하고 사실적인 시를 많이 남겼고, 생활의 어려움을 숨기지 않고 써서 시가 빈한한 기색이 있다는 부정적 평가를 받기도 했다. 또한 하손의 시는 근체시에 상당히 근접해 있어서, 후세에 육조 시대가 아니라 당의 시로 오해를 받을 정도였다. 하손은 당시의 성립에 선구적인 역할을 했다.[20]

중암은 하손의 시에 두보와 왕유의 장점이 이미 나타나고 있다고 평했다.[21] 이는 하손과 같은 시인이 있었기에 당의 시문학이 절정에 이를 수 있었다는 말로 해석할 수 있다. 하손과 같은 시인이란 시류가 제공하는 틀에 얽매이지 않고 자신을 둘러싼 세계를 있는 그대로 그려 내고자 하는 시인이다. 중암이 하손을 지목한 것은 그가 자신이 속한 시대의 현실에 충실하여 진실된 자세로 시를 쓰고자 했기 때문일 것이다. 중암은 문학의 발생은 천지가 인간에 기대어 스스로 드러나는 방식으로 이루어진다고 하였다. 인간이 자신이 경험하는 세계를 그대로 써

---

20 송영종, 「何遜의 詩」, 『중어중문학』 39, 한국중어중문학회, 2006 참고.

21 『重菴稿』 冊二, 〈何水部詩集序〉. 王輞川之詩如明月松間照淸泉石上流 千古詩人莫不斂袿敬讚者 以其天然圓活 非唐以後所可觀者 若在陶謝則不過恒談而已 何水曹能有之 老杜之詩如雲溪花淡淡春郭水泠泠 媚逸秀麗 叵諷可喜 而晩唐以來纖妍作態 似有以啓之 何水曹時亦有之.

내고자 할 때 진실한 문학의 산출이 가능해진다. 천지의 진실이 문학의 진실이 되는 것이다.

중암이 시대와 개인의 차별성을 중시한 것은 물이 천차만별의 모습으로 흘러가는 것처럼 인간이 겪는 삶도 저마다 다르기 때문이다. 인간이 살아가는 현재는 과거로부터 미래로 흘러가는 사이에 있는 것이다. 인간은 과거와 미래를 살 수 없고 오직 현재에만 존재하나 시간이 형성하는 역사의 근원, 즉 천지 만물의 이치에 닿고자 한다. 인간이 문학으로써 근원을 지향할 수 있도록 허락된 유일한 방식은 문학 안에 각자가 체험하는 현재를 있는 그대로 담는 것이다. 그래서 각 시대와 개인의 차별성은 존중받아야 한다. 다름 자체가 근원이 현재에 드러나는 방식이기 때문이다. 근원은 언제나 있다. 즉 그것은 영원하다. 따라서 진실한 문학은 시대를 초월해 영원히 살아있다.

3. 문학관의 형상화로서의 〈漢京詞〉

1) 삶의 다면성을 기록하는 문학의 진실성

현실에는 수많은 것들이 존재하며 제각기 수많은 모습을 하고 있다. 그것은 다 헤아릴 수도 없으며 결코 다 볼 수도 없다. 애초에 '다'라는 범위 설정 자체가 불가능하다. 만물은 끊임없이 생성하고 변화하기 때문이다.

〈한경사〉는 서울의 다양한 풍경을 읊은 106수의 장편시이다. 〈한경사〉는 여러 대상과 상황에 대한 폭넓은 관심과 상세한 묘사로 일찍이 주목을 받았다. 그러나 아무리 성실하게, 아무리 길게 서울을 노래한다

해도 서울의 모습은 다 담기지 않는다. 〈한경사〉의 다채로움은 시에 담긴 내용의 다채로움일 뿐, 서울의 다채로움과 일치할 수는 없다. 시의 다채로움이 서울의 다채로움에 가 닿기에는 역부족일 것이다.

중암은 〈한경사〉를 106수에 이르는 긴 분량으로 구성함으로써 서울 안에서 펼쳐지는 온갖 장면들을 시로 표현했다. 덕분에 시는 삶의 다양성의 표출이라는 성과를 획득하게 되었다. 그러나 그는 단순히 최다를 보여줌으로써 최대의 집합을 꾸리려 한 것은 아니다. 중암은 〈한경사〉에서 대상의 다면성을 보여주려 했다. 같은 소재를 들어 대조적인 양상을 제시하여, 질적 다양성으로써 양적 다양성의 한계를 뛰어넘고자 했다고 할 수 있다. 작품에서 이러한 양상이 어떻게 드러나는지 아래에서 몇 수를 들어 살펴보도록 하겠다.

젊은 부부 고향을 떠나 와서는	夫妻少小轉離鄉
노래와 악기 배워 원망과 상심 하소연하네	學得歌彈訴怨傷
이리저리 구걸해도 돈과 쌀은 많지 않고	遍索無多錢與米
거리 가득 구경꾼만 날마다 담을 이루네	只瀛街路日如墻
아내는 옷을 기워 재봉할 줄 알고	奴家頗解衲衣縫
남편은 벼슬아치 시종 한다네	夫壻相趁卯酉公
집안이 화목하고 가구도 족하니	閣內和諧家具足
노란 장롱 붉은 시렁 발을 친 창 마주했네	梔櫨朱架當簾櫳

위에 인용한 첫 번째 수는 부부의 고단한 생활을 보여주고 있다. 고향을 떠나 서울로 온 젊은 부부는 길거리에서 노래와 악기 연주를 하며 생계를 이어가고 있는 것으로 보인다. 그들은 사람들에게 구걸을 해

가며 공연을 하지만 수입은 좀처럼 생기지 않는다. 구경하는 사람은 많지만 그저 그들을 잠시의 구경거리로 여겼다가 가 버릴 뿐이다. 두 번째 수에 등장하는 부부는 여유롭고 안정된 삶을 꾸려 가는 모습으로 나타난다. 아내는 집에서 재봉을 하고 남편은 벼슬아치의 시종을 드는 일을 하면서 가정을 평안하게 유지해 나간다. 색색의 가구와 주렴은 그들이 가진 넉넉한 물질적 기반을 보여준다.

두 시에 나타난 부부 생활은 극명히 대립되는 것이다. 서울이라는 한 공간 안에서 각 부부는 너무나 다른 방식으로 살아 나간다. 한 부부가 생계를 유지하는 것조차 힘겨워하며 신음할 때, 어떤 부부는 집안을 예쁘게 장식하며 단란하게 살아간다. 어떤 이에게 서울은 불안정하고 외로운 도시인 반면, 어떤 이에게 서울은 안정적이고 호혜로운 삶의 터전이다. 이는 현대인의 눈에 비치는 서울의 모습과도 다르지 않다.

놋 고리에 노끈, 가는 가지로 된 창	鋪環索子細條窓
모여서 추위를 모르고 술잔을 기울이네	羅衿知寒點玉缸
금으로 그린 매화 옻칠 두른 부채	金畫梅花團泰扇
반을 가린 부끄러운 얼굴 새 곡조를 짚네	半遮羞面按新腔

매화를 들인 방문에 종이를 겹겹이 바르고	梅花閤子紙重糊
벽에는 崔北의 영모도를 걸었네	揭着翎毛七七圖
비단 창을 치우고 담요로 덮었더니	除却紗惣掩氊褥
바깥의 한기가 전혀 없다네	外間寒氣也全無

위의 두 수는 모두 방 안에서 추위를 피하는 모습을 표현했다. 여기서 공통적으로 나타나는 소재는 매화이다. 첫 번째 시에 등장하는 매화

는 부채 위에 금으로 새겨진 매화이다. 추운 날씨에 부채가 사용되고 있는 이유는 방 안에서 유흥이 벌어지고 있기 때문이다. 모여 있는 사람들은 술 마시고 노래하기 위해 방의 보온을 필요로 한다. 첫 번째 수의 매화가 실물을 모사한 그림인 데 반해 두 번째 수의 매화는 살아 있는 식물이다. 매화가 한기에 상하지 않도록 방문에는 종이가 발라진다. 자칫 매화가 얼어 죽을 수도 있기 때문에 겹겹이 꼼꼼하게 덧대는 모습이다.

매화는 자연계에 존재하는 식물 중 하나이다. 사람들은 그것에 매화라는 이름을 붙이고 의미를 부여하기도 했다. 매화는 사군자의 하나로서 문인들이 애호하는 대상이 되었다. 매화는 인간이 관상하는 대상이 되고 보호를 받는다. 매화는 고결한 군자의 상징이니 두 번째 수의 상황에서 보이듯 비단보다는 담요나 종이와 어울린다. 첫 번째 수의 금빛 매화라는 것은 인간이 설정한 매화의 '정신'에도 어울리지 않고, 추운 날씨와 맞지 않는 물건인 부채를 장식하고 있다는 점에서 인위성이 더욱 부각된다. 이쪽도 저쪽도 매화라는 것은 같지만, 그 둘은 상황에 따라 완전히 다르게 존재한다. 그러나 사실 처음부터 매화는 인간과 상관없이 있는 것이다. 진짜 매화를 완상하든 가짜 매화로 장식을 하든, 그것은 모두 인간이 대상을 다루며 살아가는 다양한 모습일 뿐이다.

흰 베 머리에 쓰고 푸른 비단 적삼 입고	素布裹頭綠錦衫
동틀 무렵 노량진 남쪽에서 많이 온다네	平明多自鷺梁南
신통한 무속의 말에 구슬 같은 눈물 더하니	神通巫語添珠淚
원통한 삼생의 업을 예전부터 아는 듯하구나	冤業三生若舊諳

만 상류의 관군 백양 가죽 옷을 입었는데	灣上軍官着白羊
변방으로 온 문서가 사일 만에 청양에 들어오네	邊書四日入靑陽
들어 있는 그림과 서적이 천 필의 좋은 비단이니	內藏圖籍千純錦
황은이 보통을 넘어 특별하게 하였구나	令使皇恩特出常

위에 인용한 시 중 첫 번째 수는 조정의 정책에 의해 무당들이 배척되었던 역사적 사실과 관련이 있다. 『정조실록』에는 서울의 무녀들을 이미 강 밖으로 쫓아냈으니 巫稅는 해당되는 읍에서 거두는 것이 마땅하다는 호조판서 김화진의 발언이 기록되어 있다. 또한 정조 9년에 간행된 『대전통편』에서는 서울의 무녀를 강 밖으로 쫓아내며, 포를 거두는 것을 지금부터 폐지한다고 하였다.[22] 강 밖으로 쫓겨난 무녀들은 노량진 지역에 모여 거주했다. 중암과 가깝게 교유했던 이옥은 근래에 조정에서 무당을 모두 도성 밖으로 몰아내 도성 안에 살지 못하게 하니, 무당이 모두 한강 노량진 남쪽으로 모여 들어 풍속을 망쳤다고 쓰기도 했다.[23] 두 번째 수는 만 상류에 거처하고 있는 군관이 조정으로부터 많은 양의 귀한 물자를 하사받았다는 내용이다. 군관이 군주로부터 특별한 총애를 받고 있다고 하였는데, 정조가 가장 각별하게 아꼈던 신하로 알려진 인물이 채제공이다. 채제공은 시에 등장하는 지명인 청양 지역에서 출생했으며, 노년에 노량진에서 수 년 간 은거하다가 우의정에 제수되어 조정으로 복귀했다. 두 번째 수는 채제공이 노량진에서 지내던 시기를 바탕에 두고 있다고 이해할 수 있다.

두 수는 같은 지역을 기반으로 살아가는 인물을 그리고 있으며, 흰색

---

22 이능화, 서영대 역, 『조선무속고』, 창비, 2008, 175쪽.
23 이옥, 실시학사 고전문학연구회 역, 『역주 이옥전집』2, 휴머니스트, 2009, 331~332쪽.

(素, 白)의 이미지와 비단(錦)이라는 시어를 공유한다. 그러나 같은 빛깔, 같은 물화는 각 시에서 전혀 다른 맥락과 정서 속에 놓여 있다. 무당과 관군이 처해 있는 상황이 다르기 때문이다. 각 수에서 정치 권력은 사람들의 삶에 대조적으로 작용하고 있다. 무당은 국가에 의해 해로운 존재로 지목당해 살던 곳에서 강제로 퇴출당했다. 반면 관군은 조정으로부터 귀한 물자에 상응하는 혜택을 받고 있다. 국가는 그들을 상반된 시선과 태도로 바라보며 대우한다. 시에 묘사된 무당과 관군은 하나의 국가 권력이 그 구성원의 삶에 전혀 다른 영향력을 끼치는 현실을 보여준다.

이상에서 살펴본 것처럼 같거나 유사한 소재가 대조적 양태로 나타나는 경우가 〈한경사〉에서는 빈번하게 발견된다. 〈한경사〉의 이러한 특징은 중암이 지녔던 문학관을 토대로 발생하는 것이다. 중암은 인간사가 이루 다 말할 수 없이 다양한 모습을 한 채 흘러가고 있으며, 그 모든 모습에 다 천지의 이치가 담겨 있다고 했다. 삶의 어떤 것도 근원으로부터 흘러나오지 않은 것이 없으며, 세계의 작동 원리로부터 벗어나는 것이 없기 때문이다. 인간은 오직 눈앞의 현상만을 체험할 수 있지만, 바로 그 안에 근원적 이치가 있다. 그렇기에 인간은 자신이 경험하는 현상에 충실해야 하며, 그것이 근원에 닿을 수 있는 유일한 방법이다. 그래서 중암은 자신이 속해 있는 시대를 진실하게 반영하는 문학을 해야 한다고 강조했다.

〈한경사〉를 통해 당대의 서울을 기록하면서, 중암은 있는 그대로의 현실을 담아내어 진실된 시를 쓰고자 했을 것이다. 인간사는 언제나 복잡하고 차별적이나, 만상은 현실에 존재하는 한 모두 진실이며 근원은 본래 만상으로 현현하는 것임을 그는 이해하고 있었다. 중암은 서울의 진실을 담기 위해 다양한 소재를 다루는 동시에 다면적 조명을 시도

했다. 안정적인 생활이 주는 여유와 궁핍으로 인한 비참함, 식물을 보살피는 노력과 그 모사품을 도구로 삼는 유흥, 국가로부터 특혜를 받는 자와 박해를 받는 자의 존재는 모두 서울 안의 양면적 실상이다. 그리고 정면과 이면을 함께 볼 때 대상의 진실에 더욱 가까워진다. 〈한경사〉에 대상의 대조적 양상이 두드러지게 나타나는 것은 문학의 진실성을 중시했던 중암의 문학관이 반영된 결과이다. 문학은 이미 천지에 존재하며 천지가 다 문학이라고 인식했던 그는, 성실하고 진실하게 그것을 시로써 실어 나르고자 한 것이다.

2) 삶의 유한성을 극복하는 문학의 영원성

〈한경사〉에는 다양한 인간 군상이 등장한다. 그런데 두 수의 시가 마치 같은 사람의 인생을 노래하고 있는 것처럼 보이는 경우가 있다. 한 수에서 한 인물의 모습을 보여주고, 다른 수에서 세월이 흐른 뒤 그 인물이 어떻게 살아가고 있는지 확인시켜주는 듯하다. 이렇게 두 수를 연결해서 읽을 때, 시간이 흐른 뒤 인물은 이전과는 다른 처지에 놓인 채 자신의 과거 모습을 떠올리는 입장이 된다. 이러한 경우가 어떻게 나타나고 있는지 아래에서 확인해 보도록 하겠다.

얼음 같고 옥 같은 얼굴은 본래 매우 맑으니　　　　　氷玉容顔本絶淸
청루에서 일찍이 주인을 맞았네　　　　　　　　　　靑樓曾是上頭迎
화려한 잔치에 거문고 타는 소리 끝없이 좇으니　　華筵琴籤無端逐
춘면곡 한 가락 선창하네　　　　　　　　　　　　先唱春眠第一聲

달 같은 눈썹 구름 같은 머리카락 가지런하기 싫어하니

月眉雲鬌厭調勻

다시 문 앞에 찾아오는 사람도 없음이라네	不復門前訪有人
늙었어도 교태로운 목소리는 여전히 구르는 듯	縱老嬌喉猶宛轉
한바탕 가곡 후당춘을 부른다네	一場歌曲後堂春

위에서 든 두 수는 모두 기생이 자신의 생활에 대해 읊조리는 내용으로 되어 있다. 내용을 살펴보면 마치 한 사람의 기생이 젊은 시절에 앞의 것을, 시간이 흘러 퇴기가 되어서 뒤의 것을 노래한 것처럼 읽힌다. 첫 번째 수에서 기생은 빼어난 미모를 갖추고 자신을 찾는 남자와 함께 잔치를 즐기고 있다. 누각에 올라 음악을 연주하고 노래를 부르고 있다. 두 번째 수에서는 늙어 달라진 처지에 놓여 있다. 외모를 단장하지 않는 것은 찾아오는 사람이 없기 때문이다. 기생은 노래에 소질이 있는 것으로 보인다. 젊어서는 나서서 춘면곡을 선창했고 늙어서는 여전히 고운 목소리로 후당춘을 불러 본다. 얼굴은 변했어도 교태로운 목소리는 그대로이니 한바탕 가곡을 불러보지만 이제 함께 부르거나 들어줄 사람은 없다.

종이 조각 길게 잘라 꽃무늬 그려 넣었는데	紙板長裁花樣翻
병풍 친 장막에서 아침저녁으로 빠져드네	深圍屏幕沒朝昏
내기는 여러 판 벌려야 고수가 되니	賭來多局成高手
천금을 다 잃어도 말 한 마디 없구나	擲盡千金無一言

돈은 적게 쓴다 해도 천만 꿰미	金錢少費萬千繩
수진방의 기생을 샀었다네	買得娘家壽進坊
허름한 베옷, 산에는 안개가 둘렀는데	劣劣布衫山繞霧
지금은 부끄러워하며 예전 놀던 곳을 지나네	如今羞過舊遊場

위에 인용한 두 수 중 첫 번째 것은 도박을 벌이는 장면을 묘사하고 있다. 병풍을 친 장막 안에서 밤낮으로 빠져들고 천금을 잃어도 개의치 않는다는 말에서, 잠깐의 여흥을 위한 자리가 아니라 전문적 투기에 가까운 도박장의 모습을 그린 것임을 추측할 수 있다. 두 번째 수에는 사치를 즐기던 과거를 회상하는 사람이 등장한다. 천만금을 아무렇지 않게 소비하고 기생을 사서 놀기도 했지만, 지금은 소박한 행색으로 예전의 생활이 부끄럽다고 말하는 것으로 보아 처지도, 생각도 달라진 것으로 보인다. 이 두 수는 방탕하게 생활하던 과거를 청산하고 정반대 의 태도와 가치관을 갖고 살아가게 된 한 사람의 변화하는 삶을 보여주 는 듯하다.

위에 인용한 네 수에서 시간이 흘러감에 따라 변화하는 인간의 모습 을 읽어 볼 수 있었다. 앞서 중암이 문학 창작에 있어 시대와 개인의 차이를 중시하는 문학관을 가지고 있음을 확인한 바 있다. 그것은 과 거, 현재, 미래라는 흐름 안에서 언제나 현재에 위치할 수밖에 없는 인간의 한계에 대한 자각, 그런 인간이 창작하는 문학의 본질에 대한 사유를 바탕에 두고 있는 것이었다. 그는 흘러가는 시간 속에서 모든 것이 변하고 끝내 소멸하지만, 문학이 순간에 배어 있는 근원, 이치를 포착한다면 그 순간은 영원성을 띠게 된다고 생각했다. 또한 그 순간은 어느 때든, 어느 곳에서든 발견할 수 있는 것이었다.

중암이 기생, 도박과 같은 세속적 소재까지 가리지 않고 시에 담은 것은 그 모든 것이 진실이며 거기에 진리가 담겨 있다고 여겼기 때문이 다. 또한 그들의 삶이 시간의 흐름에 따라 달라질 수 있음을 시 속에서 보여준 것은 세계 안의 모든 것이 변화하고 사라질 운명에 놓여 있다는 점을 의식하고 있었기 때문이다. 시간이 지나면 사람의 외양과 내면이

변하듯 시대가 지나면 세상이 변한다. 서울을 살아가는 사람들과 서울
의 풍경은 영원히 지속되지 못할 유한한 것이다. 운명적으로 유한한
모든 것들이 시가 됨으로 인하여 "죽음과 함께 동화"되지 않을 수 있다
고 중암은 생각했다. 문학에 있어 시간, 시대의 개념을 중요하게 여겼
던 그는 다채로운 서울의 공간을 표현하면서 언제나 시간의 문제를
잊지 않았을 것이다. 〈한경사〉에는 서울의 여러 공간이 들어 있을 뿐만
아니라 여러 시간이 들어 있기도 한 것이다. 그리고 시는 시간의 흐름
을 뛰어넘어 중암이 경험한 당대의 서울이 전해지게 한다.

> 꼭 맞는 가벼운 저고리 나부끼는 치마   窄窄輕衫曳曳裙
> 먼 산 같은 눈썹 찡그리니 수심이 얽혀 있네 遠山嚬黛鎖愁雲
> 어찌 장차 백세토록 서울을 즐기겠는가   那將百歲京華樂
> 노래는 널리 부르지 않고 춤추는 무리만 대하고 있네 不博傳歌對舞群

　위에 인용한 것은 〈한경사〉의 마지막 부분인 제106수이다. 여기에는
한 여자의 모습이 그려져 있는데, 몸에 달라붙는 얇은 저고리에 풍성한
치마를 입었다고 했으니 기생의 신분으로 보이기도 한다. 춤추는 무리
들 속에 있는 이 여자는 인상을 쓴 채 홀로 수심에 잠겨 있다. 춤추고
노래하는 화락한 공간 속에서 노래 부르기를 멈추고 춤추는 무리들을
쳐다보고만 있다. 여자는 문득 서울에서의 이 즐거움이 백세토록 누릴
수 있는 것이 아님을 자각한다. 세월의 무상함, 즉 시간이 흘러감에
따라 모든 것은 변하고 늘, 항상 그대로인 것은 없음을 생각하고 있다.
　이는 곧 서울을 바라보고 있는 중암의 마음일 것이다. '어찌 백세토
록 서울을 즐기겠는가'라는 구절에는 〈한경사〉를 창작하던 중암의 정
서가 집약되어 있다. 중암은 자신이 살아가고 있는 서울이 결코 그 모

습 그대로 영원하지 않을 것임을 깊이 이해하고 있었다. 그는 자신을 둘러싼 '현재'의 서울을 〈한경사〉 안에 담아내고자 했다. 활기차고 정겨운 모습에서부터 비속하고 비참한 모습까지 서울 안에 존재하는 온갖 군상의 삶을 사실적으로 그려 냈다. 그는 자신이 살아가고 있는 서울의 진실이 자신의 몸과 시를 빌어 "아름다운 것"으로 영원해지기를 바랐을 것이다.

4. 맺음말

이상에서 중암 강이천의 문학관이 〈한경사〉에 어떻게 반영되고 있는지 살펴보았다. 〈한경사〉는 그동안의 연구에서 몇 차례 다뤄지긴 했으나, 선행 연구들은 그의 문학관과 〈한경사〉가 어떻게 조응하고 있는지에 대해서는 세밀하게 접근하지 않았으며, 문학관 자체에 대한 해석도 단편적이고 피상적인 경향이 있었다. 이제까지 〈한경사〉에 대한 분석은 주로 작가가 표현한 서울의 풍경이 무엇인지를 보여주는 것이었다. 이에 본고는 중암의 문학관을 통합적으로 파악하고 그것이 어떻게 〈한경사〉라는 작품으로 형상화되었는지 밝히고자 했다.

중암은 인간의 삶과 문학의 본질에 대한 이해를 바탕으로 자신의 문학관과 시론을 펼친다. 중암에게 천지의 진실한 이치, 즉 진리는 천지 그 자체에서 찾아져야 하는 것이다. 진리는 문학에 담기며, 그것은 천지에 이미 생겨나 있는 것이다. 문학이 형상을 가지고 나타나려면 인간에게 기대어, 인간이 문학을 창작하는 과정을 거쳐야 한다. 그 과정은 의도도 이유도 없이 자연스럽게 일어난다. 과거를 거쳐 현재 속에

서 미래를 내다보며 살아가는 인간은 문학에 삶을 관통하는 근원적
이치를 담아내고자 한다. 그러나 인간은 오직 현재만을 경험할 수 있으
며, 현재의 삶은 온갖 다양한 모습을 띠고 있다. 그 다양성이 곧 근원이
현재에 드러나는 방식이다. 따라서 근원을 추구하는 문학은 시대와 개
인의 차별성을 중요하게 생각해야 한다. 자신이 처한 현실에 충실한
문학이 진실한 문학이다. 진실한 문학은 개별적이면서도 근본적이고
순간적이면서도 영원한 것이다.

문학에 대한 이러한 사유는 〈한경사〉에 작품화 되어 있다. 〈한경사〉
는 긴 분량 속에 서울의 온갖 장면을 실어 나르며 다양한 삶을 표현했다
는 성취를 거뒀지만, 그것은 단지 양에 의한 성취만은 아니다. 시는
시인이 속한 시대를 있는 그대로 반영해야 한다고 중암은 생각했다.
그렇게 함으로써 진실함이라는 가치에 닿을 수 있다고 여겼다. 진실에
가까워지기 위해 중암은 사실에 다면적으로 접근하고자 했다. 그는 같
은 소재가 전혀 다른 방식으로 드러나는 시를 써서 양쪽을 대비시켰다.
한편, 시 속에 시간의 흐름을 담았다. 한 인물이 세월이 지남에 따라
나이가 들고 상황이 변해 다른 처지에서 살아가는 모습을 볼 수 있게
했다. 춤추는 무리들 속에 서서 인간사의 무상함을 생각하며 수심에
잠기는 시 속 인물은 시인 자신의 반영일 것이다. 그는 당대 서울의
풍경과 사람들이 변하고 사라질 것을 의식하며, 시를 통해 그것이 후세
에까지 전해지도록 했다. 중암은 유한한 존재가 문학을 통해서 영원성
을 띨 수 있게 된다고 생각했다.

〈한경사〉에는 중암이 살아간 서울의 현실이 꼼꼼하고 폭넓게 그려
져 있다. 이는 단지 도시 풍속에 대한 시인의 애정이나 상상력에 의한
것만은 아니다. '문학이란 무엇인가'라는 오래된 질문과 그에 대한 고

민이 〈한경사〉에 녹아들어 있다. 이것이 지금 서울을 체험하며 살아가는 현대인에게도 〈한경사〉가 감동과 의미를 줄 수 있는 가장 근본적인 이유일 것이다.

참고문헌

강이천, 『重菴稿』(한국문집총간), 한국고전번역원.
한국고전종합DB, 한국고전번역원.

강경훈, 「重菴 姜彝天 文學硏究」, 동국대학교 박사학위 논문, 2001.
강명관, 『조선의 뒷골목 풍경』, 푸른역사, 2003, 1~394쪽.
김형술, 「백악시단의 진시 연구」, 서울대학교 박사학위 논문, 2014.
맹영일, 「18세기 전반 백련시단의 형성과 시세계」, 고려대학교 박사학위 논문, 2015.
박준호, 「惠寶 李用休의 '眞'문학론과 '眞'詩」, 『18세기 조선지식인의 문화의식』, 한양대출판부, 2001, 241~271쪽.
박탄, 「重菴 姜彝天의 散文 硏究」, 강원대학교 석사학위 논문, 2001.
방현아, 「重菴 姜彝天의 漢京詞 硏究」, 성균관대학교 석사학위 논문, 1994.
백승종, 『정조와 불량선비 강이천:18세기 조선의 문화투쟁』, 푸른역사, 2011, 1~407쪽.
송영종, 「何遜의 詩」, 『중어중문학』 39, 한국중어중문학회, 2006, 321~345쪽.
안대회, 「무명의 불량 선비, 강이천」, 『고전 산문 산책』, 휴머니스트, 2008, 447~471쪽.
안대회, 『18세기 한국한시사 연구』, 소명출판, 1999, 1~397쪽.
이가원, 「文體波動」, 『燕巖小說硏究』, 을유문화사, 1965, 446~461쪽.
이능화, 서영대 역, 「무업세와 신포세」, 『조선무속고』, 창비, 2008, 161~178쪽.
이옥, 실시학사 고전문학연구회 역, 『역주 이옥전집』 1, 휴머니스트, 2009, 1~497쪽.

이옥·실시학사 고전문학연구회 역,『역주 이옥전집』2, 휴머니스트, 2009, 1~525쪽.

이용휴 저, 박동욱·송혁기 역,『나를 찾아가는 길: 혜환 이용휴 산문선』, 돌베개, 2014, 1~191쪽.

임형택,「南城觀戱子」,『李朝時代敍事詩』2, 창작과 비평사, 1992, 302~306쪽.

전경욱,「한국 가면극의 계통을 보는 시각 재론」,『한국민속학』50, 한국민속학회, 2009, 513~575쪽.

정우봉,「姜彝天의 漢京詞에 대하여」,『한국학보』75, 일지사, 1994, 26~51쪽.

_____,「조선 후기 문예이론에 있어 形과 神의 문제: 현실주의와의 관련을 중심으로」,『민족문학사연구』4, 민족문학사학회, 1993, 99~121쪽.

_____,「조선 후기 문학이론에 있어 神의 범주」,『한국한문학연구』19, 한국한문학회, 1996, 203~230쪽.

서울 한강변 마을신앙의 전승 양상

홍태한

1. 머리말

　서울의 젖줄인 한강변의 여러 마을에 마을신앙이 전승되고 있어 관심을 끈다. 부군당이라 불리는 마을신앙은 현재 25개 마을에 전승되고 있는데, 제의 형태로는 유교식 제의, 무당굿 제의 등 다양하다. 서울이 급격하게 근대화 서구화되면서 우리의 전통 문화가 많이 사라졌지만, 마을신앙만큼은 굳건하게 제 자리를 지키고 있다. 아파트 단지로 재개발되는 과정에서도 부군당은 자리를 옮겨 신축되면서까지 2017년 현재까지 전승되고 있는 것이다.

　특히 이러한 부군당에는 다양한 종류의 무신도가 봉안되어 있다. 서울 마을신앙에는 몇 가지 유형이 있는데 그 중 대표적인 두 유형이 부군당과 도당이다. 이 둘은 당집의 존재 양식, 무당굿의 구조, 자리잡고 있는 지역적 기반 등에서 뚜렷하게 차이가 있다[1]. 부군당 신앙의 특징으로 지목되는 것이 바로 무신도이다. 대부분의 도당에는 무신도

1　홍태한, 『서울의 마을굿』, 서울, 민속원, 2009, 3장에서 두 유형의 마을신앙이 어떻게 다른지 구체적으로 살폈다.

가 봉안되어 있지 않지만, 모든 부군당에는 무신도가 봉안되어 있다. 그리고 이들 무신도는 서울의 마을굿 거리거리에 들어오는 신령들의 존재양상과도 긴밀하게 연결되어 있다. 부군당에 봉안된 여러 신령들은 부군당굿이 열리면 개별 굿거리에 연이어 등장한다. 무신도의 신령들이 실제로 부군당굿에 등장하므로 무신도와 부군당굿이 연결되는 것이다. 최근 서울특별시에서 동대문구 전농동부군당, 성동구 행당동 아기씨당 무신도를 유형문화재로 지정한 것은 부군당의 무신도가 마을신앙 대상을 넘어서서 소중한 문화유산이면서 미술사적으로도 가치가 있음을 인정한 결과이다.

부군당이 존재하는 마을을 살펴보면 대부분이 용산구, 성동구, 마포구 등지로 한강변에 위치한다. 이들 부군당 제의에 한강이 구체적으로 등장하지는 않지만, 한강을 통해 서해안의 해양 민속과도 연결될 수 있다. 한강변이 아닌 곳에 존재하는 부군당으로는 종로구 구기동부군당, 신영동부군당, 강북구 수유리부군당, 동대문구 전농동부군당이 있는데 이들의 존재 이유도 한강과의 관련성 속에서 찾을 수 있다.

그동안 서울의 마을 신앙에 대해서는 어느 정도 연구가 진척되어 각 마을신앙의 독자적인 특징, 제의의 구성상 특징, 유형별 연행 양상의 차이 등에 대해서 규명된 것이 있다[2]. 더불어 개별 마을신앙에 대한

---

2 주요한 서울 마을신앙 연구서는 다음과 같다.
임동권, 『서울민속대관1-민간신앙편』, 서울, 서울특별시, 1990, 1~364쪽.
이재곤, 『서울의 민간신앙』, 서울, 백산출판사, 1996, 1~352쪽.
박흥주, 『서울의 마을굿』, 서울, 서문당, 2001, 1~269쪽.
홍태한, 『서울 마을굿의 현장』, 서울, 민속원, 2014, 1~271쪽.
권선경, 「서울 마을굿의 계열과 의미 구조」, 고려대학교 박사논문, 서울, 고려대학교 대학원, 2011, 1~192쪽.

연구 성과도 제법 쌓여져 있어 서울 마을신앙의 양상에 대해서는 비교적 많이 알려져 있다[3]. 그리고 서울특별시에서도 용산구 용문동남이장군사당제(제20호), 성동구 행당동아기씨당굿(제33호), 중랑구 봉화산도당굿(제34호), 마포구 창전동밤섬부군당굿(제35호), 강북구 우이동삼각산도당제(제42호)를 무형문화재로 지정한 바 있다. 서울의 마을신앙이 서울 민속의 대표적 사례가 된 것이다.

이 글에서는 한강변 마을신앙의 전승 양상을 먼저 살핀다. 각 마을당에 봉안된 무신도의 실상을 바탕으로 한강변 마을신앙의 특징을 도출해본다. 그리고 마을신앙 내용의 중에서 한강과 관련이 있는 내용을 살펴, 마을신앙과 한강과의 관련성을 제시한다. 그리고 2000년대에 접어들어 마을신앙이 어떤 변모를 보이고 있으며, 변모의 의미와 방향을 탐구하여 현재적 양상을 제시하기로 한다. 글쓴이는 그동안 2,000여 회에 가깝게 무속 현장을 조사했고, 이 과정에서 대부분의 서울 마을신앙 제의 현장을 조사했다[4]. 이 글에서 다루고 있는 서울 마을신앙

오문선, 「서울 부군당제 연구」, 한국학중앙연구원 박사논문, 성남, 한국학중앙연구원, 2009, 1~193쪽.

오문선·홍태한, 『한강변의 마을 신앙(e-book)』, 서울, 서울역사박물관, 2006, 1~237쪽.

홍태한, 『서울의 마을굿』, 서울, 민속원, 2009, 1~183쪽.

김태우, 『한강 유역 부군당 의례의 전승과 변화 양상』, 서울, 민속원, 2017, 1~294쪽.

3 양종승, 『서울 이태원부군당굿』, 서울, 민속원, 2007, 1~227쪽.

홍태한, 『남이장군사당제』, 서울, 서울특별시청, 2019, 1~252쪽.

마포나루굿보존회, 『마포나루굿』, 서울, 마포문화원, 2006, 1~333쪽.

하효길 외, 『봉화산도당굿』, 서울, 수서원, 2001, 1~271쪽.

최종민 외, 『강남 역말도당제』, 서울, (사)역말전통문화보전회, 2012, 1~421쪽.

김선풍 외, 『우이동 삼각산도당제』, 서울, 삼각산도당제전승보존회, 2006, 1~396쪽.

홍태한 외, 『구리시 갈매동도당굿』, 서울, 민속원, 2010, 1~280쪽.

샤마니즘학회, 『마포부군당도당굿 연구』, 서울, 문덕사, 1999, 1~264쪽.

자료는 글쓴이가 직접 조사한 것으로 시기상으로 보면 1980년대부터
최근까지이다. 1970년대 이전에 조사된 서울 마을신앙 자료도 파악하
고 있어 변화상을 거론할 수 있다고 생각한다.

2. 서울 한강변 마을신앙의 전승 양상

서울 한강변에 전승되고 있는 마을신앙은 대부분이 부군당 신앙이
다. 부군당은 마을 주민들이 자신들의 마을에 있는 신당을 부르는 명칭
으로, 부군당의 주신은 부군할아버지, 할머니로 부르는 부군신이다.
용산구 보광동부군당에는 김유신 장군을, 용산구 서빙고부군당에는
태조 이성계를, 용산구 보광동 둔지미부군당에는 제갈공명을, 동대문
구 전농동부군당에는 조반을, 마포구 창전동부군당에는 공민왕을, 용
산구 용문동부군당에는 남이 장군을 부군신으로 모시고 있어 부군신령
이 실존인물과 결합하기도 한다. 이외 부군신령은 아니지만 최영 장군,
이순신 장군 등을 함께 모시기도 한다.

이들 부군당은 모두 당집을 중심 공간으로 모신다. 옥수동 두뭇개포
부군당과 옥정숫골부군당, 종남산부군당이 각각 별개의 아파트 단지
로 재개발되면서도 당집을 굳이 신축하고 있음에서 부군당의 당집은
매우 의미가 깊다. 몇몇 부군당에는 솟을 대문을 정문으로 사용하면서
대문에 태극문양을 그려놓았는데, 이를 바탕으로 부군당이 조선의 관

---

4 홍태한, 『서울 마을굿의 현장』, 서울, 민속원, 2015에 대표적인 서울의 마을굿을 다루
   었다.

아 문화와 관련이 있을 것이라는 주장이 설득력을 얻고 있다[5]. 19세기 한필교가 자신이 근무한 여러 관아를 그림으로 그린 〈숙천제아도〉에는 관아의 신당이 태극 문양으로 그려져있기 때문이다. 특히 조선시대 여러 관아에서 부군신을 모셨다는 기록이 중요한 전거가 되기도 했다. 이능화의 『조선무속고』 기록을 인용한다.

> 모든 부군당은 받들어 제사하는 신이 각기 다르다. 예를 들어 형조의 부군은 송씨부인이고 전옥서의 부군은 동명왕이며 기타 제갈무후 문천상 등의 신도 있다. 그리고 고려 공민왕을 받드는 곳 또한 많았는데 혹자가 생각하기를 고려 말의 유신들로서 각 관청의 직원이 된 사람이 많아 항상 옛 나라의 왕을 생각하여 사당을 지어 제사했다고들 한다.[6]

부군당의 연원에 대해서는 이 글에서 다루지 않는다. 다만 부군당의 신당이 부군당의 연원을 파악하는 데 대단히 요긴한 역할을 한다는 것만 밝힌다.

현재 남아있는 한강변의 마을신앙을 표로 제시하면 다음과 같다. 최근까지 제의를 거행했지만 현재 올리지 않은 곳은 제외했다. 성동구 금호동 무쇠막부군당은 2010년까지는 제의를 거행했으나, 현재 더 이상 제의를 거행하지 않고 무신도만 남아있어 제외했다. 성동구 사근동 부군당도 남이 장군을 부군신령을 모신 마을 신당이었지만 최근 사라져서 제외했다. 아래 표에 제시된 부군당은 신당이 있으면서 어떤 형식으로든 제의를 거행하는 곳이다[7].

---

5 이에 대해서는 오문선의 「서울 부군당제 연구」에서 상세하게 다루고 있다.
6 이능화 지음, 서영대 역주, 『조선무속고』, 서울, 창비, 2008, 324~325쪽.

연번	부군당 이름	소재지	당집의 유무	제의 형식	제의 일자
1	아기씨당	성동구 행당동	6평 2칸 기와집	무당굿	음력 4월15일:유식 음력10월 1일:당굿
2	응봉동 부군당	성동구 응봉동	2층 건물 중 2층 기와	유교식 제의	음력 6월 1일:유식
3	옥수동 두뭇개포부군당	성동구 옥수동	2평 기와집	유교식 제의	음력 10월 1일
4	옥수동 옥정숫골부군당	성동구 옥수동	1편 슬라브집	유교식 제의	음력 10월 1일
5	옥수동 종남산부군당	성동구 옥수동	3평 기와집	유교식 제의	음력 10월 1일
6	큰한강부군당	용산구 한남동	4평 기와집	무당굿	음력 1월 1일
7	작은한강부군당	용산구 한남동	8평 기와집	무당굿	음력 1월 1일
8	둔지미 부군당	용산구 보광동	3칸 기와집	유교식 제의	음력 3월 3일 음력10월 택일
9	보광동 부군당	용산구 보광동	4칸 기와집	무당굿	음력 1월 1일
10	이태원 부군당	용산구 이태원동	16평 단청전각	유교식 제의	음력 4월 1일
11	동빙고 부군당	용산구 동빙고동	4칸 기와집	유교식 제의	음력 3월15일
12	산천동 부군당	용산구 산천동	6평 기와집	유교식 제의	음력10월 1일
13	서빙고 부군당	용산구 서빙고동	3평 기와집	유교식 제의	음력 1월 1일
14	남이장군사당	용산구 용문동	6칸 전각 기와집	무당굿	음력 4월 1일:유식 음력10월 1일:당굿
15	청암동부군당	용산구 청암동	2평 슬라브집	유교식 제의	음력10월 1일
16	밤섬부군당	마포구 창전동	3칸 기와집	무당굿	음력 1월 2일
17	창전동 공민왕당	마포구 창전동	2칸 기와집	유교식 제의	음력10월 1일
18	당인동 부군당	마포구 당인동	2칸 기와집	유교식 제의	음력10월 1일
19	당산동 부군당	영등포구 당산동	8평 기와집	무당굿	음력 7월 1일:유식 음력10월 1일:당굿
20	상산전 부군당	영등포구 영등포동	4평 기와집	유교식 제의	음력 7월 1일, 음력10월 1일
21	방아고지부군당	영등포구 신길2동	2칸 기와집	무당굿	음력 4월 1일, 음력 7월 1일:유식 음력10월 1일:당굿

7 표에 제시된 부군당의 이름은 행정구역을 강조하기 위한 명칭이다. 실제 마을주민들이
부르는 명칭은 다를 수 있다.

한강변은 아니지만 다음 지역에도 부군당이 남아있다. 이 중 전농동 부군당은 동적전이 있던 곳으로 국왕의 친경례 의식을 관장하면서 부군당이 남아있는 것으로 파악했다[8]. 농경을 위해서라면 물이 반드시 필요했을 것으로 생각한다. 무너미부군당은 수유동에 남아있는 것으로 역시 물이 넘어가는 곳이라는 지명처럼 물과 긴밀한 관련이 있다. 구기동부군당과 신영동부군당 모두 지금은 복개되었지만 하천변에 위치한 부군당이다. 따라서 이들 네 곳 부군당은 모두 한강처럼 물과 밀접한 관련이 있는 곳에 위치한 셈이다[9].

1	전농동부군당	동대문구 전농동	3칸 기와집	유교식 제의	음력 10월 1일
2	무너미부군당	강북구 수유동	2칸 조립식 건물	유교식 제의	음력 10월 1일
3	구기동부군당	종로구 구기동	2칸 기와집	유교식 제의	음력 10월 1일
4	신영동부군당	종로구 신영동	2칸 기와집	유교식 제의	음력 10월 1일

물과의 관련성은 부군당의 연원에 대해 다른 시각을 가지게 한다. 서울 마포 지역에는 부군당과 관련이 있는 마을신앙으로 불당이 몇 곳 있었다. 최근까지 남아있던 불당으로는 마포동불당이 유일했는데, 2014년 재개발되면서 훼손되어 사라졌다. 그런데 마포동불당에서 제의를 담당했던 당주무당 서기숙 보살에 의하면 불당은 화재를 막기 위하여 운영되었다고 한다. 그리고 주목할 만한 다음과 같은 증언을 했다.

---

8 홍태한, 「서울 전농동부군당의 향방」, 『서울민속학3』, 서울, 서울민속학회, 2017, 113~133쪽.

9 이에 대해 물을 구하기 쉬운 곳에 당집이 자리잡았다는 반론이 있었다. 매우 타당한 말이지만 부군당과 물과의 관련성을 다른 측면에서 강조한 것으로 보인다.

부군당은 붉은 당으로 이는 화재를 막기 위하여 세운 것이다. 그래서 불당과 부군당은 성격이 같다[10].

그렇다면 한강변이 아닌 다른 마을에 남아있는 부군당의 성격과 한강변에 존재하는 부군당 성격의 공통점이 확인되는 것이다. 좀더 자세하게 살펴야 하겠지만, 한강 주변에 부군당이 여럿 존재하고 있는 것은 한강이 가진 수운교통과의 관련성도 있겠지만 물이 가지고 있는 상징성도 작용을 했다고 보는 것이다. 그래서 한강변은 아니지만 다른 지역의 부군당도 모두 물과 밀접한 관련이 있는 곳에 세워진 것이다.

이러한 부군당에는 다양한 무신도가 봉안되어 있다. 각 부군당에 봉안되어 있는 무신도는 다음과 같다.

부군당 이름	봉안 무신도
아기씨당	좌신장, 삼불제석, 아기씨, 산신, 부군내외, 태산노군, 우신장
응봉동 부군당	부군내외, 최영장군, 신장, 삼불제석, 가망, 대감, 장군
옥수동 두뭇개포부군당	부군할아버지, 부군할머니, 삼불제석, 산신님, 장군1, 장군2
옥수동 옥정숫골부군당	칠성2점, 최일장군, 이순신장군, 옥황상제, 임금님, 관운장군, 오방신장, 벼슬도 사신령, 구능신령, 산신, 도당내외, 백옥선관, 정전부인, 대신할머니, 삼불제석2점, 미륵동자
옥수동 종남산부군당	미상, 옥황상제, 산신, 용궁부인, 대신당, 칠성, 삼불제석, 일월성신, 산마도령산 마애기씨, 부군내외
큰한강부군당	삼장군, 장군부인, 부군마님, 부군님, 삼불제석, 산신, 백마장군
작은한강부군당	용궁대감, 물당애기씨, 부군할머니, 부군할아버지, 삼불제석, 산신
둔지미 부군당	제갈공명, 제갈공명부인, 산신님, 청장군, 홍장군

---

10 불당 당주무당인 서기숙 보살이 2004년 9월 20일 마포동 불당굿 연행 현장에서 글쓴이에게 제보한 내용이다. 이후 몇 차례에 걸쳐 시기숙 보살을 만나 이에 대한 제보를 반복적으로 들었다.

보광동 부군당	김유신장군, 산신, 삼불제석
이태원 부군당	창부님, 기마장군님, 군웅님, 장군님, 호구님, 대감님, 부군님, 별상님, 제석님, 산신님, 가망님, 걸립님
동빙고 부군당	단군, 단군부인, 작은부인, 산신님, 삼불제석(본당 5점) 이초관, 삼불제석, 구능, 단군왕검 단군왕비, 마부, 별상님, 단군왕검, 단군왕비 (별실 8점)
산천동 부군당	부군내외, 삼불제석
서빙고 부군당	태조 이성계, 태조 이성계부인, 삼불제석
남이장군사당	천신듸감신위, 밍넉외, 호구아씨1, 졍주졍씨부인신위, 삼불졔셕림, 별상내외, 호구아씨신위, 별상내외2, 람이장군신위, 부군듸감늬외신위, 호구아씨2, 최영장군신위, 졍주졍씨신위, 별상1, 산신영늬외분, 별상2, 토쥬관장림, 졔장 6점, 선생님, 말명
청암동부군당	대신할머니, 삼불제석, 칠성님, 용왕님, 산신님, 백마장군, 염라대왕, 부군님, 오방신장, 좌장군, 옥황상제, 우장군
밤섬부군당	부군님, 삼불제석, 군웅님
창전동 공민왕당	공민왕, 노국공주, 최영장군, 삼불제석, 마부1, 마부2
당인동 부군당	부군주, 부군부인, 삼불제석, 산신, 용궁부인, 대장군, 좌제장군, 우제장군
당산동 부군당	도사할아버지, 별상님, 장군님, 부군할아버지, 산신님, 칠성님, 삼불제석님, 대신할머니, 용궁아가씨
상산전 부군당	별상, 칠성, 부군할아버지, 부군할머니, 용왕, 산신, 오방신장, 마부
방아고지부군당	백마장군, 대신할머니, 청마장군, 삼불제석, 군웅할머니, 부군할머니, 부군할아버지, 유씨할머니, 산신, 창부, 맹인도사
전농동부군당	거사도걸입안위, 만방청일산도국긔, 삼불제셕안위, 강남국호구별상마마, 정열부인숑씨마누하, 죠션국공신죠씨대감, 듸사마듸장군왕신안위, 젼비취틱주도국긔, 마두하쳥도국긔1, 마두하쳥도국긔2, 외웅만사도쳥걸입
무녀미부군당	부군할머니
구기동부군당	장군1, 산신, 요나라공주, 상궁, 장군, 수하, 서낭
신영동부군당	삼불제석, 칠성, 부군할머니, 산신, 장군

부군당에 봉안된 무신도 중에서 가장 많은 빈도를 보이는 것은 부군 내외이다. 이는 부군당의 주신령이 부군이기 때문이다. 다음으로 빈도 수가 높은 것은 삼불제석, 장군, 산신, 부인(호구 포함)이다. 이러한 신 령들을 모신 것은 이들이 부군당 신앙의 목적과 상통하기 때문이다. 삼불제석은 자손을 점지해주고 자손의 수명 장수를 관장하는 신령이

다. 장군과 산신은 마을의 수호신이고, 부인과 호구는 천연두로 대표되는 전염병을 막아주는 기능을 한다. 따라서 부군당에 봉안된 무신도를 바탕으로 부군당신앙을 정의한다면 자손을 점지해주고 전염병을 막아주면서 마을을 수호해주는 신앙이 되겠다. 여기에 앞에 제시한 물과의 관련성을 바탕으로 한다면 이는 화재까지 막아주는 기능을 가진 신앙이 된다. 사람들이 가장 바라는 후손에 대한 열망과 제액의 기능이 강조된 것이다.

3. 서울 한강변 마을신앙과 한강과의 관련성

현재 남아있는 서울 한강변 마을신앙은 유교식으로 제의를 거행한다. 과거에는 대부분의 마을에서 무당굿을 연행하는 식으로 마을신앙 제의를 거행했으나 최근에는 점차 줄고 있다. 마을 토박이 숫자가 감소한 것도 이유가 될 것이고, 마을신앙을 담당했던 마을 주민들이 고령화하면서 점차 전승 기반을 잃고 있기 때문이다. 그래서 유교식으로 제의를 거행하는 것 자체가 기적이라고 말하는 이도 있다. 용산구에서는 모든 마을신앙에 일정액의 경비를 지원하여 전승 기반 구축에 도움을 주고는 있으나 다른 자치구에서는 아직 이러한 전승 기반 구축이 쉽지 않다.

따라서 현재 행해지고 있는 마을신앙 제의에서 한강과의 관련성을 찾기는 쉽지 않다. 유교식 제의는 마을마다 특징을 나타내지 못하고 획일화되고 있기 때문이다. 따라서 현재 남아있는 무당굿형 마을신앙 제의에서 한강과의 관련성을 추론할 수밖에 없다. 하지만 이 역시 쉽지 않다. 그것은 1980년대를 지나면서 서울굿의 획일화가 이루어졌기 때문이다. 과거 서울굿은 동쪽제와 서쪽제가 달랐다고 하며, 구파발제·왕십리제·노들제·각심절제 등 여러 유파가 있었다고 한다. '동쪽 만신 서쪽 악사'처럼 연행 능력이 뛰어난 악사와 만신의 분포도 달랐다고 한다. 하지만 최근에는 이러한 차이를 찾기 쉽지 않다. 동쪽과 서쪽의 구별도 없을뿐더러 유파에 대한 인식도 사라졌다.

그러함에도 불구하고 용산구 용문동남이장군사당제[11]에 중요한 굿거리가 남아있다. 현재 다른 마을신앙에서는 찾아볼 수 없는 굿거리로 〈황제풀이〉가 이곳에서는 연행된다. 1960년대 조사된 기록을 보면 용문동 이외의 다른 마을굿에서도 〈황제풀이〉를 연행했다고 한다[12]. 〈황제풀이〉는 한강과 관련이 있는 내용이 나오는 굿거리로 마을신앙에서 연행되었다면 각별한 의미가 있을 것이다.

〈황제풀이〉는 성주굿을 크게 할 때 연행하는 굿거리이다. 황제는 성주를 높여 부르는 이름이다. 대개 집을 신축하여 성주굿을 할 때, 또는 대주의 나이가 일정한 숫자에 도달하여 성주굿을 행할 때 〈황제풀이〉를 구송한다. 마을굿에서는 대동성주를 모시고 마을 주민들 모두의 평안을 기원하기 때문에 이를 구송한다. 〈황제풀이〉는 장편 무가로 태백산에서 재목을 베어 한강을 통해 용산까지 운반하는 과정, 집을 짓는 과정, 집에서 부귀공명을 누리고 태평하게 살아가는 과정을 노래한다. 당대 사람들이 이상적으로 바라던 평안한 삶이 그대로 나타나 있다. 이중 태백산에서 재목을 베어내 용산까지 운반하는 과정을 단락

11 이를 일러 용문동부군당이라고 칭하기도 한다.
12 이태원부군당이 대표적이다. 1970년대까지 〈황제풀이〉 무가를 구송했다.

으로 정리하면 다음과 같다.

1. 솔씨 뿌려서 성장하기
2. 역군들이 소지 올리고 소나무 베기
3. 산에서 강으로 소나무 운반하기
4. 뱃노래 부르며 소나무 운반하기
5. 서울까지의 긴 여정 제시하며 용산으로 운반하기
6. 수레로 서울 시내를 두루 거쳐 집지을 명당 터까지 운반하기

이것은 과거 서울의 재목이 강원도에서 어떻게 운반되었는지를 알려주는 소중한 자료이다. 특히 베어낸 재목을 뗏목으로 엮어 운반하는 과정에 등장하는 한강의 물길에 대한 정보는, 한강이 서울의 젖줄이었음을 분명하게 보여준다. 조금 길지만 해당 대목을 인용한다.

병어리 여울 지났구나 둥들소를 울리져어 안보역의 중화허고
까치여울 언 듯 지나 가평땅을 다다르니
험흘시고 고갈여울 안받지을 흘리져어
솟뎌내고 숙수하고 쇠목여울 지났구나
소나구비 돌아들어 선바위를 지났구나 자정앞을 흘리져어
거진모퉁이 지났구나 청평내를 다다러서
수세청에 숙세하구 때를 노하 썩 나서니 두려울사 황공탄은
북강중에 험탄이라 화장청장을 고사 받어 썰썰히 나리소사
귀여울을 흘리져어 뒷성소를 지났구나 민바위를 흘리져어
노들소를 지났구나 좁은 목을 흘리져어 유정탄을 돌아드니
여주강이 합수로다 정지구미를 지났구나 두미소를 흘리놓아
봉안역에 숙수하고 남한산성 바라보고 바당이를 지났구나

> 평구역에 중화하고 선바위를 지났구나
> 광나루를 흘리 저어 쌀섬 앞을 지났구나
> 송파강을 흘리저어 용두섬에 떼를 대고 화주당게 고사하고 보안소를
> 바라보고
> 뚝섬소를 흘리 저어 압구정이 바라보고 무시막 앞을 지났구나
> 두무께를 흘리 저어 한강이며 보강이라 서빙고를 바라보고
> 신용산[13]을 지났구나 노들소를 흘리 저어 가문 뜰을 지났구나[14]

현재는 물길이 막혔다. 육상 교통이 발달하면서 더 이상 강을 교통로로 이용하지 않는다. 4대강 개발이라는 이름 아래에 물을 막았고, 이로 인해 무가와 사람들의 기억에 남아있는 여러 지명들이 물에 잠기면서 사라졌다. 여러 마을에서 마을굿을 올리면서 〈황제풀이〉를 연행한 것은 한강이 자신들이 살아가는 마을의 터전임을 확인하는 과정이었고, 그를 통해 마을 주민들은 자신들의 이상적인 삶이 한강과의 관련성 속에서 이루어지기를 바랐던 것이다.

황제풀이 무가를 계속 따라가 보면 마포 지역의 상업 발달의 모습을 볼 수 있다.

> 술래마당에 뗏목을 대고 차부들 청구 하여 보세
> 김차부며 이차부며 박차부며 고차부며 정차부며
> 늘그니 차부 젊무니 차부 차부 정구를 다 마치고

---

13 황제풀이 무가에 신용산이라는 지명이 등장하는 것은 황제풀이 무가가 시대와 사회 변화상을 반복적으로 반영하였다는 의미로 보인다.

14 남이장군사당제에서 연행하는 〈황제풀이〉 무가의 일부이다. 홍태한, 『서울굿의 다양 성과 변화』, 서울, 민속원, 2018, 338쪽.

소도 정구 하여 보세 우각뿌리 따각뿌리 노구거리
별백이 사족 빨이 왁대소 은아뿌리 소정구를 다한 후에
차부들에 거동 보소 박휘 정구를 하올 적에
높은 박휘 얄은 박휘 가리여라
높은 박휘에 대부동 실고 얄은 박휘에 소부동 실어노코
수양산 물푸래를 양끗 잘라 쌍열 매고
앞에는 뒤을 치고 뒤에서는 앞을 쳐서
이랴 낄낄 모라올 때 술래마당을 떠나

술래마당은 지금의 마포동 일대이다. 마포대교가 건설되고 한강 지역의 개발이 이루어짐에 따라 더 이상 과거의 흔적을 볼 수는 없지만 술래마당에서는 여러 상거래가 이루어졌다. 술래마당에서는 서울 지역에 들어온 여러 물산이 서울 각 지역으로 흩어졌는데 황제풀이 무가에는 이러한 내용이 충실하게 반영되어 있다. 이처럼 마포가 장시(場市)의 중심지였음은 대동지지의 기록에서도 확인된다. 대동지지(大東地志)에 보면 한성부(漢城府) 시전에 삼대시《종가, 이현(梨峴), 남문》가 있는데 그 상품 중에 마포염이 명시되어 있어 마포가 소금을 서울에 공급하였던 중심지임을 알 수 있다. 그래서 지금 마포에는 염리동이 있다. 소금장수들이 많이 살아서 염리동이라 했다 하는데 대흥동 동막역 부근에도 소금창고가 있었다 하고 마포나루까지 소금배가 들어왔다 하니 과거부터 장시가 매우 성했던 지역이 마포이다. 그리고 그러한 인식은 〈황제풀이〉무가에 그댁로 반영되어 있는 것이다.

마을신앙에서 한강은 또한 마을신앙의 위계를 정하는 구실을 하기도 했다. 성동구 옥수동에 남아있는 세 곳의 부군당이 마을신앙의 위계를 알려주는 대표적 사례이다. 현재 성동구 옥수동에는 세 곳의 부군당이

남아있는데 각각 자연마을 이름을 따서 두뭇개포부군당, 옥정숫골부군
당, 종남산부군당이라 한다. 이들 세 곳은 행정구역상 모두 옥수동이지
만, 과거에는 마을이 서로 달랐다. 그래서 세 마을이 각각 별개의 아파트
단지로 개발되면서도 각각의 부군당을 이전 신축하여 현재에 이르고
있다. 마을 주민들은 이 세 곳의 부군당이 모두 형제당이라고 부른다.
두뭇개포부군당이 큰형당이고, 옥정숫골부군당이 둘째당, 종남산부군
당이 막내당이라고 한다. 과거에는 차례대로 제의를 거행했다. 마을에
거주하고 있는 당주무당이 차례도 부군당을 다니면서 마을굿을 주재했
다. 세 곳 부군당의 위치를 보면 두뭇개포부군당은 한강변에 접해 있고,
종남산부군당은 종남산록에 위치하여 한강에서 가장 거리가 멀고 옥정
숫골부군당은 중간쯤에 위치한다. 물산이 강을 따라 흘러와 모이는 곳에
있는 마을 신당이 큰형이 된 것이고 강에서 가장 거리가 먼 곳이 막내가
된 것이다. 앞에서 살펴본 대로 부군당이 한강과 밀접한 관련이 있어서
한강과의 거리가 마을당의 위계를 정한 것이다.

몇몇 마을 부군당에서는 강과 밀접한 관련이 있는 신령을 부군당에
무신도로 그려 봉안하기도 한다. 이는 한강과 직접적인 관련이 있음을
나타내는 장치이다.

당인동부군당	용궁부인
당산동부군당	용궁아기씨
상산전부군당	용왕
작은한강부군당	용궁대감, 물당애기씨
청암동부군당	용왕님

무신도 봉안이 여러 차례 변화했음을 고려하면 과거에는 이보다 훨

씬 많은 강과 관련이 있는 신령을 봉안했을 가능성이 크다. 특히 한남동 큰한강당부군당에는 별도로 용궁당을 세워 물과의 관련성을 강조했다. 큰한강당에는 부군당과 용궁당이 별도로 존재하고 있으며 용궁당에는 용궁할아버지, 용궁할머니, 용궁녀를 봉안했다. 마포 일대 개인굿에서는 지금도 굿을 연행하는 무당에 따라 용장군을 각별하게 모시는 사례가 있다. 마포에서 무속에 종사하는 무속인들은 과거에는 마포 일대에서 용장군을 모시는 것이 당연한 것이었다고 한다. 하지만 최근에는 마포에서 개인굿을 해도 용장군을 따로 모시지 않는다. 굿의 지역적 특성이 사라진 것인데, 이러한 현상이 부군당에 봉안된 무신도에도 반영된 것으로 본다.

부군당에서 거행되는 제의 날짜는 주로 음력 1월1일과 10월 1일이다. 흥미로운 것은 한강과 이어지는 서해안의 마을신앙에서 제의를 거행하는 날짜로 가장 많은 것이 음력 1월1일이다. 그리고 경기도 북부 지역에서 행해지는 마을신앙은 주로 음력 10월 1일이 가장 많다. 부군당 제의 날짜 중에서 음력 1월 1일은 한강을 통해 서해안과 이어진다. 김포 대명리 풍어굿, 부안 위도 띠뱃굿, 고창 동호리 용왕굿 등이 모두 정월에 거행되었다. 부군당 제의 날짜가 이들과 통하는 것이다. 음력 10월 1일은 경기 북부의 연천, 의정부, 동두천, 파주 등지의 대부분 마을에서 마을 제의를 올리는 날이다. 제의 날짜만을 가지고 따진다면 서울 부군당 제의는 한강을 통해 서해로 이어지는 신앙권역과 경기 북부 마을신앙 권역의 절충지역으로 보인다.

4. 서울 한강변 마을 신앙의 사례- 강서구의 경우

강서구는 아직도 개발이 한창 진행되는 지역이다. 서울의 마지막 남은 택지라 할 수명산 인근의 발산지구에 아파트 건설이 끝나고 마곡지가 개발 중이고 김포공항에서 종합운동장을 연결하는 도시지하철 9호선 공사가 완결되어 급속하게 인구가 유입되고 있다. 인구를 가지고 볼 때 2004년 현재 강서구의 인구는 54만명으로 1994년과 비교해서 약 2배 이상 증가되었다. 주거 비율에서도 아파트 차지하는 비율이 전국 평균 55%보다 월등히 높은 78%로 특히 대부분의 아파트가 1990년대 이후에 건립되어 최근에 급격하게 변화하고 있음이 확인된다. 전통적인 마을문화가 사라질 수밖에 없는 현실이다. 이런 환경 속에서도 마을굿이 전승되고 있음은 주목할 만하다.

현재 확인되는 강서구의 마을신앙은 다음과 같다.

1) 가양동 성황제 - 음력 10월1일에 올리는 유교식 마을신앙. 산신제와 성황제를 함께 올린다. 성황제라는 이름을 가지고 있지만 모셔지는 신격은 도당할머니이다.

2) 마곡동 후포마을 성황제 - 음력 10월1일에 올리는 유교식 마을신앙. 가양동과 함께 부부로 여겨지는 도당할아버지를 모신다.

3) 화곡동 등마루마을굿 - 음력 10월1일 수당산 자락에서 행해지는 마을굿. 당주무당이 있어 도당굿 형식으로 진행했으나 최근에는 치성 형식으로 약화되었다.

4) 염창동 증미마을굿 - 음력 10월1일 염창동 한강변에 있는 작은 야산에서 행해지는 마을굿. 마을 사람들은 산신제라 부르지만 부군내

외를 모시는 마을굿이다. 역시 간략화되어 치성형식으로 진행된다.

5) 염창동도당굿 – 염창동 한강변의 또 다른 야산에서 음력 10월 1일 행해지는 마을굿. 2002년까지는 도당굿 형식에 맞추어 진행되었지만 마을주민들이 현대식으로 바꾸면서 무속 제의를 반대해 지금은 풍물을 울리며 즐기는 마을 잔치 형식으로 바뀌었다. 당주무당은 마을 주민 몰래 따로 날을 잡거나 10월 초하루 새벽에 올라가서 간략하게 제물을 차리고 사실만 세우고 내려온다.

이상 5가지의 마을 신앙 중 마을굿의 범주에 포함되는 것은 등마루 마을굿, 증미마을굿, 염창동도당굿이다. 세 곳의 마을굿은 같은 날 행해지는 것 외에도 마을굿을 담당한 당주무당이 모두 같은 사람이다. 세 곳의 마을 주민들은 세 마을이 밀접한 관계를 맺은 마을로 인식하고 있다. 등마루에서 먼저 마을굿을 한 후 증미로 옮겨 마을굿을 하고 마지막으로 염창동에서 도당굿을 했다 한다. 하루에 세 곳의 마을굿이 진행됨으로 인해 새벽부터 진행된 마을굿은 저녁 늦게까지 진행되었다 한다.

2005년에는 등마루는 10월 초하루에 진행되었지만 증미는 마을에 초상이 나는 바람에 날을 옮겨 10월 11일(양력 11월 14일)에 진행되었다. 염창은 마을 사람들이 굿하는 것을 막는 바람에 역시 무당 혼자 올라가 치성만 드리고 내려왔다. 이 세 곳을 담당한 무녀는 북일네라는 별호를 가진 윤원금(여, 1935년생)이다. 시어머니가 북일네라는 별호를 가지고 오랫동안 염창동에서 활동한 무녀인데 시어머니 작고 이후 무업을 계승한 윤원금씨도 북일네라는 별호를 사용하고 있다. 따라서 윤원금이야 말로 강서구 지역에 유일하게 남아있는 마을굿의 전승자인 셈이다.

윤원금은 대를 이어 염창동 당주를 맡아온 집안의 계승자이다. 고향
이 서울인 그녀는 23세에 혼인을 했는데 혼인을 하고보니 시어머니가
무업을 하는 집안이었다. 그래서 시어머니를 따라다니며 무업을 도왔
다. 하지만 신을 받지 않았기 때문에 직접 굿을 할 능력은 없었다. 39세
가 되는 해 시어머니가 작고해서 화장을 하게 되었는데 시어머니 시신
이 화장장에서 타는 순간에 갑자기 몸이 뜨거워지면서 신이 내리게
되었다. 앉은 자리에서 손뼉을 치면서 몸이 뜨겁다 외치면서 강신을
한 윤원금은 내림굿 없이 무업을 하게 되었다. 시어머니를 따라다니며
10년 이상 무업을 보았기 때문에 큰 어려움 없이 굿을 맡아 진행할
수 있었다.

시어머니 뒤를 이어 자연스럽게 염창도당굿 당주무당의 소임을 맡게
되어 등마루와 증미를 비롯한 마을굿도 함께 주관하게 되었다. 처음에
마을굿을 맡았을 때는 모두 5곳이어서 앞에 제시한 세 마을과 함께
가양, 남아리(염창동의 자연 마을 이름)에서 마을굿을 주재했다. 이 중 가양
은 시어머니 사후 바로 마을굿이 사라지게 되었고 남아리도 2000년대
들어오면서 하지 않게 되어 현재는 세 마을만 마을굿을 맡게 되었다.

윤원금에 의하면 자신의 집안은 대를 이어 무업을 할 운명이라 한다.
윤원금이 기억하는 자신 집안의 계보를 보면 증조시할머니(성씨 모름),
시할머니(임씨), 시어머니(한씨)를 거쳐 자신에까지 내려왔다 한다. 철
저하게 시어머니에서 며느리 중심으로 전승되는 부계 중심(시댁의 성씨
는 윤씨)의 계승 구도를 볼 수 있다. 이는 호남 지역의 무속에서 발견되
는 무업 전승의 방법과 동일하다. 윤원금은 딸 없이 아들만 4형제를
두었다. 이 중 큰 아들은 바리공주가 꿈속에 보이고 나서 얻은 아들이
다. 큰아들은 일찍이 결혼을 했는데 처음에는 집안 내력을 모르고 혼인

한 며느리가 집안 내력을 안 다음에는 무당 할 수 없다고 하여 현재는 큰아들이 혼자 무업에 관심을 보인다. 큰아들에게 신내림 현상이 있어 앞으로 무업에 입문할 것으로 예상하고 있고 그렇게 되면 아들과 함께 일할 다른 무당을 찾아 무업을 물려줄 생각을 하고 있다.

한때 윤원금은 염창동이 아닌 화곡동에 거주한 적이 있다. 염창 주민들이 도당굿을 하지 못하게 하고 윤원금씨도 나이가 들게 되자 더 이상 무업 하지 말고 편하게 살라고 아들들이 화곡동에 따로 집을 정해준 것이다. 하지만 화곡동으로 이사를 온 다음에도 윤원금은 이사짐을 풀지 않았고, 신당도 작은 방에 간단하게 차려놓고 정식으로 손님도 받지 않았다. 특히 화곡동으로 이사를 온 이후에는 굿도 잘 계약이 되지 않는 등 신의 벌이 따르고 있다 하며 하루 빨리 염창동으로 돌아갈 날을 기다리고 있어 할 수 없이 아들이 다시 염창동에 집을 구해 이사를 시켰다. 윤원금은 염창동 도당이 잘 보이는 곳에 집을 구해 이사한 후 신당을 꾸미고 살고 있다. 매일 도당터를 돌아보고 가꾸는 것이 일과이다.

현재 서울의 마을굿 당주 무당 중에서 혈통적인 세습과 함께 강신을 통해 계승이 이루어진 곳은 성동구 행당동 아기씨당이 있다. 이곳은 3대 이상의 전승이 확인될 뿐 아니라 현재의 당주인 김옥렴의 친딸이 역시 신을 받아 무업을 배우고 있어 4대 이상의 무업 계승이 이루어질 전망이다. 이런 점에서 윤원금에서 확인되는 염창도당굿의 당주 계보는 그 의미가 매우 크다. 아기씨당이 대를 이은 계승으로 그 정통성이 인정받고 있다면 염창동도당도 마땅히 높이 평가받아야 할 것이다.

이와 함께 윤원금이 맡고 있는 마을굿이 사실상 동일 생활권에 속하면서(지금은 행정구역이 조금 다르지만)도 자연마을의 성격을 가진 3곳에서 이루어지고 있다는 데에 주목해야 한다. 과거 한국의 마을 신앙이 행정구역 중심이 아닌 마을의 지리적 위치를 중심으로 구분하는 자연마을 중심으로 진행되었기 때문이다. 서울이라는 거대 도시에 이처럼 자연마을 중심의 마을 신앙이 전승되고 있다는 데에 강서구 마을굿의 의미가 있다.

먼저 등마루 마을굿과 중미마을굿을 본다. 등마루는 등촌동의 순우리말 표현이다. 등마루 마을굿이 진행되는 곳은 공항로 옆에 있는 수당산 자락이다. 행정구역상은 화곡동이지만, 마을 사람들은 자신들이 사는 곳을 등마루라 부르며 자신들이 등촌동의 원조임을 내세운다.

마을굿은 서울 마을굿의 일반적인 형식에 따라 진행된다. 2000년 이전에는 악사와 무당을 몇 사람씩 불러 함께 일을 했지만 지금은 혼자 진행한다. 마을주민들이 참가는 한다고 하지만 20여명 내외로 모두 오래전부터 이 마을에 살아온 사람들이다. 현재 등마루에는 연립주택을 허물고 아파트를 건설하는 등 급격한 변화의 한 가운데 있어 언제까지 등마루 마을굿이 진행될지는 미지수이다.

중미는 염창동에 있는 작은 야산 자락에 있는 마을이다. 역시 아파트가 들어와 단독 주택은 40여 호 남아 있다. 참가하는 마을사람들은 야산에 중미산신단이라는 작은 비석과 함께 제단을 만들어 놓았고 이 제단에 음식을 차려 굿을 진행한다. 제단 뒤에는 당나무로 대우받는 소나무 한 그루가 서있다. 과거에는 역시 여러 명의 악사와 무당들이 참가했지만 지금은 윤원금씨 혼자 진행한다. 경비는 마을 노인회관의 회원들이 모은 회비로 조달하는데 모든 일은 노인회장이 맡아 본다.

등마루와 중미의 마을굿은 마을의 변화와 함께 진작 사라지고 지금은 모두 치성형식으로 진행한다. 2005년 10월 12일(음력)에 거행된 마을의 마을굿을 살펴본다. 오전 10시경 당주무당인 윤원금이 마을굿이 진행되는 마을 야산 자락에 도착했을 때 마을의 주민 20여명이 나와 제단 주위를 말끔하게 청소하고 기다리고 있었다. 곧 윤원금 씨의 지시로 제상을 차리는 일이 진행되었는데 아무래도 굿이 아니어서 적은 양의 제물이 중심이 될 수밖에 없지만 가짓수는 갖추었다 한다. 상차림을 보면 가장 앞쪽에 감, 사과, 돼지머리, 배, 밤, 대추를 놓았고 가운데에는 혜, 전, 나물, 약과, 산적, 두부, 포, 산과를, 가장 뒤쪽에는 부각, 메, 국, 팥떡이 담긴 시루를 놓았다. 상 앞에는 쌀이 담긴 그릇을 놓았고 촛대는 모두 두 개였다. 비록 규모는 작지만 큰 굿을 할 때 올라가는 음식이 대부분 갖추어진 셈이다. 이렇게 진행된 마을굿을, 마을 주민들은 마을 치성 또는 마을 고사라 했다. 부군할아버지 내외를 모시는 행사라고 하며 큰 굿이 열리지 못하는 것을 매우 아쉬워했다. 굿을 하지 못하는 것은 경제적인 이유 때문인데, 아파트가 건립되면서 외부인들이 대거 들어오고 원주민들이 흩어져 더 이상 마을굿을 감당할 사람이 없다보니 노인회관의 몇몇 분 중심으로 거행되기 때문이라 했다. 하지만 윤원금은 기본적인 12거리를 지키려고 애를 썼다. 장구 장단이나 피리 연주는 없었지만 혼자 징을 치면서 노랫가락을 불렀고, 진적으로 절을 올린 후 여러 장단을 징으로 쳐서 구색을 갖추려고 했다. 특히 부군할아버지께 바치는 예단으로 옷을 한 벌 준비해와 태움으로 나름의 정성을 표시했다.

이처럼 간단한 치성 형식으로 현재 증미마을과 등마루마을에서 마을굿이 진행되고 있다. 유교식 제의가 함께 진행되지만 중심이 굿이 되다보니 굿을 연행하는 동안에 형식적인 의례로만 진행되었다. 비록 굿의 형식을 온전하게 갖춘 것은 아니지만, 나름대로 거리 구분을 하고 있으면서 청신-공수- 송신의 과정이 제대로 이우러지고 있어 마을굿이라 한 것이다.

염창도당굿은 2002년을 마지막으로 더 이상 거행되지 못한 굿이다. 하지만 담당자인 윤원금이 정해진 날에 도당이 있는 장소에 올라가 간략하게 치성을 드리거나 사실만 세우는 것으로 명맥을 유지하고 있으므로, 기회가 된다면 다시 부활할 수 있는 마을굿이다. 특히 종교적인 이유로 몇 몇 사람이 가로 막아 거행되지 않고 있으므로 행정기관이나 유관단체에서 적극적인 의사를 가지고 시행한다면 다시 살아날 수 있는 마을굿이다. 문제는 마을굿을 축제와 놀이로 바라보지 못하고 종교 행사로 바라보는 몇몇 사람들의 시각이다. 윤원금 씨는 염창도당이 가장 중심이어서 염창도당굿이 제대로 열리기를 바라고 있다. 2010년대 염창동도당굿의 당주악사는 김찬섭으로 그는 서울특별시 지정 중요무형문화재 제35호 밤섬부군당굿의 당주악사를 겸하고 있었다. 밤섬과 염창동은 한강을 끼고 있으며 지리적으로도 매우 가까운데 이런 점에서 염창동도당과 밤섬부군당의 친연성을 확인할 수도 있다. 최근에 염창동도당굿의 기반이 약화되면서 거의 제대로 연행되지 않게 되면서 당주악사와 당주무당의 소임이 약화되게 되었고, 이에 따라 현재는 윤원금 무녀 혼자 염창동도당을 책임지고 있다.

강서구에는 이처럼 몇몇 마을에 지금도 마을굿이 전승되고 있다. 그런데 모두 행정구역 중심이 아니라 과거의 자연적인 마을 중심으로 전승된다는 데에 주목을 요한다. 현재 서울지역 대부분의 마을굿은 '한남동 부군당굿', '당산동부군당굿'처럼 행정구역 명을 거론하면서 마을굿의 이름을 가져온다. 이러한 행정구역은 그 범위가 매우 넓어서 한남동에 살고 있는 주민들 중에도 자신의 마을에 그러한 부군당굿이 있다는 사실을 모르는 이가 대부분이다. 행정구역명은 행정 편의를 위하여 붙인 것으로 마을굿의 담당층과는 관련이 없다. 이런 점을 고려하여 마을굿의 이름에 행정구역명을 붙이는 것은 다시 생각해야 할 일이다.

그런데 지금 강서구에 전승되는 마을굿은 모두 과거의 자연마을 중심이다. 등마루는 강서구 화곡동에 속하는 마을이고, 증미는 강서구 염창동과 가양동이 인접한 곳에 있다. 여기에 강서구 염창동까지 거론한다면 세 마을은 모두 행정구역이 다르다. 하지만 마을 사람들이나 당주무당은 세 마을이 친연성을 가지고 있을 뿐아니라 동일한 권역에 속한다는 인식이 명확하다. 도로망이 확충되면서 동일 마을이었던 곳이 도로를 사이에 두고 행정구역이 갈라졌다. 그러나 마을 사람들의 관념 속에는 세 마을이 동일 마을이라는 인식이 남아있고, 이러한 연유로 동일한 당주무당이 같은 날 연이어 마을굿을 진행하는 것이다.

따라서 당주무당은 그 세습성으로 마을 사람들의 인정을 받아야만 했다. 윤원금은 강신무이면서도 나름의 계보를 정확하게 가지고 있는 무녀이다. 더욱이 한 집안을 중심으로 당주무당이 세습되고 있어서 마을 사람들과 당주무당의 친연성은 더더욱 높다. 이러한 당주무당의 세습성은 서울 마을굿의 일반적인 특징으로, 강서구 마을굿은 서울 마을굿의 일반적인 모습을 그대로 보여주는 셈이다.

또한 세 마을 사이의 유기적인 관련성을 도출할 수 있다. 세 마을의 위치를 간단하게 그림으로 그린다.

한강	88도로	염창동도당	양천길	등촌동	공항로	화곡동
		염창동				
		증미도당				
		가양동				등마루도당

그림에서 보듯이 세 마을은 인접한 마을이지만, 공항로와 양천길을 사이에 두고 행정구역이 갈렸다. 등마루도당에서 염창동도당까지는 도보로 20여분 걸릴 정도로 동일 권역이다. 과거에는 모두 양천현에 속한 자연 마을이었다.

등마루도당에서 먼저 도당굿을 행한 후 증미도당으로 옮겨 도당굿을 거행하고, 마지막으로 염창동도당으로 옮겨 도당굿을 거행한다. 등마루도당은 공항로에 인접한 야산 중턱에 있고 증미도당은 88도로에 인접한 야산 아래쪽에 있다. 두 마을의 도당은 모두 산을 끼고 있다. 염창동 도당은 야산이었겠지만, 지금은 아파트 단지로 개발되어 아파트 사이의 작은 공원에 있다. 이렇게 보면 세 마을의 도당은 모두 산을 중심으로 하고 있음을 알 수 있어 도당과 산신신앙과의 관련성을 도출할 수 있다.

그런데 도당굿의 거행 순서를 보게 되면 한강에서 먼 곳에서 점차 한강변으로 이동하고 있다. 등마루는 한강에서 2킬로미터 쯤 떨어진 마을로 과거에는 농업을 중심으로 했다. 동이 트기 전에 거행한 후 다시 증미로 옮기는데 증미도 역시 농업 중심의 마을이었다. 마지막으로 염창동도당으로 옮겨 도당굿을 거행하는데, 염창동은 동 이름에 나와

있듯이 소금창고가 있던 곳이다. 서해안에서 들어오던 소금배가 마포
나루에 소금을 부리기 전에 마지막으로 머물던 곳이 염창이었고, 이
마을 가운데 소금을 쌓아두는 창고가 있었다. 염창동은 등마루나 증미
와 달리 상업이 중심이 되던 곳이다. 세 마을이 비록 동일권역이지만,
먼저 한강에서 떨어진 마을에서 마을굿을 거행하고 다시 한강변으로
이동한다는 것은 농업중심의 마을에서 상업중심의 마을로 무당들이
옮겨가면서 제의를 담당한다는 의미이다. 농업 중심의 마을에서 도당
굿을 거행한 후 상업 중심의 마을로 가는 것은, 도당굿이 경제적 기반
을 필요로 하기 때문이다. 그래서 세 마을 중 가장 성대하게 도당굿을
거행한 곳이 염창이고, 염창이 가장 큰 마을의 구실을 했다고 한다.

작은 마을에도 당주무당의 단골 신도들이 있었기 때문에 도당굿을
거절할 수는 없었을 것이다. 그렇다고 경제적 기반이 잘 잡혀진 염창을
홀대할 수는 더더욱 없다. 그래서 순차적으로 마을굿을 거행하면서 농
업 중심의 마을은 우선 도당굿을 거행하고 마을 사람들이 가장 많이
참석할 수 있는 오전 시간에 염창동에서 도당굿을 거행함으로써 경제
적인 대가를 얻을 수 있었다.

그렇다면 과연 염창에서는 굿이 성대하게 진행되었는가. 이는 현재
남아있는 염창동도당굿의 재차에서 도출하기는 매우 어렵다. 그런데
염창동 도당굿의 당주무당인 윤원금이 가지고 있는 다양한 무가 사설
에서 이러한 가능성을 도출할 수 있다.

윤원금 무녀가 보유하고 있는 무가 중 주목을 요하는 것은 〈황제풀
이〉이다. 〈황제풀이〉는 서울굿이 연행되는 지역에 전승되는 장편 무가
로 한 개인이 바라는 가장 이상적인 삶의 모습이 그려져있다. 이 〈황제
풀이〉는 성주굿을 크게 할 때 연행하는 무가이다. 한강의 수운에 대한

이야기가 상세하게 나타나 있어 서울의 발달한 풍모를 짐작할 수 있다. 〈황제풀이〉를 구송하기 위해서는 상당한 경비를 부담할 수 있는 재가집이 필요하다. 〈황제풀이〉가 전승되는 지역이라면 경제적 기반이 확고한 지역이라는 의미이고, 〈황제풀이〉를 구송하는 무속인은 경제적 기반을 가지고 있는 무속담당층을 바탕으로 한다는 의미이다.

염창도당굿의 당주무당인 윤원금이 〈황제풀이〉 무가에 대한 인식이 있고, 다양한 자료를 보유하고 있음에서 그녀가 주 활동무대로 삼고 있는 염창동 지역의 경제적 기반을 짐작하게 한다. 지명에 나타나 있는 소금창고가 염창 지역의 경제적 기반이 되었을 것으로 추론한다.

앞에서 굿거리의 짜임을 살펴보았듯이 서울 지역 마을굿의 일반적 흐름을 그대로 따르고 있음에서 염창 지역이 과거에는 경기지역이었겠지만, 서울과의 친연성이 그보다 높다는 의미로 보인다. 한강을 매개로 하여 지금의 동작나루, 마포나루와 상통하다보니, 굿거리의 절차를 서울굿에서 그대로 가져온 것이다. 동일한 한강변이지만, 마포나루나 동작나루와 관련성이 약한 당산동부군당굿에는 특이한 굿거리가 몇 있어 서울굿의 일반적 흐름과 차별화 되지만, 염창동도당굿은 독특한 거리가 없어 일반적인 서울굿의 흐름과 일치한다.

5. 맺음말 - 서울 한강변 마을신앙의 변화

이처럼 여러 마을에 전승되고 있는 서울 한강변의 부군당은 현재 변화의 기로에 서있다. 아직은 대부분의 마을에서 제의를 거행하고는 있지만 과거와는 사뭇 다른 양상이 발견된다[15].

먼저 제의 절차에 변화가 있다. 당산동부군당굿은 〈불사거리〉 연행에 변화가 있어 새로운 모습을 보여준다. 현재 진행되는 당산동부군당굿의 초반부 연행순서는 다음과 같다.

    (1) 주당물림
    (2) 부정청배
    (3) 가망청배
    (4) 가망굿
    (5) 부군 도당거리
    (6) 불사거리

〈가망청배〉후 〈가망굿〉이 연이어 연행되는 것은 당산동부군당굿의 특징적인 모습이다. 원래 당산동부군당굿의 재차는 지금과 조금 달라 〈불사거리〉를 먼저 하고 가망을 논 후 〈부군 도당거리〉를 연행했다고 한다. 우물에서 〈불사거리〉를 진행했는데, 당산동 일원의 개발로 우물이 사라지면서 〈불사거리〉가 빠지고 〈가망굿〉이 먼저 연행되었다고 한다. 마을의 개발로 인해 부군당에서 중요한 의미가 있는 우물이 사라지면서 굿거리에 변화가 왔다. 밤섬부군당굿에도 변화가 있다. 현재 밤섬부군당굿은 창전동 아파트 단지 안에 있다. 아파트 주민들은 아무도 부군당굿에 관심을 보이지 않고, 밤섬에 살다가 다른 곳으로 이주한 주민이 진행한다. 이러한 과정에서 〈유가돌기〉가 빠졌다. 실제로 〈유가돌기〉를 한다고 해도 당에서 10여 미터 내려오다가 돌아가 시늉만

---

15 이 부분은 홍태한, 『서울의 마을굿』, 민속원, 2009에서 논의한 내용을 일부 가져와 수정했다.

하고 있어 올바른 〈유가돌기〉는 아니다. 밤섬부군당굿이 과거에는 마을이라는 전승배경을 가지고 있었으나. 지금은 전승배경과 괴리됨으로써 이러한 변화가 발생했다. 행당동 아기씨당굿에서 텃대감을 진행할 때 마을을 돌며 텃대감을 놀리던 모습이, 마을의 변화에 따라 마을당 안에서만 노는 식으로 변화한 것도 재차의 변화이다. 반면 마을굿 재차 변화 중 새롭게 들어간 의례가 있다. 〈가망청배〉, 〈진적〉 후 진행하는 공개행사는 새롭게 들어간 의례로 마을굿의 기본 구조에는 어울리지 않는다. 보존회 총무 또는 지역 행정기관의 담당자가 진행하는 공개행사는 국민의례-내빈소개-보존회장 인사-내빈 축사 등으로 진행된다. 당주무당과 악사들이 진행하던 마을굿은 정지되고, 행정기관이 주도하는 행사로 변화했다. 이에 따라 한강과 관련이 있는 제의가 사라지게 되고, 용궁당에서 각별하게 행해지는 제의도 축소되거나 사라지고 있다.

다음으로는 마을신앙 담당 주체에도 변화가 있다. 마을 주민들이 모두 참가하는 마을신앙이 아니라, 관심있는 주민 몇 사람이 참여하는 마을신앙으로 변화했다. 특히 노인회, 향우회와 같은 조직이 마을신앙을 담당함으로써 친목을 도모하고 조직의 결속력을 강화하는 행사의 일환으로 바뀌기도 한다. 당인리부군당의경우에는 당집이 자리잡은 상수동 카페촌 주인들이 적극적으로 참여 의사를 밝혔으나, 보존회 차원에서 이를 거부하는 바람에 마을 전체로 마을신앙이 확산될 기회가 사라졌다[16].

---

16 당인동 사례는 매우 흥미있다. 카페 주인들과 마을주민들 사이에 접점이 필요해 보인다. 현재 당인동 부군당은 이전을 앞두고 있어 새롭게 정비될 예정이다. 다양한 마을

당주무당이 있어 주로 굿을 담당하던 마을신앙에서 당주무당이라는 사제가 사라진 것도 변화의 한 흐름이다. 경제적인 능력이 부족하여 당굿을 감당하지 못해 더 이상 당주무당의 존재 이유가 없어 마을제의의 중심 역할을 하던 당주무당이 사라진 것이다. 이에 따라 신당에 모신 신령의 뜻을 마을 주민들에게 전달하고, 마을 주민의 소원을 빌어주던 마을의 상징적인 제의가 사라졌다. 이러한 빈 자리를 채운 것이 행정기관이나 지역의 유지들이다. 앞에 기술한 것처럼, 공개행사가 끝나게 되면 모든 유지들이 썰물처럼 사라져 묘한 분위기의 마을굿판이 되는 사례가 많다. 마을 주민들은 과거에는 할 수 없었던 요구를 당주무당에게 하기도 한다. 보광동부군당은 음력 1월 1일에 당굿을 거행했다. 새벽에 당에 올라 부군인 김유신 장군에게 먼저 제사를 올린 후에야 각 가정에서 제사를 올렸다. 가정 제사가 끝나면 다시 당으로 올라와 종일 당굿에 참여하였다. 1월 1일이라는 날짜는 아무도 수정할 수 없는 신성한 날짜였다. 하지만 마을 주민들이 설날 아침부터 당에 올라오는 것이 불편하다고 하여 2016년부터 음력 10월 15일에 당굿을 거행하는 것으로 바뀌었다. 10월 15일을 잡은 것도 특별한 이유가 있는 것은 아니다. 10월 1일에 서울의 여러 곳에서 마을제의가 거행되므로 그날을 피하면서 상달인 10월 중 하루를 택한 것일 뿐이다.

이러한 변화를 한 마디로 정리한다면 '마을 공동체 제의가 아닌 일부만의 제의'가 될 것이고, 신앙의례로 마을 제의를 바라보기보다는 하나의 통과의례 내지는 행사로 마을제의를 바라보게 되었다고 할 수 있다. 그리고 이것은 마을신당이 자리한 지리적 위치를 망각하는 결과를 초

주민들의 참여가 예상된다.

래한다. 마을 신당에 올라가는 것은 예삿일이 아니었다. 정해진 날짜에만 당에 오를 수 있었고, 엄숙하게 제의를 거행함으로써 마을이라는 공동체성을 느낄 수 있었다. 부군당이 자리한 곳의 위치를 새삼 느끼면서, 자신이 살고 있는 마을의 존재를 알았다. 그러한 과정에서 한강이 삶의 터전임도 느꼈다.

이러한 과정에서 그들은 자신들이 살고 있는 마을과 한강이 어떤 관련성을 가지고 있는지를 여러 이야기를 통해 새삼 느끼기도 했다. 보광동부군당이 김유신 장군을 부군신령으로 모신 것은, 과거 김유신 장군이 보광동 바로 앞의 한강을 건너왔기 때문이라는 짧은 당 유래담은 마을제의를 통해 해마다 반복적으로재현되었다. 이성계가 한강변에 자주 유람을 나왔는데 청암동 부근의 한강 경치가 가장 좋아 자주 나왔고 그래서 청암동에는 부군당 옆에 이성계 만을 따로 모신 영당을 세웠다는 유래담도 지속될 수 있었다. 마포 일대에 자리한 부군당 제의를 거행하면서 마을 주민들은 부군당과 불당의 관계를 떠올리면서 한강이 가진 화재 예방의 의미도 다시금 깨달았을 것이다.

하지만 지금은 이러한 인식이 점차 사라지고 있다. 마을 신당에 올라가는 이도 적을뿐더러 관심을 가진 이들도 줄다보니, 마을에 부군당이 있는 것을 알지 못하는 이들이 증가한다. 이것은 결국 자신들의 삶의 터전이 한강과 밀접한 관련이 있다는 것을 잊는 것이다.

한강변에 여럿 위치한 부군당은 마을신앙으로 존재했지만, 아울러 한강에 대한 민속적 인식이 반영되어 있었다. 마을신앙이 사라지고 변화한다는 것은 결국 자신이 살고 있는 마을에 대한 인식이 약화된다는 의미이고, 이것은 작게나마 가지고 있던 한강에 대한 민속적 인식이 사라지고 있다는 의미이다. 〈황제풀이〉 무가를 들으면서 태백산에서 한강까지 내려오는 여정을 떠올렸던 기억은 이제 더 이상 존재하지 않을 것이다. 한강은 서울 중심을 관통하는 국가 하천일 뿐이고, 여가와 휴식의 장소는 될 수 있지만 소중한 삶의 터전이었고, 마을신앙의 배경이었음을 잊는 것이다.

이상에서 서울 한강변 부군당 신앙의 몇 가지 의미를 살폈다. 현재 부군당이 어떻게 전승되고 있는지를 살폈고, 봉안된 무신도를 바탕으로 부군당신앙의 목적도 살폈다. 부군당을 중심으로 한 서울의 마을신앙이 한강과 어떤 관련성을 가지고 있는지는 단편적으로 살폈다. 급격하게 일어나고 있는 마을신앙의 변화상을 바탕으로 하여 민속에서도 한강이 점차 사라지고 있음을 제시했다.

〈황제풀이〉 무가에 '허릿간에 화장아이 이밥 짓어 서른세 명 허참하고 조밥지어 어부슴하고'라는 구절이 있다. 어부슴은 흔히 '어부심'으로 알려진 것으로 한강 전역에서 발견되는 민속신앙의 하나이다. 〈황제풀이〉무가에까지 등장할 정도니 어부슴은 한강의 보편적인 민속신앙이었다는 의미이다. 금강이나, 영산강 등지의 포구나 마을에서는 '용왕제'가 여럿 발견되는데 한강의 어부심이 이에 비견할 만한 민속신앙이다. 하지만 어부심을 아는 이는 이제 거의 없다. 육상교통이 발달하면서 한강을 이용하던 수운은 막혔고, 여기에 4대강 개발로 인해 물길이 막히면서 강은 죽은 강이 되었다. 물은 흘러야 생명이 되고, 사람들은 그 물에서 고기를 잡고, 배를 타면서 생활을 영위할 때 강은 우리 삶의 일부가 되는 법인데, 이제 물은 죽었고, 강은 우리 삶에서 멀리 떠났다. 그러한 흐름을 부군당을 중심으로 한 서울의 마을신앙이 보여주고 있는 것이다.

참고문헌

권선경, 「서울 마을굿의 계열과 의미 구조」, 고려대학교 박사논문, 서울, 고려대학교 대학원, 2011, 1~192쪽.

김선풍 외, 『우이동 삼각산도당제』, 서울, 삼각산도당제전승보존회, 2006, 1~396쪽.

김태우, 『한강 유역 부군당 의례의 전승과 변화 양상』, 서울, 민속원, 2017, 1~294쪽.

마포나루굿보존회, 『마포나루굿』, 서울, 마포문화원, 2006, 1~333쪽.

박흥주, 『서울의 마을굿』, 서울, 서문당, 2001, 1~269쪽.

샤마니즘학회, 『마포부군당도당굿 연구』, 서울, 문덕사, 1999, 1~264쪽.

양종승, 『서울 이태원부군당굿』, 서울, 민속원, 2007, 1~227쪽.

오문선, 「서울 부군당제 연구」, 한국학중앙연구원 박사논문, 성남, 한국학중앙연구원, 2009, 1~193쪽.

오문선·홍태한, 『한강변의 마을 신앙(e-book)』, 서울, 서울역사박물관, 2006, 1~237쪽.

이능화 지음, 서영대 역주, 『조선무속고』, 서울, 창비, 2008, 324~325쪽.

이재곤, 『서울의 민간신앙』, 서울, 백산출판사, 1996, 1~352쪽.

임동권, 『서울민속대관1-민간신앙편』, 서울, 서울특별시, 1990, 1~364쪽.

최종민 외, 『강남 역말도당제』, 서울, (사)역말전통문화보전회, 2012, 1~421쪽.

하효길 외, 『봉화산도당굿』, 서울, 수서원, 2001, 1~271쪽.

홍태한 외, 『구리시 갈매동도당굿』, 서울, 민속원, 2010, 1~280쪽.

_____, 「서울 전농동부군당의 향방」, 『서울민속학3』, 서울, 서울민속학회, 2017, 113~133쪽.

_____, 『남이장군사당제』, 서울, 서울특별시청, 2019, 1~252쪽.

_____, 『서울 마을굿의 현장』, 서울, 민속원, 2014, 1~271쪽.

_____, 『서울굿의 다양성과 변화』, 서울, 민속원, 2018, 338쪽.

_____, 『서울의 마을굿』, 서울, 민속원, 2009, 1~183쪽.

中原의 등장과 변천

홍성화

1. 머리말

忠州를 중심으로 한 中原 지역은 예로부터 역사, 지리적으로 남북 교통의 요충지였으며 역사, 문화적으로 문물경로의 선진지역으로서 역사, 문화적 자산이 풍부한 곳이다. 또한 남한강 줄기를 따라 한강 하류와 연결되는 지역이면서 계립령과 죽령을 통해 영남 지역과 연결되는 국토의 중심부에 해당되는 곳이었기 때문에 오래 전부터 주요한 거점 중에 하나로 내륙 경제의 중심지 역할을 했던 곳이다.

따라서 中原 지역은 선사시대부터 삼국, 고려, 조선시대에 이르기까지 충주 지역의 역사적 전통 위에 다양한 문화를 꽃피울 수밖에 없었다.

中原文化라 일컫는 충주 지역의 문화도 다른 지역과 달리 국토의 중심으로서 복합, 융합적인 문화가 형성되어 中原意識이라고 하는 자부심 아래에 역사, 문화적 전통을 이어왔다고 해도 과언이 아니다.

그럼에도 불구하고 中原이 함축하고 있는 의미로 인해 종종 中原의 명칭이 제대로 이해되지 못한 경우가 있다. 예를 들어 2014년 발굴된 기원전 2세기경 호암지구 積石木棺墓의 주인공에 대한 충주시의 명칭

공모에 있어서 이들 정치 세력을 '중원왕'으로 명명하는 상황에 이르러서는[1] 중원이라는 용어 사용에 대한 문제, 즉 역사적으로 중원의 명칭에 대한 이해가 선행되어야 할 필요가 있다.

결국 중원 지역과 관련해서는 중원이라는 명칭과 그 의미에 대한 정리가 필수적이며 이를 바탕으로 중원문화의 기반이 된 중원의 역사적 전통과 중원의식도 올바르게 계승 발전시킬 필요가 있다고 판단된다.

중국의 경우 中原은 변경에 대한 중앙을 의미함과 동시에 주변 오랑캐에 대한 문명인을 가리키며 天子가 도읍한 지역의 의미로서 사용되었다.[2]

따라서 본 논문에서는 충주 지방의 역사적 배경 위에 성립되었던 중원이라는 명칭을 중심으로 중원이 어느 시기에 등장했으며 또 어떻게 사용되면서 변천되었는지 역사적 사료를 통해 고찰해보고자 한다.

2. 中原 명칭의 등장

1) 國原의 명칭

우선 중원의 명칭과 관련해서는 『三國史記』지리지의 기록을 살펴볼 필요가 있다.

---

1 충청일보, 「충주호암유적 王名은 '중원왕'」, 2015. 8.17.
2 邊太燮, 「中原文化의 歷史的 背景」, 『美術史學研究』160, 1983.

㈀『三國史記』卷第35 雜志 第4 地理2 漢州

    中原京 本高句麗 **國原城** 新羅平之 眞興王置小京 文武王時築城 周二千五百九十二步 景德王改爲**中原京** 今忠州.

㈀에 의하면 통일신라의 경덕왕 때 충주가 中原京으로 개칭된 것으로 기록되어 있다. 통일신라시대의 지방제도가 완비가 된 것이 경덕왕 16년(757)이기 때문에[3] 이때 中原京으로 명명되었던 것으로 보인다.

그렇다면 中原의 명칭은 경덕왕 때부터 사용되었던 것일까?

일단 ㈀에서는 中原京의 전신으로 고구려 때의 國原城이 나온다.

삼국시대에 가장 먼저 충주에 진출한 나라는 백제로 알려져 있으며 장미산성,[4] 탄금대토성,[5] 탄금대 제철유적,[6] 탑평리[7] 등에서 그 실체를 확인할 수 있다.

하지만, 기록상 백제 때의 명칭이 나타나있지는 않다. 다만,『三國史記』문무왕 13년의 기록에 國原城의 분주로 古薍長城이라는 기록이 있기 때문에 백제 때 薍長城으로 부르지 않았을까 추정될 뿐이다.

國原城이라는 명칭에서 國原은 '나라의 벌판'이라는 의미로 해석될

---

3 『三國史記』卷第9 新羅本紀 第9 景德王16年.
    冬十二月 改沙伐州爲尙州 領州一 郡十 縣三十 歃良州爲良州 領州一 小京一 郡十二 縣三十四 菁州爲康州 領州一 郡十一 縣二十七 漢山州爲漢州 領州一 小京一 郡二十七 縣四十六 首若州爲朔州 領州一 小京一 郡十一 縣二十七 熊川州爲熊州 領州一 小京一 郡十三 縣二十九 河西州爲 溟州領州一 郡九 縣二十五 完山州爲全州 領州一 小京一 郡十 縣三十一 武珍州爲武州 領州一 郡十四 縣四十四(良州一 作梁州).

4 이규근,「장미산성 축조에 관한 검토」,『중원문화재연구』2, 2008.

5 재)중원문화재연구원,『忠州 彈琴臺 土城』Ⅰ, 2009.

6 재)중원문화재연구원,『忠州 彈琴臺 製鐵遺蹟』, 2008.

7 국립중원문화재연구소,『忠州 塔坪里 遺蹟 발굴조사보고서』, 2013.

수 있다. 때문에 이는 당시 고구려의 수도였던 국내성에 다음 가는 副都라는 의미에서 나라의 중심이라는 뜻이 함축되어 있는 것으로 볼 수 있을 것이다.[8]

충주에 高句麗碑가 설치되었던 것을 참고하면 국원성은 고구려가 남진의 거점으로 충주에 설치한 것으로 판단된다.

충주 고구려비에서 고구려가 守事를 파견하여 관할하였다고 하는 古牟婁城[9]이 廣開土王碑에서 백제에게서 취한 58성에도 보이고 新來韓穢에 속해 있는 것으로 보인다. 이러한 점으로 보더라도 고구려는 광개토왕대에도 충주의 남한강 상류와 멀지 않은 지역까지 그 세력을 뻗치고 있었던 것으로 추정된다.[10]

고구려가 백제와 상쟁하였던 남쪽 접점 지역을 확인하기 위해서『三國史記』地理志를 살펴보면, 소백산맥 이남에 있는 경북 봉화(古斯馬縣), 영주 순흥(及伐山郡), 영주 부석(伊伐支縣), 안동 도산, 임하(買谷縣, 屈火縣), 청송(靑已縣, 助攬郡, 伊火兮縣), 영덕(也尸忽郡, 于尸郡), 포항 청하(阿兮縣) 지역 등이 본래는 고구려의 땅이었다는 것을 발견할 수 있다.

물론 이들 지역이 언제 고구려 땅이 되었는지에 대해서는 異論이 있을 수 있지만, 廣開土王碑文에서 永樂 10년 고구려가 신라를 구원하기 위해 남하를 해서 倭를 任那加羅까지 추적했다는 기록을 통해[11] 5세

---

8 金顯吉,『中原의 地名考』, 修書院, 2014, 232쪽.

9 古牟婁城에 대해서는 충남 덕산설(酒井改藏,「好太王碑面의 地名について」,『朝鮮學報』8, 1955)과 충북 음성(손영종,「중원 고구려비에 대하여」,『력사과학』85-2, 1985)에 비정하는 설이 있지만, 충주 고구려비에도 등장할 뿐만 아니라 광개토왕비에도 新來韓穢의 소속으로 되어 있기 때문에 충주 인근의 남한강 상류 지역으로 추정된다.

10 이도학,「永樂6년 廣開土王의 南征과 國原城」,『韓國史學論叢(孫寶基博士停年紀念)』, 1988.

기초에 고구려가 동남부 방면까지 내려왔다는 것을 알 수 있다. 때문에 당시 고구려군이 내려왔던 루트는 소백산맥을 넘어 동남부 방면이었던 것으로 판단되며 이렇게 소백산맥 이남으로 내려가는 고구려의 거점으로서 5세기경 國原城이 설치되었던 것으로 추측된다.

이러한 상황에서 5세기 후반 백제는 신라와 화친관계를 맺는 등[12] 고구려의 남하를 저지하기 위해 신라와 협력하게 된다. 결국 성왕 때 이르러 백제는 한강의 하류 지역을 장악하고 신라는 진흥왕 12년(551) 죽령 이북의 땅을 차지하게 된다.[13]

이후 553년 7월에 신라가 백제의 동북쪽 변방을 빼앗아 新州를 설치하고 김무력을 군주로 삼았다는 기록[14]과 『日本書紀』에 백제가 한성과 평양을 포기했다는 기록[15]으로 당시 신라가 백제로부터 한강의 하류 지역을 차지했던 것을 알 수 있다.

이러한 상황 속에서 신라에 의해 國原에 小京이 설치되어 신라 귀족

---

11 廣開土王碑文.
十年庚子 敎遣步騎五萬往救新羅. 從男居城至新羅城 倭滿其中 官軍方至 倭賊退. □□背急追至任那加羅從拔城 城卽歸服
12 『三國史記』卷第26 百濟本紀 第4 東城王 15年.
春三月 王遣使新羅請婚 羅王以伊湌比智女 歸之
『三國史記』卷第3 新羅本紀 第3 炤知麻立干 15年.
春三月 百濟王牟大遣使請婚 王以伊伐湌比智女 送之
13 『三國史記』卷第44 列傳 第4居柒夫.
十二年辛未 王命居柒夫 及仇珍大角湌 比台角湌 耽知迊湌 非西迊湌 奴夫波珍湌 四力夫波珍湌 比次夫大阿湌 未珍夫阿湌等 八將軍 與百濟侵高句麗 百濟人先攻破平壤 居柒夫等乘勝取 竹嶺以外高峴以內十郡
14 『三國史記』卷第4 新羅本紀 第4 眞興王14年.
秋七月 取百濟東北鄙 置新州 以阿湌武力爲軍主
15 『日本書紀』卷第19 欽明 13年.
是歲 百濟棄漢城與平壤 新羅因此入居漢城 今新羅之牛頭方·尼彌方也【地名未詳】

의 자제와 6부의 주민을 옮기는 기록이 『三國史記』에 남아 있다.

> (ㄴ) 『三國史記』 卷第4 新羅本紀 第4 眞興王 18年(557)
> 以**國原**爲小京 廢沙伐州 置甘文州 以沙飡起宗爲軍主 廢新州 置北漢山州.

> (ㄷ) 『三國史記』 卷第4 新羅本紀 第4 眞興王 19年(558)
> 春二月 徒貴戚子弟及六部豪民 以實**國原**

신라에 최초로 소경이 설치된 것은 지증왕 15년(514)이고 阿尸村에 小京을 둔 바 있다.[16] 물론 이후 阿尸村小京에 대한 기록이 전하지 않아 이에 대한 구체적인 상황을 파악할 수는 없지만, 國原 지역에 소경을 설치함에 따라 이때 阿尸村小京도 폐지되었을 것으로 추정된다.[17]

일단 국원 지역에 소경을 설치한 목적에 대해서는 전략적인 중요성에 따라 신라의 북진정책의 전진기지로서의 의미가 컸을 것으로 생각되며[18] 새로운 점령지에 신라의 정치, 사회, 문화를 이식하기 위해 소경을 설치하여 왕경에 사는 귀족의 자제와 6부의 주민을 소경에 이주시켰던 것으로 생각된다.[19]

특히 국원에는 소경이 설치되기 이전부터 우륵을 비롯한 가야계 주

---

16 『三國史記』 卷第4 新羅本紀 第4 智證麻立干15年.
  春正月 置小京於阿尸村 秋九月 徒六部及南地人戶充實之

17 張俊植, 『新羅中原京研究』, 학연문화사, 1998, 124쪽; 全德在, 「新羅 소경의 설치와 그 기능」, 『진단학보』 93, 2002, 32쪽.

18 양기석, 「신라 五小京의 설치와 西原京」, 『湖西文化研究』 11, 1993.

19 李仁哲, 「新羅 中古期의 地方統治體系」, 『韓國學報』, 1989.

민들이 집단으로 이주하고 있었다.[20] 이에 가야의 귀족과 관련하여 이미 국원에 안치된 대가야의 망명자에 대한 우대책도 고려되었을 것으로 보인다.[21]

이처럼 왕경의 귀족 자제를 옮겨 살게 하였고 특히 가야계 문화인의 이주를 통해 국원은 제2의 왕도로서 뿐만 아니라 문화의 중심지로서의 기능을 하게 되었다고 생각된다.

2) 中原의 성립

신라가 삼국을 통일했던 문무왕 이후 신문왕대에 걸쳐 소경의 설치에 관한 다음과 같은 기사가 『三國史記』에 보인다.

　　㈃ 『三國史記』 卷第7 新羅本記 第7 文武王 18年(678)
　　　　春正月 置北原小京 以大阿飡吳起守之

　　㈄ 『三國史記』 卷第7 新羅本記 第7 文武王 20年(680)
　　　　加耶郡置金官小京

　　㈅ 『三國史記』 卷第8 新羅本紀 第8 神文王 5年(685)
　　　　三月 置西原小京 以阿飡元泰爲仕臣 置南原小京 徙諸州郡民戶分居之

---

20 『三國史記』 卷第32 雜志 第1 樂 加耶琴.
　　羅古記云 加耶國嘉實王見唐之樂器而造之 王以謂諸國方言各異聲音 豈可一哉 乃命樂
　　師省熱縣人于勒造十二曲 後于勒以其國將亂 携樂器投新羅眞興王 王受之安置國原 乃
　　遣大奈麻注知−階古 大舍萬德傳其業
21 田中俊明, 「中原小京の諸問題−特に中原小京の意義」, 『先史와 古代』 34, 2011, 242~
　　243쪽.

㈜~(ㅂ)의 기사를 통해 신라가 통일 이후인 678년부터 685년까지 원주에 북원소경을, 김해에 금관소경을, 청주에 서원소경을, 남원에 남원소경을 차례로 설치했다는 사실을 알 수 있다.

국원소경의 경우 (ㄱ)에서 보는 바와 같이 『三國史記』 지리지에는 경덕왕대에 중원경으로 개칭된 것으로 기록하고 있지만, 북원소경, 서원소경, 남원소경과 같이 방위에 따르는 명칭이 붙여지게 된 것은 그 중심인 중원을 전제로 했을 경우에 가능한 것이다.[22]

중원이란 '중심 고을'이라는 의미로 해석될 수 있기 때문에 국토의 중심이라는 뜻과 아울러 중심이 되는 소경으로서 5소경 중에 수위의 위치를 점하고 있다는 것을 함축적으로 나타내주고 있다. 따라서 중원을 중심으로 동서남북에 소경을 설치했던 것으로 보는 것이 타당할 것이다.

신문왕 때에 사망했던 強首에 대해서 그가 中原京 沙梁人이었다는 기록을 통해서도[23] 신문왕대에 중원의 명칭이 존재했던 것으로 판단할 수 있을 것이다.[24]

따라서 이러한 기록을 근거로 한다면 국원에서 중원으로의 개칭 즉, 국원소경에서 중원소경으로의 개칭도 문무왕대와 신문왕대에 걸쳐 이루어졌을 가능성이 매우 크다.

소경과 관련한 성의 축조 기사를 보면 신문왕대에 서원경성과 남원성이 축조되는 기록이 보이는 반면에 문무왕대에 국원성이 축성되는 기록이 보인다.

---

22 全德在, 앞의 논문, 34~35쪽.
23 『三國史記』 卷第46 列傳 第6 強首.
   中原京沙梁人也
24 田中俊明, 앞의 논문.

(ㅅ)『三國史記』卷第7 新羅本紀 第7 文武王 13年

九月 築**國原城**【古亂長城】

(ㅇ)『三國史記』卷第8 新羅本紀 第8 神文王 9年

秋閏九月二十六日 築西原京城

(ㅈ)『三國史記』卷第8 新羅本紀 第8 神文王 11年

築南原城

이처럼 문무왕 13년(673)에 국원성이 축성되는 기록을 통해 아직 나당 전쟁 중에는 국원으로 칭했다는 것을 알 수 있다. 때문에 나당전쟁이 끝난 이후에 국원이 중원으로 바뀌었을 것으로 추측된다.

따라서 국원소경에서 중원소경으로의 개칭은 문무왕 말엽에서 신문왕대에 걸쳐 이루어졌던 것으로 판단되며 이를 통해 (ㄱ)의 기사는 경덕왕 때 처음으로 중원경이라는 명칭이 사용되었던 것을 보여주는 것이 아니라 중원소경이 중원경으로 개칭되었던 사실로 판단하는 것이 타당할 것이다.

3. 中原 명칭의 변천

1) 中原과 國原

통일신라 시기 국원이 중원이라는 명칭으로 개칭된 이후『三國史記』에는 충주를 지칭하는 기록으로 다음과 같은 기사가 보인다.

㉛ 『三國史記』卷第10 新羅本記 第10 憲德王14年

三月 熊川州都督憲昌 以父周元不得爲王 反叛 國號長安 建元慶雲元
年 脅武珍 完山 菁州 沙伐四州都督 **國原** 西原 金官仕臣及諸郡縣守
令 以爲己屬

㉠ 『三國史記』卷第12 新羅本記 第12 孝恭王 3年

秋七月 北原賊帥梁吉 忌弓裔貳己 與**國原**等十餘城主 謨攻之 進軍於
非惱城下 梁吉兵潰走

㉡ 『三國史記』卷第12 新羅本記 第12 孝恭王 4年

冬十月 **國原** 菁州 槐壤賊帥淸吉莘萱等 擧城投於弓裔.

㉤ 『三國史記』卷第50 列傳 第10 弓裔

善宗謂松岳郡漢北名郡 山水奇秀 遂定以爲都 擊破孔巖-黔浦-穴口
等城 時梁吉猶在北原 取**國原**等三十餘城有之 聞善宗地廣民衆大怒
欲以三十餘城勁兵襲之 善宗潛認 先擊大敗之

㉥ 『三國史記』卷第44 列傳 第4 金陽

興德王三年 爲固城郡大武 尋拜**中原**大尹

㉛은 헌덕왕 14년 김헌창의 난으로 국원 지역이 흡수되었다는 기록
이며 ㉠~㉤의 기사는 궁예와 양길의 세력 다툼의 와중에 국원을 점유
하였다는 내용이다.

그런데 이들의 기사에서는 국원이라는 표현이 주목된다. 특히 신라
하대에 나타나는 『三國史記』의 용례 중에는 ㉥의 사례만이 중원으로
쓰이고 이를 제외한 나머지는 국원으로 칭하고 있는 것을 특징으로
하고 있다.

신라의 통일 이후에 국원경은 북원, 서원, 남원, 금관과 함께 5소경 중에 하나를 이루게 되었다. 이에 따라 동서남북의 중심임을 나타내는 중원으로 개칭하게 되었지만, 이후에도 『三國史記』의 기록에는 국원으로 사용되었던 기록이 다수 보인다.

이는 중원경이 통일 후 5소경 중에서도 중원의 칭호를 가짐으로써 수위의 위치를 계속 지니고 있었지만, 일단 중원이라는 의미는 과거 제2의 왕도를 의미하는 국원에서 5소경의 하나로 격하된 것으로 볼 수 있다.

따라서 통일 이후 『三國史記』의 기록에서 중원보다 국원으로 표기되고 있는 것이 다수 산견되고 있는 데에는 국원경이 제2의 왕도의 의미를 지닌 전통적인 칭호인 까닭에 다른 지역과 구별하기 위한 이유인 것으로 판단된다.[25]

2) 中原에서 忠州로

고려시대에 들어와 중원 명칭의 변천을 살펴볼 수 있는 것으로 『高麗史』지리지의 다음과 같은 기록이 있다.

> ㈎ 『高麗史』 卷56 志 卷第10 地理1
> 忠州牧本高句麗國原城【一云未乙省 一云亂長城】新羅取之 眞興王 置小京 景德王 改爲中原京. 太祖二十三年 又改爲忠州. 成宗二年 初 置十二牧 州其一也. 十四年 置十二州節度使 號昌化軍 稱中原道. 顯 宗三年 廢爲安撫使. 九年 定爲牧, 爲八牧之一. 高宗四十一年 陞爲

---

25 邊太燮, 앞의 논문; 金顯吉, 앞의 책, 241쪽.

國原京. 有楊津溟所 楊津衍所. 別號大原【成廟所定】 又號藥城【高宗
四十二年 以多仁鐵所人 禦蒙兵有功 陞所爲翼安縣.】屬郡一 縣五 領
知事郡一.

㉮의 기사에서 보듯이 고려 태조 23년에 중원의 명칭이 충주로 개칭
되면서 충주라는 명칭이 처음 등장하고 있다. 忠州라는 명칭도 忠을
破字하면 '中心'이되므로 '中心 고을'을 뜻하는 것으로서 중원과 같은
의미를 지니고 있다고 할 수 있다.

이후 고려시대에는 성종 2년(983) 전국에 12목을 설치할 때에 충주에
牧을 두었으며 충주라는 이름으로 지속되었다.

다만 성종 14년(995)에 전국을 10도로 정하였을 때 中原道라 이름하
였다는 기록이 보인다. 중원도는 지금의 충주와 청주를 비롯하여 剛州
(진천), 歡州(천안) 등 13주 42현을 관장하였다.[26]

또한 고종 41년(1254)에는 충주가 國原京으로 승격되기도 하였다. 이
는 1253년에 있었던 충주산성의 전투에서 김윤후 이하 충주민들이 70
여 일만에 몽골을 퇴각시켰던 사실이 있었고 따라서 이에 대한 공헌으
로 국원경으로 승격되었던 것으로 보인다.

그런데 충주로 개칭하기 이전에 中原府라는 명칭이 보이는 것이 주
목된다.

㉯『高麗史』卷92 列傳 卷第5 諸臣 庾黔弼
十一年 以王命 城湯井郡 時百濟將金萱·哀式·漢丈等 領三千餘衆,

---

26 金顯吉, 앞의 책, 242쪽.

來侵靑州. 一日 黔弼登郡南山 坐睡 夢一大人言 明日 西原必有變 宜
速往. 黔弼驚覺 徑趣靑州 與戰敗之 追至禿歧鎭 殺獲三百餘人. 馳詣
中原府 見太祖 具奏戰狀. 太祖曰 桐藪之戰 崇謙·金樂二名將死 深
爲國家憂 今聞卿言 朕意稍安.

(나)는 태조 11년 유금필이 후백제에 대항하여 청주 지역을 평정하고
中原府에 이르러 태조를 만나 전투의 상황을 자세하게 보고하였다는
기록이다.

이외에도 태조 26년(943)에 세운 淨土寺 法鏡大師 慈鐙塔碑文과 현
종 8년(1017)에 세운 淨土寺 弘法國師 實相塔碑文에 中原府라는 명칭이
보인다.

(다) 法鏡大師慈鐙之塔碑銘
  有晉高麗**中原府**故開天山淨土寺

(라) 開天山淨土寺故國師弘法大禪師之碑
  大宋高麗國**中原府**開天山淨土寺圓光遍炤弘法大禪師

그렇다면 中原府라는 명칭은 언제부터 생긴 것일까?
鳳林寺 眞鏡大師塔碑文과 太子寺 郎空大師 白月栖雲塔碑文에는 金
海府라는 표현이 등장한다.[27]

---

27 鳳林寺 眞鏡大師塔碑文
  輿改號鳳林重開禪宇先是知金海府進禮城諸軍事明義將軍金仁匡
  太子寺 郎空大師 白月栖雲塔碑文
  至金海府蘇公忠子知府及弟律熙領軍

또한 경문왕 10년(870)에 작성한 寶林寺北塔誌에도 西原部라는 표현이 보이는데[28] 이는 西原府를 가리키는 것으로 추정된다.

따라서 이를 근거로 하면 통일신라 말엽에 5소경을 府로 재편하였던 것으로 판단되며[29] 이와 비슷한 시기에 中原府로 개칭된 것이 아닐까 싶다.

앞서 ㉠의 기사에서 보이듯이 흥덕왕대에 金陽이 中原大尹을 역임했다는 사실을 근거로 하여 中原府로 재편된 시기를 흥덕왕대로 추정하는 견해도 있다.[30]

이밖에 충주를 나타내는 명칭으로 中州라는 표현도 나타나고 있다.

㈐ 獅子頻迅寺址四獅子九層石塔銘

佛弟子高麗國中州月岳 / 師子頻迅寺棟梁奉爲 / 代代聖王恒居萬歲 天下大平 / 法輪常傳此界他方 / 永消怨敵後愚生婆娑 / 旣知花藏迷 生卽悟正覺 / 敬造九層石塔一坐永充供養 / 太平二年四月日謹記

㈑ 法鏡大師慈鐙之塔碑銘

上事佛精勤深求親近仍于中州淨土蘭若請以住持

이처럼 中州라는 명칭은 충주로 인식되어 가는 과도기적인 표현으로 이 또한 중원이라는 인식을 함축하고 있는 것으로 볼 수 있을 것이다.

---

28 寶林寺北塔誌
   西原部小尹奈末金遂宗聞奏奉勅伯士及干珎鈕
29 全德在, 앞의 논문, 50~51쪽.
30 배종도, 「신라하대의 지방제도 개편에 보이는 고찰」, 『학림』 11, 1989.; 尹京鎭, 「고려 군현제의 구조와 운영」, 서울대박사학위논문, 2000, 57~58쪽.

나말 여초에 중원부가 되고, 고려시대에는 중원도와 중주라는 기록이 보이면서 국토의 중심이라는 중원의 의미는 지속되었다.

신라의 통일 이후 5소경의 하나로 중원이라는 명칭을 칭하게 되었지만, 중원이라는 명칭에는 다른 지역과 구별되는 중심지라는 자부심의 표현을 보여주고 있는 것으로 판단된다.

그러다가 중원이라는 표현은 고려 성종 때 중원도로 불린 이후 조선시대에도 공식 명칭으로 나타나지 않고 있다.

4. 맺음말

이상과 같이 살펴본 결과 中原이라는 명칭은 통일신라기 문무왕 말엽에서 신문왕대에 걸쳐 5소경 체제가 성립되면서 등장했던 명칭으로 판단된다.

이때에 국원경에서 중원소경으로 개칭되었던 것으로 보이기 때문에 『三國史記』 지리지에서 경덕왕 때 보이는 중원경이라는 명칭은 중원소경이 중원경으로 개칭되었던 사실을 기록한 것으로 보인다.

이후 중원이라는 표현은 나말여초에 중원부라는 명칭에서 나타나고 고려시대에 중원도와 중주라는 명칭으로 등장하기도 한다.

중원이라는 표현은 성종 때 중원도로 불린 이후 조선시대에도 공식 명칭으로는 나타나지 않는다.

그러다가 대한민국 정부 수립 이후 지방자치가 실시되면서 1956년 충주읍이 충주시로 승격되었고 이때 살미, 이류, 주덕, 신니, 노은, 앙성, 가금, 금가, 동량, 산척, 엄정, 소태의 12개면이 중원군으로 개칭되면서 중원이라는 옛 명칭이 부활되었다.

1963년 괴산군의 상모면이 중원군에 편입되어 중원군은 13개면으로 늘어나기도 했지만, 이후 1995년 시군 통폐합에 따라 충주시와 중원군이 충주시로 통합되면서 현재 중원이라는 명칭은 사용되지 않고 있다.

그럼에도 불구하고 문화권역별로는 충주 지역을 중심으로 중원문화권을 형성하고 있어서 국토의 중심이라고 하는 中原意識이라고 하는 자부심 아래 면면이 역사, 문화적 전통을 이어나가고 있다.

참고문헌

『高麗史』.
『三國史記』.
『日本書紀』.
開天山淨土寺故國師弘法大禪師之碑.
廣開土王碑文.
法鏡大師慈鐙之塔碑銘.
寶林寺北塔誌.
鳳林寺 眞鏡大師塔碑文.
獅子頻迅寺址四獅子九層石塔銘.
忠州高句麗碑文.
太子寺 郎空大師 白月栖雲塔碑文.

국립중원문화재연구소, 『忠州 塔坪里 遺蹟 발굴조사보고서』, 2013.
金顯吉, 『中原의 地名考』, 修書院, 2014.
배종도, 「신라하대의 지방제도 개편에 보이는 고찰」, 『학림』 11, 1989.

邊太燮, 「中原文化의 歷史的 背景」, 『美術史學硏究』 160, 1983.

손영종, 「중원 고구려비에 대하여」, 『력사과학』 85-2, 1985.

양기석, 「신라 五小京의 설치와 西原京」, 『湖西文化硏究』 11, 1993.

尹京鎭, 「고려 군현제의 구조와 운영」, 서울대박사학위논문, 2000.

이규근, 「장미산성 축조에 관한 검토」, 『중원문화재연구』 2, 2008.

이도학, 「永樂6년 廣開土王의 南征과 國原城」, 『韓國史學論叢(孫寶基博士停年紀念)』, 1988.

李仁哲, 「新羅 中古期의 地方統治體系」, 『韓國學報』, 1989.

張俊植, 『新羅中原京硏究』, 학연문화사, 1998.

재)중원문화재연구원, 『忠州 彈琴臺 製鐵遺蹟』, 2008.

_____, 『忠州 彈琴臺 土城』 I, 2009.

全德在, 「新羅 소경의 설치와 그 기능」, 『진단학보』 93, 2002.

田中俊明, 「中原小京の諸問題-特に中原小京の意義」, 『先史와 古代』 34, 2011.

酒井改藏, 「好太王碑面の地名について」, 『朝鮮學報』 8, 1955.

충청일보, 「충주호암유적 王名은 '중원왕'」, 2015.8.17.

제2부

중국편

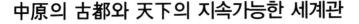

中原의 古都와 天下의 지속가능한 세계관

天圓地方의 창조적 상상력

김연재

1. 문제의식의 실타래

인간의 삶과 관련하여 어느 지역(사회 혹은 문화)이든지 간에 외부의
지역과 독립되거나 단절된 것과 같은 단순화된 형태 혹은 양상을 띠는
경우는 찾아보기가 어렵다. 특정의 지역은 외부의 지역과의 교류 속에
고유한 개별성을 갖고서 混種과 創新의 발전적 과정을 거친다. 이 과정
에서는 항상 문화의 원류로서의 구심력과 그에 따른 전파의 원심력이
작동하기 마련이다. 동아시아의 한자문화권에서 지역의 한계를 극복
하는 전환점으로서의 '문명의 도약'은 바로 이러한 문화화의 과정에서
나온 것이다.

우리는 철학, 종교 및 문화와 관련한 인간의 정신사의 흐름에서 특정
의 전환적 계기가 있어왔다는 사실을 잘 알고 있다. 이 전환적 계기에
관한 논의로서 야스퍼스(Karl Jaspers)의 '축의 시대(Axial Period),'[1] 파슨

---

1 야스퍼스가 말한 '축의 시대'란 기원전 500년 전후의 기간, 즉 기원전 800년에서 200년
   까지를 인간 역사의 중요한 분기선으로 보았다. 그 시기에 서양의 문화권은 물론이고

스(Talgott Parsons)의 '철학적 돌파(philosophical breakthrough),'[2] 張光直의 '연속성(continuity)'의 법칙 등이 있다. 이들은 동서양을 막론하고 인간의 정신사가 신비주의적 세계관에서 이성주의적 세계관으로 전환되었으며 중요한 계기와 그 역사적 과정이 얼마나 중요한지의 문제를 함축적으로 제시하고 있다. 그 중에서 주목할만한 논의는 장광직의 '연속성'의 법칙이다. 중국의 고고사학자인 그는 중국의 上古史에 관한 역사학적 연구를 통해 인류의 역사적 변천의 새로운 법칙으로서 '연속성' 혹은 '연속체(continuum)'의 법칙을 주장한다.[3] 그의 관점이 중화중심주의적 색채를 지님에도 불구하고 역사나 문화의 연속적 과정 속에서 문명의 도약을 모색한 시각은 주목할만하다.[4]

우리가 보는 세계는 하늘 아래에 각양각색의 현상들과 이들의 연결망을 다각도로 인지하고 이해하고 해석한 결과이다. 인간은 자신만의 프리즘으로써 만물을 투영한 각양각색의 스펙트럼을 본다. 사물을 프리즘을 통해 보면 굴절되어 보이는 현상처럼 세계는 우리가 보는 방식이나 입장에 따라 각각 다르게 나타난다. 인간의 삶은 주체가 객체인 세상과의 관계를 맺는 일련의 과정이다. 세상에 대한 인간의 시선에서 주체는 객체와 구분된다. 인간이 세상과 일정하게 경계짓는 것이 바로 세계이다. 인간의 시선에 따라 확고한 의지와 같은 신념이 자리잡게

중국과 인도의 문화권에 거의 동시에 '문명의 도약'이라고 말할 수 있는 이성의 시대가 막을 열었다는 것이다.

2 파슨스는 문화의 진화의 맥락에서 '언어의 발전'과 더불어 '철학적 돌파'라는 용어를 사용하였다. 이는 문명의 돌파에 관한 문제를 철학적 측면에서 직접적으로 서술한 것으로서 인간의 사유능력이 고양되어야 하는 중요성을 표출한 것이다.

3 張光直, 『中國靑銅時代』, 北京: 三聯書店, 2013, 498~510쪽.

4 吾淳, 『中國哲學의 起源』, 上海: 上海人民, 2010, 8~18쪽.

되면서 삶의 실천의 원칙으로 작동한다. 그러므로 인간이 세계를 인식하는 방식은 일정한 시선을 통해 만물을 조망함으로써 삼라만상의 통일적 질서를 파악하는 것이다. 이것이 바로 주체가 세상의 경계를 보는 시선, 즉 세계관이다.

세계관은 바로 주체와 세상과의 관계, 즉 세계를 투사하는 일종의 프리즘이다. 그것은 인간이 자신의 시선을 통해 주체와 객체의 관계를 설정한 결과이다. 따라서 인간 삶의 방식은 자신의 프리즘을 통해 삼라만상의 스펙트럼을 투영한 것이고 인간의 사회나 문화 전반의 鳥瞰圖도 그것을 통해 체득한 산물이라고 말할 수 있다. 그렇다면 이른바 '天下'의 질서라는 것도 현실에 자신의 신념의 시선을 투사한 일종의 프리즘의 세계라고 말할 수 있다.

상고시대에 인간은 경험적 삶을 통해 하늘이 가장 숭고하며 신성한 대상이고 땅은 가장 가까우며 절실한 생활의 터전이라는 점을 실감하였다. 하늘과 땅은 자연의 현상을 대표하며 그 틀은 세계의 실재(reality)로 인식된다. 그 속에서 생명체들이 유기적으로 형성되고 변화하는 삼라만상의 연결망을 구성한다. 여기에는 四時의 주기적 시간이 흘러가고 形色의 다양한 공간이 펼쳐진다. 인간은 天象의 천문과 地形의 지리를 통해 節氣의 시간성과 方位의 공간성을 파악하고 올바른 지식을 축적하면서 지혜로운 삶을 살아간다. 그 과정에서 인간은 우주의 생명력의 향기를 감각적으로 느끼며 삶을 열망하는 가슴을 흠뻑 적시게 되었다.

본고에서는 동아시아의 상고시대에 세계의 질서 관념이 어떻게 형성되었으며 그것에 접근하는 통로가 무엇인가 하는 문제의식에서 출발한다. 더 나아가 天人合一의 보편적 이념 속에 天下의 세계를 인식하고 그 속에서 삶의 목표를 어떻게 실현하였는가 하는 점에 주목한다. 특히 中原의 古都의 성격과 그 지역성[5]에서 인간사회의 秩序觀에 관한 연원을 추적해보고 그 속에 철학적 단서를 찾아볼 것이다. 이는 중원의 지역적 특수성으로부터 천하의 지속가능한 세계로 발전하는 일련의 과정과 관련된다. 관건은 세계의 실재에 대한 인식이 어떻게 천하의 관념으로 수용되어 통치이념의 세계관으로 어떻게 자리잡았는가 하는 의식의 차원이다. 여기에는 인간사회의 규범적 질서를 설계할 수 있는 天圓地方의 창조적 상상력이 작동한다. 天圓地方의 관념은 蓋天說의 천문학적 시각이 투영된 경험적 의식의 산물로서 비유적 象에 따른 類比的 사유에서 도출되었다. 이러한 경험적 의식은 渾沌으로부터 질서로 나아가는 開天闢地의 과정을 통해 사회나 국가의 통치적 이념으로 진화하였다.

　동아시아의 세계관에는 천하의 질서에 관한 인간의식이 자리잡고 있다. 그것은 中原의 古都라는 구체적인 장소, 이 지역적 특수성으로부터 역사와 지리의 통합적 과정을 거쳐서 확장된 관념이다. 이는 宇宙의 도식에 관한 경험적 지식, 즉 開天闢地의 존재론적 구성, 天圓地方의 가치론적 구도, 四方軸의 자연철학적 원리, 賁宇觀의 구조 등이 관련된다. 이러한 의식에는 기본적으로 세계의 질서의식에 관한 창조적 상상력이 중요하다. 왜냐하면 우주의 경험적 도식에는 심리적 聯想작용과 관련한 類比的 사유가 작동하기 때문이다. 이러한 의식의 출발점

5　지역은 좁은 의미에서 거주의 장소를 가리키면서도 넓은 의미에서 삶의 공간을 가리킨다. 전자가 하늘과 땅으로 대변되는 자연계의 일부분에 속한다면, 후자는 인간의 삶, 사회, 국가 등과 같이 문명과 문화의 터전에 속한다. 그러므로 지역은 구체적인 물리적 장소를 지니기도 하고 추상적인 관념적 공간을 지니기도 한다.

으로서 中原의 지역적 특수성은 천문, 지리 및 인문의 관계를 동심원으로 하여 지정학적 중심축에 따른 구심력과 원심력을 발휘하였으며 따라서 漢代에는 이른바 '大一統'[6]의 대의명분 하에 천하의 질서의식으로 자리잡게 되었다.

2. 中原의 古都와 그 지역성의 原型

일반적으로 지역은 특정의 지리적 여건 속에서 지속적으로 진화하고 발전하는 삶의 터전이다. 인간의 활동은 공간을 점유함에 따라 시간을 진행하며 또한 역으로 시간의 흐름에 따라 공간의 영역을 확보해간다. 이른바 문명이라는 것도 지역의 시공간성에 따라 고유한 정체성 (identity)의 질서체계를 확립해가는 것이다. 예를 들어, 周代 이전에는 上帝의 프리즘을 통해 세계의 통일적 질서를 형성해갔다면 주대 이후에는 天下의 프리즘을 통해 세계의 통일적 질서를 형성해갔다.

중국의 상고시대를 조망하면, 龍山의 문화로부터 中原의 문화를 거치면서 西周시대에서야 禮樂과 같은 합당한 공동체적 삶의 방식이 형

---

6 이 용어는 『춘추공양전』에서 나온다. "왜 왕과 정월에 관해 말하는가? 하나의 계통을 존중하는 것이다.(『春秋公羊傳』, 「隱公元年」: 何言乎王正月? 大一統也.)" 대일통은 진 시황의 통일 이후로 동중서 등이 천하의 질서의식을 대변하는 구호가 되었다. 『춘추』에 담긴 大一統의 사상에 관해 동중서는 다음과 같이 말한다. "『춘추』에서 대일통이라는 것은 하늘과 땅의 항상된 법칙이고 고금의 통용되는 올바름이다. (『漢書』, 「董仲舒傳」: 春秋大一統者, 天地之常經, 古今之通誼也.)" 대통일이란 바로 불변의 正道를 가리킨 다. 국가의 체제에는 이와 같이 대일통의 원칙이 있어야 올바른 국가관이 성립될 수 있다. 이는 그 이후 유교사회에서 역대로 대의명분의 상징적 의미가 되었다.

성되었다. 여기에서 주목해야할 점은 이러한 발전의 단계에서 어떻게
삶의 규준을 설정하고 그에 대한 문명의 가치관을 확보할 수 있었는가
하는 문제이다. 특히 西周시대에 문명의 질서체계는 天下의 관념적
의식을 어떻게 형성하는가 하는 과정과 밀접하게 관련된다. 당시에 통
치의 영역은 中原 지역을 중심으로 하여 그 주변의 지정학적 관계로
이루어진다. 특히 중원의 지역성이 자연적 지리에서 인문적 지리로 확
장되는 일련의 과정[7]은 혼돈으로부터 개벽으로 나아가는 문명화의 과
정이다. 이는 중원의 지역이 중국의 중심 혹은 천하의 중앙이라는 질서
의식이 점차 강화되면서 국가의 통일적 체제를 확보해가는 이념화의
과정과도 밀접하게 관련된다.

中原의 古都를 이해하는 데에 무엇보다도 그 특수한 지역적 성격을
파악하는 것이 중요하다. 중원지역은 광활하고도 굴곡진 지리적 성격
을 지니면서도 파란만장하고도 유구한 역사적 성격도 지닌다. 중원은
자연지리적으로 하남성의 지역이나 황하강의 중하류의 지역까지 포함
된다. 또한 그것은 그 지역적 특수성을 기반으로 하여 인문지리적으로
역사, 정치, 문화 등의 분야 전반과 관련되며 심지어 동아시아의 지정
학적 관계까지도 포함한다.

구체적으로 말해, 중원은 중국의 문명 혹은 문화의 원조인 夏, 商,
周의 三代왕조의 발원지이며, 역대로 대략 2,000여 년 동안에 20여개
의 왕조의 수도였다. 특히 하남성 지역에는 중국의 대표적인 8개 首都
중에 무려 4개의 수도가 위치해있다. 즉 상대와 은대의 수도인 安陽,

---

7 중원 지역의 자연적 지리와 인문적 지리의 관계에 관해 唐曉峰, 『從混沌到秩序 -中國
   上古地理思想史述論』(北京: 中華書局, 2010), 7~8쪽.

六國의 수도인 鄭州, 13개의 왕조의 中京인 洛陽, 7개 왕조의 東京인 開封이 있다.[8]

또한 중원은 上古시대에 중국대륙의 지리적 중심의 활동무대였을 뿐만 아니라 사상과 문화에서 역사적으로 구심점의 역할을 해왔으며 그에 따른 파급의 원심력을 발휘해왔다. 盤古, 女媧, 三皇과 五帝, 河圖와 洛書 등과 같은 신화나 전설의 근원지이며 裴李崗文化, 仰韶文化, 龍山文化, 二裏頭文化 등의 고대문화의 원류이다. 중원은 지리적 환경, 역사적 전통성, 등의 특수한 지역성 때문에 중국, 한국, 일본 등을 포함한 동아시아의 한자문화권에서, 특히 유교사회에서 사상과 문화의 발원지이자 원천지로 평가되었다.

우선, 중원의 뜻은 『시경』의 구절에서 찾아볼 수 있다. "저 중원을 보니 그 큰 것이 많다"[9] 혹은 "중원에 콩이 있는데 백성들이 따고 있다."[10] 여기에서 중원은 평원의 중앙지대를 가리킨다. 후대에 중원은 황하강의 중하류 지역을 가리키는 말로 통용되면서 결국에 중원지역이라는 지리적 개념을 갖게 되었다.

中原이라는 말에서 '中' 개념은 원래 많은 별들이 북두칠성을 주축으로 회전한다는 천문학적인 사고에서 유래되었다. 『설문해자주』에는 "중은 위와 아래로 통한다"[11]고 정의한다. 후대로 가면서 그것은 上天과 인간의 관계를 설정하는 수단이 되었고 더 나아가 특정의 중앙 혹은 중심을 상징하게 되었다. 그것은 점차로 '中心'이라는 人文地理의 개념

---

8 陳偉濤, 『中原農村伏羲信仰』, 上海: 上海人民, 2013), 20쪽.

9 『詩經』, 「小雅」: 瞻彼中原, 其祁孔有.

10 『詩經』, 「小雅」: 中原有菽, 庶民采之.

11 段玉裁, 『說文解字注』: 中, 上下通也.

으로 확장되었다. 특히 이 개념은 농업의 활동에 기반한 부족사회에 촌락의 형태, 즉 거주와 그 안에서 활동하는 공간의 구조적 개념[12]에 반영되었다. 中 글자는 갑골문 등의 형상글자를 살펴보면 중앙을 세우는(建中) 깃대 혹은 깃발 혹은 旗幟를 가리킨다. 그것은 씨족부락의 부족장이 부족민들을 모을 때에 중앙에 깃발을 세워놓아 자신의 위치를 알리기 위해 사용했던 깃발과 같은 일종의 수단이었다. 그것은 집회장소에서 중앙 혹은 중심을 나타내었는데 부족장의 권위성이나 통치력을 상징하는 토템의 성격도 함께 반영되었다.[13] 그러므로 '중' 개념은 천문학적인 天象과 지리학적인 形狀이 자연스레 합치된 의미를 지닌다. 여기에는 세계의 통일적 질서가 반영되었으며 따라서 그것은 천하의 신화를 통해서 사회적 규범의 가치론적 범주로 자리잡게 되었다. 그것은 후대에 天人合一의 이념과 그 형이상학적인 관념의 세계를 설명하는 중요한 용어들 중의 하나가 되었다.

또한 周代에는 中原의 지역을 중심으로 하여 '하늘을 관찰하고 땅을 살핀다(觀天察地)' 혹은 '하늘을 본뜨고 땅을 본받는다(象天法地)'는 표현처럼 하늘과 땅의 틀 속에서 자연의 지식을 축적하고 생활의 지혜를 모색하였다. 예를 들어, 주나라의 사람들은 陝甘고원에서 흥성하기 시작하여 涇渭평원에서 규모있게 발전하였다. 그들은 중원[14]과 그 주변

---

12 장소는 관념적 의미에서 보면 공간을 가리키고 추상적 의미에서 보면 지리를 가리킨다. 공간은 고대 그리스에서 장소를 의미하는 토포스(topos) 개념에서 유래되었다. 토포스 개념에서 유토피아(utopia) 개념이 생겨났다. 유토피아는 '어디에도 없는 장소'라는 의미에서 현실에 존재하지 않는 이상사회를 가리킨다. 공간적 전환과 그 공간의 범주에 관해 최병두, 「데이비드 하비의 지리학과 신자유주의 세계화의 공간들」(『한국학논집』 제42집, 2011), 9~15쪽을 참조할 것.

13 董根洪, 『儒家中和哲學通論』, 濟南: 齊魯書社, 2001, 31~33쪽.

의 일대 전체를 내다볼 수 있는 자신들의 시야를 넓혀갔으며 더 나아가
동쪽으로 진군하여 은나라를 멸망시키면서 도읍을 雒邑[15]에 정하여 이
른바 東周시대를 열었다. 그 이후로 중원 지역을 중심으로 하는 정치적
혹은 사회적 활동의 무대가 점차 확장되면서 통치의 형태를 갖춘 국가
의 체제가 구축되었다. 그러므로 중원의 古都는 구체적인 장소[16]의 영
역을 넘어서 지역성의 경계를 확장하게 되었다. 이를 인간의식의 차원
에서 보자면 중원의 지역성이 천하의 중심으로 진화되어 가는, 시공간
적 질서를 확보해가는 과정인 셈이다.

중원의 지역을 중심으로 하는 질서의식은 『주역』, 특히 『역전』의 세
계관에 반영되었다. 이는 하늘과 땅의 틀 속에서 伏羲가 세상을 어떻게
인식했으며 만물을 어떻게 총망라하여 팔괘를 그려낼 수 있었는가 하
는 내용과 관련된다. 「계사전」에서는 다음과 같이 설명한다.

옛날에 복희씨가 천하에 왕을 할 적에 우러러보아서는 하늘에 있는 형
상을 관찰하고, 구부려보아서는 땅에 있는 법칙을 관찰하며, 새와 짐승의
문양 및 땅의 합당함을 관찰하였다. 가까이는 몸에서 얻었고 멀리로는
사물에서 얻었다. 그래서 팔괘를 처음 지었고 그럼으로써 하늘과 땅의
신묘하고 밝은 덕을 통하였으며 온갖 사물들의 실정을 분류하였다.[17]

---

14 중원의 지역과 그 유래에 관해 陳全方, 『周原與周文化』(上海: 上海人民, 1988), 5~8쪽
을 참조할 것.

15 이 도읍은 오늘날의 洛陽이다. 이 지역은 주나라 成王이 동쪽의 은나라 땅을 견고히
통치하기 위해 주공의 지휘 하에 건립했던 곳이다.

16 장소는 자연의 환경과 차별되는 인간 활동의 영역으로 정의될 수 있다. 동양의 장소와
서양의 장소에 관해서는 이석환·황기원의 「장소와 장소성의 다의적 개념에 관한 연구」
(『국토계획』 제32권 5호, 1997), 171~73쪽을 참조할 것.

17 『周易』, 「繫辭下傳」: 古者包羲氏之王天下也. 仰則觀象於天, 俯則觀法於地, 觀鳥獸之

인간은 하늘의 형상과 땅의 법칙 및 만물의 형태들을 살펴보는 것을 인식의 출발점으로 삼았다. 자연계는 만물의 수많은 부분들이 서로 그 물망처럼 얽혀있는 복잡한 연관체계이자 생명체의 물질과 에너지가 유동하는 거대한 순환적 체계이다. 복희로 대표되는 인간은 자연계에서 만물의 각양각색과 그 변화의 현상들을 입체적으로 관찰하고 분류하였다. 그 체험의 결과, 인간은 만물의 속성이나 성질을 조망할 수 있는 팔괘의 프리즘을 만들게 되었고 이 프리즘을 통해 삼라만상의 스펙트럼을 투시함으로써 자신의 시선의 초점을 맞추게 되었다. 이러한 초점은 사물의 범주화와 관련되고 그 투사면이 바로 세계의 통일적 질서, 즉 자연계의 법칙이나 원리에 해당된다.

이러한 범주화의 방법은 聖人과 같은 온전한 인간에 의해 만물이 감응하는 방식과 그에 따른 변화의 과정에서 터득할 수 있다. 성인은 문명을 주도하고 백성을 계도할 합리적 성격과 적극적 태도를 지닌다. 「단전」에서는 咸卦를 해석하면서 "하늘과 땅이 感應하여 만물이 생겨난다. 성인이 사람의 마음을 감응하여 세상이 평화롭다."[18]라고 말한다. 천체가 운행하는 주기적 질서와 그 변화는 성인의 감응의 인식적 방식을 통해 인간의 삶에 중요한 영향을 미친다. 천하의 세태도 천문의 질서를 어떻게 파악하는가에 달려있는 것이다. 그러므로 「단전」에서는 항괘를 해석하여 "해와 달이 하늘을 얻어 지속적으로 비출 수 있고, 네 계절이 변화해서 지속적으로 이룰 수 있으며, 성인이 그 도를 지속하니 천하가 변화한다."[19]라고 말한다. 따라서 「단전」에서는 同人卦를 해석하면서

文與地之宜. 近取諸身 遠取諸物. 於是始作八卦, 以通神明之德, 以類萬物之情.

18 『周易』, 「彖傳」, 咸卦: 天地感而萬物化生, 聖人感人心而天下和平.

"밝음을 꾸며서(文明) 강건하고 中正하여 감응하니 군자가 올바르다.
오직 군자만이 천하의 뜻과 통할 수 있다."[20]라고 말한다. 합리적인 인간,
즉 군자라면 공명정대한 中正의 德을 갖고서 천하의 이치를 터득할
줄 알아야 한다. 인간이 문명의 생활을 시의적절하게 창달할 수 있는
까닭도 여기에 있다. 이는 성인이 문명을 주도하고 백성을 계도하는
역사적 전통의 관점, 즉 이른바 聖人史觀의 논거가 된다. 이러한 인식론
적 시선에서 천문과 인문의 관계가 확립되고 이를 토대로 하여 문명의
상징적 계기로서 天下의 질서의식이 자리를 잡게 되었다. 「단전」에서는
賁卦를 해석하여 다음과 같이 말한다.

> 밝음을 꾸며서(文明) 이르는 것이 人文이다. 천문을 관찰하여 때의 변
> 화를 살피고 인문의 관찰하여 천하를 교화한다.[21]

여기에서는 문명, 천문, 인문, 교화, 천하의 관계를 통해 인간사회의
질서가 무엇인지를 잘 시사하고 있다. 천문의 자연현상은 사계절의 주
기적 변화를 가리키고 인문의 사회현상은 인간관계의 규범적 질서를
가리킨다. 인간은 日月星辰의 天象이 교차하는 현상을 관찰하여 춘하
추동의 네 계절이 서로 교대하는 시간성의 법칙을 파악하였다. 더 나아
가 인간은 그 변화의 주기적 법칙에 따라 삶을 운영하는 원칙을 마련하
고 백성을 교화하여 문명의 지평을 지향하는 天下의 세계관을 창출하
였다.

---

19 『周易』, 「彖傳」, 恒卦: 日月得天而能久照, 四時變化而能久成, 聖人久於其道而天下久成.
20 『周易』, 「彖傳」, 同人卦: 文明以健, 中正而應, 君子正也. 唯君子爲能通天下之志.
21 『周易』, 「彖傳」, 賁卦: 文明以止, 人文也. 觀乎天文, 以察時變, 觀乎人文, 以化成天下.

문명의 척도는 인간사회에 운영되는 규범적 질서에 달렸다. 문명의
표상으로서의 天下觀은 천문의 운행의 질서와 그 변화를 인식하고 이
에 맞추어 인문의 질서와 통일적 가치를 확립하는 것이다. 이는 인식의
측면에서 천체가 운행되는 질서의 원칙과 관련되는 반면에, 주체의 측
면에서 中正의 덕을 지닌 인간의 합리적인 방식과 관련된다. 전자가
天道라면 후자는 人道이다. 그 양자가 조화를 이루는 지평, 즉 천인의
도(天人之道)가 천하의 질서를 확립하는 경지라고 말할 수 있다. 사회적
이든지 국가적이든지 간에 통일적 질서의 체제라는 文明의 척도는 통
치의 이념을 통해 역사의 정통성을 확보하면서 이를 바탕으로 하여
백성들을 교화하거나 계도하는 것에 달려있다. 공자가 禮樂의 문화나
大同사회를 추구하고자 했던 취지가 여기에 있다.

3. 開天闢地의 신화와 天圓地方의 세계[22]

그렇다면 天下의 관념은 어떠한 연원을 갖고서 인간의식의 차원으
로 자리잡았는가? 그 연원은 신화의 세계에서 접근될 수 있다. 일반적
으로 신화는 기원의 신화이든지 탄생의 신화이든지 간에 신성한 혹은
신기한 기적과 같은 불가사의한 사건에 관한 이야기이다. 이러한 사건
은 주로 上帝나 神과 같은 신비적인 존재, 불가사의한 자연현상, 초세

---

22 천원지방의 세계 전반에 관해 김연재, 「從天圓地方的蓋天說看《周易》的乾圓坤方與人
文世界 － 着重一串直觀和演繹的環節」(『동아인문학』 제37집, 2016), 589~615쪽을 참
조할 것.

속적인 관념 등을 내용으로 한다. 여기에서 진행되는 시간은 자연계에 있는 물리적 시간이 아니다. 그것은 신비성, 불가사의성, 초세속성 등에 의해 변형된 시간이다. 변형된 시간이란 인간의 삶이라는 터전에서 응용되는 앞선 경험의 누적에 따라 형성된 선험주의적 의식의 시간이다. 그것은 한편으로 과거, 현재 및 미래가 일직선상에서 不可逆的으로 진행되는 자연의 시간이면서도, 다른 한편으로 과거, 현재 및 미래의 통합적 관계망을 구성하여 可逆的으로 조망할 수 있는 인문의 시간이기도 하다.

하늘과 땅은 인간이 세계를 경험하고 지식을 습득하고 지혜를 터득하는 가장 기본적이고도 구체적인 실재이다. 그것은 日月星辰이 운행되고 山川大地가 분포되는 자연계의 현상을 대표한다. 여기에는 생명의 그물망이 유기적으로 진화하는 과정, 즉 混沌으로부터 開闢으로 전개되는 과정이 있다. 이러한 開天闢地의 과정은 三皇五帝의 관념에서 시작하여 漢代의 우주론에도 반영되는데 인간사회의 통일적 질서를 추구하는 인간의식과 맞물려있다.

우선, 盘古의 신화[23]에는 기본적으로 開天闢地의 과정과 관련된 인간과 자연의 관계가 설정되어 있다. 이 신화는 『예문유취』에 있는 徐整의 『三五曆記』에 처음으로 등장한다.

　　하늘과 땅이 계란처럼 혼돈한 상태에 있고 반고는 그 안에서 1만 8천년을 살았다. 하늘과 땅이 열리면서 양의 기는 맑아 하늘이 되고 음의 기는 흐려 땅이 되었는데, 반고는 하늘과 땅 사이에 살았는데 ……[24]

---

23 張振犁, 『中原神話研究』, 上海: 上海社會科學院, 2009, 26~39쪽.

이는 渾天說의 천문학적 맥락[25]에서 하늘과 땅이 열리고 문명이 시작
된다는 開天闢地의 과정을 설명한 것이다. 18,000년 동안에 살았던
반고의 삶은 渾沌(혹은 混沌)의 상태를 가리킨다. 반고가 죽은 이후에
그의 육체가 하늘과 땅, 만물, 해와 달, 산천초목, 기상의 현상 등으로
변형된다.

그의 죽음은 단순히 끝마침이나 소멸을 의미하는 것이 아니라 또
다른 만물로 바뀌는, 混種과 創新의 연속적 계기의 과정으로 이해된다.
반고의 존재는 생명력의 기제로서, 그의 죽음의 탈바꿈을 통해 인간을
포함한 만물의 현상이 나타난다. 그의 숨결은 생명력의 氣를 상징하는
데, 하늘과 땅 사이에 감응하는 기의 흐름 속에서 혼탁한 기는 짐승이
나 곤충으로 변하고 청명한 기는 인간의 종족으로 변하였다는 것이다.

반고의 육체적 변형의 과정은 바로 시공간의 세계를 구성하는 방식이
다. 이는 類比的 사유방식[26]을 통해 자연계의 현상들이 생명의 연결망의
유기적인 구조 속에 통일적 질서를 이루고 있다는 내용을 시사한 것이
다. 특히 그의 죽음의 계기는 시공간의 우주가 형성되고 三皇의 문명시

---

24 『藝文類聚』 卷1: 天地混沌如雞子, 盤古生其中, 萬八千歲, 天地開闢, 陽清爲天, 陰濁
爲地. 盤古在其中 ……

25 渾天說은 蓋天說, 宣夜說과 함께 중국의 고대에 천체의 구조에 관한 학설 중의 하나이
다. 그것은 우주를 계란의 형태로 보았다. 하늘은 계란의 껍질 모양이고 땅은 계란의
노른자 모양이라고 여겼다. 하늘은 고체와 같고 원형이고 서쪽에서 동쪽으로 운행한다.
반면에 땅은 네모형이고 하늘의 중앙에 자리잡고 있으며 땅의 사방과 아래 부분에는
물로 가득 차 있어서 땅이 물 위에 떠 있으며 움직이지 않는다고 생각하였다. 陳美東,
『中國古代天文學思想』, 北京: 中國科學技術, 2008, 80~81쪽.

26 類比的 사유는 특정의 대상의 개념을 우회적으로 추리하는 방법이다. 그것은 인간의
사고와 정감을 모두 담아내는 상징, 은유, 비유 등의 방식에 따라 추리의 방식을 구체화
함으로써 특정의 개념과 그 대상의 본질적인 관계를 긴밀히 연관시킨다.

대가 열렸다는 인간사회의 규범적 질서로 이해되기도 한다. 그러므로
이 신화에서는 開闢의 구조적 분화를 통해 혼돈의 상태에서 질서의
상태로 진화하는 과정에 관한 인간의식을 상징적으로 반영한다.[27]

세계의 질서라는 관점에서 보자면, 삼라만상의 현상은 시작과 끝의
시공간적인 경험적 과정으로 파악된다. 우리가 자신의 시선을 통해 초
점을 맞춘 세계의 실재(reality)는 전체적으로 시간이 공간을 열고 공간
은 시간에 따라 전개되는 개벽의 지속적 과정이면서도 개별적으로는
주기적으로 반복되는 삶과 죽음의 순환적 굴레이다. 그러므로 반고의
신화에서는 세계를 단순히 물리적 대상으로서만 탐구한 것이 아니라
세계의 통일적 질서에 관한 인간의식을 반영한 것이다. 여기에서 창조
의 대상은 하늘과 땅, 즉 세계가 아니라 하늘과 땅이 개벽되면서 나타
나는 삼라만상의 현상이며, 더 나아가 창조 자체도 끊임없이 混種과
創新을 지속하는 일련의 과정인 것이다.

이러한 인간의식의 과정을 추론하자면, 하늘과 땅은 처음에 渾沌의
상태에 있다. 혼돈의 상태는 만물의 종류나 분류가 아직 생기기 이전의
상태를 가리킨다. 그렇다고 이것이 모든 생명체의 종류나 분류가 애당
초 없는 혼란스러운 상태는 아니라 모든 종류와 분류가 각각 현상적으
로 나타나기 이전의 원시적 혹은 원초적 상태일 따름이다. 이러한 상태
로부터 존재가 구체적으로 드러난 상태가 바로 세계의 실재(reality)이
다. 이 실재는 인간을 포함한 삼라만상의 연결망에 시선의 초점이 맞추
어진 투사면이다. 이 세계가 형성되는 과정이 바로 자연계의 구조에서
삶의 통일적 질서를 인식하는 과정이다. 세계의 변화라는 것은 생명현

---

27 唐曉峰, 『從混沌到秩序 -中國上古地理思想史述論』, 北京: 中華書局, 2010, 25~39쪽

상이 무질서의 상태에서 질서의 상태로 나아가는 삼라만상의 존재론적 과정이다. 이러한 점에서 세계의 실재는 하늘과 땅이 개벽되는 지속가능한(sustainable) 과정이라고 말할 수 있다.

다른 한편, 共工[28]과 顓頊 사이에 일어났던 황제쟁탈전의 신화[29]나 전욱의 "絕地天通"에 관한 신화[30]에서 인간이 세계의 실재를 어떻게 인식하고 이를 어떻게 의식의 차원을 수용했는가 하는 문제를 엿볼 수 있다. 황제쟁탈전의 신화에 관해 『회남자』에 다음과 같은 기록이 있다.

옛날에 공공과 전욱이 제위를 놓고 다투다가 공공이 화가 나서 머리로 부주산을 들이받았다. 그때 하늘의 기둥이 무너지고 땅의 끈이 끊어졌다. 하늘은 서북쪽으로 기울었으므로 일월성신이 바뀌었고, 땅은 동남쪽을 채우지 못하였으므로 물, 흙, 먼지가 그 방향으로 흘러 모이게 되었다.[31]

이 신화에서는 인간의 시선에 따른 세계의 투사면을 그려내고 있다. 부주산의 한쪽이 무너져 하늘과 땅의 구조에 커다란 변화가 일어났다. 특히 산의 서북쪽에서는 하늘과 지탱할 수 있는 기둥이 무너져 해, 달, 별 등이 원래의 위치로부터 기울어져 운행되는 반면에, 산의 동남쪽에

---

28 공동은 물의 신으로서 원래 炎帝의 후예로서 불의 신인 祝融의 아들로 알려져 있다.

29 炎帝가 黃帝에게 패했던 원한을 이어받아 그의 후손인 공공이 황제의 후손인 전욱과 싸움을 벌였던 일종의 대리적 성격의 전쟁으로 알려져 있다. 袁珂, 『中國神化傳說(上篇)』, 北京: 人文文學, 1998, 139~143쪽.

30 김연재, 「周代의 數術문화와 그 시대정신의 성격 −문화의 原型과 정신적 기질을 중심으로」, 『東亞人文學』 제31집, 2015, 323~327쪽.

31 『准南子』, 「天文訓」: 昔者共工與顓頊爭爲帝, 怒而觸不周之山, 天柱折, 地維絶. 天傾西北, 故日月星辰移焉, 地不滿東南, 故水潦塵埃歸焉.

서는 땅의 확고한 바닥이 함몰되어 하천의 물이 그 쪽으로 쏠려 흐르게
되었다. 이는 중국대륙에서 산맥이 동서쪽으로 뻗어나 있고 하천도 동
서쪽으로 흐르는 자연환경적 지형을 그대로 반영한 것이다. 특히 "공공
이 부주산을 들이받았다"는 말에는 하늘과 땅의 틀 속에서 천상과 세
속, 객체와 주체 사이의 현실적인 거리감을 인간의식의 차원으로 표현
한 것이다.

그렇다면 하늘과 땅은 인간의 의식에 어떻게 수용되었는가? 관건은
天圓地方의 천문학적 도식에 있다. 천원지방의 도식은 세계의 통일적
질서를 聯想的 작용을 통해 도출해낸 것이다. 그것은 고대의 천문학,
그 중에서 蓋天說과 밀접하게 관련된다.[32] 우선, 『여씨춘추』의 「계동기」
편에서는 다음과 같이 말한다.

> 문신후가 말하기를, 황제가 전욱을 가르친 이유를 배운 적이 있었다.
> 여기에서 큰 원형이 위에 있고 큰 네모형은 아래에 있으니 너는 그것을
> 본받아 백성의 부모가 될 수 있다. 대개 알려진 옛날의 태평한 시대, 이것
> 은 하늘과 땅을 본받은 것이다.[33]

큰 원형은 하늘이고 큰 네모형은 땅이다. 원형과 네모형, 위와 아래는
직관적 상상력의 요소가 가미된 관념이다. "하늘을 관찰하고 땅을 살핀

---

32 蓋天說은 중국고대에서 최초의 천체이론으로서, 하늘과 땅의 상대적 위치와 형태를
  가장 직관적으로 나타낸 이론이다. 그것은 하늘이 둥글고 땅은 네모나며(天圓地方)
  고체인 하늘이 좌로 돌고 해와 달은 오른쪽으로 돈다고 생각하였다. 陳美東, 『中國古代
  天文學思想』, 北京: 中國科學技術, 2008, 80~81쪽.

33 『呂氏春秋』, 「季冬記」: 文信侯曰, 嘗得學黃帝之所以誨顓頊矣. 爰有大園在上, 大矩在
  下, 汝能法之, 爲民父母. 蓋聞古之淸世, 是法天地.

다(觀天察地) 혹은 하늘을 본뜨고 땅을 본받는다(象天法地)"의식은 고대의 천문학의 원시적 사유에 이론적 단초가 되었다.[34] 또한 『진서』의 「천문지」편에는 다음과 같은 기록이 있다.

> 그것은 하늘이 삿갓과 유사하고 땅은 엎어놓은 그릇을 본받았는데, 하늘과 땅은 각각 그 가운데가 높고 바깥은 낮다고 말한다. 북극의 아래가 하늘과 땅의 중심이다. 그 땅이 가장 높고 사방으로 비가 내려 (해, 달, 별의) 세 가지 빛이 은연 중에 비추어 밤과 낮이 되었다.[35]

하늘의 둥근 모양은 반원형의 天穹을 가리키고 땅의 네모 모양은 평면형의 대지를 가리킨다. 여기에서 주목할 만한 점은 "북극의 아래가 하늘과 땅의 중심이다"라는 표현이다. 북극은 삿갓형의 천궁의 중앙에 있으며 日月星辰은 그것을 중심으로 하여 끊임없이 선회한다. 이러한 蓋天說의 천문학적 관점은 天圓地方의 類比的 사유로써 하늘과 땅의 구조를 특징화한 것이다. 이는 주체가 세상의 경계를 보는 시선, 즉 세계관을 투영하여 얻은 결과이다.

당시에는 세계가 혼돈의 상태에서 질서의 유기적 구조를 형성해간다는 인식은 천원지방의 원리에 입각하여 인간의 삶의 중요한 규준으로 자리잡았다. 『회남자』의 「원도훈」편에는 다음과 같이 말한다.

> 그러므로 하늘을 덮개로 여기면 덮어지지 않을 것이 없다. 땅을 수레로 여기면 실어지지 않을 것이 없다. 사시를 말로 여기면 부리지 않을 것이

---

34 李零, 『中國方術考』, 北京: 中華書局, 2010, 69~140쪽.
35 『晉書』, 「天文志」: 其言天似蓋笠, 地法覆槃, 天地各中高外下. 北極之下爲天地之中, 其地最高, 而滂沱四隤, 三光隱映, 以爲晝夜.

없다. 음양을 부리는 것으로 여기면 갖추지 않은 것이 없다.[36]

여기에서 하늘과 땅의 틀은 마차로 비유된다. 하늘은 마차의 둥근 덮개이고 땅은 내모형의 몸체이고, 마차를 끌고 가는 말이 사시의 운행이고 마차를 모는 마부는 음양의 방법이다. 이처럼 연상적 작용에 따른 類比的 사유와 그에 따른 比喩的 象을 통해서 또한 "하늘이 둥근 것은 넓은 덮개와 같고 땅이 네모난 것은 바둑판과 같다"[37]고도 표현할 수 있다. 하늘이 원형인데 펼쳐진 큰 우산이 땅을 덮고 있는 것과 같고 땅은 일정한 규격을 갖춘 네모형인데 바둑판과 같다.

따라서 天圓地方의 천문학적 도식은 객관적 세계의 질서에 대한 인간의식의 발로이다. 하늘과 땅의 실재 속에서 中原이 천하의 중심이 된다는 의식의 차원은 이러한 프리즘의 세계를 통해 나온 것이다. 中原 지역에 초점을 맞춘 인간의 시선에서는 하늘과 땅의 세계가 天圓地方의 도식으로 상징화되고 '위로는 하늘에 닿고 아래로는 땅에 닿는다(極天際地)'의 방식으로 수용되었다. 이처럼 세계의 통일적 질서에 관한 인간의식은 삶의 원리와 원칙을 만들어가는 초석이 되었다.

4. 四方의 중심축과 자연철학적 원리

天圓地方의 도식에 기초한 天下의 질서의식은 인간의 삶에서 구체적

---

36 『淮南子』, 「原道訓」: 故以天爲蓋, 則無不覆也. 以地爲輿, 則無不載也. 四時爲馬, 則無不使也. 陰陽爲禦, 則無不備也.

37 『晉書』, 「天文志」: 天圓如張蓋, 地方如棋局.

으로 어떻게 구현될 수 있었는가? 그것은 四方의 중심 개념과 그 자연철학적 원리에서 접근될 수 있다. 당시에 천문과 지리의 관계를 이해하는 데에는 사방의 개념과 그 기하학적 내용은 중요한 의미를 지닌다. 이는 商나라 혹은 殷나라의 신앙이나 사고가 담긴 갑골문에 그에 관한 사유의 단서를 찾을 수 있다. 天圓地方의 도식에서 天象은 四時의 관념과 관련되고 地形은 四方의 관념과 관련된다. 특히 사방은 방위나 방향과 관련있는 십자형(✿)의 구조 속에서 질서정연한 지역적 境界를 특징적으로 나타낸다.[38] 갑골문의 문양에 따르면, '方' 글자에서 위의 획은 '十'의 모양이고 아래의 획은 '人'의 모양이다. 그러므로 '방'은 사람이 서있는 장소의 위치를 상징적으로 함축한다. 方이라는 글자는 西周시대에 金文에 있는 方鼎에서도 찾아볼 수 있다. 方의 글자는 공구를 들고 있는 사람의 모습으로서 矩의 글자와 연관된다.[39] 그러므로 方 글자는 일정한 방향을 가리키는 矩形, 立方形 등과 같은 네모형의 의미를 지닌다. 그것은 天圓地方의 특징적 도식처럼 圓의 의미와 대조적으로 사용된다.

사방의 개념은 女媧가 하늘을 메운다는 신화의 세계에 잘 드러나 있다.[40] 『회남자』에는 다음과 같이 기재되어 있다.

> 태고 때에 四極(네 개의 기둥)이 무너지고 九州가 갈라지니 하늘이 아래로(天下) 만물을 덮어주지 않고 땅이 만물을 싣지 않았다. 불이 타올라

---

38 그것은 『詩經』의 「頌」, 「大雅」 등에서 넓은 땅의 의미로 쓰이는데, 여기에는 세계의 전체라는 포괄적인 내용이 있다.

39 方 개념과 十字形의 구조에 관해 艾蘭, 『龜之謎 –商代神話话、祭祀、藝術和宇宙觀研究』, 北京: 商務印書館, 2010, 96~138쪽.

40 張振犁, 『中原神話研究』, 上海: 上海社會科學院, 2009, 42~55쪽.

꺼지지 않고 물이 넘쳐서 쉬지 않으니 맹수가 선량한 사람을 잡아먹고 사나운 새들이 노약자를 빼앗아갔다. 그러므로 여와가 옥색의 돌을 녹여 하늘을 메우고 거북의 다리를 잘라 사극을 세웠다. 검은 용을 죽여서 기주를 구제하고 갈대의 재를 쌓아 물이 넘치는 것을 그치게 하였다. 하늘이 메워지고 사극이 바르고 넘치는 물이 멈추니 기주가 평안하다. 전욱의 백성이 사는데 방주를 배후에 두고 둥근 하늘을 껴안아서…… **41**

이른바 '四極'은 세계의 개벽에 대한 인간의 인식론적 문제를 이해하는 단서가 된다. 사극은 세계에 대한 인간의 관점, 즉 시야, 시각 및 시선의 입체적 시점에서 설명될 수 있다.**42** 인간은 삶의 활동에서 자신을 중심으로 하는 동심원상에서 크게 동서남북의 네 방향을 구획한다. 또한 이를 거점으로 삼아 자신이 서있는 위치를 중심으로 하여 시야의 폭넓은 영역을 확보하고 시각의 특정한 방향을 설정함으로써 시각의 방향에 있는 시선의 집중적 초점을 투사할 수 있다. 사극은 바로 시야가 미치는 영역에서 시선의 끝의 지점이다.**43** 그것은 인간이 개벽하는 세계를 올바로 인식하고 더 나아가 세계를 창조적으로 개벽하는 통합적 경계, 즉 문명의 지평으로 나아갈 수 있는 인식론적 단초가 된다.

41 『淮南子』, 「覽冥訓」: 往古之時, 四極廢, 九州裂, 天下兼覆, 地不周載, 火爁焱而不滅, 水浩洋而不息, 猛獸食顓民, 鷙鳥攫老弱. 於是女媧鍊五色石以補蒼天, 斷鼇足以立四極, 殺黑龍以濟冀州, 積蘆灰止淫水. 蒼天補, 四極正, 淫水涸, 冀州平, 狡蟲死. 顓民生, 背方州, 抱圓天……

42 일반적으로 사물이나 현상을 바라보거나 파악하는 각도나 입장이 시각이다. 시각은 시야와 시선으로 세분될 수 있다. 시야가 시각의 폭넓은 정도를 가리킨다면 시선은 시각의 깊이있는 끝을 가리킨다. 시선은 특히 주의와 관심을 갖고서 관찰하고 분석하는 假想의 직선적 시야이다. 그러므로 초점의 차원에서 보면 시선이 시야보다 더 집중된 관점을 지닌다고 말할 수 있다.

43 李零, 『中国方術續考』, 北京: 中華書局, 2012, 196~197쪽.

세계의 개벽에 대한 이러한 인식은 창조적 상상력에 기초한다. 여기에서 天圓地方의 관념과 사방의 관계가 설정될 수 있다. 지형에서 동서남북의 정해진 사방을 네모의 형태로 설정하면 이들은 땅의 외곽에 위치한다. 연상적 작용에 의한 類比的 사유에 따르면, 인간의 위치를 중심으로 하는 방위가 사방의 방향과 연관됨으로써 지형은 중앙과 사방으로 구성된 '✥'의 형상적 구조[44]로 식별된다. 특히 주목할 만한 점은 방위가 관찰자의 시야, 시각 및 시선과 관련된다는 것이다. 방위는 관찰자의 위치를 중앙으로 하여 동서남북의 네 방향으로 전개된다. 그것은 양쪽의 사선으로부터 관찰자를 거쳐 '十'와 같은 십자형으로 교차되며 네 방향을 향해 평면적으로 확장되어 '✥'의 자형의 구조가 된다.

또한 네 방향은 모두 관찰의 위치를 중심으로 하며 '사극'의 끝으로 인지된다. 이 두 가지 사선이 천문학적으로 二繩, 즉 子午(남북의 방향)와 卯酉(동서의 방향)이다.[45] 또한 네 방향은 卜辭에 있는 '四方' 혹은 甲骨文에 있는 '四方土'로서 四正과 四維(혹은 四隅)로 나눠짐으로써 '✥'의 자형의 네 가지 위치나 米의 자형의 8가지 위치로 자리잡게 된다.[46] 그러므로 '✥'의 자형의 구조는 五方의 공간에 대한 논리적 원칙, 즉 중앙과 사방의 다섯 부분의 관계로 확장될 수 있다.

---

44 艾蘭, 『龜之謎 —商代神話话、祭祀、藝術和宇宙觀研究』, 北京: 商務印書館, 2010, 118쪽.

45 동쪽과 서쪽은 낮에 태양빛이 비추는 풍경을 관찰하는 것과 관련이 있다면, 남쪽과 북쪽은 밤에 북극성과 많은 별들을 관찰하는 것과 관련이 있다.

46 당시의 세계관은 거북점에 담긴 占卜의 세계와 관련된다. 거북의 배껍질 혹은 등껍질에 있는 십자(十)의 모양은 당시에 인간의 질서의식에서 우주의 모형과 밀접하게 관련되어 있다. 갑골문에 있는 東, 西, 南, 北의 四方 개념은 禘(체)의 제사의 대상이며 바람이 있는 곳으로 생각되었다. 사방의 중간에 있는 곳은 동북, 동서, 서북, 서남인데, 戠의 제사의 대상이다.

이러한 입체적 시점을 종합하면, 그 중에서 가장 특징적 통합적 지점은 동, 서, 남, 북, 중의 다섯 곳이 된다. 동, 서, 남, 북의 四方이 거리의 성격을 지닌 반면에, 그 가운데에 中은 공간의 성격을 지닌다. 사방의 방이 방향을 가리킨다면, 이와 관련된 동, 서, 남, 북, 중의 오방에서 중은 방위를 가리킨다. 오방의 개념은 원래 五行說에서 유래하였지만 '방'이라는 글자 자체는 본래 토지와 관련된다. 中의 개념은 관찰자를 중심으로 전개되는 方位의 성격, 즉 동서남북의 방향과 중앙의 위치를 함께 포괄하는 입체적 공간성을 지닌다. 따라서 그것은 후대에 방위와 관련된 기하학적 가치를 설정하는 데에 중요한 척도가 되었다.[47]

이러한 인식론적 차원에서 보면, 二繩, 四正, 四維 등의 방식에 따라 구성되는 지평면은 관찰자의 시선에 따라 圓形 혹은 方形의 형식을 갖게 된다. 천문은 원형을 특징으로 하고 지리는 방형을 특징으로 한다. 관찰자가 보건대, 시야의 폭과 시각의 방향에 따른 일종의 거리감은 시선의 집중적 투시에 따라 동심원형이 되기도 하고 또한 시선의 분산적 투시에 따라 네모형이 되기도 한다. 천문은 원형을 특징으로 하고 지리는 방형을 특징으로 한다. 이러한 天圓地方의 천문학적 도식에서 인간의 입체적 관점에 따른 인식론적 단서를 찾아볼 수 있다.

특히 관찰자를 중심으로 하여 대상을 인식하는 방식은 직관으로부터 연역으로 확충하는 일련의 과정을 지닌다. 천문의 원형적 특징은 비교적 직관적 방식에서 도출된 것이라면 지리의 방형적 특징은 이와 상대적으로 연역적 방식에서 도출된 것이다. 類比的 사유에 따르면, 관찰자가 중심적 위치를 잡고 있는 것은 四位와 五位 혹은 四方과 五方의

---

47 唐曉峰, 『從混沌到秩序 —中國上古地理思想史述論』, 北京: 中華書局, 2010, 184~198쪽.

연결고리라고 말할 수 있다. 구체적으로 말해, 십자형의 구도에서 방형의 모서리는 원래 관찰자의 시선이 머무는 곳을 가리킨다. 관찰자가 서있는 위치가 바로 관찰의 대상의 중심축이다. 그가 가까운 곳에서 먼 곳으로 바라보는 시야와 시각에서 시선은 모서리의 극의 끝에 해당된다.[48] 이 모서리의 극은 관찰자의 위치를 중심으로 하여 西北, 西南, 東北, 東南의 네 개의 기둥(四柱)으로서 여기에다가 東, 西, 南, 北의 기본적인 기둥이 설정되어 모두 여덟 개의 기둥이 된다. 이러한 인식론적 관점은 여덟 개의 기둥의 地形이 원형의 天象을 떠받치고 있는 입체적 차원을 지닌 것으로서, 八卦의 인식적 방식도 이러한 의식의 차원에서 설명될 수도 있을 것이다. 이 방형의 구조 전체를 보면 모두 아홉 구간으로 나뉘게 된다. 이처럼 대상을 인식하는 방식에 따르면, 四位와 五位 혹은 四方과 五方의 연결고리는 점차로 九宮, 九野 등의 공간의 관념으로 확충되었으며 결국에 天下를 九州의 지역으로 구획된 까닭도 여기에 있는 것이다.

이처럼 인간의 입체적 시점에 따른 사방의 기하학적 관념은 중심축과 그에 따른 대칭성의 포석에 기초하며 각종의 사회적 안배와 구도를 확립하는 데에 조화와 균형의 인문적 가치를 제공하였다. 『한서』의 「율력지」에서도 다음과 같이 기록하고 있다.

> 저울은 물건으로써 균등하게 하여 균형을 낳는다. 균형이 움직여 캠퍼스를 낳는다. 캠퍼스가 원을 그려 곱자를 낳고 곱자가 사각형을 그려 먹줄을 낳고 먹줄이 곧아서 기준을 낳는다. 기준이 바르면 균형을 맞추어 저울

---

48 李零, 『中国方術續考』, 北京: 中華書局, 2012, 196~197쪽.

질하는 것이다. 이것이 다섯 가지 법칙이다.[49]

먹줄의 개념에는 네모와 원, 굴곡과 직선의 균형 혹은 평형이 있다. 이 개념은 시선의 측면에서 보면 미시적 척도에서 거시적 척도로 확충되고 공간의 원리에서 보면 건축의 척도에서 천하의 척도로 확장될 수 있다. 여기에서 인간의 삶 전반의 법칙, 즉 생활의 시간성의 원리가 드러나고 이를 근거로 하여 생활의 공간성이 확보된다. 이러한 과정에서 인간사회의 계도, 계몽 및 교화의 지침이 마련될 수 있다. 예를 들어, 맹자가 말한 天時, 地利 및 人和의 관계[50] 혹은 荀子가 말한 天地人의 三才가 화합하는 것이 이것이다.[51] 이른바 天經地義의 인식론적 관념도 이러한 기하학적 원리가 투영된 것이며 세계의 시공간적 질서와 그 가치를 반영한 것이다.

또한 중국의 고대사회에서 신화나 제사와 관련하여 세계에 대한 질서의식은 지역, 하천, 산 등에도 반영되어 있다. '✤'의 자형의 지리 혹은 방위의 상징적 구조에서 보면, 中原의 지역은 세계의 중심 혹은 땅의 주축을 상징적으로 대변한다고 볼 수 있다. 黃河의 원류와 그 지류 혹은 숭고한 산에 대한 질서의식이 여기에 해당된다. 예를 들어, 한대에 崑崙山은 중앙 혹은 중심의 산으로 여겼다. 또한 제례와 관련하여 五岳[52]에서 보면, 安陽의 서쪽에 太行산맥과 華山이 있고 하남성에

---

49 『漢書』卷21,「律曆志上」: 權與物均而生衡, 衡運生規, 規圜生矩, 矩方生繩, 繩直生准, 准正則平衡而鈞權矣. 是爲五則.

50 『孟子』,「公孫丑下」: 天時不如地利, 地利不如人和.

51 『荀子』,「天倫」: 天有其時, 地有其財, 人有其治, 夫是之謂能參. 舍其所以參, 而願其所參, 則惑矣!

偃師, 鄭州의 일대에는 中岳으로서의 嵩山이 있다. 그러므로 中原, 黃河, 崑崙山 혹은 嵩山 등은 인간의 사고에서 중앙 혹은 중심의 축이라는 질서의식으로 자리잡게 되었다. 특히 십자형(✜)의 지리 혹은 방위의 상징적 구조는 원형의 축, 사방의 중앙 등과 같은 공간성과 이로부터 前後, 左右, 上下 등의 가치론적 관념으로 확충되었다. 또한 天地 혹은 天下와 地下의 관념도 여기에서 유래하였다. 이는 결국에 음과 양, 乾과 坤 등의 유기적 관계에 기본하는 易學的 사유방식으로 발전하게 되었다.

이러한 세계의 질서에 대한 의식은 고대의 건축, 祭壇, 墓葬 등의 유적에서 제사의식이나 숭배의례와 관련있는 특정의 배치에 투영되었다. 예를 들어, 仰韶문화의 유적, 특히 河南省의 濮陽지역에 있는 西水坡에서는 축의 선이나 중심의 관계에 따라 공간의 질서를 안배하였다. 즉 죽은 사람은 중앙에 위치시키고 왼쪽에 청룡의 형상을, 오른쪽에 백호의 형상을 배치한다. 이러한 左靑龍과 右白虎와 같은 좌우의 대칭성을 지닌 중심축을 설정하여 공간의 범위를 한정하는 취지가 있다. 특히 토템문화와 관련있는 청룡과 백호의 배치는 대칭성의 효과를 내는 것이고 이러한 대칭성이 중심적 축선의 고상한 지위를 한 층 더 높인다. 그러므로 천문학적인 대칭성의 중심축은 건축의 설계의 측량에서 방위의 구획을 설정하는 데에 활용되었다.[53]

이러한 인간의식의 관념들을 이해하는 데에 서양의 종교학자인 미르

---

52 東岳으로서 泰山, 西岳으로서 華山, 南岳으로서 衡山, 北岳으로서 恒山, 中岳으로서 嵩山이 있다.
53 唐曉峰, 『從混沌到秩序 −中國上古地理思想史述論』, 北京: 中華書局, 2010, 90~96쪽.

체아 엘리아데(Mircea Eliade)의 견해를 참조할만하다. 그는 『The Myth of the Eternal Return』에서 제시한 '우주의 축(axis mundi)'의 상징체계의 이론을 제시한다. 그는 고대사회에서 신앙의 형태를 설명하면서 중심 혹은 중앙의 의미를 설명하였다. 중심 혹은 중앙은 가장 신성하고도 절대적 실재의 곳이라고 본다. 그 곳은 주로 신령한 산을 가리킨다. 고대인들은 그 곳을 神聖과 世俗을 잇는 '우주의 축'이며 이곳으로부터 세계가 창조되거나 개벽된다는 신앙을 가졌다. 사당이 있는 건물이나 제왕이 거처하는 궁전, 성곽도시 등은 이 중심의 축을 대변하는 싱징물이 된다. 또한 이러한 明堂의 장소들은 속세, 천당 및 지옥이 만나는 곳이라고도 생각하였다. 그러므로 인간은 그 중심의 곳을 지나는 일종의 祭儀를 거쳐야 최종적으로 초세속적 세계에 접근할 수 있다고 여겼던 것이다.[54]

5. 寰宇觀과 천하의 질서의식

동아시아의 세계관에서 인간의 질서의식은 天人合一의 이념으로 대변된다. 천인합일은 세계의 질서에 관한 전체의 보편적 이념으로서 인간의 존재론적 측면과 가치론적 측면을 결합한 관념체이다. 그 속에는 서로 연관되고 중복되는 세 가지 범주, 즉 天, 地, 人이 있다. 천인합일의 보편적 이념은 천문과 지리의 토대 위에 인문을 어떻게 해석하는가 하는 문제와 관련이 있다. 그 중심에 바로 寰宇觀이 있다. 하늘과 땅은

---

54 이 도안의 성격에 관해 艾蘭, 『龜之謎 —商代神話话、祭祀、藝術和宇宙觀研究』(北京: 商務印書館, 2010), 118쪽을 참조할 것.

寰宇 전체의 두 부분인데 서로 구별되기도 하고 서로 연관되기도 하다. 환우관은 天圓地方의 도식과 그에 대한 類比的 사유를 토대로 하여 착상된 상상력의 산물이다.

하늘과 땅의 틀은 인간의 존재와 생활의 질서의 세계와 밀접한 관련이 있다. 인간은 지상에서 자신의 프리즘으로써 세계를 조망한다. 인간은 자연적 지형의 장소에서 천체의 운행의 법칙에 따라 생활방식의 유형을 모색하였다. 日月星辰이 지평선에서 지속적으로 圓形의 형상으로 움직이고 이것에 따라 山脈河流의 지형이 전개되며 그 속에서 인간은 자신의 위치의 方向을 지정하고 삶의 일정한 구획을 설정하여 삶의 터전을 자리잡는다. 여기에서 寰宇의 순환적 좌표, 즉 천문의 形象과 지리의 形狀이 적용된 것이다. 天文의 形象이 시간의 유동을 가리킨다면 地理의 形狀은 공간의 방위를 가리킨다.

이러한 하늘과 땅의 틀 속에서 자연계는 어떻게 이해될 수 있는가? 자연은 삼라만상의 모든 현상들을 포함하는 세계이다. 그 중에서 가장 큰 현상이 하늘과 땅이다. 하늘과 땅의 자연계는 인간의 생활에서 星象, 物候, 氣象 등과 밀접한 관련이 있다. 商代나 周代부터 인간은 "하늘은 높고 존귀하며 땅은 낮고 비천하다(天尊地卑)"는 인식하에서 삼라만상의 지위, 위치 및 그 관계가 이해되고 설정되었다. 이는 上帝와 인간의 관계로 확장되었으며 후대에 天人合一의 보편적 이념으로 발전되었다.

하늘과 땅의 구조로 대변되는 자연계는 시공간의 연속성을 나타내는 우주로 표현된다. 인간은 천체의 운행에서 순환적 주기성을 지닌 질서의 방식이 있다는 점을 관찰하였다. 모든 존재는 하늘과 땅, 태양과 달, 사계절, 낮과 밤, 흐리고 맑음, 밀물과 썰물 등의 순서에 따라 진행되지 않는 것이 없으며 이들은 모두 각각 주기적으로 순환적 운동을 한다. 인간을 포함한 만물은 주기적 순환의 과정 속에서 생성하고 변화하고 발전하여 마지막에는 자신의 여정을 완수하게 된다. 이러한 순환적 활동을 '환도(圜道)'라고 부른다. 『여씨춘추』에서 이것을 다음과 같이 설명한다.

> 하늘의 道는 둥글고 땅의 道는 네모이다. 聖王이 그것을 본받아서 위와 아래를 세웠다. 어떻게 하늘의 도를 둥글다고 말하는가? 정기가 한번 위로 가고 한번 아래로 가서 둥글게 두루 복잡하고 쌓여 남겨짐이 없다. 그러므로 하늘의 도는 둥글다고 말한다. 어떻게 땅의 도를 네모나다고 말하는가? 만물이 부류를 달리하고 형체를 달리하여 모두가 직분이 있으니 서로 바뀌지 않는다. 그러므로 땅의 도는 네모나다고 말한다. 군주는 둥근 것을 지키고 신하는 네모난 것에 위치하여 둥글고 네모난 것이 바뀌지 않아야 그 나라가 번창한다.[55]

하늘의 도는 두루 진행하여 순환하는 것이며 땅의 도는 두텁게 시행하여 구획되는 것이다. 하늘이 둥근 까닭은 끊임없이 두루 진행하고 반복하여 순환하는 일련의 과정을 드러내기 때문이다. 땅이 네모난 까닭은 종류별로 나뉘고 지속되어 생물의 분류가 쌓아가는 일련의 계층으로 확장되기 때문이다. 이러한 관계는 군주와 신화의 관계와 같은 사회공학적 위계질서에도 그대로 활용되었다.

---

55 『呂氏春秋』,「季春紀」: 天道圜, 地道方. 聖王法之, 所以立上下. 何以說天道之圜也? 精氣一上一下, 圜周複雜, 無所稽留, 故曰天道圜. 何以說地道之方也? 萬物殊類殊形, 皆有分職, 不能相爲, 故曰地道方. 主執圜 臣處方, 方圜不易 其國乃昌.

여기에서 특히 주목할만한 점은 圓과 方의 상대적인 개념이다. 전자는 天道의 속성을 가리키고 후자는 地道의 속성을 가리킨다. 전자는 운행의 질서의식이 반영된 것인 반면에 후자는 형세의 질서의식이 반영된 것이다. 이는 무형에서 유형으로, 動態的 상태에서 靜態的 상태로 진전되는 방식의 기하학적 상상력에서 발상된 것이다.[56] 이러한 질서의 이정표에는 하늘이 땅에 비해 크고 땅이 하늘에 비해 넓다는 의식이 반영된 것인데, 이것이 바로 時空間性의 宇宙 전체로 확장되었다. 이처럼 하늘이 원형이고 땅이 네모형이라는[天圜地矩] 의식의 형태는 고대의 세계관의 특징 중의 하나로서 중요한 의미를 지닌다. 이러한 圜道의 원리에 관해 『여씨춘추』에서는 다음과 같이 말한다.

하나란 나란히 지극히 고귀하며 그 근원을 알지 못하며 그 실마리를 알지 못하며 그 시작을 알지 못하며 그 끝을 알지 못하니 만물은 하나로써 종주를 삼는다. 성왕이 그것을 본받아 그 성품을 온전히 하고 그 바름을 결정하여 그 호령을 낸다. 군주의 입에서 명령이 나오고 관리가 받아서 시행하는 것이 밤낮으로 쉬지 않으니, 두루 베풀어 통하고 아래로 깊이 파악하니 민심에 적셔지고 사방에 두루 통하여 돌아와 회복하여 돌아오며 군주의 곳에 이르니 圜道이다. 둥글게 하면 가능함과 불가함과 좋음과 나쁨이 막히는 바가 없게 된다. 막힘이 없는 것은 군주의 도리가 통한 것이다.[57]

---

56 唐曉峰, 『從混沌到秩序 -中國上古地理思想史述論』, 北京: 中華書局, 2010, 125쪽.

57 『呂氏春秋』, 「季春紀」: 一也齊至貴, 莫知其原, 莫知其端, 莫知其始, 莫知其終, 而萬物以爲宗. 聖王法之, 以令其性, 以定其正, 以出號令. 令出於主口, 官職受而行之, 日夜不休, 宣通下究, 瀓於民心, 遂於四方, 還周復歸, 至於主所, 圜道也. 令圜則可不可善不善無所壅矣. 無所壅者, 主道通也.

圜道觀은 생명의 연결망에 바탕을 둔 순환적인 주기성의 닫힌 체계에 기초한다. 그러나 그것은 인간 삶의 객관적 측면만을 고려하는 절체절명의 숙명론이나 불가피한 因果律의 결정론에 머물지 않고 더 나아가 天地人의 三才와 같은 공동체적 사고방식으로 진화하였다. 이러한 환도관의 차원에서 보면, 中原이라는 지역은 자연스레 인간사회의 중심적 터전으로 생각되었을 것이다. 인간은 하늘을 관찰하고 땅을 살피며(觀天察地) 하늘을 본뜨고 땅을 본받음으로써(象天法地) 하늘과 땅의 구조와 그 특징을 파악하였다. 예를 들어, 하늘의 형상과 땅의 형체(天象地形), 하늘의 둥긂과 땅의 네모남(天圓地方), 하늘의 문양과 땅의 이치(天文地理), 하늘의 덮음과 땅의 실음(天覆地載), 하늘의 시간과 땅의 공간(天時地空) 등과 같은 표현은 이러한 사고를 반영한다. 또한 인간이 上帝와 소통할 수 있는 가장 좋은 장소로서 崑崙山을 名山으로 추앙하고 祭祀儀式를 지내는 明堂을 건축하였다. 이러한 관념의 토대 위에 經天營地의 내용, 즉 絶地天通, 天經地緯, 通天地理, 通天蓋地 등의 표현처럼 인간의 통일적 질서의식이 형성되었다.

이러한 관념적 도식에 따른 의식형태는 인간사회의 질서의식에 스며들었다. 예를 들어, 『맹자』에서 말한 "캠퍼스와 곱자로써 하지 않으면 네모와 둥긂을 이룰 수 없다"[58]는 내용은 일련의 원칙에 따라 사회의 질서를 운영해야 한다는 취지를 지닌다. 이러한 의식의 형태는 君臣, 尊卑, 上下 등의 일정한 지위에 따라 인간사회나 국가의 조직을 운영하는 데에 활용되어 결국에 윤리적 강령이나 도덕적 가치로 고양되었다. 『여씨춘추』의 「유시」편에서는 다음과 같이 말한다.

---

58 『孟子』, 「離婁上」: 不以規矩, 不能成方圓.

하늘과 땅에 시작이 있는데, 하늘이 정미하여 이루어짐이 있고 땅이 가득 차서 형체가 된다. 하늘과 땅이 합하여 조화로우니 생명의 大經이다.[59]

하늘과 땅의 틀은 생명의 연결망이다. 만물은 그 속에서 존재론적 내용이나 가치론적 의미를 지닌다. 하늘과 땅의 틀은 시간의 흐름 속에 공간이 전개되는 인간의 삶의 일련의 과정으로 나타난다. 그 중에서 상하의 날실은 인간의 활동에서 시간성의 질서의식으로 체득되고 그에 따라 생활의 방식으로 정해지는 것이다. 이러한 시간성의 질서의식이 바로 司馬遷이 말한 '天道의 大經'이다. 그는 다음과 같이 말한다.

음양, 사계절, 여덟 가지 방위, 12법도, 24절기 각각에 교령이 있다. 그것을 따르는 사람은 번창할 것이고 그것을 거스르는 사람은 죽지 않으면 망할 것이다. 반드시 그렇게 하지 않기 때문에 사람을 속박시켜서 두려움을 많게 한다고 말한다. 봄에 생겨나고 여름에 성장하고 가을에 수확하고 겨울에 저장하는 것, 이는 天道의 大經이다.[60]

특히 음양, 춘하추동의 사계절, 24절기 등의 天道는 인간의 농업생산의 활동과 밀접한 관련이 있다. 천도는 천체의 운행질서의 시간적 흐름의 현상에 대한 인간 인식의 산물이다. '天道의 大經'과 같은 질서의식의 관념은 농업사회에서 공간의 확장을 위한 인간의 삶에 중요한 원리를 제공하였다. 고대의 曆法은 이러한 내용에 따라 경험적으로 세워졌다. 그러므로 漢代에 확립되었던 24절기와 72절후에 관한 卦氣說,

---

59 『呂氏春秋』, 「有始」: 天地有始, 天微以成, 地塞以形. 天地合和, 生之大經.
60 司馬遷, 『史記』, 「太史公自序」: 夫陰陽四時八位十二度二十四節各有教令, 順之者昌, 逆之者不死則亡. 未必然也, 故曰, 使人拘而多畏. 夫春生夏長秋收冬藏, 此天道之大經也.

음양오행의 방식에 따른 天干과 地支의 부호 등은 이러한 시간성의 주기적 순환의 관점, 즉 圜道觀에서 발상된 것이라고 말할 수 있다.

이러한 맥락에서 보자면 환우는 天下라는 말과 일맥상통한다. 천하는 천문의 주기적 운행에 맞게 지리의 형태를 투영한 인간의식의 산물이다. 그것은 천문을 전제로 하면서 또한 천문이 지리로 구체화된 내용을 상징적으로 담아낸다. 그것은 인간 생활의 총체적인 경험을 가리킨다. 이러한 의미에서 천하라는 말은 宇宙觀에 기초한 인문적 세계의 또 다른 명칭이 된다고 말할 수 있다.

'天下'라는 말은 인문의 규범적 가치가 무엇인지를 잘 대변한다. 동아시아의 문명권에서는 전통적으로 天下의 질서의식이 어떻게 형성되는가 하는 문제는 세계의 실재를 인식하는 일련의 과정이다. 이 과정은 처음에 지리적 視野 혹은 分野와 밀접하게 관련되었으나 차츰 禹王의 治水사업, 九州의 범주, 名山大川의 분포 등의 영역으로 확충되었다. 또한 통치의 영역은 자연스레 中原 지역을 중심으로 하여 인간의 입체적 시점에 따라 그 주변의 지역으로 확장되었다. 이러한 지리와 역사의 맥락에서 先秦시대 이후에 중원지역의 사람들이 東夷, 西戎, 南蠻, 北狄 등과 같은 주변의 소수민족들과 교류하면서 중원 지역은 자연스레 그 주변의 민족들이나 지역들과 차별화되었다.

특히 漢代에 이르면 중원의 지역이 그 주변 지역의 중심되고 상대적으로 발전됨에 따라 그 상대적인 차별성 혹은 우위성을 의식하게 되었다. 야만과 문명의 차별, 華夷의 구분 등이 세계에 대한 프리즘의 시선에 따른 의식형태라고 말할 수 있다. 그러므로 중원은 지역적 특수성을 넘어서 활동의 중심 혹은 중앙의 무대라는 일종의 관념론적 영역을 확보하게 되었다. 이는 자연적 지리에서 인문적 지리로 확장된 결과로서, 중원이 통치의 중심 혹은 중앙이라는 의식이 강화될 수 있었던 까닭이 여기에 있다. 이러한 천하의 질서의식은 인간사회에서 안정적 질서와 확고한 권위로 자리잡게 되었다.[61] 이러한 질서의식 속에 사회적으로 혹은 국가적으로 불평등한 질서의 관계가 성립되었으며, 따라서 이러한 의식을 반영한 계급적 질서의 구조처럼 추상적인 공간 개념으로도 확충되었다.

인간은 천체의 운행의 질서와 그에 따른 자연현상의 변화를 직시하고 그에 대한 지식과 지혜를 터득함으로써 吉凶禍福의 현실을 헤쳐 나갈 삶의 규준이나 잣대를 모색하였다. 특히 원시사회에서 천상과 지형에 관한 종교성의 염원은 자연과학적 경험을 통해 차츰 巫術의 신비주의에서 벗어나면서 윤리의식과 관련한 자연철학으로 발전되었다. 周代 이후에 왕조의 개창은 당시에 天下의 질서의식과 밀접하게 관련되었다. 여기에는 기존의 무질서로부터 새로운 통일적 질서를 모색해 가는 사회적 의식의 형태나 이념이 투영되어 있다. 특히 인간은 세계에 대한 주체적 자각 속에 天下의 秩序意識을 발휘하여 人文의 지속가능한 역량을 확충하게 되었다. 따라서 인간은 자연과학적 지식과 자연철학적 지혜를 바탕으로 하여 神聖에 대한 욕구를 해소하고 敎養, 祭祀, 儀禮 등과 같은 사회적 규범을 마련함으로써 漢代에 董仲舒가 주창한 이른바 '大一統'과 같은 한층 더 높은 의식의 차원을 추구하게 되었다. 이는 漢代부터 국가의 통치이념의 차원에서 유교의 국교화로써 천하의 질서의식을 강화시키는 결과를 낳았다. 따라서 천하의 질서의식은 중원의 지역적 특수성을 넘어서 국가의 역사, 정치, 사회, 문화 등의 전반

---

61 唐曉峰, 『從混沌到秩序 －中國上古地理思想史述論』, 北京: 中華書局, 2010, 82~90쪽.

적인 역량을 고양하는 과정과 관련되면서 유가의 통치라는 국가의 이
념체제로 확충되었다.

이러한 점에서 중원의 고도는 중국의 고대사회에서 문명의 발상지
혹은 문화의 발원지로서, 여기에는 하늘과 땅의 개벽, 만물 존재의 근
원과 창조, 삶과 죽음의 의식, 초세속적인 세계 등이 연관되어 있다.
넓은 의미의 중원의 지역성은 자연과 사회의 총체적 시공간성을 담고
있다. 그것은 삶의 시공간으로서, 자연계의 물리적 시공간인 천문과
지리의 영역뿐만 아니라 인간사회의 무형적 시공간인 인문과 역사의
영역까지도 포함된다. 따라서 天下의 중심이라는 인간의 규범적 가치
는 지리의 共時性과 역사의 通時性과 같은 세상의 물결을 타고 흘러왔
다. 이러한 天下의 세계관은 유가의 통치이념과 연관되어 세계를 수용
하는 과정과 세계를 창출하는 과정이 서로 교차하는 大一統의 역사의
식으로 고양되었다. 이러한 성격 때문에 중원의 고도와 그 성격은 중국
의 사유세계의 모태가 되었으며 더 나아가 동아시아 지역의 패러다임
에 접근하는 중요한 단초가 되었던 것이다.

6. 문제해결의 실마리

동아시아의 한자문화권에서 인간의 문명 혹은 문화는 天文의 운행
과 地理의 조건을 따라 형성되는 삶의 총체적 결집체이다. 인간은 천문
의 시간에 따라 지리의 공간을 확장해가면서 끊임없이 변화하는 과정
속에 살아가는 존재이다. 그는 자신의 특수한 위치에서 日月星辰의
天象을 관찰하였으며 山脈河流의 地形을 둘러보았다. 이러한 천문과

지리에 대한 인식 속에서 시간의 흐름은 인간이 활동하는 공간의 영역 속에 드러난다. 인간은 시간의 적절한 계기에 맞추어 공간의 합당한 유토피아를 찾아왔다. 이러한 과정에서 인간은 타자와의 경계를 창조적으로 만들어가는 지속가능한 존재이다. 그러므로 인간은 자신의 삶의 의미와 가치를 확보하기 위해 우주의 질서의 원칙을 구상하고 자신의 프리즘을 통해 이에 맞는 삶의 규준을 마련하였다. 여기에서 세계의 실재에 관한 질서의식의 관념이 생겨난 것이다.

세계에 대한 질서의식은 중원의 특수한 역사와 지리의 역동적인 통합과 분화의 과정 및 그에 관한 해석력과 수용력을 통해 집약적으로 축적되고 자리잡아왔다. 지역은 물리적 공간, 즉 장소만을 가리키는 것이 아니다. 그것은 능동적인 주체가 주위환경과의 관계 속에서 이루어지는 관념성의 공간적 터전이다. 공간적 터전은 바로 인간의 사회적 행위의 배경이나 조건으로서, 그 행위의 과정에서 항상 끊임없이 변화하고 새롭게 형성되는 삶의 역동성을 특징으로 한다. 그것은 삶의 현장이라는 공통의 분모를 기반으로 하여 생태의 환경과 생활의 문화가 함께 어우러지는 관념론적 의식의 영역이다. 그러므로 그것은 동질성, 결합성, 경계성, 개방성, 위계성 등을 특징으로 하는 지역성의 복합체라고 말할 수 있다. 여기에는 인간이 자연계와 인간사회 사이의 경계를 인식하고 그에 맞게 설계해온 시공간의 방식이 담겨 있다. 예를 들어, 中原의 지역성, 九州의 지형성, 井田制의 구획성 등의 관념들에는 자연의 시간과 인문의 시간, 지형의 공간과 영역의 공간 및 그 양자의 관계가 함께 어우러져 있는 것이다.

西周시대에 천하의 질서의식은 문명의 척도와 관련되는데, 이는 자연지리적 視野로부터 인문지리적 視線으로 확충된 결과였다. 당시에 통치의 영역은 中原 지역을 중심으로 하여 그 주변의 지역으로 확장되었다. 이는 혼돈의 원초적 상태와 같은 문명 이전의 시대로부터 계도와 교화를 통해 통일적 질서라는 문명의 질서의식의 형태를 갖추어가는 일련의 역사적 혹은 문화적 과정과 맞물려있다. 특히 漢代에는 寰宇觀의 시선에서 중원의 지역이 그 주변의 지역의 중심되고 상대적으로 발전됨에 따라 주변지역과의 상대적인 차별성 혹은 우위성을 의식하였다. 통치적 질서의 차원에서 보자면, 중원의 지역성은 특히 지리의 共時性과 역사의 通時性을 확보하면서 야만과 문명의 대조, 華夷의 구분 등과 같은 의식의 형태가 생겨났으며 궁극적으로 天下의 통치적 중심 혹은 중앙이라는 일종의 價値觀으로 강화되었다. 이는 중원이라는 자연적 지리에서 중국 혹은 동아시아의 중심이라는 인문적 지리로 확장되는 창조적 질서의 세계를 형성하였다.

중원의 지역적 특수성으로부터 천하의 세계로 발전하는 과정에는 인간사회의 규범적 질서를 설계할 수 있는 天圓地方의 창조적 상상력이 작동한다. 天圓地方의 관념은 蓋天說의 천문학적 시각이 투영된 경험적 의식의 산물로서 비유적 象에 따른 類比的 사유의 성격을 지닌다. 그것은 渾沌으로부터 질서로 나아가는 開天闢地의 과정에서 四方의 중심축과 그 창조적 상상력의 원리가 작동하고 있으며 이를 토대로 하여 寰宇의 의식적 구조가 형성되면서 天下의 세계관을 창출하였다. 그러므로 중원의 특수한 지역성은 역사와 지리의 통합적 차원 속에서 통치의 중심 혹은 중앙이라는 질서의식의 차원으로 확장될 수 있었다.

결론적으로 말해, 상고시대에 문명과 문화가 확립하는 과정은 夏代의 巫覡문화, 殷代와 商代의 祭祀문화, 周代와 春秋시대의 禮樂문화 등의 역사적 과정과 일맥상통한다. 이러한 과정을 통해 인간은 天文과

地理의 지식을 기반으로 하여 天下의 세계에 관한 창조적 상상력을 발휘함으로써 人文의 지혜와 같은 지속가능한 역량을 구축할 수 있었다. 그 결과로서, 中和, 中正, 時中, 中道, 中庸 등과 같은 개념과 범주를 통해 百家爭鳴의 기치를 드높일 수 있었으며 孔孟學을 대표로 하는 유가의 사상이 발전될 수 있는 확고한 발판이 되었다. 결과적으로 中原 지역의 古都와 그 관념론적 의식 속에 형성된 天下의 세계관은 동아시아의 문화의 원형(archetype)이 형성되고 그 속에서 정신적 기질(ethos)이 발휘될 수 있는 시공간적 여지를 만들어갔다.

참고문헌

『呂氏春秋』.
『詩經』.
『藝文類聚』.
『周易』.
『晉書』.
『春秋公羊傳』.
『漢書』.
『淮南子』.

김연재, 「從天圓地方的蓋天說看《周易》的乾圓坤方與人文世界 － 着重一串直觀和 演繹的環節」, 『동아인문학』 제37집, 2016.
_____, 「周代의 數術문화와 그 시대정신의 성격 －문화의 原型과 정신적 기질을 중심으로」, 『東亞人文學』 제31집, 2015.
唐曉峰, 『從混沌到秩序 －中國上古地理思想史述論』, 北京: 中華書局, 2010.

董根洪, 『儒家中和哲學通論』, 濟南: 齊魯書社, 2001.

李零, 『中國方術考』, 北京: 中華書局, 2010.

____, 『中国方術續考』, 北京: 中華書局, 2012.

艾蘭, 『龜之謎 –商代神話话、祭祀、藝術和宇宙觀研究』, 北京: 商務印書館, 2010.

吾淳, 『中國哲學的起源』, 上海: 上海人民, 2010.

袁珂, 『中國神化傳說(上篇)』, 北京: 人文文學, 1998.

이석환·황기원, 「장소와 장소성의 다의적 개념에 관한 연구」, 『국토계획』 제32권
　　　5호, 1997.

張光直, 『中國靑銅時代』, 北京: 三聯書店, 2013

張振犁, 『中原神話研究』, 上海: 上海社會科學院, 2009.

趙容俊, 『殷商甲骨卜辭所見之巫術』(增訂本), 北京: 中華書局, 2011.

陳美東, 『中國古代天文學思想』, 北京: 中國科學技術, 2008.

陳偉濤, 『中原農村伏羲信仰』, 上海: 上海人民, 2013.

최병두, 「데이비드 하비의 지리학과 신자유주의 세계화의 공간들」, 『한국학논집』
　　　제42집, 2011.

고대 중국에서의 聖人南面과 남면하는 그 시선

古都에서 聖王이 曆象하여 授時하는 관점에서

지현주

1. 머리말

본 연구는『논어』와『역전』에서 말해지는 성인남면을 고도에서 성왕이 역상하여 수시하는 관점에서 그 본래적 의미를 밝히고자 한다. 이를 위해 남면에 주목하여 '공기정남면'의 행위양식 및 방위관념과 관련해서 폭넓게 살필 것이다. 고대 유가에서는 성인남면을 威儀의 자리와 盛德의 모습이라 하였고, 도가에서는 그것을 무위자연이라 하였다. 성인남면이 이와 같은 의미로 통용되었다 하더라도 고대인의 실질적인 치도의 기반에서 성인남면은 재검토될 필요가 있다. 고대 성왕의 실질적인 치도가 역상수시의 관점에서 볼 때 천체운행을 관측할 수 있는 능력과 관련이 깊기 때문이다. 이에 따라 기존의 통용되던 성인남면의 의미가 천문역상의 관점을 통해 본고에서는 새로운 시각을 더해줄 것이다.

고대 중국에서 성인남면은 요순이래로 천하 백성이 태평성세를 누리는 治道의 표상으로 전해져왔다. 공자가 순임금을 無爲의 治者로 말한

것이 『논어』 위령공에 보이는데, "無爲의 道로 다스린 사람은 순임금이
다. 어떻게 (그리) 하였겠는가? 오직 몸을 공손히 하고 바르게 남면하였
을 뿐이다."[1]라고 한다. 이를 순임금이 무위로써 다스린 방도라고 하는
데 성인의 행위양상이다. 이에 주희는 "성인의 盛德으로 백성이 저절로
교화되기에 有爲의 치도를 기다리지 않는다."고 하여[2] 순임금을 무위
치자로 칭찬한 공자의 말에 동의한다. 이와 같이 『논어』에서의 성인남
면은 무위치자와 동일한 의미를 갖는다.

　본고에서 성인남면은 『논어』에서 공자가 순임금을 무위치자라고 칭
찬한데서 비롯된다. 하지만 이 무위에 동의한 주희나 이를 비판한 다산
의 주장[3]은 본고와 그 논의를 달리한다. 본고의 입장은 무위설이후의
남면에 대한 해석을 무위와 동일한 뜻으로 볼 수 없다는 데 있다. 이
뜻을 밝히기 위해서는 오히려 성인은 왜 남면하려고 했고 남면하여
무엇을 하였는지를 물어야 할 것이다. 따라서 본고는 성인남면을 무위치
도에서가 아니라 성인이 '恭己'와 '正南面'한 행위양상에서 검토한다.

　유가에서는 성인남면에서의 성인은 성왕이나 군주로도 두루 통용된
다. 대개 후대의 경전에서 두드러지는데 성인남면은 王者의 位와 威儀
이며 나아가 盛德을 갖추어 愛民하는 임금의 像으로 쓰이기 때문이다.[4]

1　『論語』「衛靈公」, 子曰無爲而治者. 其舜也與. 夫何爲哉. 恭己正南面而已矣.
2　『論語集註』「위령공」, 子曰無爲而治者. 其舜也與. 夫何爲哉. 恭己正南面而已矣. 朱子
　　注, "無爲而治者 聖人德盛而民化 不待其有所作爲也 … 〈中略〉 … 恭己者 聖人敬德之容
　　旣無所爲 則人之所見 如此而已."
3　『與猶堂全書』「論語古今注」衛靈公, 子曰 無爲而治者 其舜也與 夫何爲哉 恭己正南面
　　而已矣. "安淸靜無爲者 老氏之說也 自漢以前 書傳無此說 漢氏初壹天下 君臣皆椎鹵無
　　文 不知所以治之."
4　『논어』와 『주역』 이래로 성인남면을 "南面而聽(『순자』 政論 6.); 南面國君으로 말하는

그러므로 본고에서 성인남면은 고대 성인이거나 성왕이든 그들이 남면하여 행한 일들까지 폭넓게 검토될 것이다. 따라서 본 연구는 『논어』 「역전」과 같이 남면을 직접적으로 표현한 문헌부터 『상서』 「요전」에 기술되는 역법제작의 단서를 포괄하여 성인의 제작으로 일컬어지는 易과 禮에 관한 내용도 포함한다.

남면이라는 방위에는 고대인의 질서의식이 내재되어 있다. 주대의 종법질서를 잇는 위계질서는 사방위체계로 파악되는데 고례에서의 천자와 제후의 남면이 사방위 가운데 최상위로 규정되기 때문이다.[5] 사방위체계는 천지와 더불어 고대인의 우주론과 천체구조론으로 해석된다. 고대인의 방위관념이 천체현상을 본받은 원리에 따라 자연현상을 본뜬 것이기 때문이다.[6] 이에 따라 성인이 천지자연을 본떠 괘상과 괘사를 그린 점에서 『易傳』은 검토된다.

사실 현행 동양철학분야의 유가나 도가의 사상 안에서 살피더라도 성인남면은 문제될 것이 없어 보인다. 聖人의 治道와 관련된 연구물에서 성인남면에 관한 선행연구를 쉽게 찾을 수 없었던 점이 이를 반증한다. 달리 본다면 성인남면이 너무 확연하여 더 이상 문제의식을 갖지 못할 수 있다.[7] 그러나 聖人이라는 인문적 용어와 南面과 같은 자연현

데 이는 권위와 권세의 자리로 쓰인 것이다.(『韓非』五蠹, 49.); 그 중 순임금의 성인남면을 제외하고는 거의가 聖王 즉 盛德으로 다스린 王者로 통용된 것으로 보인다. 이는 盛德之士로도 표현된다.(『맹자』萬章 上 4.)"

5 『儀禮』「聘禮」經, 君與卿圖事. 鄭玄 注, "必因朝其位. 君南面. 卿西面. 大夫北面. 士東面."; 『禮記』「曲禮 下」, 天子當依而立, 諸侯北面而見天子曰覲.

6 방위관념에 관한 선행연구는 필자의 몇 편의 논문 및 학위논문에서 밝혔듯이 「주자가례」에서의 방위관련 연구는 국내에서는 필자의 연구가 선행된다고 볼 수 있다. 물론 국외에서는 세밀하게 찾지 못한 입장에서는 정확하게 단정할 수 없다. 하지만 본고는 선행연구를 보완할 방위관념과 이론적 확충이 필요하다.

상에서 취해진 용어의 결합은 더욱 포괄적인 관점에서 살펴볼 필요가 있다. 예컨대 공기와 정남면과 같이 성인의 행위양식이나 태도는 당시 고대인의 사유에 근접할 수 있는 단서인데 역상수시의 관점은 이를 가능하게 한다. 고대인은 지구를 중심으로 천체가 돈다고 여겼기에 일월의 관측을 위해 28수를 기준으로 삼았다.[8] 고대인이 중성을 관측하기 위해서는 성왕의 일로써 남면해야 하는데 대략 두 가지가 있다. 昏曉에 정확한 시각을 정하기 위해 자오선을 지나 南中하는 중성을 28수에서 관측한 것이 그 하나이고, 하늘에서 관측된 천문을 통해 역법을 제작하여 백성들에게 절기를 반포하는 일이 다른 하나이다. 이 역상수시의 일은 제사를 지내는 일과 같이 고대로부터 의례와 만나는 지점에서 발견된다. 따라서 성인남면에는 고대 성왕이 남면하여 하늘을 역상한 후 또 남면하여 백성에게 수시하는 일이 포함된다.

그렇다면 성왕이 남면한 까닭은 무엇인지 다음 장에서 괘효사로 해석한 『주역』과 방위관념에서 자세히 살펴보겠다.

----

7 물론 국내에 한정되지만 다소의 연구물은 무위지치와 외성내왕 등의 주제를 다루면서 관련내용에서 언급할 뿐이지 성인남면이나 남면을 문제 삼지 않는다. 그러나 남면에 있어 더 이상 문제 삼지 않은 것은 아니었다. 阿尒丁夫, 「圣人南面而听天下"中的""南" 实指今天的东」, 『內蒙古大学艺术学院学报』 12, 2015(02期), 41~51쪽. 이 연구에서 저자는 '南'을 실제로 해가 뜨는 '동방'이라고 주장하는데 민족학적, 인류학적인 면에서 정벌의 거주지 방향에서 검토한 것이다. 연구의 관점에서부터 방법 그리고 결과까지 모두 본고와는 매우 다른 관점에서 전개된 것이라 여겨진다. 그럼에도 『주역』「설괘전」에서 남면의 '南'을 문제 삼아 禮書와 『사기』 등에서 다룬 시도는 방위와 관련한 연구 자료로 매우 흥미로웠다.

8 오늘날의 과학지식에 의해 우리는 지구가 태양의 주변을 공전하고 매일 자전한다는 사실을 안다. 그러나 고대에서 중 근대까지도 동아시아인들은 지구를 중심으로 하늘과 일월성신이 운행한다고 생각하였다. 이러한 까닭에 고대인이 관측한 천체운동과 천문 현상은 겉보기 운동이라 불리는 현상으로 이해된다.

2. 易에서의 방위관념과 천체구조론에서의 방위운행

성인남면을 성인이 남면하는 의미로 보면『논어』에서 '순임금은 자기 몸을 공손히 하여 바르게 남면하였을 뿐이다.'라는 의미는 간명하다. 그런데 순임금은 왜 정남면 하였을까. 본고가 살피려는 남면에 관한 의미 있는 지점은 권위적인 典禮가 아니라 오히려 治道에 필요한 구체적인 일에 있다. 우선 성인이 남면한 까닭을 방위관념에서부터 살피기로 한다.

方位는 고대 중국의 우주론과 천체구조론을 설명하는 시간과 공간을 가리키는데 方과 位의 조합이기도 하다. 고대 갑골문자에는 이 방위가 '方'으로만 기록되어 있는데[9] 이후『역경』과 같은 점서에서 확인되는 방위는 '그곳'과 '그때'의 의미를 함께 지닌다. 그러므로 고대로부터 전승되어진 방의 의미는 공간 혹은 시간을 가리키면서 이 둘이 하나로 통합된 것이다. 따라서 方에는 向, 位에는 자리[座]의 의미가 있지만 방위에는 여기와 저기의 포괄적인 공간이자 시공간이 통합된 의미가 공존한다.

유가의 禮에는 신분에 따른 직업을 분별하는 典禮가 있는데 주대의 제도로써『周禮』가 여기에 해당된다. 전례에는 행례자의 揖讓, 進退, 周旋 등의 기거동작이 모두 신분과 역할에 따라 구별된다. 방위[10]로 배열되는 이러한 위계는 우주론적 배경에 따라 시간과 공간으로 구분되

---

9 Keightley, David., 민후기 역,『갑골의 세계』, 서울, 학연문화사, 2008, 117~127쪽.
10 우주관으로써 방위의 구분은 유가와 불가가 다소 서로 다르다. 예컨대, 유가에서는 육방위로 구분하는데 사방위와 상하를 합쳐 육합이라고 한다. 반면, 불가에서는 십방, 즉 시방으로 구분한다.

는데 이에 대응되는 소우주적 인간의 시공간에도 동일한 원리가 적용된다. 이는 동중서의 천인감응설과 고대 동양의 전통적 천인합일 사상으로 말해지는데 이러한 사상에는 고대우주론의 영향이 컸을 것이다.

유가에서 예적 질서는 하늘이 드러낸 것에 따라 성인의 제작이라고 하지만 주대의 예제는 종법적 질서로 규정된다. 그러므로 주희가 '허다한 전례는 하늘이 드러내지 않은 것이 없다.'고 하는데 주대의 종법은 하늘이 드러낸 象에 종법의 예적 질서를 덧입힌 것에 불과하다.[11]이미 천문과 자연현상을 충실히 반영한 曆과 易의 제작에는 우주론적 시간은 공간적 개념인 방위와 함께 짝을 이루고 있다. 이처럼 고대인의 시각에서 본 우주적 질서에는 이미 방위관념이 내재되어 있는데 고대인이 천문현상을 관측하여 얻어진 천체운행의 시간에서 비롯된다. 이는 역상을 통해 시각을 구하던 배경인데 움직이지 않는 특정별과 별자리를 기준한 것이다. 그래서 시간질서에 따른 공간의 구분은 방위로 대응된다. 따라서 방위로써 기술되는 예적 질서는 하늘의 운행질서를 본뜬 인간의 시간과 공간의 사유체계이다.

공자의 언설대로 무위의 치도를 행하는 순임금은 달리 무엇을 했겠는가. 정녕 '恭己'하여 바르게 남면할 뿐이었을까. 『예기』, 예운 편에는 "정치는 임금이 자신의 몸을 편안히 하는 것과 반드시 하늘을 본받아 명령을 내리는 것"[12]이라고 한다. 이에 진호는 "典禮는 하늘의 질서이고 人君의 政治는 반드시 하늘을 근본으로 하여 그것을 (위로부터) 본받

---

11 지현주, 「『주자가례』에 내재된 방위관과 질서의식에 관한 연구−통례 및 관례와 혼례를 중심으로−」, 『동양철학연구회』 74, 2013, 144~146쪽.(고례에서 남송대까지 형성된 예서에서의 방위서술은 주대의 예직 질서를 옮겨놓은 것과 다름이 없다.)
12 『禮記』「禮運」, 卷9, 故政者君之所以藏身也 是故夫政必本於天殽以降命.

아 모범으로 삼아서 아래로는 명령을 베푸는 것이다."[13]라고 덧붙인다. 그러므로 『예기』에서 말한 정치란 임금이 스스로 몸을 편안히 한 다음에야 비로소 하늘을 본받아 백성에게 명령을 내리는 것이다. 그래서 순임금의 '恭己'는 성인이 자신의 몸을 공손히 수신해야 만이 하늘의 질서와 법을 본받을 수 있는 도덕적인 명제이다. 따라서 『논어』에서의 '공기'는 성인이 백성을 다스리기 위한 마땅한 修身이며 수신이후에야 비로소 '남면'할 수 있었다.

남면에는 방위로 구분되어진 질서관념이 있다. 이를 『장자』「천도」에서 백성들을 老子의 치도로 이끄는 성인의 모습이라 말해지는데[14] 남면이 갖는 위계는 성인이 무위로서 자연과 하나가 되는 위치다. 유가의 경우는 어떠한가. 성인남면은 德이 왕성하여 백성들 스스로 교화되도록 이끄는 성인의 모습과 聖王의 寶位로 말해진다. 따라서 의례적인 측면에서의 남면은 고대 제왕의 권위와 政事의 자리를 말한다.

고대 부족국가 간에는 남면하는 자와 북면하는 자로 그 신분을 방위로써 구분하는데, 『예기』 및 『장자』 등에서 堯의 재위 시절 순임금이 북면하니 요순을 군신관계로 규정하였다. 주대이래로 종법질서가 종족간의 위계질서로써 천자와 제후의 관계가 성립되었듯이 국가 간 외교 관계에서도 남면 혹은 북면에 의해 그 위계질서를 드러낸 것이다.

---

13 『禮記』「禮運」, 위와 같은 곳, 陳澔 注, "典曰天敍禮曰天秩 是人君之政必本於天 而效法之以布命於下也."
14 신동준, 『장자』, 학오재, 2015, 227쪽.; '장자 내편'과 달리 '장자 외편', 천도 장에는 남면하여 천하를 다스린 이를 요임금이라 하고 북면하여 군주를 섬기는 이를 순임금이라 한다. 여기서는 마음을 비워 고요함을 지키는 가운데 적막하고 무위한 것이라 한다. 이를 알고 남면하고 북면하는 자리에 머무는 것이 각각 군주와 신하의 덕이라 한다.

두 사상계에서 취한 성인남면의 쓰임이 서로 달라 남북 간을 위계질서로써 보는 유가와 자연과 일체로써 보는 도가의 방위관념이 비교된다. 이와 같이 성인이 남면하여 바라본 대상을 『易傳』에서 살펴보고 그 방위관념을 卦象에서 도출하려고 한다.

『주역』의 괘상은 방위에서 논해지는데 자연현상을 본뜬 것이기 때문이다. 『역전』 「설괘전」[15]에서 帝는 방위로 배열된 8괘를 차례대로 운행하는데 그 가운데 남방의 괘를 離라고 한다. 이 괘상과 괘의는 다음과 같이 전한다.

> 帝는 震에서 나오고 巽에서 가지런하다. 離에서는 서로 드러나며 坤에서 도움을 다 한다. …〈중략〉… 진은 동방이다 … 손은 동남방이다 … 리라는 것은 밝음이오, 만물이 모두 서로 드러나니(相見) 남방의 괘이다. 성인이 남면하여 천하 만 백성에 귀 기울여 듣고, 밝음을 향하여 다스리니 이는 모두 대략 여기서 취한 것이다.[16]

여기서 일단 帝가 무엇인지에 대한 판단을 유보하고 震, 巽, 離, 坤인 4괘를 방위로서 구분하여 진을 동방으로, 손을 동남방으로, 리를 남방으로, 곤을 남서방으로 각각 배정한 방위에 주목한다. 이어지는 4괘는 兌가 서방에, 乾은 서북방에, 坎은 북방에 艮은 북동방에 각각 배정된다. 그러므로 모두 8괘를 8방위에 배정시켜 볼 때 사람의 시선이 닿을

---

15 방인, 『다산 정약용의 『주역사전』 기호학으로 읽다』, 208~209쪽, 참조. "주역에서 팔괘의 물상을 기록해 놓은 문헌이 바로 설괘전이다. 정약용은 설괘전을 버리고 주역을 이해하려는 것은 육률을 버리고 음악을 하려는 것과 같다고 말한다."

16 『주역』「설괘전」, 帝出乎震, 齊乎巽, 相見乎離, 致役乎坤, 說言乎兌, 戰乎乾, 勞乎坎, 成言乎艮. 萬物出乎震, 震, 東方也. 齊乎巽, 巽, 東南也. 離也者, 言萬物之潔齊也. 離也者, 明也, 萬物皆相見, 南方之卦也. 聖人南面而聽天下, 嚮明而治, 蓋取諸此也.

수 있는 천체의 운행범위는 앞의 4괘인 동쪽〈동남쪽〈남쪽〈남서쪽과 서쪽까지이다. 이는 제가 운행한 방위범위이기도 하다. 위 설괘전에서 남방을 가리키는 리괘는 성인이 남면하여 천하의 만백성에게 귀기울여 듣고 밝음을 향해 다스리는 뜻을 취한 것이다. 성인이 南方하여 무엇을 본받을 수 있어서 백성들에게 남면하여 밝음을 향하여 다스린다고 하였을까. 성인이 본받은 현상을 천체의 운행으로 보면 物象으로는 하루 중 가장 높이 떠오른 해이거나 연중 하지 때의 가장 높은 고도에 위치하는 해가 될 것이다.

하루 중 혹은 연중 해의 운행은 시간 차에 따라 동쪽에서 서쪽으로 이동하는 가운데 남쪽에서 가장 높이 떠오른다. 이날은 하루 중 정오와 연중 하지 때이며 이때 해가 위치하는 방위는 정남향이다. 이때의 해는 운행고도에서 가장 높은 곳에 이른다. 따라서 해가 남쪽에서 가장 높이 떠 오르며 가장 밝게 비추는 이때에 만물이 모두가 서로 잘 드러난다. 『역전』「설괘전」에서 離卦는 8괘의 하나로 남방에 해당되며 物象으로는 불과 밝음이며 '해[日]'가 대표된다. 卦意로써 리괘는 직접적으로 해를 가리키기보다는 해가 지나는 자리, 남방에서 가장 밝게 빛나는 때이기도 하다. 그래서 괘사에서 '성인이 남면하여 천하의 일을 듣는데 밝음을 향하여 다스린다고' 한 것은 리괘의 象을 취했기 때문이다. 『역전』에서 리괘는 "해를 '大明'이라 칭하고 또 '明'이라고도 칭하였다. '作'은 『석문』에 정현이 '起'라고 하니 떠오른다는 뜻이다. 리괘는 위아래 괘가 모두 리이다. 리는 해이고 밝음이다."[17] 또 하나는 "'大人'은 「문언」

---

17 김상섭, 『주역-역전』上傳, 離卦, "'明兩作, 離.", 지호출판사, 2013.(이 책은 krpia[한국의 지식컨텐츠]에 실려 있습니다. 다만 이 책의 페이지표시가 없어 본고의 주석과

에서 "해와 달과 더불어 그 밝음을 합하는 사람"이라고 하였다. 정이는 "대인을 덕으로 말하면 성인이고 자리로 말하면 왕이 되는 자다."라고 하였다. '四方'은 곧 천하이다.[18]

일월성신 및 하늘을 관측한 고대 중국인은 현대인이 보는 자연현상과 같았으나 고대인이 인식했던 천체운행의 구조는 오늘날과 다르다. 고대인이 인식했던 천체구조에 대한 원시적인 형태는 하늘은 위에, 땅은 아래에 있다는 데서 비롯된다.[19] 고대인의 천체구조론에 대한 초기 관념은 대략 개천설과 혼천설에서 설명된다.[20] 이 두 이론에 기대면, 하늘의 형태에 대해서 평면이나 곡면으로 여기는 개천설인데 한편으로 혼천설에 의해 분명히 천구개념을 보인다. 하늘과 땅의 위치 관계에 대해서 개천설을 평행한 상하 구조를 상정하는데 반해 혼천설은 하늘이 땅을 밖에서 감싸고 있는 내외구조로 파악된다.[21] 따라서 앞의 『역전』에서 팔괘의 운행은 개천설보다는 천구로써 구조되는 혼천설에 더 근접하는 것으로 보인다.

易은 고대인이 관찰한 자연현상을 점복에 이용한 것이다. 그럼에도 역에는 고대인의 우주관이 담겨있는 공간과 시간에 대한 총체적인 관념이 내재되어있다. '설괘전'에서 帝가 순차적으로 운행하는 방위는

참고문헌에 기록할 수 없음을 양해바랍니다.)

18 김상섭 역해, 『주역-역전』, 지호출판사, 2013. 上傳, 離卦. '大人以繼明照于四方' 이하 내용은 krpia에서 참조.

19 이문규, 『고대 중국인이 바라본 하늘의 세계』, 문학과지성사, 2000, 281쪽.

20 중국의 전통적인 천체구조 이론을 체계적으로 소개한 가장 오래된 사료는 『진서』「천문지」의 '천체조'이다. 여기서 개천설. 선야설. 혼천설. 안천설. 궁천론. 혼천론. 모두 여섯 가지의 천체 구조론을 다루었다.(이문규, 같은 책, 279쪽.)

21 이문규, 위의 책, 327쪽.

고대인의 천체구조를 짐작하게 한다. 앞서 帝가 8방위를 운행하는 점
에 대해 제에 대한 해석은 분분하다. 대체로 네 가지로 정리되며 하늘,
조물주, 천체, 만물 등으로 말해진다.[22] 선진유가와 같이 남송대 주희
도 하늘을 주재자로 인식하는데 당시의 중국인들이 고대인과 마찬가지
로 하늘과 모든 천체가 지구를 중심으로 돈다고 생각했기 때문이다.
이를 주희와 그의 제자가 문답한 『주자어류』「理氣 下」에서 천체의
운행 도수로써 설명하는데 다음과 같다.

> 하늘이 하루에 한 바퀴 돌아서 땅과 한번 만나고 다시 1도를 지나는데
> 해는 곧 그 달려간 곳에 이르게 되어 1도 오르지 못한다. 달은 13도에
> 미치지 못하고 하늘은 하루에 1도 초과하니 365도 1/4도에 해가 도달한
> 다. 더불어 해가 한번 돌게 되면 바로 일 주기(일 년)가 된다.[23]

---

22 김상섭, 『주역-역전』, 지호출판사, 2013.(설괘전 5장, '帝出乎震'에서 '帝'에 대해 몇
  가지 해석을 다음과 같이 소개한다. 첫째, 조물주로 본 것이다. 왕필은 "'제'는 만물을
  낳는 주인이고, 자라나게 하는 근원이다.(帝者, 生物之主, 興益之宗)"라고 하였다. '帝'
  는 천지 만물을 주재하는 조물주로 파악된 것이다. 공영달은 이를 '天帝'라고 하였다.
  유백민, 진고응도 조물주로 해석하였다. 둘째, 氣로 본 것이다. 최경은 "'제'는 하늘의
  으뜸 기이다. 춘분에 이르면 곧 진왕이니, 만물이 생겨난다.(帝者, 天之王氣也, 至春分則
  震王, 而萬物生出)"고 하였다. '帝'를 만물을 주재하는 원기로 파악한 것이며, 팔괘의
  '왕'으로 설명하였다. 셋째, 하늘로 본 것이다. 유염은 "'제'는 곧 하늘이다. 이것이 만물을
  주재하므로 제라고 한다.(帝卽天也, 以其主宰萬物, 故謂之帝)"고 하였고, 주희는 "제는
  하늘이 주재하는 것이다.(帝者, 天之主宰)"라고 하였다. 하늘이 만물을 주재한다는 말이
  다. 넷째, 고형은 '帝出' 아래에 萬物 두 글자를 생략하였다. '帝'는 天帝이다. '제출호진'
  은 천제가 진에서 만물을 내었다는 말이지, 천제가 진에서 나온다는 말이 아니다. 뒤
  구절에 '만물은 진에서 나온다(萬物出乎震)'고 한 것이 그 증거이다."라고 하였다.
23 『朱子語類』卷二,「理氣 下, 天地 下」, "天一日周地一遭更過一度 日卽至其所起不上一度
  月不及十三度 天一日過一度 至三百六十五度四分度之一則及日矣. 與日一般是爲一期."

이와 같이 고대로부터 남송대의 유학자들은 하늘과 일월성신이 모두 땅[지구]을 중심으로 운행한다고 여겼다. 주희와 그의 제자들은 리기론을 이해하는 방법을 당시의 천체구조론과 천문현상에서 찾으려고 했다. 그래서 그들은 하늘이 하루에 한 바퀴 돌아서 지구와 한번 만나고 다시 1도를 지난다고 한다. 이러한 천체구조론은 현대과학이 밝힌 태양을 중심으로 지구가 도는 공전과 자전에 입각한 것이 아니다. 오직 지구를 중심으로 모든 천체가 운행한다는 관념으로 이해한 결과이다. 이러한 현상을 오늘날에는 겉보기 운동이라 하는데 고대나 현대가 모두 동일하다. 그러므로 하늘이 하루에 한 바퀴 돌아서 땅과 한번 만나 지구를 중심으로 도는 현상은 지구의 자전 때문이고 1도를 지난다는 것은 지구의 공전에 의한 현상이다. 고대 중국인의 천체구조론에 의하면, 지구를 중심으로 하늘과 일월성신이 돌고 돌아 일 년에 하늘과 해가 角宿에서 다시 만나게 되어 1년이 된다.

이러한 배경에서 볼 때 『역전』, 설괘전에서의 진, 손, 리 그리고 감, 태로 운행하는 帝는 아마도 해가 될 것이다. 따라서 帝가 고대인의 시각에서 하늘이라 여겨질 수 있어도 오늘날 천체구조론에 따른 방위운행의 관점에서는 해에 해당된다.

3. 曆象授時에서의 南面

1) 中星을 정하는 일과 남면

역상수시는 성왕의 일이다. 『상서』 요전을 보면 요임금은 이 일을 직접 하지 않은 것 같다. 희화에게 그 일을 명하고 각기 사방위로 파견시켰기 때문이다. 희중과 희숙은 동쪽과 남쪽, 화중과 화숙은 서쪽과 북쪽으로 보내졌고, 동쪽과 서쪽에서 해의 출입 때 각각 해를 공손히 제사지냈다. 그 방위에 사는 백성들의 경제활동을 돕고 그 시기의 절기를 바로 잡아 때를 알려주었다.[24] 그러므로 희화는 직접적으로 천체의 운행을 관측하였고 사방위에 배정되는 각 지방에서 때를 바로 잡는 일을 한 것이다.[25] 따라서 역상수시는 희화가 요임금을 대신한 일이고 요임금은 남면하여 그 뜻을 나타냈다.

고대 중국인은 曆을 산출하기 위해 하늘[천문]을 관측하여 일월성신을 살펴서 그 象으로써 시각을 정하였다. 낮에는 해의 길이를 규표로 측정하는 해시계로 알 수 있었고, 밤에는 漏刻과 같은 물시계로 그 시각을 구할 수 있었다. 『상서』「요전」에 근거하면 당요시대에 역상이 이루어졌는데 中星 관측에 의해 四時의 절기를 바로잡았기 때문이다.[26] 그래서 요임금은 四時에 해당되는 사방위에 희씨와 화씨를 보내서 이분이지 때 남중하는 각 중성과 그때 해의 위치를 28수로 확인하였다. 절기를 정하는 기준이 28수로 삼은 까닭은 하루 중 昏과 曉시각에 남중하는 별이기 때문이다.

유가에서 소략하지만 冊曆하는 과정의 기록과 하늘을 흠숭하고 공

---

24 『書經集傳』卷1,「虞書·堯典-04」, 分命羲仲 宅嵎夷 日暘谷. 寅賓出日 平秩東作. ;「虞書, 堯典-06」, 分命和仲 宅西 日昧谷 寅餞納日 平秩西成.

25 『書經集傳』권1,「虞書·堯典-04」, "平秩東作, 日中 星鳥 以殷仲春 厥民 析 鳥獸 孶尾." ;「虞書, 堯典-06」, "平秩西成 宵中 星虛 以殷仲秋 厥民 夷 鳥獸 毛毨."

26 JI Hyunjoo, "The Relationship between Directions and the Four Seasonal Points: A Study of the Equinoxes and Solstices in "Yao dian"", Journal of Philosophy and Culture』, Institute of Confucian Philosophy and Culture Sunkyunkwan University, February 2016, pp.43~48.

경으로 맞이하는 의례가 함께 실린 경전으로는 『상서』. 「요전」이 유일
하다. 「요전」에는 요임금이 義氏와 和氏에게 日月星辰을 살피고 본받
아 백성들에게 時를 알려주도록 명령한다.[27] 이에 따라 日月을 비롯한
28수 등의 별자리를 관측하여 正朔을 바르게 한다. 이를 위해 요임금은
희화를 네 방위에 파견하여 각각 거주하게 하고, 각 방위에서 해의 움
직임을 관측하게 하여 사시를 바르게 정하도록 명령한다.[28] 따라서 「요
전」에서의 희씨와 화씨는 요임금을 대신하여 역상에 의한 책력 제정과
반포 및 의례행사를 행하였다.

「四仲中星圖」[29]는 「요전」에서 희씨와 화씨가 사방위에 파견되어 수
행한 역상수시의 내용을 구체적으로 보여준다. 〈그림 1〉에 그려진 네
개의 원은 二分二至로 중춘, 중하, 중추, 중동 때 관측된 중성이 자오선
에서 남중하는 지점을 12次로 배정한 것이다. 여기서 각 절기에는 초저
녁 무렵 해가 모두 酉 방향에 있는데 이때 28수 가운데 南中하는 별이
중성이 된다.[30] 그래서 요임금은 당요시대에 남중하는 星鳥와 星虛를
헤아려 춘분과 추분을 바로잡았으며, 星火와 星昴를 관측하여 하지와
동지를 바로 잡을 수 있었다.

이 12地支 배열의 특징은 남쪽에 午를 배정하고 그 맞은편 아래를
북쪽으로 子가 오도록 남북을 맞춘데 있다. 사방위에서 성인이 남면하

---

27 『尙書』, 「虞書·堯典」卷2, 乃命羲和 欽若昊天 曆象日月星辰 敬授人時.
28 『尙書』, 「虞書·堯典」卷2, 分命羲仲 宅嵎夷 曰暘谷. 寅賓出日 平秩東作.; 申命羲叔
　 宅南交. 平秩南訛 敬致.; 分命和仲 宅西 曰昧谷 寅餞納日 平秩西成.; 申命叔 宅朔方
　 曰幽都 平在朔易.
29 『서경집주』의 「사중중성도」를 간략히 그린 〈그림 1. 四仲中星圖 / 춘분과 추분, 하지와
　 동지〉를 참조하시오.
30 『서경집전』, 부록, 『서전도』, 「사중중성도」 참조.

는 모습은 子의 방향에 등을 보이고 午의 방향으로 바라보아야 한다. 〈그림 1〉은 북쪽인 子를 원의 아래쪽에 배정한 것에 반해 남쪽인 午를 원의 위쪽 천정에 배정한 것이다. 이는 해가 운행하는 가운데 자오선 상 남쪽에서 가장 높이 떠오른 모습을 본뜬 것이다.[31] 따라서 「사중중성도」에는 성인이 남면하여 자오선 상에서 남중하는 중성을 관측한 기록을 담고 있다.

각 원의 구조는 우주공간으로써 동서남북에 각각 四時의 절기를 바로 잡은 중성과 해의 위치를 보여준다. 예컨대 〈그림 1. 四仲中星圖〉에서는 춘분 때 초저녁에 해는 묘수에 있는데 중성은 星鳥이다. 恒宿로써 28수는 중성이 되지만 매년 51秒씩 동쪽으로 이동하기 때문에 고금의 중성이 같지 않게 되는 원인이 된다.[32] 이 때문에 매일 혼효 때의 관측이 필요하다. 중성으로 관측되는 28수는 역시 해의 위치를 알게 해준다.[33] 그러므로 하루와 절기는 해의 시간길이와 중성으로써 정해진 것이다. 따라서 성왕이 정확한 때를 바로잡기 위해서는 남면하여 중성을 관측하는 일이 매우 중요하였다.

---

[31] JI Hyunjoo, "The Relationship between Directions and the Four Seasonal Points: A Study of the Equinoxes and Solstices in "Yao dian"", op. cit., 2016, pp.35~38.

[32] 서호수·성주덕·김영 저·이은희·문중양 역, 『국조역상고』, 소명출판, 2004, 68쪽.

[33] 이은성, 『역법의 원리분석』, 1985, 203쪽. (28宿는 황도 부근의 특별한 별들을 목표로 하여 정한 별자리이다. 춘분에 조성이 남중할 때 태양의 위치는 '酉' 방위의 묘수자리에 있다.)

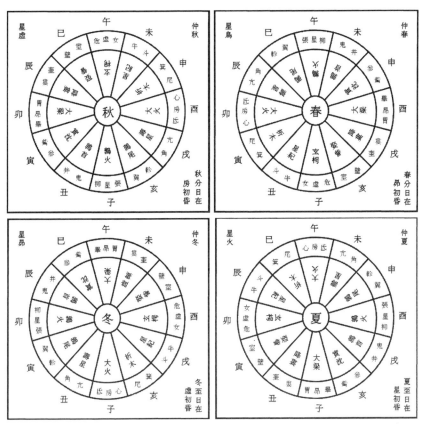

〈그림 1〉四仲中星圖 / 춘분과 추분, 하지와 동지[34]

백성에게 반포되는 時는 하루와 연중 절기를 바르게 한 曆이다. 曆象授時는 성왕의 일인데 고대에만 해당되는 일은 아니다. 가까운 조선에서도 제왕의 일로써 授時와 齊政의 중요성을 일찍이 政事에 적극적으로 반영하여 적용하였다. 세종대 이순지에 의해 편집된『제가역상집』

---

34 JI Hyunjoo, op. cit., 2016, p.42(그림2-1, 2-2)

은 고대에서 남송대까지 중국의 천문역상에 관한 기록들을 가려 뽑은 자료집이다. 그리고 정조대 서호수의 책임아래 편찬된『국조역상고』는 조선 태조에서 정조대에 이르기까지 역대 역상에 관한 모든 자료들을 수집하고 정리하여 편찬한 것이다. 이 책에 실린 권근의 천문도 발문에는 왕조시대에 역상수시가 政事 가운데 가장 우선하는 일이었음을 다음과 같이 밝히고 있다.

> 제가 요새 생각해보니 예로부터 국왕이 하늘을 받드는 정치를 하면서 역상과 수시를 급선무로 여기지 않음이 없었습니다. 요임금은 희화에게 명하여 사시의 질서를 알아내도록 하고 순임금은 선기옥형을 관찰하여 칠정을 살폈습니다. 이것은 진실로 하늘을 공경하고 백성의 일에 힘쓰는 데에 시기를 늦출 수 없다고 생각한 것입니다.[35]

성왕의 일이란 천문과 지리를 살펴 그 길흉을 밝히는 易이면서 백성들에게 때를 알려주는 曆이기도 하다. 그렇다면 성인은 남면하여 무엇을 하였겠는가. 성인은 남면하여 昏曉에 남중하는 중성을 확인하고 때를 바로잡아 백성에게 역을 반포하였을 것이다.

성왕은 역상수시를 위해 일월의 운행과 28수가 사방위에 배정되는 도수를 당시의 태양력의 각도로 나누었는데 해와 달이 만나는 곳이다. 이곳을 辰이라 하는데『서경집전』에 실린 「역상수시도」에는 이를 다음과 같이 설명한다.

---

35 서호수·성주덕·김영 저, 이은희·문중양 역, 『국조역상고』, 2004, 215쪽.

　　하루에 해가 1도씩 운행하고 달은 13도 19분의 7도씩 운행하며 별은 사방의 중성이다. 각항저방심미기 대략 75도, 두우여허실벽 대략 98도 4분의 1도, 규루위묘필자삼 대략 80도, 정귀유성장익진 대략 112도 모두 365도 4분의 1도이다. 진은 해와 달이 만난 곳이다. 정월에 해에서 만나면 진은 추자가 되고 〈중략〉 11월에 축에서 만나면 성기가 되며 12월에 자에서 만나면 현효가 된다.[36]

　　성왕은 역상하여 일 년을 12개월로 나누었는데 해와 달이 만난 달을 12次라고 한다. 이 방향에 북두칠성의 斗建이 가리킬 곳을 12地支에 각각 배당시켜, 하늘에서 일정한 질서를 잡는 기준이 되는 28수를 365도 4분의 1의 도수로 삼아 원형 가장자리에 빙 둘러놓는 틀에서 하늘을 관측할 수 있었다. 그래서 일월성신의 운행질서를 본뜬 역상에서 해와 달이 만난 달[월]을 정하고 해마다 정확한 때를 중성으로써 확인할 수 있었다.

　　고대인은 하루의 시각을 주야로 나누고 주야의 시간 길이를 재었다. 해가 하루 동안 출입하는 시각과 연중 절기시각을 재기 위한 것이다. 주야의 시각은 절기에 따라 태양의 적위 값과 관측지방의 위도 즉 북극고도에 따라 달라진다. 이 때문에 북극고도와 해의 운행에 따른 적위에 따라 값을 잰다.[37] 정확한 시각을 구하기 위한 과정은 매일, 매달, 혹은

36　『書經集傳』「曆象授時圖」, "日行一度 月行十三度十九分度之七 星者四方之中星也 角亢氏房心尾箕 凡七十五度 斗牛女虛危室璧 凡九十八度四分度之一 奎婁胃昴畢觜參 凡八十度 井鬼柳星張翼軫 凡百一十二度 共爲三百六十五度四分度之一 辰則日月所會也 正月會亥辰爲娵訾 …〈중략〉… 十一月會丑辰爲星紀 十二月會子辰爲玄枵."

37　서호수·성주덕·김영 저·이은희·문중양 역, 같은 책, 2004, 44~45쪽(45쪽의 주51) 참고.

매년의 남중하는 28수의 한 점으로 昏曉에 그 시각을 기록하는 것이다. 남중하는 천체는 남방에서 높이 떠올라 자오선의 중앙에 위치하는 때가 된다. 그러므로 남중하는 별을 관측하는 이유는 시간길이를 재어 정확한 때를 알기 위해서이다. 이처럼 성왕은 그의 몸을 공손히 남면하여 남북자오선의 중앙을 지나는 중성을 관측하려면 그 방향을 응시해야 한다. 따라서 남면하는 성인은 남중하는 천체와 마주하고 曆象을 살펴서 時를 바르게 잡을 수 있었다.

2) '恭己正南面'과 '聖人南面而聽天下'

이 절에서는 순임금이 한 '공기정남면'은 어떤 행위이며 의미를 나타낸 것인지를 살피고자 한다. 먼저 恭己는 자신을 공경하는 것이다.[38] 『예기』, 예운 편에서 "정치는 군주가 자신의 몸을 감추는 것이다. 이를 정치가 하늘을 근본으로 하여 명을 내린 것을 본받기 때문이다.[39]고 한다. 여기서 몸을 감춘다는 것은 편안한 것인데 군주는 정치가 나오는 곳이기 때문에 바르지 않다면 군주의 자리는 위험하다.[40] 그래서 군주의 정치는 하늘을 근본으로 하여 본받아 모범으로 삼아 아래로 그 명을 베푸는 것이다.[41] 이를 위해서는 무엇보다 군자의 修身이 가장 중요하다.[42] 그러므로 순임금의 '공기'는 치도에 임해서 하늘의 명령에 따르는

---

38 『論語古今注』「衛靈公」, 子曰 無爲而治者 其舜也與 夫何爲哉 恭己正南面而已矣. 補曰 "恭己 猶敬身."

39 『禮記』, 「禮運」, 故政者 君之所以藏身也. 是故夫政必本於天殽以降命 命降于社之謂殽地 降于祖廟之謂仁義 降於山川之謂興作 降於五祀之謂制度 此聖人所以藏身之固也.

40 『禮記』, 「禮運」, 陳澔 注, "藏猶安也. 君者政之所自出 故政不正則君位危."

41 『禮記』, 「禮運」, 陳澔 注, "君之政必本於天而效法之以布命於下也."

방법으로써 자신의 몸을 편안히 하여 공경해야함을 말한다. 성인이 백
성을 다스리기 위해서는 무엇보다도 스스로를 공경함으로써 만물에게
도 미칠 수 있도록 해야 한다. 따라서 공기는 성군의 치도에 있어 반드
시 선행되어야 하는 성인의 修身이다.

　그런데 순임금의 공기정남면은 '공기'한 성인이 '정남면'한 것인지,
혹은 남면을 위해 공기하였는지의 구분이 필요하다. 왜냐하면 두 경우
가 서로 뜻을 달리하기 때문이다. 전자는 공기하여 남면한 경우인데
성인이 자신의 몸을 공손히 하여 남면한다는 뜻이다. 후자는 남면하기
위해 공기한 것으로 볼 수 있다. 치도를 위해 성인의 '공기'가 중요한
이유는 아마도 『예기』, 곡례에서와 같이 '禮는 敬하지 않음이 없다'[43]는
뜻에 있을 것이다. 敬이 행동으로 나타날 경우에 있어서 다산의 논의는
매우 적실하다. 그에 따르면 "敬은 향하는 곳에서 삼가는 것인데 향하
는 곳이 없으면 공경할 곳도 없다."[44]고 한다. 이 말은 다산이 순임금의
'공기정남면'을 정남면하기 위한 공기로써 본 것임을 알려준다. 그러므
로 공기정남면은 바르게 남면한 곳을 향하기 위해 그의 몸을 공경히
한 것이다. 이러한 해석은 『역전』, 설괘전에서 "성인은 남쪽을 향하여
천하의 일을 듣고 밝음을 향하여 다스리니 대개 여기서 취한 것이다."[45]
라고 한 것과 뜻을 같이 한다. 따라서 성인이 남면하여 그의 백성을

---

42 『禮記』,「曲禮 上」, 曲禮曰 毋不敬, 朱子曰, "首章言君子修身."

43 『禮記』,「曲禮 上」, 曲禮曰 毋不敬.

44 『論語古今注』,「雍也」, 子曰 雍也. 可使南 仲弓問子桑伯子. 子曰可也簡. 仲弓曰居敬
　　而行簡. 以臨其民. 不亦可乎. 居簡而行簡. 無乃太簡乎. 子曰雍之言然. 補曰 "居謂持己
　　以自處也. 行謂施令以治人也. 敬謂謹於所嚮. 無所嚮則無所敬."

45 『易傳』,「說卦」, 聖人南面而聽天下, 嚮明而治, 蓋取諸此也.

향해 천하의 일을 듣기 위해서는 '공기정남면'이 전제되어야 한다.

그리고 다산은 '정남면'을 "그 자리에서 있으면서 움직이지 않는다."
고 해석하는데[46] 여기서 '그 자리에 있으면서 움직이지 않는 것이다.'라
고 한 말은 지금까지의 정남면을 이해하는데 방해되는 언술일 수 있다.
하지만 그 자리에서 움직이지 않는 모습은 중요한 행위일 수 있다. 왜
냐하면 昏曉에 남중하는 중성을 정하기 위해서는 바르게 남면해야하기
때문이다.

4. 聖人의 治道와 陰陽의 방향

지금까지 살펴본『주역』과『역전』 그리고 괘사의 공통점이 있다면
易은 하늘을 본받은 것이라 점이다. 대개 우리의 몸은 시선이 향하는
방향으로 향하게 된다. 성인도 천지가 드러내는 것을 살펴 본뜨기 위해
서『역전』「설괘전」에서와 같이 위로 하늘을 향하고, 아래로 땅을 향하
였다. 그래서 성인은 때를 바르게 잡아 절기를 정하는 曆을 제작하고
천지만물이 음양에 따라 변화하는 易의 이치를 백성들이 길흉으로 깨
닫도록 하였다.

성인남면의 용례는『논어』를 비롯하여『장자』 전편에 모두 보인다.
다만 공자는 무위치자로 칭한 순임금을 성인이라 하는데 반해『장자』

---

46 『與猶堂全書』,『論語古今注』,「衛靈公」, 子曰 無爲而治者 其舜也與 夫何爲哉 恭己正
南面而已矣. 補曰 "恭己 猶敬身. 謂篤恭而端坐也. 正南面. 謂居其位而不動也. 易曰嚮
明而治."

에서는 天子 혹은 王者로써 남면한 君主를 가리킨다.[47] 성인이 무위로써 다스린다는 것은 『역전』에서 말하는 '성인이 백성의 마음을 감화시켜 천하를 和平하게 함'[48] 뜻한다. 무위와 유위로써 그 사상적 차이가 극명할지라도 성인남면에 대한 공자의 말과 이에 대한 주희의 해명은 무위에 있다. 이 장에서는 무위치자로 표상되는 성인이 남면하여 향한 대상을 그의 치도에서 밝히고자 한다.

『논어』「위정」편에 공자는 덕으로써 정치함을 비유하여 북극성이 제자리에 머물러 있으면 뭇별들이 그것으로 향하는 것과 같다고 말한다.[49] 주희는 덕으로써 하는 정사를 무위라고 하는 데 반해 정이는 덕으로써 한 뒤에야 무위가 될 수 있다고 한다. 무위로 해석되는 지점은 북극성을 향해 도는 뭇별들과 같이 백성들이 덕으로써 정사하는 군주를 향하는 데 있다. 이를 무위치도라고 하거나 그것의 결과라고 한다. 그러나 북극성을 향해 뭇별들이 향하는 비유를 성인남면이라고 여기면 이는 매우 큰 착오이다. 왜냐하면 성인남면은 성인이 남면한 주체인데

---

47 『莊子』에서는 남면이 천하를 다스린다는 군주로 쓰는데 이를 天子, 王者, 혹은 君主 등의 뜻으로 쓰인다.(「내편」「제물론」, 「덕충부」; 「외편」「천지」, 「지락」; 「잡편」「도척」)

48 『易傳』「咸卦」, 彖曰 咸, 感也. "聖人感人心而天下和平."; 『고려사』 최승로전, "易曰聖人感人心而天下和平. 語曰 無爲而治者其舜也歟 夫何爲哉 恭己正南面而已 聖人所以感動天下人者以其有純一之德無私之心也."

49 『論語』「爲政」, 子曰 爲政以德 譬如北辰居其所 而衆星共之. 集註, "居其所 不動也, 共 向也" 여기서 북극성을 향하여 뭇별들이 돈다는 뜻으로 주자 주를 따랐다. 이와 달리 다산은 『논어고금주』에서 "居其所 謂北極一點 正當子午線 眞南北之位也. 補曰共 者同也."라고 하여 共을 同으로써 '함께'라고 보았다. 본고가 『논어』「위정편」의 '북진 [북극성]과 뭇별간의 비유'를 가져온 배경은 기존의 학설에서 이를 무위로써 해석하는 점에 있어서이지, 성인남면의 무위지치의 사례로써 인용한 것이 아니다. 따라서 본고가 선택한 주자 주는 향배의 관점에서 성인남면을 해석하려는 의도이지 다산의 설과의 대립과 이견을 말하려는 것이 아니었다.

반해 북극성의 비유에서 중심을 향해 사방위를 돌고 도는 것은 북극성
이 아니라 뭇별들이다. 향배의 주체와 대상이 서로 다르기 때문이다.
중심에서 움직이지 않는 북극성과 달리 백성들에 비유되는 뭇별들은
중심을 향하면서 끊임없이 돌고 도는 주변에 위치한다. 그러므로 북극
에서 중심을 향하는 뭇별과 북극성의 비유에는 주변과 중심만이 존재
한다. 이는 주종의 상하관계로 규정되는 위계질서를 상정한다. 결과적
으로 북극성과 뭇별들 간에는 남면하는 성인을 발견할 수 없다. 또한
서로가 밝게 드러나는 離卦의 모습도 아니다. 성인이 남면하여 서로가
밝게 드러난다는 '리괘'와 북극성의 비유는 서로 향배가 다르기 때문에
그 의미도 달라진다.

그래서 성인은 자신의 몸을 공경히 하고 바르게 남면하여 천지를
살펴 무엇을 하였을까. 『역전』 계사 상에는 易을 통해서 성인의 치도를
안다고 다음과 같이 전한다.

> 易은 천지와 같다. 그러므로 天地의 道를 두루 포괄할 수 있다. 우러러
> 천문을 살피고, 굽어 지리를 살피니, 그러므로 어둠과 밝음의 까닭을 안
> 다. 시원을 살피고 종말을 밝히니, 그러므로 죽음과 삶의 도리를 안다.[50]

위에서 '역이 천지와 같다'는 표현은 다음의 계사 상에서도 다시 볼
수 있다.

---

50 『周易』「繫辭 上」, 易與天地準, 故能彌綸天地之道. 仰以觀於天文, 俯以察於地理, 是
故知幽明之故. 原始反終, 故知死生之說...〈생략〉.

(역은) 천지와 서로 같으니, 그러므로 어긋나지 않는다. 만물의 이치를 두루 알고 도는 천하를 구제하니, 그러므로 그릇되지 않는다. 행위는 반듯하여 어긋나지 아니하고, 하늘의 뜻을 즐기고 운명을 알게 되니, 그러므로 근심하지 않는다. 자신의 자리에 편안히 처하여 仁을 돈독하게 하니, 그러므로 사랑할 수 있다.[51]

위 계사에서 밑줄 친 "相似'에 대한 俞琰의 해석은 '역은 천지와 같고, 천지는 역과 같으니 피차 서로 같은 것이다. 대개 천지는 하나의 음양이요, 역 또한 하나의 음양이다.'"라고 하였다.[52] 다산 역시 "주역의 역은 日月이고 일월은 陰陽이다."[53]라고 하는데 자연현상으로써 일월의 변화를 상정한 것이 易이기 때문이다.[54] 고대 성인이 남면하여 우러러 천문을 관찰하고 굽어 지리를 살핀 뜻은 어둠과 밝음의 까닭을 알기 위한 것으로 귀결된다. 여기서 어둠과 밝음은 곧 음과 양의 이치이며 성인의 일 가운데 우러러 본 천문은 양의 일을 말하며, 굽어 본 지리는 음의 일로써 말한 것이다. 이러한 까닭에 성인은 천지를 살펴 괘와 상을 그려서 易으로써 천지, 길흉을 밝혔다고 다음과 같이 말한다.

天地를 성인이 살펴 卦를 그리고, 象을 살펴 占書로써 길하고 흉함을 밝혔다고 한다.[55]

51 『주역』「계사 상」, 與天地相似, 故不違. 知周乎萬物, 而道濟天下, 故不過. 旁行而不流, 樂天知命, 故不憂. 安土敦乎仁, 故能愛.
52 김상섭, 『주역-역전』, 지호출판사, 2013. 계사 상 4장 중 '與天地相似, 故不違'의 해석에서 유염의 글을 인용하는데 본고는 이 "相似者, 易似天地, 天地似易, 彼此相似也. 蓋天地一陰陽也, 易亦一陰陽也"라고 한 구절을 재인용하였다.
53 이을호, 같은 책, 248쪽, 인용문에서 "易者日月也 日月者陰陽也."
54 이을호, 『다산역학 Ⅰ』, 249쪽.

공영달은 "성인이 괘를 처음 그릴 때, 물상을 살피지 않음이 없었고, 물상을 본뜬 후에 괘상을 베풀었으니, 곧 길한 것이 있고 흉한 것이 있다.[56]"라고 하여 자연계의 물상을 본떠 괘상을 만들었다고 한다. 따라서 성인의 일은 역상수시와 易의 제작이었다. 성인은 천지를 살펴 만사의 이치를 아는 易을 통해 앞으로의 길흉을 예측한다. 이러한 易은 어떻게 생겨났을까. 易은 자연현상으로써 日月의 변화를 상정한 것이라 하는데 다산은 역의 유래를 다음과 같이 말한다.

『역』은 日月이고 일월은 陰陽이다. 卦變의 방법은 양이 가면 음이 오고 음이 가면 양이 오는 것이다. 이것은 日과 月이 서로 바뀌는 것이다. 〈생략〉[57]

이처럼 曆과 易 그리고 禮도 모두 자연현상을 본받은 것에서 비롯된다. 명대의 『주역전의대전』에는 주역의 의미를 간명하게 정의하기를 "성인이 천하의 뜻과 통하고 천하의 대업을 정하고 천하의 의심을 결단하여 백성의 일을 앞서 인도하기 위하여 만물의 형상을 본떠 만들었다."고 한다.[58] 따라서 제왕의 일은 매일 하늘을 공경히 관찰하여 일월성신의 현상을 본떠서 그의 백성들에게 四時를 바르게 알려주는 데 있다. 이 점에서 曆法은 帝王學이다. 무엇보다 때를 아는 것이 經世濟

---

55 『주역-역전』「계사상」 2장, 聖人設卦, 觀象, 繫辭焉而明吉凶.
56 김상섭, 앞의 책, 계사 상 2장, 觀象, 繫辭焉而明吉凶(悔吝), "聖人設畫其卦之時, 莫不瞻觀物象, 法其物象, 然後設之卦象, 則有吉有凶."
57 이을호, 『현암이을호전서 2·다산역학연구 Ⅰ』, 다산학연구회, 한국학술정보(주), 2015, 248~249쪽. ('易有三義說'은 역에는 세 가지 뜻을 포함하고 있다고 하여 易簡, 變易, 不易이 그것이다. 그러나 다산의 역리사법에 따라 역은 변화를 위주로 하는 것인 만큼 변역의 뜻만을 취한다는 입장이다.)
58 신동준, 『주역론』, 학오재, 2015, 7쪽.

民할 수 있는 통치술이기 때문이다.

따라서 성인남면이란 공간으로는 고도에서 성왕이 남면하여 위로는 하늘을 헤아리고 아래로는 땅을 살펴 음양조화의 이치를 나타내고, 시간 으로는 昏時와 曉時에 中星을 관측하여 曆을 바르게 정할 수 있음을 드러낸다. 이런 까닭에 성인은 남면하여 천하의 일을 경청할 수 있었다.

5. 맺음말

지금까지 본고는 고대 중국에서의 성인남면을 古都에서 성왕이 역 상수시하는 관점에서 살펴보았다. 순임금이 무위한 정치란 몸을 공손 히 남면하였을 뿐이었다는 공자의 언설은 피상적인 행위가 아니라 실 제적으로 의미 있는 행위였음을 '공기정남면'에서 살폈다. 이를 위해 성왕이 현실통치에서 행할 수 있는 남면을 역상수시에서 살펴 남면하 는 자의 시선으로 성인남면의 해석을 시도하였다.

유가에서 성인남면이 지닌 담론의 모든 층위에는 공통적으로 '修身'하 는 성왕이 전제된다. 그래서 순임금의 남면에는 신유학의 '수신제가치 국평천하'와 같이 순차적으로 다스리는 대상을 향하고 체득된 덕으로써 백성의 교화가 저절로 이루어지는 점에서 무위라고 할 수 있었다. 그래 서 성인남면에는 성왕이 위로부터 하늘의 명령을 받고, 아래로 지리를 살펴 천지의 이치를 깨우쳐 백성을 교화시키고자 하는 뜻이 있었다.

성인이 남면하여 우러러 하늘을 바라보고 그 드러난 象을 관찰한 이후 이를 본떠서 曆을 제정하고 또한 時를 반포한 일은 성인이 스스로 제작한 것이 아니다. 고도에서 천문과 지리 즉 천지자연이 보여준 역상을 관측하고 헤아린 時를 백성들에게 베푼 것이었다. 그래서 성인은 하늘이 내려준 명령에 따르는 자이기에 그의 몸을 恭己하여 하늘의 象을 본뜬 것을 바르게 남면하여 백성들에게 알려주는 것에서 그친다. 이 때문에 성인은 人爲한 것이 없다. 이 점에서 공자는 순임금을 '무위의 치자'라고 하였다. 따라서 순임금이 한 일이란 자신의 몸을 공손히 바르게 남면한 것뿐이다.

성인남면의 '남면'에는 고대인의 방위관념과 당시의 위계질서가 내재된다. 그러므로 왜 남면인가라는 물음에 대한 답은 성인남면 이전의 남면에서부터 찾아야 했다. 실제로 역상수시에 있어 관측자가 남면하여 남중하는 중성을 관측하는 일이 가장 중요하였다. 時刻을 바르게 정하기 위해서는 매일 고도에서 昏曉에 남중하는 별을 관측해야 하고 이를 위해 성왕은 남쪽 하늘을 향해야 한다. 매일 주야시각이나 연중 사시와 같은 절기를 바르게 정하기 위해서는 28수 가운데 혼효에 남중하는 별로써 그 시각을 바르게 잡아야 했기 때문이다. 따라서 성인남면은 역상수시와 같은 성왕의 일을 형상화한 것이면서 하늘과 땅의 명령을 공경으로 받아들이고 하늘에 경외하고 흠숭하는 제왕의 모습이었다.

성인이 남면하여 하늘과 땅을 본떠 다시 백성을 향하는 일에는 두 가지 의미가 있다. 하나는 위로는 曆象하여 남중하는 중성으로 절기를 바르게 잡고, 아래로는 그 曆을 백성에서 반포하는 일이다. 따라서 역상수시의 의미이다. 다른 하나는 성인이 우러러 천문을 살피고, 아래로 지리를 관찰하여 음양을 조화시키는 일인데 천지의 일을 길흉으로써 드러내는 易은 천지와 백성을 음양의 관계로 대응되는 의미가 있었다.

『논어』「위정」에서 무위치도로 해석되는 북극성은 군주가 덕으로 정치하는 모습에 비유된다. 그러나 북극성을 향해 뭇별이 돈다는 것은 중심을 향해 사방위의 주변이 모인 양상이다.『논어』「위정」에서의 비유는『논어』「위령공」에서 남면하는 순임금의 '공기정남면'과는 다른 의미로 풀이되었다. 중심에서 움직이지 않는 북극성을 향하는 뭇별의 비유와 달리 성인남면의 강조점은 '공기정남면'에서와 같이 성왕이 공손히 바르게 수신한 다음에야 남면할 수 있음에 있다.

고대 중국인들이 하늘을 공경하고 천명으로서 질서를 인정하는 점에서는 사상적으로 분리되지 않는다. 인위적으로 분리되기 이전에는 본래적으로 자연을 본받고자 하였기 때문이다. 그래서 성인은 하늘이 드러낸 象을 살펴 본뜨고 때를 바로잡아 曆을 제정하였다. 때에 따라 고대인은 주야, 사시의 절기에 드러나는 변화양상의 주된 원인을 일월성신의 운행에 따른 것이라고 여겼다. 따라서 성왕이 하늘을 향해 공경으로 그 몸을 바르게 남면한 까닭은 曆象때문이었고, 백성을 향해 남면한 까닭은 授時때문이었다. 결과적으로 고도에서 성왕이 남면한 궁극적인 목적은 백성을 위한 실제적인 치도에 있었다.

지금까지 본 연구의 검토과정에서 드러난 성인이 남면하였던 까닭과 그 의미는 다음과 같이 요약된다.

첫째, 성왕의 일로써 성인남면은 하늘과 땅을 조화시키고 또 천지자연과 천하의 백성을 조화시키는 일이다. 둘째, 성인남면에는『역전』에서와 같이 만물이 서로 밝게 드러나는 남방에서 離卦의 상을 취한 해의 뜻이 있고, 성인남면은 曆, 易을 제정하여 백성에게 수시하는 치도자를 형상한 뜻이 있다. 셋째, 순임금이 공기정남면한 까닭은 공경히 하늘을 살펴 曆象한 것을 그의 백성에게 授時하고 齊政하기 위함이었다. 따라서 성인남면은 스스로 수신하여 성덕으로 백성에게 실질적인 도움을 주는 聖德者의 모습이었다.

참고문헌

『고려사』.
『논어』.
『대학』.
『맹자』.
『상서정의』.
『상서』.
『서경』.
『서전』.
『순자』.
『십삼경주소』.
『역전』.
『예기집설』 元, 亨.
『이아』.
『장자』.
『주역정의』.
『주역』.
『주역』.
『주자어류』.
『한비자』.

정약용 저, 『여유당전서』, 『한국문집총간』, 한국고전번역원, 2013.(한국의 지식콘
　　　텐츠 전자도서)
이순지 편찬·남종진 역주, 『國譯 諸家曆象集 上』, 서울, 세종대왕기념사업회,
　　　2013, 1~127쪽.
김상섭 역해, 『주역-역전』, 서울, 지호출판사, 2013.(한국의 지식콘텐츠 전자도서)
　　　　　역해, 『주역-역경』, 서울, 지호출판사, 2013.(한국의 지식콘텐츠 전자도서)
성백효 역주, 『논어집주』, 전통문화연구회, 1990, 1~390쪽.
　　　　　역주, 『서경집전 上』, 전통문화연구회, 1998, 1~404쪽. 「書傳圖」, 1~47쪽.
신동준, 『주역론』, 학오재, 2015, 1~349쪽.(누리미디어 전자도서)

신동준, 『논어론』, 학오재, 2015, 1~223쪽.(누리미디어 전자도서)

_____, 『장자』, 학오재, 2015, 1~477쪽.(누리미디어 전자도서)

권오석 역해, 『장자』 외편, 서울, 홍신문화사, 1998, 1~446쪽.

최대림 역해, 『장자』 잡편, 서울, 홍신문화사, 1998, 1~340쪽.

한용득 역해, 『장자 내편』, 서울, 홍신문화사, 2003, 1~359쪽.

방인, 『다산 정약용의 〈주역사전〉, 기호학으로 읽다』, 서울, 예문서원, 2014, 1~704쪽.

이문규, 『고대 중국인이 바라본 하늘의 세계』, 서울, 문학과지성사, 2000, 1~400쪽.

이은성, 『역법의 원리분석』, 서울, 정음사, 1985, 1~444쪽.

이을호, 『다산역학연구 I, 현암이을호전서 2』, 한국학술정보(주), 2015, 1~360쪽.

이을호, 『다산역학연구 II, 현암이을호전서 3』, 한국학술정보(주), 2015, 1~296쪽.

서호수·성주덕·김영 편저, 이은희·문중양 역주, 『국조역상고』, 서울, 소명출판, 2004, 1~300쪽.

Keightley, David, 민후기 역, 『갑골의 세계』, 서울, 학연문화사, 2008, 1~295쪽.

김영호, 「丁茶山 論語古今註 辨釋(2)-특히 爲政篇을 중심으로-」 40, 동양철학연구회, 2004, 231~266쪽.

지현주, 「『주자가례』에 내재된 방위관과 질서의식에 관한 연구—통례 및 관례와 혼례를 중심으로-」, 『동양철학연구』 74, 동양철학연구회, 2013, 115~150쪽.

阿尒丁夫, 「"圣人南面而听天下"中的 "南" 实指今天的东」, 『内蒙古大学艺术学院学报』 12, 2015(02期), 41~51쪽.

JI Hyunjoo, "The Relationship between Directions and the Four Seasonal Points: A Study of the Equinoxes and Solstices in "Yao dian"", *Journal of Philosophy and Culture*, Institute of Confucian Philosophy and Culture Sunkyunkwan University, February, 2016, pp.31~54.

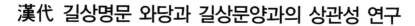

漢代 길상명문 와당과 길상문양과의 상관성 연구

雲紋, 瑞鳥, 樹木을 중심으로

허선영

1. 서론

중국 전통건축은 건축 구조, 건축 장식 등 독특한 특징을 가지고 있다. 특히, 중국 전통건축 장식에 담겨진 문양의 의의는 건축과 문화가 함께 미화되어 당대 정신세계를 반영하고 있는데, 다양한 기물을 통해 그 형식의 미를 충분히 확인 할 수 있다. 건축은 실용적 기능을 갖추고 있지만 장식 문양의 깊고 섬세한 정신세계는 예술로 승화되어 건축의 미를 훨씬 돋보이게 하는 작용을 하였다.

뿐 만 아니라, 중국 전통건축 장식에는 엄격한 윤리사상이 담겨져 있는데, 유가를 중심으로 天地祖宗, 三綱五常, 신분의 차이, 가족의 존비윤리, 도덕적 관념 등 건축 장식을 통해 그 의의를 충분히 나타내 주고 있다.

본고에서는 당대의 사상, 관념, 문화가 가장 잘 표현 되고 있는 한대 와당을 주요 연구범위로 설정하고 한대문자와당에 출현하는 문양와당과 문자와당이 서로 어떠한 연관성이 있는지, 또 이러한 문양의 형태가 왜 한대에 대거 유행하게 되는지를 연구하고 자 한다.

한대 건축에서 가장 돋보이는 부분은 지붕의 부재인 와당이다. 한대 와당은 문양와당과 문자와당으로 나누는데, 문자와 당은 내용은 대부분 길상적 의미를 포함하고 있다. 필자의 통계에 의하면 문자와당 800여점이 넘게 출토가 되었는데, 이 가운데 길상의는 대략 70퍼센트 이상으로 나타나고 있다. 이러한 통계는 한대 문자와당의 수량을 정확하게 파악한 것은 아니다. 그 이유는 출토와당에 대한 발굴보고서 혹은 탁본에 대한 자료정리가 전문적으로 정리되어 있지 못하고, 분산되어 있어 출토 와당 자료를 조사, 연구하기 위해서는 일일이 하나씩 조사해야 하는 시간적 한계점이 있기 때문이다. 이러한 문제점은 학제간 연구에 있어 많은 어려움이 따르고 있기 때문에 와당의 자료 정리도 중요한 연구 중 하나라고 할 수 있겠다.

한대 문자와당 800여점 가운데 문자와 문양이 함께 배치되어 있는 와당은 대략 11종류로 서로 다른 문양을 형성하고 있으며, 1자 와당에서 12자 와당 모두에 출현되며, 운문(구름문양)이 다수의 양을 차지하고 있다. 한대와당에 유독 운문이 자주 등장하는 이유는 무엇일까? 일반적으로 운문은 길상적 의미를 내포하고 있다는 점은 이미 보편화된 사실이다.

본고에서는 한대 문양와당에서 길상적 의미를 가장 많이 포함하고 있는 문양을 중심으로 논의 하고자 한다. 물론 그 밖의 同心圓, 楴形, 龜文, 蔓葉文, 四葉文, 動物文, 網紋 등 길상적 의미로 고대문양에서는 중요한 소재가 되고 있지만, 본고에서는 한대 문양와당에서 그동안 중요하게 여겨진 文字兼紋樣에 등장하는 문양이 한대 사상과 어떠한 연관성이 있는지 雲紋, 瑞鳥, 樹木을 중심으로 살펴보고자 한다.

2. 紋樣兼文字瓦當

한대문자와당은『秦漢瓦當』에 수록된 바에 의하면 800여점으로 나타나고 있다.[1] 이 가운데 문자와 문양이 함께 배치되고 있는 와당은 대략 200여점으로 문자와당의 수를 절반에도 못 미치는 상황이다. 이러한 점은 고대와당 출현 이후 문양와당이 주를 이루었던 시기 이후 한대 문자와당의 중요성을 시사하고 있다. 또 문자와 문양이 함께 출현하는 점은 당대 문화사상의 영향으로 특히 길상명문에 길상문양이 많은 양을 차지하고 있는 점도 중요성을 보여주고 있다.

다음의 표는 문자와당의 수량과 文字兼紋樣와당의 수량을 나타내고 있는 것으로 4자 문자와당의 수량이 압도적으로 많다는 것을 알 수 있으며, 이에 따라 문자겸문양와당의 수도 다른 와당에 비하여 많은 양으로 출현되고 있음을 알 수 있다.

---

1 실질적으로 분산된 한대와당의 도록과 발굴보고서에 의하면 1000여점 이상의 문자와당으로 통계되어 진다. 그런데 본고에서는 출처의 정확성과 통계의 편의상『秦漢瓦當』에 수록된 문자와당을 중점으로 연구하였으며, 이러한 통계는 기타 자료에서 보고되어지는 200여점의 와당 형태와도 거의 비슷하다. 따라서 본고에서는『秦漢瓦當』에 수록된 문자와당을 중점으로 연구하였다.

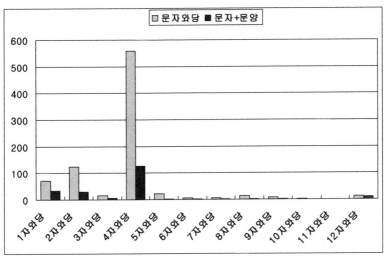

〈그림 1〉²

1) 1字瓦當

『秦漢』³ 698'宮'字瓦當을 비롯하여 『秦漢』706'便'字瓦當, 『秦漢』723'關'字瓦當, 『秦漢』736'大'字瓦當, 『秦漢』743'馬'字瓦當, 『秦漢』758'冢'字瓦當, 『秦漢』762'車'字瓦當, 『秦漢』763'空'字瓦當 등 72점의 1자 와당 가운데 34여점에 길상문양이 배치되어 있다.

2) 2字瓦當

『秦漢』773'壽成'瓦當, 『秦漢』779'成山'瓦當, 『秦漢』784'年宮'瓦

---

2 현재 11자 와당은 출현된 바 없으며, 10자 와당은 1점의 문자와당이 출토되었지만, 그래프에서는 나타나지 못하고 있다.

3 『秦漢瓦當』이하 약칭 『秦漢』.

當, 『秦漢』833'津門'瓦當, 『秦漢』848'延年'瓦當 『秦漢』857'大吉'瓦
當, 『秦漢』869'萬歲'瓦當, 『秦漢』882'大趙瓦當' 등 125점 가운데 29점
에 길상문양이 배치되어 있다.

3) 3字瓦當

『秦漢』893'宜富貴'瓦當, 『秦漢』894'有萬憙'瓦當, 『秦漢』990'甲天
下'瓦當 등 15점 가운데 6점에 길상문양이 배치되어 있다.

4) 4字瓦當

『秦漢』918'召陵宮當'瓦當, 『秦漢』926'羽陽千歲'瓦當, 『秦漢』964
'女陰宮當'瓦當, 『秦漢』968'高祖置當'瓦當, 『秦漢』1014'長樂未央'瓦
當, 『秦漢』1091'長生未央'瓦當, 『秦漢』1109'長生無極'瓦當, 『秦漢』
1125'與天無極'瓦當, 『秦漢』1166'延年益壽'瓦當, 『秦漢』1169'千秋萬
歲'瓦當, 『秦漢』1259'大吉萬歲'瓦當, 『秦漢』1261'樂浪富貴'瓦當, 『秦
漢』1278'大宜子孫'瓦當, 『秦漢』1298'永保國阜'瓦當, 『秦漢』1308'長
樂富貴'瓦當, 『秦漢』1314'阜福無疆'瓦當, 『秦漢』1356'富貴毋央'瓦當,
『秦漢』1418'張是豖當'와당, 『秦漢』1434'高安萬世'와당 등 559점 가
운데 127여점에 길상문양이 배치되어 있다.

5) 5字瓦當

22점의 문자와당 가운데 『秦漢』1466 '永平十五年'瓦當에서 문자와
문양이 함께 배치되어 있다.

6) 6字瓦當

5점의 문자와당 가운데『秦漢』1467'千秋萬歲富貴'瓦當에서 문자와 문양과 함께 배치되어 있다.

7) 7字瓦當

5점의 문자와당 가운데『秦漢』1471'長樂毋極長安居'瓦當 등 2점의 와당은 문자와 문양이 함께 배치되어 있다.

8) 8字瓦當

『秦漢』1479'千秋萬歲長樂無極'瓦當,『秦漢』1482'黃林千羽胡宮世昌'瓦當 등 2점이 문양과 함께 배치되어 있다. 13점의 문자와당 가운데 2점이 문양과 함께 배치되어 있다.

9) 9字瓦當

7점의 문자와당 가운데 1점『秦漢』1481'千秋萬歲富貴宜子孫'와당이 문양과 함께 배치되어 있다.

10) 12字瓦當

11점의 문자와당 가운데『秦漢』1493'維天降靈延元萬年天下康寧'瓦當 등 9점의 문자와당이 문양과 함께 배치되어 있다.

1자 문자와당에서 12자 문자와당에 이르기까지 와당면에 표현하는 문자의 수는 다양하게 나타나고 있다.『秦漢』에 수록된 10자 와당 1점은 문자만이 배치되어 있다. 현재까지 11자 문자와당은 발굴된 바 없으며, 4자 문자와당이 가장 많은 수량을 기록하고 있다. 4자 문자와당에 배치되는 문양대도 가장 다양하게 출현이 되고 있음을 발견하게 된다.

한대문자와당은 명문의 내용과 상관없이 문자와당과 문자겸문양와당이 등장하는데, 본고에서는 문자와당에 문양이 함께 배치된 와당만 선정하였다. 그 결과 다음과 같은 결론을 얻을 수 있다. 800여점의 문자와당(문양겸문자와당 포함)가운데 문양과 문자가 함께 배치되어있는 와당은 대략 212여점으로 주로 길상명문에 문양으로 배치되어 있다.

3. 雲紋, 瑞鳥, 樹木瓦當

한대명문와당에 출현하는 문양은 雲紋, 聯珠紋, 瑞鳥, 同心圓, 梯形, 樹木, 龜文, 蔓葉文, 四葉文, 動物文, 網紋등 대략 10여 가지의 형태로 출현한다.[4]

운문은 중국와당의 초기부터 등장하는 문양대로 한대에 이르러서 다양한 문양들로 와당의 공간을 장식하게 된다. 1960년대 이후 섬서성 서안지역을 비롯하여 낙양, 호남, 호서, 산동 등 전국 각지의 궁궐터에서 와당이 출토되었는데, 특히 서안도성의 離宮과 三輔에까지 이르는 別館에서 한대 운문와당이 다량으로 출토되었다. 그 수량은 출토와당의 70퍼센트 이상으로 보고되어 있다. 이 같은 수량은 한대 길상 명문와당에 많은 양의 운문와당이 출현하는 것을 짐작케 한다.

---

4 이 가운데 雲紋의 수량이 가장 많이 출현하며, 연주문, 瑞鳥의 순서로 나타나고 있다. 연주문은 주로 다른 문양에 보조하는 형식으로 출현하기에 본고에서는 다루지 않았다.

1) 雲文이 배치된 길상명문와당

운문은 雲氣紋이라고 칭하며 선을 이용하여 굴곡의 형태로 표현을 하는다. 이 과정에서는 경쾌함과 유동성을 발견하게 된다. 운문은 하늘로 높게 상승하는 如意와 길상의 상서로움을 상징하며 청동기와 벽화, 와당, 칠기, 직물 등의 다양한 기물의 문양에 사용이 되고 있다.

구름은 자연계에서 가장 흔히 볼 수 있는 것으로 중국고대 전통 관념에서 구름은 천공에서 움직이고 있기에 하늘을 대표하고 있다고 믿는다. 또한 구름은 신선이 타고 다니는 도구로 여기기도 하며 만물을 적셔주는 비의 근원이다. 따라서 구름은 줄곧 길상적 의미를 지닌 祥雲瑞日을 대표하는 것으로 여겨 왔다.

『楚辭·九歌·雲中君』王逸注에 따르면 "雲神豊隆也, 一日屛翳"라 하였는데, 屈原은 「雲中君」편에서 雲神을 祭祀하고자 하였던 것으로 '屛翳'는 즉 '雨師'로 비를 주관하는 신이라는 것이다.

구름 가운데 사다리로 비유되는 형태인 '雲梯'라는 내용도 등장하는데 이것은 신선이 하늘로 오를 때 사용하는 도구로 晉 郭撲의 「遊仙詩」에 따르면 '天梯'라는 용어도 등장하고 있다. 신선이 하늘로 오르는 것으로 구름위에 있기에 천제라 하였으며, 구름의 신선 기운은 길상의 상징적 기초가 되었다고 해석할 수 있다. 또한 구름은 하늘 위에 존재하고 있으며, 그 변화를 예측할 수 없으며 고대국가에서는 구름의 특정한 형상 혹은 색을 따라 인간 세계의 길흉의 징조로 보았는데, '靑雲'이란 용어도 이와 같은 의미에서 출현이 되었던 것이다. [5]

5 沈利華, 錢玉蓮,『中國吉祥文化』, 內蒙古人民出版社, 2005, 446쪽.

중국 각지의 유적지에서 雲紋와당이 모두 발굴이 되었으나 공통성을 띠는 현상은 대부분이 전국시대 중기로 그 형식은 모두 유사하다.[6] 필자는 秦漢시기의 운문와당 천여 점을 비교 분석하였는데, 雲紋이 어떠한 문양에서 영향 받아 발전되었는가에 대한 근거를 輪輻紋과 葵紋의 형태에서 찾을 수 있었다. 輪輻紋은 雲紋의 초기형태로 진 이후에는 거의 나타나지 않고 있지만, 葵紋은 秦代에서 漢初까지 매우 성행했던 와당문양이다. 그러나 雲紋은 漢初부터 유행하게 되어 한대시기에 모두 유행된 문양이다. 따라서 雲紋은 한대와당의 대표문양이라 할 수 있겠다. 와당에 나타나는 雲紋에는 여러 종류가 있는데, 卷雲紋, 羊角形雲紋, 蘑菇形雲紋, 反雲紋 그리고 變形雲紋 등이다. 이러한 雲紋의 종류는 한대문양의 편년분류를 위한 중요한 근거자료가 되고 있다.[7]

漢代에 유행한 雲紋와당은 秦代에 성행한 문양에서 영향을 받았다. 雲紋의 기원은 대략 戰國후기에 나타나며, 秦代에 이르러서는 좀 더 발전된 문양 체제로 변화를 하는데, 陝西지역의 秦漢 유적지에서 이러한 와당이 보편적으로 출토가 되었다. 雲紋을 주제로 한 와당은 모두 명쾌한 느낌을 준다. 秦漢의 宮殿에 표현된 문양은 상서로운 운문의 형태가 서로 감아 돌고 있는 문양으로 건축과 어우러지게 표현되고 있음을 증명해 주고 있다. 이것은 당대의 求仙升天의 사상과도 관계가 깊은 것이며, '祈求太平'과 '永受嘉福'의식의 반영인 것으로 해석된다.

필자는 漢代의 雲紋와당의 기원과 발전 변화를 두 가지 계통으로

---

6 陳根遠, 朱思紅, 『屋檐上的藝術』, 四川敎育出版社, 1998, 62쪽.; 趙力光, 『中國古代瓦當圖典』, 文物出版社, 1998, 9쪽; 盧建華, 「雲紋瓦當與秦漢建築思想」, 『文博』, 2001-6.
7 허선영, 「한대운문와당의 편년연구」, 『중국사연구』, 2006, 30쪽.

나누었는데, 輪輻紋와당에서 발전변화된 것과, 다른 하나는 葵紋와당
에서 발전변화된 것이다. [8]

운문과 길상명문이 함께 배치된 와당에는 다양한 형태로 출현하고
있는데 그 내용은 다음과 같다.

운문+길상명문, 운문+망문+길상명문, 운문+연주문+길상명문, 운
문+거치문+길상명문 등이 그러하다.

(1) 운문+길상명문

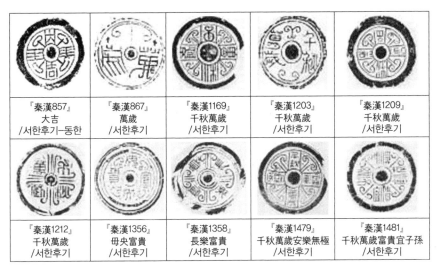

『秦漢857』 大吉 /서한후기-동한	『秦漢867』 萬歲 /서한후기	『秦漢1169』 千秋萬歲 /서한후기	『秦漢1203』 千秋萬歲 /서한후기	『秦漢1209』 千秋萬歲 /서한후기
『秦漢1212』 千秋萬歲 /서한후기	『秦漢1356』 毋央富貴 /서한후기	『秦漢1358』 長樂富貴 /서한후기	『秦漢1479』 千秋萬歲安樂無極 /서한후기	『秦漢1481』 千秋萬歲富貴宜子孫 /서한후기

〈그림 2〉

大吉, 萬歲, 千秋萬歲, 長樂富貴 등 모두 길상적 의미를 내포하고
있는데, 운문과 함께 배치되어 있다. 운문이 길상명문과 함께 배치되는

---

8 허선영, 「한대운문와당의 편년연구」, 『중국사연구』, 34쪽 참조.

경우는 문자겸문양와당 가운데 가장 많은 수량을 포함하고 있는데, 한
대 사상과 직접적 연관이 있는 것으로 사료된다.

(2) 운문+망문+길상명문

『秦漢893』宜富貴 /서한후기	『秦漢771』棫陽 /동한	『秦漢783』宣靈 /동한

〈그림 3〉

(3) 운문+연주문+길상명문

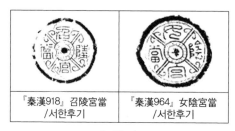

『秦漢918』김陵宮當 /서한후기	『秦漢964』女陰宮當 /서한후기

〈그림 4〉

연주문은 원형 안에서 원형의 작은 구슬의 형태로 연결되어 있다하
여 얻어진 명칭으로, 원형을 중심으로 기러기, 새, 학 등의 문양이 함께
배치되어 있다. 연주문이 단독으로 출현되는 경우도 있으나 주로 대칭
을 이루어 가며 출현하는 경우가 많다. 한대에는 와당, 직물, 벽화,
천정 등에서 연주문이 많이 발견된다.

(4) 운문+거치문+길상명문

〈그림 5〉『秦漢1178』千秋萬歲/서한후기

거치문양은 기물의 시대를 편년하는데 있어 중요한 방증의 역할을 한다. 거치문이란 글자에서 알 수 있듯 날카로운 동물의 이빨이라는 의미이지만, 태양이 사방을 비추는 문양으로 주로 한대 동경의 외연부에 대부분 거치문이 발견되고 있다. 와당의 경우 거치문의 사용은 비교적 늦은 시기인 서한 후기 혹은 동한시기에 등장하고 있다.

앞서 분류된 것처럼 운문이 문자 혹은 기타문양과 함께 출현하는 경우를 네 가지 유형으로 나누어 볼 수 있는데, 이 가운데 운문과 길상명문과의 상징성을 동일선상에 찾아 볼 수 있다면 망문, 거치문, 연주문의 경우 길상내용을 포함하고 있는 상징과 어떠한 연관성이 있는지는 좀 더 많은 자료의 방증이 필요한 부분이라 하겠다.

2) 瑞鳥가 배치된 길상명문와당

한대와당에 등장하는 새 문양이 정확히 어떠한 종류의 문양인지 정확히 확인하기에 자료와 탁본상의 어려움이 있다. 본고에서는 '瑞鳥'로 포괄적인 명칭으로 사용하고자 한다. 瑞鳥는 靈禽이라 하여 고대 건축의 길상도안에서 자주 볼 수 있다. 길상의 의미로 喜慶의 길상도안을 나타내고 있다. 瑞鳥 가운데 가장 많이 등장하는 것은 仙鶴인데, 학은 신화와 민간전설, 도교설화에서 신선이 타고 다니는 도구로 등장하고 있다. 도교건축, 궁궐건축, 민간건축 등 선학을 소재로 만든 길상도안이 등장한다. 鶴紋이 가장 먼저 등장하게 된 곳은 도교건축의 장식으로 도교가 유행하는 시기에는 민간건축에서도 鶴紋의 도안이 등장하게 된다. 문헌상 仙鶴이 출현하는 경우 먼저『詩經・小雅・鶴鳴』에서 기록에서 찾을 수 있는데 "鶴鳴于九皐, 聲聞于天"라 하여 학의 가장 빠른 기록이다. 학은 장수의 상징으로 雙鶴 의 형식으로 출현하는 경우가 많다.『淮南子・設林訓』에 의하면 "鶴壽千歲, 以極其遊"라 하여 鶴이 千歲를 누리는 것을 알 수 있다. 명청시기의 건축에서는 소나무와 연관지어 학문양이 함께 등장한다. [9]

瑞鳥가 길상명문에 출현하는 경우는 세 번째로 나타나는 길상문양이다.[10] 그 수량은 운문과 연주문에 비해 많지는 않지만 서조의 출현인 경우 當心에 단독으로 출현(秦漢, 1188, 1284, 1306, 1314)하는 경우와 여러 문양과 함께 출현(秦漢, 1308)하는 경우가 있다.

탁본1188의 글자체는 조충서로 소전체 '千秋萬歲'를 새 문양으로 변화 주어 만든 문자와당이다. 탁본1284는 鶴紋이며, 탁본 1306과 1308은 鳳凰과 유사하다. 탁본1314는 한 마리 새의 몸체에 날개를 대칭으로 펴고 있는 모습과 유사하기도 하지만, 鶴獻蟠桃의 문양으로 蟠桃와 仙鶴의 구조로 된 장수와 기복의 의미로 건축 장식에서 사용한 것으로 사료된다. 와당면에서는 蟠桃의 흔적은 찾기 어려우나 鶴獻蟠桃의 문양을 상징하는 선학을 배치한 점도 배재할 수 없을 것이다.

---

9 商子莊,『吉祥圖案識別圖鑑』, 新世界出版社, 2009, 65~67쪽.
10 한대 문양와당 가운데 운문 다음으로 출현하는 문양은 연주문이다. 본고에서는 도교와 연관되어 출현하는 운문, 서조, 수목문양을 중심으로 연구하고자 한다.

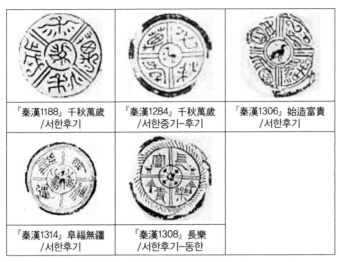

『秦漢1188』 千秋萬歲 /서한후기	『秦漢1284』 千秋萬歲 /서한중기-후기	『秦漢1306』 始造富貴 /서한후기
『秦漢1314』 阜福無疆 /서한후기	『秦漢1308』 長樂 /서한후기-동한	

〈그림 6〉

3) 樹木이 배치된 길상명문와당

일반적으로 수목은 사람, 짐승, 말 등의 문양과 대칭을 이루면서 출현한다. 수목아래 말, 가축, 야수 등 목축과 사냥과 연관된 생활상에서 출현하는 경우도 있지만 수목아래 사람이 등장하는 경우는 비교적 드물다. 수목과 鶴紋, 鹿紋이 함께 배치되는 것은 신선술과 연관이 있는 곳으로 神仙은 학이나 사슴을 타고 다니는 것과 연관이 있다. [11]

수목문이 배치된 한대와당에는 두 종류의 형태가 등장을 한다. 『秦漢1252』은 수목만이 와당에 출현하고 있지만, 『秦漢1308』와당에는 수목을 비롯하여 瑞鳥, 柿蒂文, 輻射文등 네 가지의 문양대가 길상명문에 배치되어 있다.

---

11 諸丁郭, 葛廉, 『中國紋樣辭典』, 天津敎育出版社, 1998, 290쪽.

| 『秦漢1252』千秋萬歲 /서한후기 | 『秦漢1308』長樂富貴 /서한후기–동한 |

〈그림 7〉

문양의 수와 문양겸 문자와당의 수량을 표로 나타내면 다음과 같다.

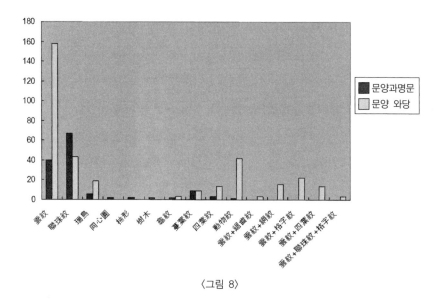

〈그림 8〉

　조사에 의하면 연주문이 운문 다음으로 많은 수량을 나타나고 있다.
그러나 연주문은 단독으로 배치되지 않고 있으며 운문, 망문, 격자문,
사엽문 등 다른 문양과 함께 출현하고 있다. 따라서 필자는 연주문은
기타 문양을 보조하는 경우로 등장하는 것으로 보아 한대와당의 주된

문양대로 형성되기가 어렵다고 판단된다.

연주문+운문과 배치 = 43점, 연주문+망문문+운문 = 13점, 연주문+격자문 =22점 등으로 나타나고 있다. 운문은 연주문 다음으로 가장 많은 수가 한대 문양겸문자와당에 등장하고 있다. 운문이 단독으로 출현하는 경우도 있으나 대부분 연주문, 망문, 사엽문등 기타 문양과 함께 출현하고 있다. 서조의 경우 문자와 함께 등장하는 경우도 문양와당 가운데 세 번째로 많은 문양대를 형성하고 있다. 또 만엽문의 경우 문양와당에 출현하는 것보다 문자에 배치되어 함께 출현하는 경우가 더 많은 것으로 확인이 된다. 이와 같이 문자와당은 10여 종류의 문양들이 배치되고 있다.

4. 음양오행과 신선방술

그렇다면 음행오행이나 신선방술사상이 운문과 어떠한 관련이 있는 것일까? 서한초기(기원전 206) 통치사상의 필요와 사회 안정으로 한고조는 두 번의 국사를 크게 논의를 하게 되는데 '用賢使能'과 '攻守異體'를 주장하는 논지를 펴게 된다. '攻守異體'에서는 유가, 법가, 도가 등을 기초로 하는 黃老無爲의 정치술을 펴게 된다. 당시 사회는 休養生息이 필요하였고, 여기에서 자연무위의 황로를 주장하는 한대 초기의 사회상을 찾아 볼 수 있다.

도가의 무위는 한대 초기의 정치사상의 기틀을 만들게 되었으며, 文景시기에는 황로사상이 정착을 하게 된다. 두태후는 (~기원전 135) 황로사상을 가장 추종하는 인물로 이 시기는 황로사상의 전성기가 된다. 한무제 초기(기원전 140)에 이르러서 상황은 다소 바뀌게 되는데 무제는 有爲의 유가를 받아들이면서 기원전 135년 두태후의 사망으로 無爲를 주장하는 도가사상이 정치 문화상에 있어서 어느 정도 막을 내리게 된다.[12]

고대사회에서 문화의 흐름과 유행은 왕권교체 동시에 추종되는 대상에서 시작되어 대중화로 유행을 하게 된다.[上有好者, 下必甚焉] 한대의 황로사상과 독존유술 정책은 비단 한대 정치, 문화 뿐 아니라 예술의 영역에서도 자연스레 흡수를 하게 된다. 특히 와당은 궁궐 건축문화의 하나로써 중요한 건축의 실용적 측면을 보완하는 소재이다. 가옥의 가장 높은 곳, 하늘과 만나는 와당의 위치에서 문양과 명문내용으로 한대 문화 사상의 맥이 흐르고 있음을 재발견하게 된다.

중국 園林은 秦代시기 발전을 시작으로 한무제 이후 원림문화는 급속한 발전을 하게 된다. 진시황은 신선방술을 좋아하였으며, 이 같은 영향은 한대에도 계속되어져 왔다. 『三輔黃圖』에 의하면 : "한무제 초기에 상림원을 재건하였으며, 각 지역에서 수 천 여종의 果草를 받쳤다."고 한다.[13] 또한 한무제는 계속된 宮殿樓觀의 건축으로 원림문화를 새로운 旋律문화를 이끌기도 하였다. 뿐 만 아니라 신선방술을 좋아하였으며 長安의 서쪽 建章宮안에 太液池를 건조하였으며, 蓬萊, 方丈, 壺梁, 瀛洲 등의 산을 池水에 쌓아 神仙聖水의 상징적 의미로 삼았다. 한무제의 이러한 의도는 당대의 문화사를 엿보는 자료 뿐 아니라 중국 고대 원림문화의 규범을 갖추게 되는 기초적 사고와 건조방법이 되기

---

12 肖宏發, 『中國傳統文化藝術』, 廣西民族出版社, 2009, 87~89쪽.
13 "武帝初修上林苑, 群臣遠方各獻名果異草三千餘種."

도 하였다.[14] 고대사회에서 園林의 설립 목적을 살펴보면 신선사상이 강한 색채가 나타난다. 신선사상에서 추구하는 최종적 목적은 飛身成仙으로 비교적 추상적이고 상징적인 활동영역 추구한다. 班固의 『西都賦』長安宮의 묘사에서 "離宮別館, 三十六所, 神池靈沼, 往往而在, …… 其宮室也, 體象乎天地, 經緯乎陰陽, 據坤靈之正位, 倣太紫之圓方, 樹 舯 天之華闕, ……淸凉宣溫, 神仙長年." 秦漢시기 당시 사람들의 상상에서 신선의 거주지는 이와 같이 묘사하였다.

한대문화의 가장 큰 영향을 끼친 것은 유가와 도가 사상으로, 유가에서 주장하는 禮樂, 仁義, 忠恕, 奉行, 中庸의 이치와 王道를 제창하고 仁政과 德治를 주장하는 윤리도덕을 중요시 하는 인문주의 철학에 기초를 두고 있다. '道法自然'과 '天道無爲', '萬物自然化生'을 기본으로 주장하는 자연주의 철학 도가에서는 고대 神權主宰와 우주 神創設을 부정하며 봉건 종법문화의 의식과 비판을 표명하기도 한다.[15]

한대사회의 토속 신앙은 음양오행설을 포함하여 신선방술, 참위 관념들이 유행을 하게 된다. 이러한 사상적 형태는 와당 뿐 아니라 기타한대 기물에 잘 반영되어져 있다. 이에 관하여 葛兆光[16]은 '일반적인지식, 사상, 신앙의 역사관점'으로 사상에 따른 문화의 반영을 다음과 같이 설명하고 있다.

"사상과 예술은 때로는 일종의 소수의 지식분자들이 훈련하는 장소에 이용이 된다. 이러한 훈련을 그들은 사회와 생활상에서 진정한 사상으로

---

14 王振覆, 『宮室之魂』, 復旦大學出版社, 2001, 72쪽.

15 楊樹增, 『漢代文化特色及形成』, 人民出版社, 2008, 816쪽.

16 葛兆光, 『中國思想史』, 復旦大學出版社, 2001, 11~12쪽.

때로는 생활과 사회의 한 사람으로서 우주에 관한 지식과 해석을 하고 있다. 따라서 완전하거나 精英한 경전속의 것들은 아닐 것이다."

이와 같이 토속신앙에서 이루어지는 규범은 당대 사람들의 일상적인 규범 혹은 한대 사람들의 조형미에 대한 잠재적 실천의 모사였을지도 모른다. 한대 많은 기물에 운문이 등장하는 것도 이 같은 문화, 사상적 배경 속에 대한 연민과 상상 혹은 희망이었을지도 모른다.

顧頡剛의 『漢代學術史略』에서 음양오행 관념은 '한대인의 사상적 뼈대'라고 설명한다.[17] 전국시기이후 제자백가 사상은 진시황 통일 이후 사상의 흡수 혹은 배타적으로 융합되어 표현되었다. 마치 남방 초나라 지역에서 흥성한 음양학과 은상시대의 오행사상, 주나라 문화의 中行사상과 종법, 윤리도덕에 대한 관념들이 한대에 이르러서 복합적으로 융화된 새로운 사상을 탄생시켰던 당대의 원시종교와 연관성이 있을 것이다.

추연의 우주 만물에 대한 개념은 水, 火, 金, 木, 土의 오행에 속해 있으며 오행을 중심으로 이루어지고 있다고 주장을 하였다. 이로 인해 사물 또한 이동 변화되는 것으로 미래를 예측할 수 있다고 주장하였다. 왕조의 교체되는 원리 또한 이러한 원리를 따라서 황제시기의 土德, 夏왕조의 木德, 殷왕조의 金德, 周왕조의 火德으로 하늘이 천자에게 나라를 건국하게 하였다고 믿는다는 것이다. 秦王朝가 水克火으로 水德을 강조하며 정통성을 유지하였다.[18] 水를 중심으로 사계절을 표명

---

17 顧頡剛, 『漢代學術史略』, 東方出版社, 1996, 1~2쪽.
18 秦文公은 일찍이 騶衍의 '五德始終說'을 받아드리면서 水德제도를 펼친다. 이러한 사상은 당시 기물의 색(黑色)으로도 출현하였으며, 한고조와 한무제는 수덕에 근거하여

하는데 冬季를 대신하며 黑色을 주장하며 숫자 六을 대표로 하게 된다. 漢王朝는 水克土의 土德을 강조하며 마찬가지로 정통을 유지한다. 이와 같이 자연의 순환되는 이치에 따라 새로운 왕조가 탄생된 것처럼 음양오행은 당시 기물의 문양에 중요한 작용을 하였다.[19]

이와 같은 天象 관념은 고대 건축에 있어서도 변화를 주게 되는데, 건축방향의 동남사이를 두고 서북의 위치와 時令의 춘하추동과 배합하여 천자는 '木, 火, 土, 金, 水' 오행의 운행으로 天人相應하에 움직이게 된다. 이러한 음행오행은 동중서의 『春秋繁露』에 나타나는 기본 원리를 따르고 있으며 한대인들의 심리와 생활 속에 깊게 뿌리내려 진다. 그 대표적인 예로 한대 사신와당의 四靈은 방위를 표명하는 관념을 가지고 있다. '四靈'으로 용, 봉황, 거북, 기린으로 기복을 염원, 기탁하는 의미로 중국 길상에 대한 의의로 가장 먼저 등장을 한다. 6000년 전 河南 앙소문화 유적의 조개껍질 더미에서[蚌賣堆] '中華第一龍'이 발견이 되었으며, 절강하모도 유적에서 鳥紋이 발굴됨에 따라 '丹鳳朝陽'의 원시형태가 출현을 하였다. 은대에는 '靈龜'로 길흉을 점복 하였으며, 춘추전국시기에 기린이 출현함에 따라 사령 가운데 가장 늦게 출현을 하게 된다. 한대이후에는 오랜 기간 동안 유행을 하게 된다.

한대에는 신선방술이 유행을 하는데 인류문명의 진보는 생명과 불과 분의 관계에 놓아 있다는 관념이 이 시기에도 강하게 작용한다. 죽음이라는 것은 고대국가에서는 아주 강한 신비성을 가지게 된다. 또한 죽음

土德을 받아드리면서 당시 기물의 색으로 표현하게 된다. 『禮記』에 의하면 : "明堂之制, 周旋以水, 水行左旋以象天, 内有太室象紫宮, 南出明堂象太微, 西出总章象玉潢, 北出玄堂象营室, 东出青阳象天市."

19 王行建, 孫于久, 『細說漢代二十八朝』, 京華出版社, 2005, 143~144쪽.

은 누구든지 면할 수 없기에 사후세계에 대한 환상을 가지게 된다. 한대의 후장제도가 유행한 것, 사후세계와 현세가 같다는 것을 내포하고 있으며 장생불노에 대한 염원 또한 한대 사람들의 아주 큰 로망이었던 것이다. 따라서 유독 한대 기물에 길상의 도안이나 문구가 등장하게 된 것이다.

한대의 신선관념은 한대 신선방술의 방대한 사상을 배경으로 하고 있으며 한대는 '重鬼好祀'로 신비 낭만의 시대였다. 한무제는 일생동안 鬼怪神仙을 쫓았다고도 한다. 통치 집단의 이 같은 관념은 한대 후장제도를 선도하였으며, 한대 생활 곳곳반영 되고 있다. 張弘의 『漢代「郊祀歌十九章」的遊仙長生主題』에는 한무제가 장생을 추구하였으며 신선을 쫓았다는 기록이 있다. 한무제가 방술사의 말에 따라 甘泉山에 별궁을 짓고 귀신을 불러왔다는 기록은 한대 神仙方士를 중용하고 郊祀의 예를 갖추었다는 점을 짐작할 수 있다.[20]

전국시기에는 신선사상과 장생불로를 기도하는 방사들이 활기를 펴게 된다. 당시 齊威王, 齊宣王, 燕昭王, 秦始皇, 漢武帝 등 장생불로를 찾아 다녔다고 한다. 영지, 선초, 신선이 되어 하늘로 오르는 환생 신화가 자연스레 형성이 되면서 '延年萬年', '長樂未央', '長壽無極' 등의 길상어가 출현하면서 유행을 하게 된다. 장생불로를 기원하는 것은 秦漢 통치계급에서 복을 기원하고 성취하고자 하는 주요 주제로 설정하는 상황이 많이 발생하게 되었다.

한대 '罷黜百家, 獨尊儒術'로 유가사상에 神學이 등장하면서 災殃祈

---

20 張弘, 「漢代'郊祀歌十九章'的遊仙長生主題」, 『北京大學學報』, 1996, 第4期 77쪽.
　　王振覆, 『宮室之魂』, 覆旦大學出版社, 2001, 72쪽.

福을 예시하는 상황까지 이르게 된다. 이러한 시대적 배경에서 '符瑞'가 등장하게 되는데 부서를 통해 祥瑞를 예측할 수 있었다. 『史記·封禪書』에 의하면, "未有賭符瑞見而不臻乎泰山者也"라 하였으며, 『漢書·劉輔傳』의 「上成帝書」에 따르면: "臣聞天之所與必先賜以符瑞, 天之所必先降以災變, 此神明之征應, 自然之占驗也"라고 하였다. 한대에는 자연계에서 출현하는 어떠한 현상을 통해 길상의 징조를 찾으려 하였는데 이것을 '瑞'라 칭하였다. 王充『論衡·指瑞』에 따르면: "王者受富貴之命. 故其動出現吉祥異物, 見則謂之瑞."의 기록을 통해 당시 '瑞'의 개념은 제왕만이 누릴 수 있는 것이었으며 하늘에서 내려오는 祥瑞에 따라 군자는 천하의 德을 보는 것이 마땅하게 여기게 된다.[21]

운문이 길상문으로 등장하는 것은 오래 전 부터이며 많은 기물을 통해 확인이 된다. 운문은 자연계에서 가장 흔히 볼 수 있는 대상으로 중국 전통고대 관념에서 구름은 天空에 떠다니며 하늘을 의미하기도 한다. 구름은 신선들이 타고 다니는 飛昇의 도구로써 또한 만물에 비를 뿌려주는 근원이 되는 풍부한 문화적 함의가 내포되어 있다. 따라서 구름을 길상의 상징으로 보기에 충분하며, '祥雲瑞日'의 용어도 이 때문에 등장하였던 것으로 사료된다. 『楚史·九歌·雲中君』에는 구름을 신격화하여 칭송하기도 한다.[22] 구름은 하늘에서 떠다니기에 상황을 예측하기 어려우며 따라서 고대인들은 구름을 일종의 형상 혹은 색으로 비유하기도 하였다. 이로 인해 길상의 징조를 점칠 수도 있었다.[23]

---

21 沈利華, 錢玉蓮, 『中國吉祥文化』內蒙古人文出版社, 9~14쪽, 2005.
22 『楚辭·九歌·云中君』: "雲神豊隆也, ·日屛翳."
23 沈利華, 錢玉蓮, 『中國吉祥文化』, 2005, 446쪽.

구름을 문양화하여 사용한 것은 商周 청동기에서 쉽게 찾을 수 있다. 구름의 굴곡을 이용해 문양화를 만들었던 것은 서주시기 이후 명청시기에 이르기 까지 동경, 칠기, 직물 등에서 자주 등장하는 문양이 된다.[24] 한 대 와당에서 가장 흔히 보이는 문양도 卷雲文이다. 권운문은 와당면에서 사등분하여 배치되는데 각 문양들은 첫 필획에서 굴곡을 주게 된다. 이러한 도안은 운율과, 미감이 풍부하여 상징성을 전달하는 매체인 동시에 심미적 관상으로 다양한 기물에 아름답게 형상화 되어 왔다. 문양의 이와 같은 장식은 자연무위를 주장하는 신선 황로사상에서 입각한 것으로 해석된다. 특히 이 같은 사상은 후에 도교문화를 이끌게 되었으며 건축장식의 吉祥如意, 延年益壽, 羽化登仙 등의 사상은 日月星辰, 山水巖石 등을 이용하여 光明普照, 堅固永生을 추구함으로 扇, 魚, 水仙, 仙, 福, 祿, 喜, 吉, 天, 豊, 樂 등의 표상이며, 松柏, 靈芝, 龜, 鶴, 竹, 麒麟과 龍鳳 등은 우정을 비롯하여 장생, 군자, 벽사와 길상 등을 표현하고 있다. 궁궐, 원림 등은 도교 건축에서 뿌리를 내리며 맥을 이어져 왔는데 그 가운데 특히 園林은 도가양식에서 전통적인 면을 유지하는 맥락으로 알려져 있다.

'道法自然'과 '人與自然和諧' 등의 사상이념을 주장하면서 와당문양에 도교의 정통성을 찾아 볼 수 있는 것도 한대에 이르러 도가사상의 유행과 많은 원림건축이 건조되어지는 것과 깊은 연관성이 있는 것으로 사료된다.[25]

---

24 본고의 【부록】 참고.

25 江泛, 『道與藝術』, 團結出版社, 2008, 164~172쪽.

5. 결론

한대와당은 중국와당사에서 최고의 전성기를 누리게 된다. 한대와당의 가치는 무엇보다도 문자와당의 출현과 운문의 다양한 변화를 통한 와당형식의 다양성을 찾을 수 있다. 고대국가에서 지배계층이 사용한 와당은 당대 유행한 사상과 밀접한 연관성이 있는데, 한대 와당에 등장하는 운문, 서조, 수목 등의 문양은 음행오행, 신선방술, 황로사상과 밀접한 연관성이 있다. 특히 문자와당 가운데 길상 문구는 신선사상이 강하며, 길상 문구에 배치되는 운문, 서조, 수목 등의 문양은 장수와 기원, 바람 등을 표현하는 직간접적인 문화가 그대로 전달되고 있다. 길상문양이 배치되는 와당은 대부분 서한 중, 후기에서 동한의 것으로 길상문양과 명문의 내용을 통해 한대와당의 편년연구에 근거를 제시하고 있다.

운문의 출현은 고대 기물에서 가장 흔히 볼 수 있는 문양이다. 특히 운문이 지니고 있는 상징성이 장수, 부귀, 희망, 염원을 내포하는 동시에 하늘에 구름이 떠다니며 비를 몰고 다니는 것은 우주만물을 변화와 예측 불허를 통해 '희망'과 '염원'을 강조 시키었을 것이다. 신선이 타고 다니는 구름을 인류의 힘에 비유하며, 장수와 부귀의 상징성으로 와당 문양에서는 다양하게 등장하고 있다. 와당은 궁궐 건축문화의 하나로 사용자의 신분을 쉽게 짐작 할 수 있다. 와당은 궁 안에 머물던 사람들의 전유물로 부귀, 장수, 염원 등의 희망의 메시지를 담아 건축에 올렸는데, 한대문화와 사상에 대한 의식적인 반영이라 하겠다. 뿐 만 아니라 한대와당을 통해 알 수 있는 것은 궁궐문화의 하나이며, 건축과 사상을 예술을 승화시켜온 궁궐문화의 심오한 내적의 美가 살아있음을 발견할 수 있다.

참고문헌

(唐)孔穎達, 『十三經注述』(附校勘記), 臺北: 藝文印書館, 1993.

(淸)畢沅 重校, 『三輔黃圖』, 臺北: 成文出版社, 1970.

葛兆光, 『中國思想史』, 復旦大學出版社, 2001.

江泛, 『道與藝術』, 團結出版社, 2008.

建民, 『中國歷代帝王世系年表』, 濟南: 齊魯書社, 1995.

顧頡剛, 『漢代學術史略』, 東方出版社, 1996.

盧建華, 「雲紋瓦當與秦漢建築思想」, 『文博』, 6, 2001.

雷鳴, 『中國靑銅器銘文紋飾藝術』, 武漢: 湖北美術出版社, 1992.

李澤厚, 『美的歷程』, 台北: 三民書局, 1990.

傅嘉儀, 『秦漢瓦當』, 陝西旅遊出版社, 1999.

徐雯, 『中國雲紋裝飾』, 廣西美術出版社, 2000.

宋元地方誌叢書, 『長安志』, 臺北:文化書局, 1980.

沈利華·錢玉蓮, 『中國吉祥文化』, 內蒙古人文出版社, 2005.

楊樹增, 『漢代文化特色及形成』, 人民出版社, 2008.

王培良, 『秦漢瓦當圖論』, 三秦出版社, 2004.

王振復, 『宮室之魂』復旦大學出版社, 2001.

王行建·孫于久, 『細說漢代二十八朝』, 京華出版社, 2005.

容庚·張維持, 『殷周靑銅器通論』, 北京: 科學出版社, 1958.

熊傳薪, 『漢朝·漢族·漢文化』, 台北: 藝術家, 1999.

張弘, 「漢代'郊祀歌十九章'的遊仙長生主題」, 『北京大學學報』 第4期, 1996.

趙力光, 『中國古代瓦當圖典』, 文物出版社, 1998.

朱鳳瀚, 『古代中國靑銅器』, 北京; 南開大學出版社, 1995.

陳根遠·朱思紅, 『屋檐上的藝術』, 成都: 四川敎育出版社, 1998.

陳玉龍, 楊通方, 夏應元, 『漢文化論綱』, 北京大學出版社, 1993.

肖宏發, 『中國傳統文化藝術』, 廣西民族出版社, 2009.

沈福煦, 『中國古代建築文化史』, 上海: 上海古籍出版社, 2001.

韓養民, 『秦漢文化史』, 台北: 里仁書局, 1986.

허선영, 「한대운문와당의 편년연구」, 『중국사 연구』 42집, 2006.

黃然偉, 『殷周史料論集』, 香港: 三聯書店, 1995.

[부록] 鶴, 鶴戲蟠桃, 雲紋

〈그림 9〉
자금성 태화전 銅鶴

〈그림 10〉
拙政園石雙鶴紋

〈그림 11〉
北京 永安寺山門殿 銅鶴

〈그림 12〉
北京北海琼島-壺天地
亭蘇式彩畵

〈그림 13〉
秦代 編鐘

〈그림 14〉
漢代 전돌

〈그림 15〉
西周靑銅鳥蓋壺雲紋

〈그림 16〉
漢代織錦雲紋

〈그림 17〉
漢代錯金博山爐雲紋

〈그림 18〉
漢代黑地彩繪棺雲紋

〈그림 19〉
漢代'長壽綉'黃絹雲紋

〈그림 20〉
元代綢緞雲紋

魏晉時代 河西地域 1磚1畵 표현법의 회화발전사적 의미성 연구

무위, 주천, 돈황 등 하서지역 古都의 묘실벽면장식법을 중심으로

김병모

1. 서론

위진시대 즈음에 이르러 하서지역은 1개 벽돌에 1개 도상을 표현하는 소위 '1磚1畵'라는 彩繪 畵像磚을 출현시킨다. 그릇을 든 여인, 2~3마리의 말을 모는 목동, 수레를 이끄는 소, 신수 1마리, 말 2마리가 교미하는 장면 등 표현된 제재의 구성이 매우 단순하기 때문에 무엇보다도 '간략함'이 큰 특징을 이루는 표형 형식에 해당한다〈그림 1〉. 물론 여러 명이 앉아 음식을 먹는 장면이나 여러 명의 악사들이 연주하는 모습 등 좀 더 복잡하게 구성된 경우도 있고, 심지어 1개 벽돌에 2개 도상을 나누어 표현한 경우도 있다. 하지만 대부분 하나의 내용 및 장면으로 판단되는 모습을 집약적으로 표현한 경우가 대부분이고, 특히 '간략함'이라는 표현 특징에서 크게 벗어나지 않기 때문에 이들 역시 1전1화로 포괄, 지칭된다.

1전1화의 표현 형식은 주로 묘실 벽면 장식법의 하나로 출현했다.

〈그림 1〉宴飮圖, 위진, 36.5×17.5㎝, 주천 가욕관 신성 7호묘
(胡之 編, 『中國古代壁畫 精華叢書 甘肅嘉峪關魏晉7號墓彩繪磚』, 重慶出版社, 2000에서
재인용 ; 이하『甘肅嘉峪關 魏晉7號墓彩繪磚』으로 약칭)

하서지역 묘제가 흙벽으로 된 토동묘에서 벽돌로 축조된 전실묘로 전
환되면서 본격 출현했다. 초기에는 하서 중부의 무위지역을 중심으로
출현했지만 이후 장액, 고태, 주천, 돈황 등 하서 서부지역으로 확산되
었고, 비교적 장기간 지속 출현했다. 때문에 위진시대 하서지역의 독특
한 묘실 벽면 장식법의 하나로 간주되고 있다.

이와 같이 묘실 벽면 장식법의 하나로서 독특한 출현 및 발전을 보여
준 하서지역 1전1화에 대해 지금까지 예술 풍격[1], 도상의 내용[2], 도상의

1　陈缓祥, 『魏晉南北朝绘画史』, 北京, 人民美术出版社, 2000.; 甘肅省博物館·嘉峪關市
　　文物管理所, 「嘉峪關魏晉墓室壁畫의 題材和藝術價値」, 『文物』1974-9.; 张朋川, 「由
　　五坝山西汉墓壁画论我国早期山水画」, 『陇右文博』 創刊号(1996-1).; 馬剛, 尹立峰,
　　「魏晉时期河西墓室彩绘砖画的艺术特点」, 『敦煌研究』91, 2005-3.; 馮星宇, 「河西走
　　廊魏晉墓葬磚畫의 裝飾藝術研究」, 遼寧師範大學 碩士學位論文.; 張國榮, 馮麗娟, 「甘
　　肅高台魏晉墓壁畫與壁畫磚의 藝術特點」, 『美術』2009-8.; 馮麗娟, 「高台縣魏晉壁畫
　　墓的形態及其美學價値」, 『絲綢之路』 2015-16 등.
2　牛龙菲, 『古樂发隐-嘉峪尖魏晉墓室砖画樂器考』, 甘肃人民出版社, 1985.; 郭永利,

형식 및 분류[3], 문화의 기원, 교류, 영향 관계[4], 하서지역 토착 문화와
민족 관계[5], 묘주 신분[6], 시대 분기[7] 등 다양한 관점에서 광범위한 연구

「河西魏晉十六国墓葬画"矩形图"、"圆圈图"考释」,『四川文物』2007-1；鄭怡楠,「河
西高台縣墓葬壁畫祥瑞圖研究－河西高台縣地埂坡M4墓葬壁畫研究之一」,『敦煌学辑
刊』2010-1；郑怡楠,「河西高台县墓葬壁画娛樂图研究－河西高台县地埂坡M4墓葬壁
画研究之二」,『敦煌学辑刊』2010-2；趙吳成,「河西墓室壁畫中"伏羲, 女媧"和"牛首人
身, 鳥首人身"圖像淺析」,『考古與文物』2005-4；殷光明 著, 北村永 譯,「敦煌西晋墓出
土の墨書題記畫像磚をめぐる考察」,『東洋美術と考古学の研究誌』, 毎日新聞社 등.

3 甘肃省文物考古研究所,『酒泉十六国壁画墓』, 北京, 文物出版社, 1989；甘肃省文物考
古研究所 戴春陽 主編,『敦煌佛爺廟灣西晉畫像磚墓』, 文物出版社, 1998；郑岩,『魏晋
南北朝壁画墓研究』, 北京, 文物出版社, 2002；郭永利,『河西魏晉16國壁畫墓研究』,
蘭州, 蘭州大學博士學位論文, 2008；扬雄,「敦煌西晋墓画－敦煌壁画的另一个源头」,
『内蒙古社会科学』(汉发版) 26-1；贺西林,『古墓丹青－汉代墓室壁画的发现与研究』,
陕西人民美术出版社, 2001；杜林渊,「河西汉魏画墓研究综述」,『延安教育学院学报』
19-3, 2005；郭永利,「河西魏晉十六国壁画墓出行, 宴饮图的类型及其演变」,『考古与
文物』2008-3 등.

4 鄭嚴,『魏晋南北朝壁画墓研究』, 北京, 文物出版社, 2002；郭永利,『河西魏晉16國壁畫
墓研究』, 蘭州, 蘭州大學博士學位論文, 2008；甘肃省文物考古研究所 戴春陽 主編,
『敦煌佛爺廟灣西晉畫像磚墓』, 文物出版社, 1998；박아림,「중국 위진 고분벽화의 연원
연구」,『동양미술사학』1, 동양미술사학회, 2012；张朋川,「河西出土的汉晋绘画简述」,
『文物』78-6；苏笙辉,「略论河西发现的墓室壁画与石窟寺壁画的画艺传承－兼谈山
水画之南北分宗问题」,『故宫季刊』16-2, 1981；王中旭,「敦煌佛爷庙清伯牙弹琴画像
之渊源与含义」,『故宫博物馆院刊』2008-1；北村永,「敦煌西晋画像磚及敦煌莫高窟
中的汉代传统主题」,『東洋美術と考古学の研究誌』, 毎日新聞社；扬雄,「敦煌西晋墓
画－敦煌壁画的另一个源头」,『内蒙古社会科学』(汉文版) 26-1；刘菲,「试析河西地区
魏晋南北朝时期墓葬形制、壁画题材与早期佛教洞窟的关系」,『青年文學家』14-21；
殷光明,「从敦煌传统神话题材的演变看佛教的中国化－以伏羲, 女媧图像为中心」,『
艺术学研究年报』21, 台北, 2004；吴扔骥,「略谈河西晋墓壁画中的莲花藻井」,『陇右
文博』2004-2 등.

5 關尾史郎,「河西出土磚畫・壁畫に描かれた非漢族」,『西北出土文獻研究』10, 2012；郭
永利,「河西魏晉十六国时期画像磚上的披发民族」,『丝绸之路民族古文字与文化学术
讨论会论文集』, 2005；圃田俊介,「河西画像碑墓にみえる胡人圖像－魏晉期の酒泉を
中心として」,『西北出土文獻研究』5, 2007；杨吉宁,『考古学视域下的汉晋河西地区
饮食文化研究』, 西北師範大學 碩士學位論文, 2015 등.

가 진행되었다.

특히 본 연구와 밀접하게 연관된 예술적 측면에서의 표현법 해석은 해당지역 화공의 고유한 미적 정서의 발현[8], 寫意性 반영[9], 自由와 浪漫의 정서 표출[10] 등으로 하서지역 나름의 독특한 표현 양식 형성이라는 관점에서 주로 연구가 개진되었다. 즉 하서지역 화공의 표현 의지를 적극 평가함으로써 1전1화가 나름의 지역성과 예술성을 반영한 고유한 표현 양식의 하나라는 점을 강조했다. 1전1화의 경우 제작법은 물론이고 표현 공간 및 기법 등에서 다른 지역과 차별화된 특징을 집약적으로 내어놓기 때문에 그와 같은 해석 관점은 상당히 의미 있는 것으로 평가할 수 있다.

하지만 그러한 해석의 근거 및 기초에 관한 연구는 그다지 주목할 만한 성과를 내어놓지 못하였다. 이전에 전개된 묘실 벽면 장식법과 회화 표현 기법의 발전사에서 1전1화의 표현 형식 및 기법이 어떤 의미성을 갖는 표현 양식에 해당하는지, 평가 및 인식의 기초가 되는 고유하고 차별화된 특질에 관하여는 거의 연구가 이루어지지 못하였다. 따

---

6 甘肅省文物队・甘肅省博物館・嘉峪关市文物管理所, 『嘉峪关壁画墓发掘报告』, 北京, 文物出版社, 1985；甘肅省文物考古研究所, 『酒泉十六国壁画墓』, 北京, 文物出版社, 1989；甘肅省文物考古研究所 戴春陽 主編, 『敦煌佛爺廟灣西晉畵像磚墓』, 文物出版社, 1998 등.

7 鄭巖, 『魏晉南北朝壁画墓研究』, 北京, 文物出版社, 2002；张小舟, 「中国北方地区魏晉十六国墓葬分区分期」, 『考古學報』 1987-1 등.

8 祝重壽, 『中國壁畫史綱』, 北京, 文物出版社, 1995, 25쪽.

9 甘肅省博物館・嘉峪關市文物管理所, 「嘉峪關魏晉墓室壁畫的題材和藝術價值」, 『文物』 1974-9, 68~69쪽；嘉峪關市文物清理小組, 「嘉峪關漢畵像磚墓」, 『文物』 1972-12, 37쪽.

10 陈缓祥, 『魏晉南北朝绘画史』, 北京, 人民美术出版社, 2000, 157쪽.

라서 고유성을 합리적으로 읽어내고 이해해갈 수 있는 미학적 입장 및 실현 과정에 관한 이해 역시 구체적으로 이루어질 수 없는 상황이다. 나아가 이와 같은 기초 연구의 미흡으로 인해 1전1화가 출현, 확산하게 된 원인 및 배경 등에 관한 연구도 구체적이고 설득력 있는 접근이 이루어지지 못하고 있다.

본 연구는 이러한 점에 주목하여 1전1화의 고유성 담론에서 무엇보다도 중요한 논리적 근거와 기초가 되는 1전1화 표현의 특질과 회화 발전사적 의미성 검토에 관심을 두고자 한다. 겉으로 드러나는 차이에 기초하여 고유성을 강조할 수 있지만 고유한 미적 입장의 실현 과정이 구체적으로 확인되고 설명될 수 없다면 고유성 강조는 합리성과 객관성을 확보할 수 없기 때문이다.

2. 1전1화의 제작법과 표현 특징

현재 출토된 자료를 근거로 할 경우 1전1화는 위진시기 즈음에 출현한 것으로 확인된다. 처음에 동한말기로 비정되었던 묘가 근래 조위시기 및 서진시기로 새롭게 비정되면서 1전1화의 출현 시기 역시 약간 뒤로 늦추어지고 있다.

1전1화는 주거지의 주택 및 저장 창고, 군사용 봉화대 및 초소가 설치된 시설지 등에서는 거의 출토되지 않고 주로 묘에서 출토되기 때문에 분묘 소용물의 하나로서 간주된다. 다만 묘실 모퉁이 등에 1~2개의 1전1화를 세워둔 경우들도 나타나기 때문에 처음부터 벽면 장식물에 한정된 것이라고 확단하기는 쉽지 않다.

1전1화가 처음 출현한 무위지역은 하서지역 최대 치소이자 정치, 경제, 행정의 중심지였다. 따라서 한대 이래 정치인, 학자, 상인, 일반인 등 다양한 분야의 한인들이 적지 않게 이주, 정착한 상황이었고, 신망시대 이후 장액 북부 어지나강 유역을 따라 설치했던 변방 군사조직도 이곳으로 후퇴하여 상당수 군인들도 유입되어 있었다.[11] 출토자료에 근거할 경우에도 무위지역은 한 무제의 하서 4군 설치 이후 중원문화의 유입 및 발전이 상당한 수준을 형성한 것으로 확인된다.[12] 다만 위진 시기에는 무위 이서의 장액, 주천, 돈황 등에 비해 출현 유적의 규모가 기대에 미치지 못한 점이 특징의 하나로 나타난다.[13]

무위지역을 중심으로 출현한 1전1화는 이후 하서 서부지역으로 확장되면서 제작 규모와 제재의 증가는 물론이고 묘실 벽면 장식법의 하나

11 김경호, 「前漢時期 河西徙民의 背景과 性格」, 『상명사학』 5집, 1997 ; 김경호, 「漢代 河西地域 豪族의 形成과 그 性格」, 『동양사학연구』 75, 2001 ; 閔成基, 「前漢의 徙民實邊에 대하여」, 『부산대논문집』 11, 1970 ; 市川任三, 「論西漢的張掖郡都尉」, 『簡牘研究譯叢』 제2집(中國社會科學院歷史研究所戰國秦漢史研究室 編), 北京, 中國社會科學出版社, 1983 ; 김병모, 「東漢時代 武威地域에 形成된 繪畵 表現法과 顏料 需給-磨咀子地域 出土 遺物의 分析을 中心으로-」, 『中國史研究』 103집, 중국사학회, 2016 등 참조.
12 김병모, 「西漢時代 甘肅지역의 회화와 안료-표현법 발전과 안료 수급 양상의 분석을 중심으로-」, 『미술문화연구』 8호, 동서미술문화학회, 2016, 205쪽 ; 김병모, 「신망(新莽) 시대 깐쑤(甘肅)지역의 회화 표현법과 안료 수급-쥐옌(居延)지역과 우웨이(武威)지역 출토 자료의 분석을 중심으로-」, 『동양문화연구』 24집, 영산대학교 동양문화연구원, 2016 ; 김병모, 「東漢時代 武威地域에 形成된 繪畵 表現法과 顏料 需給-磨咀子地域 出土 遺物의 分析을 中心으로-」, 『中國史研究』 103집, 중국사학회, 2016 등 참조.
13 金炳模, 「16國時代 河西 中東部地域의 顏料-種類와 用例 特徵을 중심으로-」, 『美術文化研究』 11, 東西美術文化學會, 2017 ; 梁曉英·朱安, 「浅析武威魏晋时期墓葬的特点」, 『陇右文博』 2005-2 ; 周潤山, 「河西地区魏晋十六国墓葬研究」, 鄭州大學 碩士學位論文, 2013.

로서 보다 체계화된 모습으로 발전을 거듭했다. 묘실 입구의 묘문 위에 벽체 모양으로 거대하게 세운 조장이라는 설치물에 1전1화를 확장 조성한 것은 벽면 장식물로서 1전1화의 체계적 발전과 적극적인 조성 의지를 나타내주는 하나의 표지라고 할 수 있다.

1전1화 제작에 사용된 벽돌 모양은 다양하다. 장방형도 있고 정방형도 있으며, 기타 모양도 있다. 심지어 조장에는 사다리꼴의 사변을 계단식 모양으로 만든 벽돌도 있다. 하지만 〈그림 1〉에서 보는 바와 같이 장방형 벽돌이 주를 이루며, 크기는 지역에 따라 차이가 있지만 주천 가욕관 지역의 경우 가로 36.5㎝ 내외, 세로 17.5㎝ 내외로서 오늘날 일반적으로 상견하는 담장 및 건축용 벽돌보다는 크다. 좀 더 넓은 화면의 확보를 위해서는 그와 같은 규모로 제작하는 것이 유리했을 것이다. 다만 중원지역에서 제작된 공심전과 같은 대형 벽돌을 별도로 제작, 사용한 정황은 확인하기가 쉽지 않다.[14]

1전1화에 사용된 벽돌이 기대했던 것보다 작지는 않지만 중원지역 묘실벽화가 벽면 전체를 한 화면으로 간주하고 도상을 배치했던 것에 견주면 작은 규모의 화면에 해당한다. 따라서 하서지역 1전1화의 경우 바로 이와 같은 화면의 축소가 기존 벽화의 표현 형식과 차별화된 특징을 보이는 기본 조건으로 기능을 하게 된다. 즉 1전1화 표현 형식에서 가장 두드러지게 나타나는 특징의 하나로서 간략화 된 제재 구성을 지적할 수 있는데, 그러한 구성의 주요 원인으로 화면의 제약 상황을 적극 고려하지 않을 수 없게 된다. 물론 각각의 제재를 매우 작은 크기

---

14 중원지역 공심전에 관하여는 沈天鷹, 「洛陽出土一批漢代壁畵空心磚」, 『文物』 05-3 참조.

〈그림 2〉 1전1화에 띠 모양의 선을 칠하면서 주변 벽돌에
홍색 물감을 묻힌 모습, 위진, 주천 가욕관 신성 3호묘
(『胡之 編, 『中國古代壁畫精華叢書- 甘肅嘉峪關 魏晉3號墓彩繪磚』,
重慶, 重慶出版社, 2000에서 재인용 ; 이하
『甘肅嘉峪關魏晉3號墓彩繪磚』으로 약칭)

로 묘사할 경우 하나의 벽돌 안에서 다양하고 복잡한 주제의 표현도 가능하지만 도상의 정보를 누군가에서 알리고자 하는 묘실 벽면 장식의 의도를 고려한다면 제재의 무한 축소를 통한 복잡한 제재 구성은 기대하기가 쉽지 않다. 아무튼 1전1화는 표현 제재가 매우 단순화되고 간략화 된 점이 큰 특징 요소의 하나라고 할 수 있으며, 특히 〈그림 1〉에서 보는 바와 같이 대부분 배경 없이 핵심 제재 위주로 표현되기 때문에 도상이 지시하는 내용을 파악하기가 어려운 경우도 종종 나타난다.

그렇다면 1전1화는 어떠한 제작 특징과 표현 형식 및 기법을 통해 중원지역 묘실 벽면 장식법과 차별화된 벽면 장식법으로 자리매김 되고 발전될 수 있었을까?

1전1화는 먼저 벽돌을 사용해 벽체를 축조한 후 벽면에서 직접 그림을 그리는 과정으로 시작된다.[15] 〈그림 2〉우측에 나타나있듯이 주변 벽돌까지 물감을 묻히거나, 혹은 아래 벽돌로 물감이 흐른 흔적, 물감이 흘러내린 경우 모두 위에서 아래로 흐른 흔적, 벽돌과 벽돌 사이를 메운 흙에 물감이 흐른 흔적 등은 그러한 작업의 선후 과정을 비교적 분명하게 드러내준다.

〈그림 3〉 3橫1竪 축조법의 실례, 위진,
주천 가욕관 신성 3호묘 중실 동벽
(『甘肅嘉峪關魏晉3號墓彩繪磚』에서 재인용)

다만 도상이 배치될 벽돌의 위치 및 크기 등은 벽체 축조 이전에 이미 설계가 완료된 상태였을 것이기 때문에 1전1화의 실현은 사실 벽체 축조 이전에 이루어졌다고 해도 과언이 아니다. 특히 묘주출행도와 같이 중요한 도상의 경우 가장 중요한 곳에 위치시켜야 하고, 특정 도상의 경우 벽돌을 세로로 길게 세워서 표현해야만 하는 경우 등도 있기 때문에 도상이 그려질 벽돌들을 벽면에 어떻게 배치하여 축조할 것인가 하는 점은 사전에 주도면밀하게 고려되었다고 보아야 할 것이다.

도상이 묘사될 벽돌의 축조는 넓은 면이 전면을 향하도록 세워 쌓는 것이 일반적이었다〈그림 3〉. 이럴 경우 벽체의 견고함은 그 만큼 약화하기 때문에 넓은 화면 확보를 위해 그와 같은 축조법을 선택했던 것으로 보아야 할 것이다. 대신 도상이 그려지지 않거나 특별히 장식용으로 벽돌을 사용하지 않은 경우 좁은 면이 전면을 향하도록 쌓았다. 그리고 넓은 면이 전면을 향하도록 축조된 경우 이들 사이에는 서로 연접시키

15 鄭巖, 『魏晉南北朝壁畫墓研究』, 北京, 文物出版社, 2002, 146쪽.

〈그림 4〉敦煌 불야묘만 37호묘
조장 부분, 서진

(甘肅省文物考古研究所 戴春陽 主編,
『敦煌佛爺廟灣西晉畵像磚墓』, 北京, 文
物出版社, 1998에서 재인용 ; 이하『敦煌
佛爺廟灣西晉畵像磚墓』로 약칭)

〈그림 5〉돈황 불야묘만 39호묘
서벽 북측 모습, 서진

(『敦煌佛爺廟灣西晉畵像磚墓』에서 재인용)

지 않고 〈그림 3〉에서 보는 바와 같이 상하좌우로 사이사이에 뉘이거
나 세운 벽돌 몇 장을 끼워 넣는 방식으로 축조했다. 끼워 넣는 벽돌의
수량은 경우마다 다르긴 하지만 주천지역의 경우 대개 상하로 각각
3장씩을 끼워 넣는 소위 '3橫1竪'의 방식이 일반적이었다. 이렇게 하면
벽체의 견고함도 확보하고, 동시에 각 도상의 이미지도 좀 더 일목요연
하게 읽을 수 있게 한다. 물론 〈그림 4〉에서 보듯이 상하좌우로 벽돌
1장만 끼워 넣은 경우도 있고, 〈그림 5〉에서 보듯이 상하로 2장, 〈그림
6〉과 같이 상하로 5~6장을 끼워 넣은 경우도 있어 항상 '3橫1竪'의
축조법에 한정시킨 것은 아니다.

　다만 〈그림 4〉는 묘실 입구의 '조장'이라는 시설물에서 이용된 것이
며, 조장의 경우 한정된 면적에 상당히 많은 도상을 배치하는 경우가
일반적이기 때문에 상하좌우로 1장의 벽돌만 끼워 쌓게 되었을 것이다.
아무튼 1전1화는 도상이 표현된 벽돌끼리 서로 연접시키지 않게 간격

을 두고 배치했으며, 이를 통해 많은 수의
도상을 좀 더 수월하고 일목요연하게 인
식시킬 수 있었을 것이다.

　도상이 표현될 벽돌에 대한 설계와 이
에 기초한 벽체 쌓기가 완성되면 도상이
배치될 벽돌을 중심으로 바탕에 색을 칠
했다. 바탕색은 대개 백색으로 칠했는데,
백색 안료의 종류는 지역에 따라 차이가
있었다. 즉 무위와 주천지역의 경우 석고,
고태지역의 경우 백운석, 돈황지역의 경
우 백악 등이 주로 사용되었다.[16]

〈그림 6〉 주천 가욕관 신성 12호묘
전실 동벽 부분, 위진
(胡之 編, 『中國古代壁畫精華叢書
－ 甘肅嘉峪關魏晉12·13號墓彩繪
磚』, 重慶, 重慶出版社, 2000에서
재인용 ; 이하 『甘肅嘉峪關 魏晉12
·13號墓 彩繪磚』으로 약칭)

　하지만 도상의 표현 특징에 따라 회색,
회청색, 황색, 황갈색 등 기타 색을 선택,
사용하기도 했다. 특히 돈황지역 1전1화의 경우 그러한 현상이 두드러
졌다. 예를 들어 〈그림 7〉과 같이 백색으로 묘사된 〈翼神馬圖〉의 경우
바탕색을 홍갈색으로 처리하고 있는데[17] 그렇게 함으로써 좀 더 제고된
시각 효과를 제공할 수 있게 되었을 것이다. 대개 백색 위주로 바탕색
이 칠해졌기 때문에 바탕색의 역할을 간과하기 쉽지만 백색 바탕색의

---

16 金炳模, 「16國時代 河西 中東部地域의 顔料－種類와 用例 特徵을 중심으로－」, 『美術
　　文化硏究』 11, 東西美術文化學會, 2017 ; 金炳模, 「魏晉 및 16國時代 酒泉지역의 顔料
　　－種類 및 用例 特徵을 중심으로－」, 『美術文化硏究』 12, 東西美術文化學會, 2018 ;
　　金炳模, 「魏晉 및 16國時代 敦煌地域의 顔料－種類 및 用例 特徵을 中心으로－」, 『美術
　　文化硏究』 13, 東西美術文化學會, 2018 등.
17 甘肅省文物考古硏究所, 『敦煌佛爺廟灣西晉畫像磚墓』, 文物出版社, 1998.

〈그림 7〉翼神馬圖, 위진, 돈황 불야묘만 133호묘
(『敦煌佛爺廟灣西晉畵像磚墓』에서 재인용)

선택 과정에도 채색 효과에 대한 나름의 고려가 이루어졌을 가능성이
크다.

바탕색을 칠하고 나면 먼저 화면 가장자리를 따라 띠 모양의 선을
그려 넣었다. 띠 모양의 선은 홍색을 가장 많이 사용했는데 〈그림 8〉에
서 보듯이 띠 모양의 선 위로 사물을 묘사한 흑색 필획이 지나고 있어
띠 모양의 선과 도상 표현의 선후 관계를 비교적 분명하게 확인시켜
준다. 다만 도상을 묘사한 후 띠 모양의 선을 더한 경우도 확인되므로
선후 관계를 일반화하기는 어렵다. 일례로 돈황불야묘만 19호묘 受福
像의 경우 백색으로 묘사된 날개 끝부분과 다리 끝부분이 홍갈색 띠
모양의 선에 의해 덮여져 백색 필획이 거의 드러나 있지 않다[18]

벽돌위에 띠 모양의 선을 더하는 것은 하서지역 1전1화에 나타나는
독특한 표현 형식의 하나인데 사실 좁은 화면에 굳이 띠 모양의 선까지
더하여 화면을 축소시킬 필요가 있었을까 하는 의문도 남는다. 띠 모양

---

18 甘肅省文物考古硏究所, 『敦煌佛爺廟灣西晉畵像磚墓』, 文物出版社, 1998, 도판 29 참조.

〈그림 8〉 도상을 묘사한 흑선 필획이 띠 모양의 선 위로 더해진 모습, 위진, 주천 가욕관 신성 4호묘 〈放鷹獵兎圖〉 부분

(胡之 編,『中國古代壁畫精華叢書－甘肅嘉峪關魏晉4號墓 彩繪磚』, 重慶, 重慶出版社, 2000에서 재인용 ; 이하『甘肅嘉峪關魏晉4號墓彩繪磚』으로 약칭).

〈그림 9〉 出行圖, 위진, 주천 가욕관 신성 3호묘 전실 동벽

(『甘肅嘉峪關魏晉3號墓彩繪磚』에서 재인용).

선의 사용 의도가 무엇인지 현재로서는 구체적 파악이 어렵지만 액자의 틀과 같은 기능을 더함으로써 해당 벽돌에 표현된 도상을 하나의 독립된 구조 및 내용으로 읽히게 하는 효과는 더해질 수 있었을 것으로 보인다. 특히 〈그림 9〉와 같이 핵심 도상 주변에 수목이 번잡하게 곁들여 묘사된 경우 그러한 구분 효과를 좀 더 두드러지게 드러낼 수 있었을 것이다. 아무튼 넓은 화면을 확보하기 위해 벽체의 약화를 감수하면서까지 벽돌의 넓은 면이 전면을 향하도록 세워 쌓는 태도를 보였으면서도 이와 같이 화면을 축소시키는 띠 모양의 선을 더한 것을 보면 화면 축소의 역기능을 상보할만한 별도의 시각적 효과가 의도되었던 것은 분명해 보인다.

홍색 띠 모양 선의 두드러진 사용과 관련하여 또 하나 간과할 수 없는 점은 홍색 자체에 특별한 의미를 부여했을 가능성도 배제할 수 없게 된다는 점이다. 홍색은 신석기시대 이래로 중국 분묘 미술 장식에서 중요한 의미를 갖는 색으로 기능해왔기 때문이다.[19] 다만 하서지역 1전1화의 경우 황색, 흑색 등 기타 색을 사용하거나 〈그림 7〉과 같이 띠 모양의 선 자체를 생략하는 경우도 있기 때문에[20] 홍색 자체에 특별한 의미를 부여하는 해석 관점을 개진하고자 할 경우 구체적이고 합리적 분석 과정이 필요해 보인다.

띠 모양의 선 작업이 마무리되면 사전 설계에 따라 도상의 묘사가 이루어진다. 도상의 묘사는 앞서 언급한 바와 같이 제재를 최대한 간략화 하는 방식을 동원했다. 하지만 제재가 의미하는 바는 비교적 분명하게 드러냈다. 예를 들어 부엌에서 한 여인이 아궁이에 불을 지피는 장면을 통해 요리하는 시녀의 모습을 나타냈고, 수레를 매달고 서 있는 소의 장면을 통해 수레의 소유사실을 드러냈다. 배경 없이 핵심 제재 위주로 표현되기 때문에 각 도상의 내용과 의미 파악이 어려운 경우가 있지만 나름의 차별화된 표현법을 통해 선명성을 더했다. 일례로 1전1화의 경우 대개 측면 상 위주의 표현을 제시하고 있는데 도상의 의미를 보다 쉽게 읽히기 위한 방편에서 비롯된 선택이었을 것이다. 아무튼 제재의 간략화

---

19 김병모, 「중국 신석기시대 채도의 장식 개념과 목적」, 『先史와 古代』 33호, 한국고대학회, 2010 ; 김병모, 「夏代의 안료와 채색문화−안료의 사용과 채색문화기반의 변화원인을 중심으로−」, 『고조선단군학』 25호, 고조선단군학회, 2011 ; 김병모, 「商周시대의 안료와 채색문화−안료의 수급양상과 수요자의 경제력을 중심으로−」, 『백산학보』 91호, 백산학회, 2011 등 참조.

20 돈황불야묘만묘의 경우 적지 않은 수의 화상전에서 띠 모양의 선이 생략된 경우를 확인할 수 있다(甘肅省文物考古硏究所, 『敦煌佛爺廟灣西晉畵像磚墓』, 文物出版社, 1998).

〈그림 10〉 揚場圖 부분, 위진
(胡之 編, 『中國古代壁畵精華叢書-甘肅嘉峪關
魏晉5號墓彩繪磚』, 重慶, 重慶出版社, 2000에서 재인용;
이하 『甘肅嘉峪關魏晉5號墓彩繪磚』으로 약칭)

〈그림 11〉 採桑圖, 위진, 주천 가욕관 신성 5호
(『甘肅嘉峪關魏晉5號墓彩繪磚』에서 재인용)

로 인해 보다 많은 수량의 제재를 제작, 배치할 수 있는 기회가 확보될
수 있었고, 이를 통해 중원지역 벽화와는 차별화된 제재 표현법의 특징
을 새롭게 제시했다. 다만 많은 수의 1전1화가 벽면에 모자이크처럼
배치되다보니 중원지역 벽화에 비해 다소 번잡한 양상도 드러냈다.

사물을 묘사하는 기법은 중원지역 벽화에서와 같이 대개 선묘를 통
해 대상을 먼저 묘사하고 그 위에 채색을 더하는 방식으로 진행되었다.
〈그림 10〉에서 보듯이 흑색 필선 위로 홍색의 채색이 더해진 곳과 띠
모양의 선 위 묘사된 신발 사이에 나타난 흑색 필선의 농담 차이는
그러한 작업 과정의 선후를 드러낸다.

선묘의 경우 정세한 선묘를 사용한 경우도 있지만 대부분 볼륨의 변화가 심한 정제되지 않은 크로키식 선묘를 사용한 점이 특징으로 나타난다. 그리고 써레, 쟁기, 수목 등과 같이 필획의 폭이 넓지 않은 사물의 경우 〈그림 11〉 좌측 수묵에서와 같이 외곽 선묘 없이 몰골법과 비슷한 표현법을 동원하여 묘사하는 경우도 나타난다.

채색은 선묘를 따라 비교적 정교하게 한 경우도 있지만 〈그림 11〉의 우측 인물 옷깃과 무릎 아래 정강이 부분 등의 홍색 채색에서와 같이 거친 터치식 채색법을 자주 사용하고, 두 사람의 상의에 이루어진 넓게 펼쳐진 평도식 채색법 역시 자주 동원하고 있다. 특히 채색의 경우 정교성이 낮아 선묘를 뒤덮거나 선묘를 벗어난 채색의 실례를 자주 출현시키며, 아울러 바탕색이 드러날 정도로 채색 농도가 낮은 경우도 종종 나타난다. 〈그림 11〉 인물의 상의에 이루어진 채색에서도 그와 같은 농도의 채색을 어렵지 않게 확인할 수 있다.

이상의 내용을 통해서 본다면 1전1화의 표현 형식 및 기법의 특징은 제재 구성의 단순성과 볼륨 변화가 심한 크로키식 선묘, 그리고 거친 터치식 채색법과 담한 평도식 채색법으로 집약된다. 한마디로 정세한 선묘와 정교하고 두터운 평도식 채색법을 종종 구사했던 중원지역과는 상당히 다른 양상을 드러낸다.

이들 크로키식 혹은 몰골식 선묘와 터치식 채색법 등에 대하여 기존 연구는 대개 하서지역 화공들의 강렬한 미적 정서가 반영된 경우로서 해석한다.[21] 하서지역 화공들이 정말로 이러한 표현기법을 자신들의

---

21 祝重壽, 『中國壁畵史綱』, 北京, 文物出版社, 1995, 25쪽 ; 甘肅省博物館·嘉峪關市文物管理所, 「嘉峪關魏晉墓室壁畵的題材和藝術價値」, 『文物』1974-9, 68~69쪽 ; 嘉峪

미적 정서를 드러낼 수 있는 최상의 것으로 인식하고 추구한 것이라면 그러한 해석 관점은 충분히 받아들일 수 있다. 하지만 그러한 인식은 미적 정서의 구체적 반영 과정을 구체적으로 분석, 제시할 수 있을 때 합리적 이해가 가능해진다. 단순히 겉으로 드러나는 특징만을 가지고 오늘의 시각으로 표현법에 담긴 미적 정서를 인식, 평가할 수는 없다.

그렇다면 중원지역과 크게 차별화되는 이와 같은 표현 형식 및 기법을 회화 기법 발전사의 측면에서 어떻게 자리매김해야 할까? 이와 관련하여 본 연구자는 이들이 어떠한 표현 형식 및 기법의 토대 위에서 그와 같은 표현 특징들을 발현시키게 되었는지 그 발전의 토대에 관하여 우선 검토할 필요가 있다고 본다. 그 토대가 이해될 때 1전1화 표현법 특징이 내포한 발전의 의의 혹은 의미가 좀 더 구체적으로 파악되고 논의될 수 있기 때문이다. 다음 장에서 한대 하서지역에 형성된 묘실 벽면 장식법과 회화 표현 기법의 기본적 특징을 살피게 된 이유이다.

3. 한대 하서지역의 묘실 벽면 장식법과 회화 표현 기법

1) 서한 및 신망시대

중국에서 묘실 벽면 장식은 새로운 묘제의 출현과 맞물려 주로 한대에 출현하였다. 그리고 화상석, 화상전, 벽화 등 다양한 장식법이 동원되었다. 이 가운데 회화 표현을 위주로 한 벽화는 현존 자료를 근거로

關市文物淸理小組, 「嘉峪關漢畵像磚墓」, 『文物』 1972-12, 37쪽.

할 경우 서한 조기까지 소급된다.[22] 다만 이후 장기간 그다지 주목할 만한 발전을 보이지 못하다가 서한 중후기에 이르러 조성 규모 및 지역이 본격적으로 확산되었다. 하남성은 서한 중후기 묘실벽화의 집약적 발전지역 가운데 하나였으며, 이후 신망시대와 동한시대를 거치면서 섬서, 산서, 하북, 요녕 등의 지역으로 조성 범위가 확장되었다.[23]

본 연구에서 관심을 두고 있는 하서지역의 경우 한 무제의 하서 4군 설치와 더불어 한인의 대대적 이주 및 정착이 추진되었기 때문에[24] 비교적 이른 시기에 중원지역으로부터 벽화 등의 묘실 벽면 장식법이 유입, 조성되었을 것으로 예상될 수 있다. 하지만 현재까지 하서지역에서 발견된 초기 묘실 벽면 장식의 실례는 신망시대의 경우가 가장 이르며, 따라서 현재까지 발견된 자료를 근거로 한다면 중원지역과는 출현 시기에서 작지 않은 차이를 나타낸다.

신망시대 하서지역에서 확인되는 묘실 벽면 장식법은 화상석이나 화상전 보다는 회화 표현을 적극 활용한 벽화 위주의 표현 방식이 중심을 이룬다.[25] 다만 흙벽인 토동묘에 벽화를 조성함으로써 전실묘 혹은

---

22 祝重壽, 『中國壁畫史綱』, 北京, 文物出版社, 1995 ; 羅世平, 『古代壁畫墓』, 北京, 文物 出版社, 2005 등 참조.

23 김병모, 「東漢時代 회화 표현법의 分化에 관한 연구-墓室 壁畵 分析을 中心으로-」, 『동방학』 33, 한서대학교 동양고전연구소, 2015 ; 賀西林, 『古墓丹靑-漢代墓室壁畵 的發現與研究』, 西安, 陝西人民美術出版社, 2002 등 참조.

24 김경호, 「前漢時期 河西徙民의 背景과 性格」, 『상명사학』 5집, 1997 ; 김경호, 「漢代 河西地域 豪族의 形成과 그 性格」, 『동양사학연구』 75, 2001 ; 閔成基, 「前漢의 徙民實 邊에 대하여」, 『부산대논문집』 11, 1970 등 참조.

25 김병모, 「신망(新莽)시대 깐쑤(甘肅)지역의 회화 표현법과 안료 수급-쥐옌(居延)지역 과 우웨이(武威)지역 출토 자료의 분석을 중심으로-」, 『동양문화연구』 24집, 영산대 학교 동양문화연구원, 2016.

〈그림 12〉 무위 韓佐鄕 오패산 벽화묘 동벽의 神獸, 신망

석실묘에 주로 벽화를 제작한 중원지역과는 일정한 차이를 드러낸다. 토동묘는 대개 수혈식으로 땅을 파고 내려간 후 바닥 부분에서 횡으로 동굴형 현실을 조성한 묘제이며, 당시 하서지역 고유 묘제 가운데 하나에 해당했다.

무위 한좌향에서 발견된 오패산 벽화묘와 무위 마저자 지역에서 발견된 마저자 3호 벽화묘는 신망시대 토동식 벽화묘의 대표적 실례에 해당한다.[26] 앞으로 더 이른 시기에 해당하는 벽화묘의 출현 가능성을 배제할 수 없지만 신망시대를 포함하여 동한 중, 후반까지도 벽화묘 발견 실례가 많지 않기 때문에 신망시대 이전의 벽화묘 출현 가능성은 그다지 크지 않다.[27]

---

26 何雙全, 「武威縣韓佐五坝山漢墓群」, 『中國考古學年鑒』 1985, 文物出版社, 1985.

27 오패산 벽화묘의 연대에 대하여 서한만기, 신망 및 동한초기 등 여러 견해가 제시되어 있으나 대개 신망에서 동한 초기로 본다. 岳邦湖와 田曉 등은 서한만기로 본다.(岳邦湖, 田曉 等, 『甘肅考古文化叢書－巖畫及墓葬壁畫』, 蘭州, 燉煌文藝出版社, 2004, 7쪽)

하서지역의 주요 묘제에 해당하는 토동묘는 벽면이 흙벽 그 자체이기 때문에 벽화의 제작 및 보존에 그다지 좋은 환경을 제공한다고 볼 수는 없다. 그리고 현실로 들어가는 입구 쪽은 대개 벽면이 조성되지 않아 중원지역 전실묘 및 석실묘에서 보여준 벽화 배치 방식을 수용하고자 할 경우 일정한 제약 및 차이를 드러낼 수밖에 없다. 이러한 제약으로 인해 오패산 벽화묘의 경우도 현실로 들어가는 입구 쪽을 제외한 북, 동, 남 3벽 위주로 벽화가 조성되어 있다.[28]

천정 역시 천정구조를 나타내주는 별도의 설치물이나 형태를 추구한 것이 아니어서 중원지역 벽화묘에서 일반적으로 나타나는 천정의 형태 및 구조와는 많은 차이를 드러낸다. 천정으로서의 구조 및 시설물의 생략 때문인지 오패산 벽화묘의 경우 천정에는 전혀 벽화가 조성되어 있지 않다. 이러한 양상은 하서지역에서 가까운 중원지역 신망시대 토동묘인 섬서성 千陽벽화묘에서도 동일하게 나타난다.[29]

묘제 및 벽화 도상의 벽면 배치 방식의 차이와 더불어 도상의 내용, 즉 제재에서도 적지 않은 차이를 드러낸다. 〈그림 12〉는 오패산 벽화묘의 동벽에 묘사된 동물과 나무기둥의 모습으로서 기존 연구는 "開明獸與不死樹, 食之不老不死" 등의 문헌 기록에 근거하여 開明獸와 不死樹

---

28 何雙全, 「武威縣韓佐五壩山漢墓群」, 『中國考古學年鑒』 1985, 文物出版社, 1985 ; 岳邦湖, 田曉 等, 『甘肅考古文化叢書-巖畫及墓葬壁畫』, 蘭州, 燉煌文藝出版社, 2004 ; 김병모, 「신망(新莽)시대 깐쑤(甘肅)지역의 회화 표현법과 안료 수급-쭈엔(居延)지역과 우웨이(武威)지역 출토 자료의 분석을 중심으로-」, 『동양문화연구』 24집, 영산대학교 동양문화연구원, 2016.

29 寶鷄市博物館, 「陝西省千陽縣漢墓發掘簡報」, 『考古』 75-3 ; 김병모, 「東漢時代 회화 표현법의 分化에 관한 연구-墓室 壁畫 分析을 중심으로-」, 『동방학』 33집, 한서대학교 동양고전연구소, 2015, 328쪽 등 참조.

등으로 판단하기도 한다.[30] 개명수는 눈을 감지 않는 것을 특징으로 하는 神獸의 일종이고, 불사수는 식용할 경우 늙지도 죽지도 않게 해주는 神樹의 일종이다.

그런데 이 묘의 묘실 벽면에 배치된 기타 동물 도상의 경우 대개 비현실적 신수가 일반적으로 묘사되어 있고, 〈그림 12〉의 동물 모습 역시 과장된 안면과 정면 응시 의도가 뚜렷하게 드러나 있어 개명수와 같은 神獸의 일종일 가능성이 크다. 나무 기둥 역시 가지 등을 생략함으로써 사실성이 강조되지 않은 점, 그리고 현실적 문양이라기보다 기하문 형태의 비현실적 문양을 위주로 한 점 등에 근거하면 神樹로서의 해석 관점 역시 주목하지 않을 수 없게 된다. 게다가 동물과 기둥이 도상의 중심 주제로 쌍을 이루어 함께 구성되고 있어 문헌기록에서와 같이 이들이 개명수와 불사수로서 함께 묘사되었을 가능성은 비교적 크다.

다만 마저자 62호묘 등에서 출토된 칠이배를 포함하여 명기로 제작된 채색 도기의 장식 등에서도 나무 기둥에 표현된 기하문 형태의 문양을 출현시키고 있는 점 등을 고려하면 문헌 내용을 대입시키는 방법 이외에 당시 발굴 자료에 나타난 기하문 문양의 의미를 구체적으로 파악하여 제재의 종류와 그 쓰임을 파악해가는 과정도 필요하다고 하겠다.[31]

---

30 岳邦湖, 田曉 等, 『甘肅考古文化叢書-巖畵及墓葬壁畵』, 蘭州, 燉煌文藝出版社, 2004, 7쪽.

31 이에 관해 본 연구자는 소략하나마 약간의 해석 관점을 더하여 소개한 바 있다(김병모, 「신망(新莽)시대 깐쑤(甘肅)지역의 회화 표현법과 안료 수급-쭈옌(居延)지역과 우웨이(武威)지역 출토 자료의 분석을 중심으로-」, 『동양문화연구』 24집, 영산대학교 동양문화연구원, 2016 참조).

〈그림 13〉 무위 한좌향 오패산 벽화묘
서벽의 인물, 신망

현재 〈그림 12〉 도상의 의미를 확정적으로 말하기는 쉽지 않지만 도상의 배치 및 표현 방식에서 중원지역과 일정한 차이를 내보인 점은 분명하다. 본 연구자의 과문 탓인지는 몰라도 기둥을 도상 중앙에 배치한 경우를 포함하여 전면을 바라보는 신수의 배치는 중원지역 묘실벽화에서는 거의 찾아보기 어려운 장면이다. 한마디로 오패산 벽화묘 동벽 도상의 경우 신망시대 하서지역 묘실벽화 표현 방식의 지역적 특징을 비교적 잘 반영한 실례의 하나에 해당한다고 하겠다.

이러한 지역적 특징은 동벽뿐만 아니라 남벽에 묘사된 인물 도상에서도 엿볼 수 있다〈그림 13〉. 동물 다리의 모습을 한 하반신, 긴 콧수염, 북방 샤먼을 연상시키는 특이한 형태의 복장, 뭔가를 손에 들고 이동하는 모습 등 중원지역 묘실벽화에서는 거의 찾아보기 어려운 제재이다. 기존 연구는 이 도상에 대해 춤추는 장면이라고 간단히 언급하고 있는데[32], 특이한 복장과 손모양 등을 보면 그와 같은 해석 관점에 오류가 있다고 단정하기는 어렵다. 다만 동물모습의 하반신과 킨 콧수염의 얼굴 등이 비현실적 세계에 해당하는 제재로 읽혀지기 때문에 단순히 춤추는 모습에 한정시킨 해석 관점은 도상이 드러내고자 한 바를 그다지 충실하게 읽어낸 것으로 판단되지 않는다. 특히 한대 중원지역 묘실

---

32 岳邦湖, 田曉 等, 『甘肅考古文化叢書－巖畵及墓葬壁畫』, 蘭州, 燉煌文藝出版社, 2004.

벽화에서 춤추는 장면 자체를 도상의 핵심 내용으로 설정, 제시한 경우를 거의 찾아보기 어렵기 때문에 춤추는 모습에 한정된 해석 관점은 무언가 핵심 내용을 간과한 느낌이다.

동벽에 이어 남벽에서도 중원지역에서 확인하기 어려운 제재 및 표현 특징을 살필 수 있다. 특히 비현실적 내용으로 판단되는 주제를 천정이 아닌 벽면에 배치함으로써 중원지역과는 다른 하서지역 나름의 도상 배치 방식을 읽게 한다. 이 묘의 북벽에는 호랑이 2마리와 소 1마리가 산수와 함께 묘사되어 있는데 이 역시 중원지역에서 보기 어려운 제재라고 하겠으며, 그런 이유로 이들 도상의 의미 역시 읽어내기가 매우 어렵다.

이상에서 소개한 동, 남, 북 3개 벽면에 표현된 제재의 의미를 구체적으로 파악하기는 쉽지 않지만 제재 종류와 표현 형식 등에서 하서지역의 지역성이 비교적 강하게 드러나는 특징의 몇 가지를 확인할 수 있다. 그리고 천정이 아닌 벽면 위주의 도상 배치도 3개 벽면에서 공통적으로 나타나는 지역적 특징의 하나에 해당한다.

이 묘와 더불어 신망시대 또 다른 벽화묘인 마저자 3호묘 역시 1개의 현실을 갖춘 토동묘에 해당한다.[33] 하지만 이 묘의 경우 중원식 사파묘도를 갖추고 현실 입구에도 벽면을 조성한 경우에 해당한다. 따라서 중원지역 벽화묘와 같이 4개 벽면에 모두 도상을 배치하고, 천정에도 벽화를 조성함으로써 묘의 형제 및 벽화 조성 위치 등에서 오패산 벽화묘에 비해 중원의 특징이 보다 강하게 나타난다.

---

33 甘肅省文物考古硏究所, 日本秋田縣埋藏文化財中心, 甘肅省博物館, 「2003年甘肅武威磨咀子墓地發掘簡報」, 『考古與文物』 2012-5.

〈그림 14〉 시자상, 신망, 무위 마저자 3호묘

하지만 후벽과 서북벽 일부를 제외한 대부분의 벽화가 결락되어 인물상은 물론이고 호랑이의 경우도 두부와 꼬리 등 도상 일부만을 확인할 수 있다. 때문에 제재의 종류와 도상의 배치 및 표현 특징 등을 구체적으로 파악하기가 쉽지 않다. 다만 오패산 벽화묘에서 내보인 정면상 위주의 도상 배치, 즉 관전자를 향해 바라보는 도상 배치법은 여기서도 유사하게 나타난다〈그림 14〉.

이상 신망시대 하서지역에 형성된 벽화묘의 기본 형식, 제재의 종류, 도상 배치의 기본 특징 등에 관하여 중원지역 벽화와의 차이를 중심으로 그 대략을 살펴보았다. 정리하면, 묘의 형식에서 하서지역 고유 묘제인 토동묘에 대한 강한 지향성이 나타나며, 그런 이유 때문인지 벽화가 배치되는 위치도 중원과는 다른 모습들을 강하게 드러내고, 제재의 종류 역시 중원지역에서 찾아보기 어려운 경우들을 출현시킨다. 그리고 도상의 표현 형식에서도 중원지역에서 익숙하지 않은 정면상 위주의 표현과 간결한 화면 구성 등 하서지역의 지역적 특징으로 판단되는 경우들을 강하게 반영하고 있다.

하지만 선묘와 채색을 통해 이루어지는 벽화 제작 방식은 중원지역의 경우와 큰 차이를 내보이지 않는다. 토동묘이기 때문에 흙벽 위에 벽화를 제작할 수밖에 없는 상황이지만 벽 위에 백회를 칠하여 백색 바탕을 마련한 후 그 위에 도상을 묘사하는 중원지역 벽화 제작 방식을

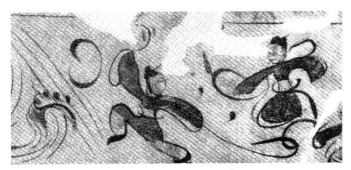

〈그림 15〉 무위 마저자 48호묘 출토 칠준(漆樽)의 칠장식 모본(부분), 서한

거의 그대로 수용하고 있다〈그림 12, 14〉. 뿐만 아니라 선묘 구륵법에 채색을 더하여 사물을 묘사하는 중원지역 묘실벽화 회화 표현 기법을 거의 그대로 수용하고 있다.

그렇다면 묘실벽화 이외의 회화 표현 매체에서는 어떤 표현 기법들을 사용하고 있었을까? 현재까지 하서지역에서 확인된 서한시대부터 신망시대까지의 회화 관련 표현 매체로는 木簡畵, 木板畵, 칠기, 채색목기, 채색도기 등이 확인된다.[34] 목간화와 목판화는 대개 길이가 20㎝를 넘지 않는 작은 목간 및 목판에 그림을 그린 것이고, 채색목기는 나무로 제작된 木牛, 木馬 등의 표면에 선묘와 채색을 이용해 장식 한 경우에 해당한다. 이 가운데 당시 하서지역에서 사용된 회화 표현 기법의 양상 및 특징을 살펴보는데 유용한 내용을 제공해주는 것은 무위

---

34 김병모, 「西漢時代 甘肅지역의 회화와 안료－표현법 발전과 안료 수급 양상의 분석을 중심으로」, 『미술문화연구』 8호, 동서미술문화학회, 2016 ; 김병모, 「신망(新莽)시대 간쑤(甘肅)지역의 회화 표현법과 안료 수급－쮸옌(居延)지역과 우웨이(武威)지역 출토 자료의 분석을 중심으로－」, 『동양문화연구』 24집, 영산대학교 동양문화연구원, 2016 등 참조.

마저자에서 출토된 칠기와 거연 파성자에서 출토된 목판화와 목간화 등이다.

우선 무위 마저자 48호묘에서 출토된 칠기의 경우 무엇보다도 칠준에 묘사된 칠장식 도상이 가장 주목되는데[35], 〈그림 15〉에서 보는 바와 같이 무희의 춤 동작에 대한 표현이 매우 사실적이고 현장감 있게 운문을 곁들여 묘사된 점, 그리고 중원식 모필을 통한 유려한 선묘와 채색 기법의 동원 등이 무엇보다도 주목되는 특징으로 나타난다.

이 묘의 경우 모필을 직접 출토시키지는 않았지만 중원식 도기, 동기, 목기 등이 함께 출토되고, 특히 이 묘와 함께 발굴된 동한 만기 마저자 49호묘에서 모필과 벼루 등이 출토되고 있어 모필을 통한 중원식 표현법의 유입 및 사용 가능성을 보다 구체적으로 드러낸다.[36] 나아가 무위지역 화공이 직접 제작한 것이라고 확단하기는 어렵지만 적어도 중원식 회화 표현법이 이미 하서지역에서 수용되고 인지된 사실 자체는 분명히 확인시킨다. 이 칠기에는 무희 도상뿐만 아니라 거마출행도도 함께 묘사되고 있는데 이 역시 중원지역 제재의 유입 및 출현을 구체적으로 확인시켜주는 내용이다.

〈그림 16〉은 하서 중부의 최북단에 위치한 거연 破城子에서 출토된 것으로 이 역시 중원지역 표현법의 유입 및 활용 사실을 구체적으로 확인시킨다.[37] 파성자는 장액을 거쳐 북으로 흐르는 어지나강 북단에 위치한 곳으로 당시 居延都尉가 관할하던 甲渠候官의 관아가 설치되

---

35 甘肅省博物館, 「武威磨咀子3座漢墓發掘簡報」, 『文物』 1972-12.

36 김병모, 「西漢時代 甘肅지역의 회화와 안료-표현법 발전과 안료 수급 양상의 분석을 중심으로」, 『미술문화연구』 8호, 동서미술문화학회, 2016.

37 甘肅居延考古隊, 「居延漢代遺址的發掘和新出土的簡册文物」, 『文物』 1978-1.

〈그림 16〉 거연 파성자 출토 목판화 잔편, 서한.

었던 곳이다.[38]

이 목판화는 이들 군사시설지에서 목죽간과 함께 출토되었으며 가로 13.2cm, 세로 3cm로 매우 작은 크기이다. 잔편으로만 발견되어 도상 전체의 모습은 알 수 없지만 전반부에는 수레바퀴를, 후반부에는 4마리의 말이 이끄는 4乘騎의 수레 2조를 묘사하여 거기출행으로 보이는 중원지역 제재의 유입뿐만 아니라 중원지역 표현법인 몰골법의 능숙한 사용도 확인시킨다. 무위지역과 같이 정치, 문화의 중심지도 아니고 변방 최전선의 병영에 해당했지만 중앙 조정의 철저한 통제와 행정 조직의 철저한 운용 등이 확인되는 지역이기 때문에 이와 같은 표현 제재 및 기법의 유입 및 활용이 가능해질 수 있었던 것으로 판단된다.[39]

〈그림 17〉 역시 파성자 출토 신망시대 목판화로서 모필을 통한 정교하고 세련된 선묘 구사 능력을 유감없이 드러낸다. 날개달린 동물을

38 甘肅省文物工作隊,「額濟納河下流漢代烽燧遂址調査報告」,『漢簡硏究文集』, 甘肅人民出版社, 1984 ; 市川任三,「論西漢的張掖郡都尉」,『簡牘硏究譯叢』제2집(中國社會科學院歷史硏究所戰國秦漢史硏究室 編), 北京, 中國社會科學出版社, 1983; 永田英正,『居延漢簡の硏究』, 東京, 同朋舍, 1989 ; 김병모,「西漢時代 甘肅지역의 회화와 안료-표현법 발전과 안료 수급 양상의 분석을 중심으로」,『미술문화연구』8호, 동서미술문화학회, 2016.
39 김병모,「西漢時代 甘肅지역의 회화와 안료-표현법 발전과 안료 수급 양상의 분석을 중심으로」,『미술문화연구』8호, 동서미술문화학회, 2016.

〈그림 17〉 거연 파성자 오동회퇴(塢東灰堆)
출토 목판화, 신망.

날아갈 듯 간략한 필치로 생동감 있게 표현하고 있어 형태 묘사 능력 역시 상당한 수준에 이르렀음을 확인시킨다. 가로 9㎝, 세로 6.6㎝의 반타원형 목판화로서 크기도 작고, 폐기물과 재 등 각종 물건을 쌓아둔 병영 시설지에서 발견되었기 때문에 둔수병들이 사용했던 물건의 하나로 판단되는데 그럼에도 불구하고 능숙한 선묘와 형태 묘사력을 내보이고 있어 상당 수준의 회화 제작 기반 형성을 짐작케 한다.

사실 무위지역에는 세련된 선묘 표현력을 보여주는 중원지역 칠기, 즉 장안의 관인 수공업 공장에 해당하는 고공실(考工室)에서 제작되어 황제 하사품으로 전용된 칠이배가 이미 신망시대에 유입되어 유통된 사실이 확인되고, 서한 말 실시된 바 있는 삼통력법의 계산과 밀접하게 연관된 칠식반(漆式盤) 등 중원 문화의 유입을 구체적으로 읽게 하는 유물들도 출토시키고 있다〈그림 18〉.[40]

뿐만 아니라 신망시대 한 조정에서 주조한 貨泉 100점과 大泉五十 1점 등의 화폐를 포함하여 도질 박산로 1점과 칠기 19점, 그리고 중원지역에서 유행한 도기 조합군의 특징과 부부합장묘 등의 묘제도 아울러

---

40 김병모, 「신망(新莽)시대 깐쑤(甘肅)지역의 회화 표현법과 안료 수급-쮸옌(居延)지역과 우웨이(武威)지역 출토 자료의 분석을 중심으로-」, 『동양문화연구』 24집, 영산대학교 동양문화연구원, 2016 참조.

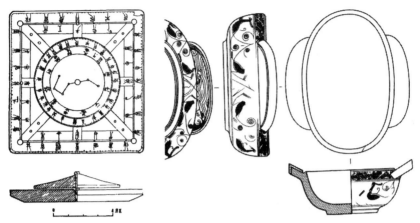

〈그림 18〉 무위 마저자 62호묘 출토　　　〈그림 19〉 무위 마저자 6호묘 출토
칠식반(漆式盤) 평면과 정면, 신망.　　　　칠이배 평면과 정면, 신망.

출현시킨다. 그리고 하평 4년명 의례 목간 및 신망시대 상복 규정인 '의강(衣絳)'에 부합하는 남성 묘주의 홍색 상복 등도 출토시킨다.[41] 게다가 마저자 6호묘에서는 현지 제작 가능성을 배제할 수 없는 세련된 선묘 표현의 칠기를 출토시키고 있어 신망시대 하서지역 회화 표현 기법의 토대 및 기반이 중원지역과 큰 차이 없이 거의 실시간적으로 공유되었을 가능성도 드러낸다〈그림 19〉. 즉 적어도 중원지역 최고급 문화 및 표현법을 접하고 숙지할 수 있는 상황 자체는 충분히 조성된 상황이었다고 하겠다.

　정리하면 하서지역은 서한시대에 이미 정교한 선묘와 채색을 지향하

---

41 甘肅省博物館, 「武威磨咀子3座漢墓發掘簡報」, 『文物』 1972-12 ; 김병모, 「신망(新莽) 시대 간쑤(甘肅)지역의 회화 표현법과 안료 수급－쭈엔(居延)지역과 우웨이(武威)지역 출토 자료의 분석을 중심으로－」, 『동양문화연구』 24집, 영산대학교 동양문화연구원, 2016 참조.

는 중원지역 회화 표현법이 여러 표현 매체를 통해 비교적 상당한 수준 으로 유입, 정착된 상황이었고, 신망시대에도 그와 같은 회화 표현법이 더욱 세련된 양상으로 발전을 거듭한 상황이었다고 하겠다.

2) 동한시대

신망시대를 뒤이은 동한시대에 중원지역은 지배층의 전실묘에 대한 선호도 확대와 벽화 주제의 다양화 추구에 힘입어 벽화묘가 더욱 증가 하고 조성 지역 역시 크게 확대되었다. 아울러 표현 제재도 이전과는 비교할 수 없을 정도로 다양화했다. 특히 현실세계와 관련된 제재의 확대는 괄목할만한 변화의 주요 동인으로 기능했다.

하서지역 역시 동한시대에 이르러 한인 및 중원 문화의 유입이 더욱 확대되면서 帛畵와 같은 중원지역 회화 표현 매체를 포함하여 더욱 다양한 회화 및 채색 관련 자료를 출현시켰다.[42]

하지만 현재까지 발견된 벽화묘 실례는 기대와 달리 매우 적다. 게다 가 무위 뇌태묘와 같이 처음에는 동한 말기 묘로 간주되었으나 근래에 위진시대 묘로 새롭게 조망된 경우들이 증가하면서 동한시대 벽화묘의 실례는 더욱 줄어들고 있다.[43]

현재까지 확인된 동한시대 벽화묘의 대표적 실례는 무위 마저자에서 발견된 동한만기 벽화묘이다. 신망시대 벽화묘와 마찬가지로 하서지

---

42 김병모, 「東漢時代 武威地域에 形成된 繪畵 表現法과 顔料 需給－磨咀子地域 出土 遺物의 分析을 中心으로－」, 『中國史硏究』 103집, 중국사학회, 2016 참조.

43 김병모, 「東漢時代 武威地域에 形成된 繪畵 表現法과 顔料 需給－磨咀子地域 出土 遺物의 分析을 中心으로－」, 『中國史硏究』 103집, 중국사학회, 2016 참조.

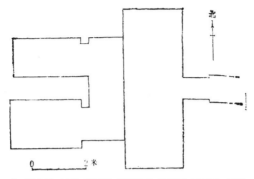

〈그림 20〉 무위 마저자 동한만기 벽화묘 평면도. 동한

〈그림 21〉 무위 마저자 동한만기 벽화묘의 전실 남벽에 묘사된 도상의 부분

역 고유 묘제인 토동묘에 조성된 것으로서 〈그림 20〉에서와 같이 횡으로 된 전실 뒤쪽으로 2개의 후실을 조성한 횡전당雙실묘(橫前堂雙後室)에 이루어진 점이 특징이다. 당시 부부합장묘가 선호되면서 2개의 현실을 갖춘 묘가 유행하게 되는데 이 묘 역시 그러한 추세를 반영한 경우라고 할 수 있다.[44]

---

44 武威市博物館, 「甘肅武威磨嘴子發現一座東漢壁畵墓」, 『考古』 1995-11.

벽화는 현실에 해당하는 후실에는 조성하지 않고 전실에만 마련하고 있는데 묘주가 안치된 현실을 중심으로 벽화를 조성하던 중원지역과 차이를 보인 점이 우선 주목할 만한 특징으로 나타난다. 뿐만 아니라 비록 단실묘이기는 하지만 현실을 중심으로 벽화를 조성하던 신망시대 하서지역 묘실 벽화와도 일정한 차이를 드러낸다. 다만 전실에 조성된 벽화는 묘실에 들어가면서 마주대하는 서벽과 서벽 좌우의 남, 북 2개 벽면, 그리고 천정 등에 배치함으로써 앞서 소개한 신망시대 마저자 3호묘에서 보여준 도상 배치법의 기본 특징을 그대로 잇고 있다.

표현 제재는 중원지역 벽화 제재의 하나였던 승선사상과 관련된 것을 위주로 하고 있다. 다만 중원지역에서 볼 수 없는 복장과 머리장식 등 생소한 표현과 제재들이 출현하고〈그림 21〉, 특히 4개 벽면에 현실세계와 관련된 내용을 적극 표현했던 중원지역 동한시대 묘실벽화와 달리 현실세계와 관련된 것으로 보이는 제재가 거의 등장하지 않는 점이 특징으로 나타난다.

현실 관련 제재가 거의 표현되지 않은 이유에 대해 여기서 구체적으로 제시할 수 없지만 한대 하서지역에서 출토된 목판화 등에 근거할 경우 현실세계와 관련된 제재의 표현 필요성은 이미 충분한 숙지가 이루어진 상태였기 때문에 현실세계와 관련된 도상의 표현 필요성에 대한 인식의 부재 혹은 정보의 부재 등은 고려하기가 쉽지 않다. 특히 천정에 일월도와 운문을 배치하고 원형으로 묘사된 일상과 월상 안에 까마귀와 두꺼비를 묘사하고 있어 이 묘실벽화의 제작자 역시 중원지역 도상에 대한 이해가 이미 충분하게 이루어진 상태였음을 확인시킨다. 벽화 제작 방식도 흙벽에 백회를 바르고 그 위에 그림을 그리는 중원식 벽화 제작법을 신망시대에 이어 지속 사용하고 있다. 그리고 흑선 선묘로서 사물을

표현하는 중원지역 회화 표현 기법
역시 지속 사용하고 있다.

사실 동한시대에 들어와 하서지
역은 신망시대를 뛰어넘는 세련된
중원지역 모필 선묘 운용 능력을
여러 표현매체를 통해 드러내놓고
있으며, 사물에 대한 묘사력 역시
보다 진전된 모습을 내보인다. 〈그
림 22〉는 마저자 5호묘에서 출토
된 동한시대 木案畵의 후면에 그려

〈그림 22〉무위 마저자 5호묘 출토
木案畵 후면 연습 초고, 동한

진 연습 초고로서 그와 같은 선묘 운용의 능숙함과 사물 묘사력의 진전
된 상황을 구체적으로 인식시킨다.[45]

이상에서 살펴본 바와 같이 한대 하서지역은 한족의 대대적 유입은
물론 개별적으로 이곳에 들어온 한인들 역시 세족화가 이루어지면서
중원지역 문화의 이입 및 기반 확대가 상당 수준으로 진전되었다. 그리
고 이러한 상황 변화에 수반하여 목판화, 목간화, 목안화, 백화, 칠화
등 중원지역 회화 표현 매체가 보다 다양하게 출현하고, 회화 제재는
물론 선묘 및 채색 기법 역시 중원지역과 차이를 드러내지 않을 정도로
상당한 발전과 축적이 이루어졌다.

벽화묘 역시 묘제는 중원지역과 다른 하서지역 고유의 토동묘 형식

---

45 黨國棟, 「武威磨嘴子古墓淸理記要」, 『文物』1958-11, 北京, 文物出版社, 1958 ; 김병
　모, 「東漢時代 武威地域에 形成된 繪畵 表現法과 顔料 需給－磨咀子地域 出土 遺物의
　分析을 中心으로－」, 『中國史硏究』103집, 중국사학회, 2016 등 참조.

을 지속하고, 제재 종류 및 도상 배치 등에서도 중원지역 벽화묘와 차별화된 부분을 내보이고 있었지만 벽면에 회를 바른 후 넓은 벽면을 활용하여 도상을 배치하고, 모필 선묘로서 대상을 묘사한 후 그 안에 채색을 더하는 회화 표현 기법 등은 중원지역과 차이 없이 전개되었다. 나아가 다양한 회화 표현 매체의 유입을 통해 중원지역의 세련된 선묘 및 채색 기법에 대한 인식이 이루어져 있었고, 이를 토대로 세련된 회화 표현 기법의 정착과 발전 역시 상당 수준에 이르러 있었다.

이상의 내용에 근거하면 위진시대에 하서지역에서 출현한 1전1화는 넓은 벽면에 걸쳐 도상을 배치하는 중원식 벽면 장식법과 정세, 정묘한 선묘 및 채색 기법의 토대 위에서 출현한 것으로 해석할 수 있다.[46] 그리고 넓은 공간의 풍부한 표현법과 견줄 경우 1전1화는 좁은 공간으로 제한되고 단순한 표현법으로 전환된 한마디로 약화 혹은 퇴보의 일면도 아울러 내보인 표현 양식의 하나로 해석할 수 있다.

그렇다면 위진시대에 이르러 하서지역은 왜 이와 같은 제한되고 퇴보된 표현 형식 및 기법으로 해석될 수 있는 경우들을 선택, 출현시킨 것일까? 이 시기에 이르러 장식에 대한 의욕이 약화한 것일까?

4. 위진시대 묘실 벽면에 대한 장식 의욕

위진시대 묘실 벽면에 대한 장식 의욕과 관련하여 본 연구자는 먼저

---

46 정암 역시 비록 도상 비교를 통해 제시된 견해이기는 하지만 하서 벽화묘 도상이 한대 벽화묘 도상을 계승한 것으로 파악한다(鄭巖, 『魏晉南北朝壁畵墓硏究』, 北京, 文物出版社, 2002, 159~175쪽).

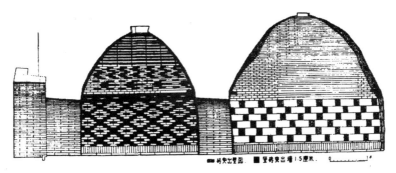

〈그림 23〉 주천 가욕관 신성 9호묘 단면도, 위진

1977년 가욕관에서 발견된 9호묘에 주목한다. 이 묘는 총 길이 78m에 이르는 전실묘로서 〈그림 23〉에서 보다시피 전실과 후실에 걸쳐 직물 자수 혹은 벽지의 기하문과 같은 문양으로 벽면을 가득 채워 장식함으로써 벽면 장식에 대한 의욕이 상당하였다는 사실을 드러내기 때문이다.

특히 앞서 살펴본 동한만기 마저자 벽화묘의 경우 전실에 한정된 장식 태도를 내보였지만 이 묘의 경우 전실과 후실 전체에 장식을 하고 있어 장식의지의 약화를 찾아보기가 더욱 어렵다. 게다가 전실이 후실보다 장식 규모가 크고, 장식문양의 섬세함 및 다양함 등에서도 훨씬 적극적이고 차별적으로 나타나고 있어 한데 하서지역에서 보여주던 전실 위주의 장식태도 역시 그대로 반영하고 있다.

벽면을 가득 채우려는 이와 같은 장식 의지는 1969년에 발견된 무위 雷台墓에서도 확인된다〈그림 24〉. 이 묘는 동한 만기에 유행한 오수전과 영제 中平 3년(186)에 주조한 四出五銖錢 등을 근거로 동한 최 만기 묘로 비정되기도 하고[47], 이보다 약간 늦은 3세기 초의 묘로 비정되기

---

47 甘肅省博物館, 「武威雷台漢墓」, 『考古學報』 1974-2.

도 하여[48] 앞서 본 가욕관 9
호묘 보다 약간 이른 시기에
해당한다고 할 수 있는데 채
색을 한 각각의 벽돌이 능형
이나 절형 등의 기하문을 이
루도록 장식에 상당히 많은
노력을 기울이고 있다. 동시

〈그림 24〉武威 雷台漢墓 후실 서벽 상부

에 내부 벽면 대부분을 장식으로 채우려는 의지도 표출하고 있다.

특히 당시 중원지역을 포함한 광범위한 지역에서 벽면에 묘사된 현
실세계 관련 제재보다 천정에 묘사된 비현실세계 관련 제재가 훨씬
중요하게 간주되는 경향을 내보이고 있었는데, 이 묘 역시 벽면과는
차별화된 특이한 문양을 천정 하부에 빙 둘러 장식하고, 꼭대기 정 가
운데에는 〈그림 25〉와 같이 연화문을 화려한 채색으로 묘사해 놓고
있다. 게다가 벽면의 채색은 흑, 백 2색에 한정된데 비해 천정 연화문
은 흑, 백, 홍 3색으로 채색을 하고 선염법이라는 차별화된 채색법까지
동원하고 있다. 벽면 장식을 통해서도 상당한 장식의지를 읽어낼 수
있지만 벽면보다 더 중요하게 인식된 천정에 대한 차별화된 장식문양
및 채색의 적용 통해 보다 구체적인 장식의지의 표출을 확인하게 된다.

적극적 장식의욕의 표출은 벽화 규모 변화를 통해서도 읽어볼 수
있다. 가욕관 9호묘와 뇌태묘가 각 벽돌에 간략하게 채색을 더한 표현

---

48 吳榮增, 「"五朱"和汉晋墓葬断代」, 『中国历史文物』 2002-6 ; 梁晓英·朱安, 「浅析武威
魏晋时期墓葬的特点」, 『陇右文博』 2005-2 ; 郭永利, 『河西魏晋十六国壁画墓研究』,
蘭州大學 博士學位論文, 2008.

〈그림 25〉 무위 雷台漢墓 묘실 천정 벽화와 연화문

형식이기는 하지만 앞서 살펴본 한대 하서지역 토동묘의 벽면 장식과 비교할 경우 장식이 이루어진 장소는 물론이고 장식 면적에서도 비교할 수 없는 확대가 나타난다. 뿐만 아니라 이후 전개된 위진시대 1전1화의 경우 뇌태묘에서 보여준 기하형 위주의 문양 장식으로부터 탈피하여 묘주의 삶과 직접적으로 연관된 제재로의 변화를 모색하게 되는데 이러한 변화 역시 장식의욕의 지속적 확대를 지시해주는 내용이라고 할 수 있다.

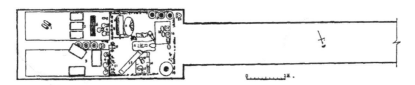

圖一　48号墓平面图

1. 草屣　2. 草篋　3. 套色印花絹箴　4. 粮囊　5. 木羊　6. 草猪　7. 灰陶壺　8. 木俑　9. 六博俑
10. 小木马　11. 彩绘铜饰木軺车　12. 木牛车　13. 木几　14. 漆案　15. 漆碗　16. 漆樽　17. 漆罈
18. 漆耳杯　19. 灰陶罐　20. 灰陶灶　21. 木鸡

〈그림 26〉 무위 마저자 48호묘 평면도

사실 하서지역의 경우 한대에 이미 채색 지향적 입장을 통해 채색의욕의 적극성을 드러낸 지역에 해당한다. 이러한 내용은 마저자 48호

〈그림 27〉 무위 마저자 48호묘 출토 木軺車馬, 서한.

묘 출토 유물의 장식태도를 통해 그 일면을 엿볼 수 있다.

이 묘의 경우 서한 昭帝시기 동경과 서한 말에 해당하는 낙양 소구 82호묘 출토 木軺車馬 등을 근거로 대개 서한 말기로 비정되고 있는데, 〈그림 26〉에서 보다시피 동기와 도기를 포함하여 칠이배(漆耳杯), 칠준(漆樽), 칠완(漆碗), 칠설(漆碟) 등 칠기 9점과 채색이 가해진 銅飾木車馬, 六博木俑, 木俑, 木案, 木劍, 木牛車 등 35점의 목기를 포함하여 다양한 유물을 출토시킨다.[49] 그런데 이들 채색 관련 유물의 경우 대부분 흑, 백 2색 위주로 장식이 이루어진데 비해 軺車馬와 묘주의 관은 흑, 백, 홍 3색으로 보다 정교하고 화려한 채색이 가해지고 있다〈그림 27〉.[50]

당시 초거마는 묘주의 신분을 드러내주는 매우 중요한 물품의 하나에 해당했다. 당시 하서지역에서 살아있는 말 1마리 가격이 4천전인데 비해 초거 1대 가격은 5천전에 해당했다.[51] 따라서 이 묘에서도 가장 중요한 장소로 보이는 묘주의 관 앞에 초거마를 위치시키고 있다.

그리고 초거를 앞에서 끄는 목마 역시 두부, 목, 신체, 꼬리, 다리

---

49 甘肅省博物館, 「武威磨咀子3座漢墓發掘簡報」, 『文物』 1972-12.

50 김병모, 「西漢時代 甘肅지역의 회화와 안료–표현법 발전과 안료 수급 양상의 분석을 중심으로–」, 『미술문화연구』 8호, 동서미술문화학회, 2016 참조.

51 〈合校〉37.35日: "軺車二乘, 直萬". 〈合校〉37.35記: "用馬五匹, 直二萬"(維金華, 「漢代西北邊地物價考–以漢簡爲中心」, 『中國社會經濟史研究』 2008-4).

〈그림 28〉 무위 마저자 6호묘
출토 채색 목마, 서한

〈그림 29〉 마저자 지역에서 출토된
별도 제작된 목마의 각 부분과 조립된 목마, 서한.

등을 정교하게 별도 제작하여 조립하고, 두부 등에 정교한 청동 부속물
을 장식할 만큼 상당한 노력을 기울여 제작했다. 이와 같은 목마에 대
한 특별한 채색과 제작 방식의 동원은 마저자 6호묘를 포함한 마저자
지역 기타 묘에서 출토된 목마에서도 확인된다〈그림 28, 29〉.[52]

　이러한 사실은 48호묘 초거마 등에서 보여준 장식 태도가 단순한
일시적, 일회적 현상으로 표출된 것이 아니라 공유된 시대정신 속에서
출현한 것임을 드러낸다. 아울러 위진시대의 적극적 장식의지 또한 이
와 같은 한대 장식 의지의 연속선상에서 형성되어온 것임을 인식케
한다.

　사실 위진시대에 이르러 하서지역에는 특별한 종족의 대거 유입 및
이동이 확인되지 않는다. 따라서 인구 구성의 토대 역시 급격한 변화

---

52 金炳模, 「신망(新莽)시대 깐쑤(甘肅)지역의 회화 표현법과 안료 수급－쭈옌(居延)지역
　과 우웨이(武威)지역 출토 자료의 분석을 중심으로－」, 『東洋文化研究』 24, 영산대학
　교 東洋文化研究院, 2016 ; 甘肅省文物考古研究所, 日本秋田縣埋藏文化財中心, 甘肅
　省博物館, 「2003年甘肅武威磨咀子墓地發掘簡報」, 『考古與文物』 2012-5 ; 陈庚龄,
　韩鉴卿, 「甘肃武威磨咀子出土汉代彩绘木马颜料分析与修复保护」, 『文物保护与考古
　科学』 23권－제1기, 2011.

양상을 기대하기 어렵다. 오히려 묘실 벽면에 대한 장식 의욕이 강했던 한인들의 지속적 유입 및 토착화가 진행됨으로써 장식 지향적 태도는 더욱 확대될 수밖에 없는 상황에 놓여 있었다고 할 수 있다.

일례로 돈황지역의 경우 한인 지식인으로서 전한시대에 들어온 索武撫의 색씨[53], 張襄의 장씨[54], 氾雄의 범씨[55] 등을 비롯하여 한의 영토 확장 책에 편승하여 들어온 曹씨[56], 왕망의 난을 피해 들어온 슈狐氏[57] 등이 3세기 즈음에 권문세족으로 발전하면서 중원지역 문화의 정착과 발전에 커다란 역할을 했다.[58] 특히 위진시대에는 이들 한인 세가 호족이 정치, 경제, 문화 등 각 분야를 주도하면서 索靖, 범충, 장감, 색영 등 경사에 통달한 지식인들이 대거 출현하고, 索紞와 같은 음양가, 법호와 같은 번역가 등도 배출했다.[59]

이러한 상황에 기초하면 위진시대 1전1화에서 읽혀진 퇴보된 표현 형식 및 기법은 적어도 장식의욕의 저하 혹은 표현 의지의 약화에서 비롯된 것으로 이해하기는 어렵다. 장식의욕이 상당한 것으로 확인되

---

53 『沙州文錄』索法律窟銘, "遠祖前漢大中大夫(索)武撫, 直諫飛龍, 旣犯逆鱗之勢, △同下獄, 撫恐被誅, 以元鼎六年鉅鹿南△徙居於流沙, 子孫因家焉, 遂爲敦煌人也."

54 P2625 敦煌世族誌 참조.

55 S1889 氾氏家族, "御史中丞氾雄, 直道見憚, 河平元年(紀元前28)自濟北盧縣徙居敦煌, 代代相生, 遂爲敦煌望族 …"

56 〈曹全碑〉에서 이에 관한 내용을 밝혀놓고 있다.

57 『氏族略』 참조.

58 褚良才, 『敦煌學簡明敎程』, 中華書局, 2001, 4~6쪽 ; 榮新江, 『敦煌學十八講』, 北京, 北京大出版社, 2001.

59 泰始, 元康년간(265~299)에 法護는 제자 法乘과 현자 李應榮 및 索鳥子 등으로 구성된 30여명의 전문 번역팀을 구성하여 『修行道地經』이라는 경전을 번역한 바 있다(『出三藏記集』).

기 때문에 부득이 후퇴된 양식을 출현시키지 않으면 안 되는 상황들을 오히려 고려케 한다. 그리고 이러한 상황을 고려할 경우 위진시대 전개된 1전1화의 표현 형식 및 기법이 하서지역 화공들의 진정한 지향처가 아니었을 가능성도 고려하지 않을 수 없게 한다.

그렇다면 1전1화의 표현 형식 및 기법은 어떠한 해석 과정을 거쳐 자리매김의 근거 및 토대가 마련될 수 있을까? 이와 관련하여 본 연구자는 적어도 중국 회화 표현법의 발달사에서 이들 표현법이 어떠한 의미를 갖는 표현법에 해당하는지 그 실제성에 관한 검토가 필요하다고 본다. 그러한 검토 과정을 거쳐 미학적 차별성이 확보될 수 있을 때 비로소 하서지역 화공의 고유성 발현이라는 해석 관점도 나름의 설득력을 얻을 수 있게 될 것이기 때문이다.

5. 1전1화 선묘, 채색, 묘사 공간의 회화발전사적 의미

1) 선묘 및 채색 기법 의미성의 실제

앞서 살펴본 바와 같이 한대 하서지역은 중원지역에서 발전시켜온 회화 표현 기법을 수용, 정착시키면서 나름의 발전 과정을 거듭한 상태였다. 게다가 묘실벽면 장식에 대한 의욕 역시 상당히 적극적으로 발현된 상황이었다. 따라서 위진시대 1전1화를 중심으로 전개된 크로키식 선묘와 거칠고 낮은 농도의 터치식 및 평도식 채색법 등이 과연 하서지역에서 추구한 표현 기법의 기본 입장이었는지 생각해보지 않을 수 없다. 특히 이러한 표현법이 하서지역은 물론이고 중원지역에서 이전에 나타나지 않은 것도 아니기 때문에 과연 하서지역 고유의 특질로

〈그림 30〉〈牛耕圖〉부분, 위진,　　〈그림 31〉 주천 가욕관 신성 13호묘 목관의
주천 가욕관 신성 13호묘　　　　　　〈日月圖〉부분, 위진.
(『甘肅嘉峪關魏晉13號墓彩繪磚』에서 재인용).

설명될 수 있는 것인지도 궁금하다.

　이러한 점에 주목할 경우 가욕관 신성 13호묘는 간과할 수 없는 자료
를 제공한다.[60] 이 묘는 위진시대 가욕관지역 묘실 벽면 장식의 대표적
표현 형식을 갖춘 실례의 하나로서 전실 동벽과 서벽에만 37개의 1전1
화를 조성할 만큼 1전1화에 대한 조성 의지가 매우 크게 발현된 경우에
해당한다.

　표현 기법 역시 〈그림 30〉에서 확인되듯 볼륨변화가 큰 크로키식
선묘, 소매 끝 부분과 옷깃 등에 이루어진 거친 터치식 채색, 엷은 농도
에 정교하지 않은 평도식 채색 등 앞서 언급한 하서지역 1전1화의 제
특징이 오롯이 반영되어 있다.[61] 따라서 피상적으로는 하서지역 화공
의 미적 정서가 반영된 것으로, 그리고 하서지역 화공이 이러한 표현법

60　嘉峪關市文物管理所,「嘉峪關新城12,13號畫像磚墓發掘簡報」,『文物』1982-8.

61　胡之, 鄧士伏 等,『中國古代壁畫精華叢書－甘肅嘉峪關魏晉12,13號墓彩繪磚』, 重慶,
　　重慶出版社, 2000.

을 지향, 강조한 것처럼 인식시킨다.

하지만 이 묘에서 함께 출토된 목관의 도상 표현에 주목하면 과연 이러한 인식 및 이해가 타당한 것인지 다시한번 생각해보지 않을 수 없게 된다. 왜냐하면 〈그림 31〉에서 보듯이 목관에는 정세한 선묘에 정교하고 두터운 채색 기법을 동원하여 日像과 月像을 표현함으로써 〈그림 30〉의 선묘 및 채색 기법과는 상당히 다른 표현법 개념을 드러내기 때문이다.

기존 연구에서는 거의 주목하고 있지 않지만 하나의 묘에서 나타나는 이와 같은 서로 다른 표현법 개념 혹은 입장을 어떻게 이해해야 할까? 단순히 화공의 차이에서 비롯된 것으로 이해해야 할까? 일시적, 일회적 현상으로 우연히 나타난 것으로 이해해야 할까? 사실 이 묘의 경우만을 놓고 본다면 화공의 차이에서 기인하였을 가능성도 배제할 수 없다.

하지만 크로키식 선묘와 거친 담채의 채색 기법이 무위, 장액, 고태, 주천, 돈황 등 하서 전 지역에서 광범위하게 선택되는 하나의 시대 흐름을 고려하면, 그러한 흐름에서 벗어나 개별적, 개인적 풍격의 표현법을 추구하는 화공의 별도 출현은 생각하기가 쉽지 않다. 특히 앞서 검토한 바와 같이 묘주의 관이 특별한 장식대상에 해당하였다는 점에 주목하면, 그리고 가욕관 13호묘 이외에 崔家南灣墓, 가욕관 毛庄子墓 등에서도 매우 정교하고 정세한 선묘 및 채색 기법을 동원한 관이 출토되고 있다는 점에 주목하면 가욕관 13호묘 칠관에 동원된 표현기법을 단순한 화공 개인의 기법 차이로 해석하기는 더욱 어렵다〈그림 32〉.[62]

---

62 岳邦湖, 田曉 等, 『甘肅考古文化叢書－巖畫及墓葬壁畫』, 蘭州, 燉煌文藝出版社, 2004,

〈그림 32〉東王公圖 부분. 위진. 최가남만묘 칠관

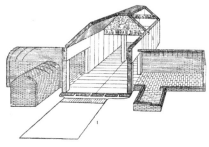

〈그림 33〉 낙양 소구 61호묘 투시도

그렇다면 이러한 차이는 벽화와 관이라는 장식 대상의 차이에서 비롯된 것일까? 여기에서 이에 관한 입장을 분명하게 제시하기는 어렵지만 서한 중만기에 해당하는 낙양 소구 61호묘 벽화는 하나의 벽화 내에서 이와 같은 표현법 차이를 내보인다는 점에서 시사하는 바가 크다.

이 묘는 〈그림 33〉의 투시도에서 보듯이 천정을 비롯하여 격장으로 불리는 묘실 칸막이 등에 몇 폭의 벽화를 조성한 경우에 해당하는데, 격장 상부에는 사후세계와 관련된 비현실적 도상을, 격장 하부 및 후벽에는 고사도를 중심으로 한 현실세계 관련 도상을 주로 묘사하고 있다.[63] 그런데 격장 상부의 비현실세계 관련 도상은 〈그림 34〉에서 보듯이 정세한 선묘에 두텁고 정교한 채색 기법을 사용한데 비해, 후벽에 위치한 현실세계 관련 도상은 〈그림 35〉에서 보듯이 크로키식의 선묘에 상대적으로 농담이 낮고 정교하지 않은 채색 기법을 사용하여 묘사하고 있다.

107쪽 ; 甘肅省文物考古研究所, 「甘肅酒泉崔家南灣墓葬發掘簡報」, 『考古與文物』 2006-6 ; 孔令忠, 侯晉剛, 「記新發現的家峪關毛庄子魏晉墓木板畵」, 『文物』2006-11.
63 河南省文化局文物工作隊, 「洛陽西漢壁畵墓發掘報告」, 『考古學報』64-2.

〈그림 34〉〈儺劇圖〉 부분, 서한 중만기,
낙양 소구 61호묘 격장 전면 상부.

〈그림 35〉 낙양 소구 61호묘
후장 벽화 부분, 서한 중만기.

〈그림 36〉〈익용도〉 부분, 서한 중만기,
낙양 소구 61호묘 격장 후면 상부.

〈그림 37〉〈이도살삼사도〉 부분, 서한 중만기,
낙양 소구 61호묘 격장 전면 하부.

　　이와 같은 차이는 격장 상부 후면의 〈익용도〉와 격장 전면 하부의
〈이도살삼사도〉에서도 동일하게 반영된다〈그림 36, 37〉. 벽화라는 동일
한 표현 공간임에도 불구하고 가욕관 신성 13호묘의 1전1화와 칠관 사

이에 나타난 표현법 차이를 동일하게 내보이고 있는 것이다. 이러한 내용들은 화공의 차이는 물론이고 벽화와 칠관, 즉 표현 대상의 차이에서 비롯되었을 가능성을 적극 고려할 수 없게 한다.

그렇다면 어떠한 요소가 이러한 차이를 낳은 주요 기준으로 기능한 것일까? 사실 중국 묘실 벽화는 낙양 복천추묘 등에서 보듯이 초기 벽화의 경우 주로 사후세계와 관련된 비현실세계 제재를 중심으로 묘사되었고,[64] 이후 현실세계 관련 제재가 점차 더해지는 모습으로 변화했다. 다시말해 중국 묘실벽화는 비현실세계의 제재가 중요한 제재로 인식되면서 출발했다. 그러한 정황 때문인지는 몰라도 상당기간 동안 대개 비현실적 제재가 현실적 제재보다 정교한 선묘와 채색의 대상으로 인식되었고 취급되었다.[65]

〈그림 38〉과 〈그림 39〉는 산서 평육현 조원촌묘 천정의 〈청룡도〉와 벽면의 〈농경도〉로서 그러한 인식 차이의 한 실례를 제공해준다.[66] 그러한 관점에서 본다면 소구 16호묘의 격장 상부에 묘사된 비현실세계 도상과 하부에 묘사된 현실세계 도상의 표현법 차이도 마찬가지의 관점에서 접근하는 것이 현재로서는 좀 더 합리적 해석 관점에 해당한다고 할 수 있다.

동한 만기에 해당하는 하북 안평현 체가장묘는 이와 관련하여 좀 더 분명한 내용을 드러내준다. 이 묘는 전실, 중실, 후실을 포함한 다실 구조의 대형묘로서 소구 61호묘와 달리 전실의 오른쪽 측실과 중실,

---

64 孫作雲, 「洛陽西漢卜千秋墓壁畵考釋」, 『文物』 77-6.

65 김병모, 「회화 표현 개념의 하부구조로서의 채색 의욕에 관하여-전국진한시대 회화를 중심으로-」, 『동양고전연구』 52, 동양고전학회, 2013.

66 山西省文物管理委員會, 「山西平陸棗園村壁畵漢墓」, 『考古』 59-9.

〈그림 38〉〈靑龍圖〉부분, 신망,　　　　〈그림 39〉〈農耕圖〉부분, 신망,
산서 평육현 棗園村墓 천정.　　　　　산서 평육현 棗園村墓 벽면.

그리고 중실의 오른쪽 측실을 중심으로 대규모의 벽화가 조성된 경우
에 해당하며, 거기출행도를 중심으로 묘사된 벽화의 규모 역시 소구
61호묘와는 비교가 되지 않을 정도로 대규모에 이른다.[67]

　이 가운데 여기서 주목하는 도상은 중실 남벽 아래쪽에 위치한 〈묘
주상〉과 〈시녀도〉이다. 〈묘주상〉의 경우 〈그림 40〉에서 보듯이 정세
한 선묘와 두텁고 빈틈없는 채색 기법을 동원한데 비해 묘주 바로 뒤에
서 있는 〈시녀도〉의 경우 〈그림 41〉에서 보듯이 상대적으로 볼륨 변화
가 심한 크로키식 선묘와 엷은 농도의 터치식 채색법을 동원하여 묘사
하고 있다. 묘주와 묘주 바로 곁에 서 있는 시녀를 묘사한 것이기 때문
에 하나의 주제로 인식될 수 있는 장면임에도 불구하고 서로 다른 선묘
와 채색 기법을 동원하여 表現하고 있는 것이다.

　그렇다면 이들 두 도상에 동원된 서로 다른 표현법은 어떤 기준 및

---

67 河北省文物硏究所, 『安平東漢壁畵墓』, 北京, 文物出版社, 1990.

〈그림 40〉〈묘주도〉 부분, 동한, 하북　　〈그림 41〉〈시녀도〉 부분, 동한, 하북
　　　안평현 체가장묘.　　　　　　　　　　　안평현 체가장묘

개념에 근거한 것일까? 본 연구자는 이 도상의 경우 묘주와 시녀라는 신분 차이가 확연하기 때문에 우선 도상의 중요도에 근거하여 서로 다른 표현법이 동원되었을 것으로 판단한다. 그리고 이러한 점에 근거하면 앞서 살펴본 소구 61호묘의 경우도 동일한 관점에서 이해가 가능해질 수 있다고 본다.

그렇다면 가욕관 신성 13호묘의 경우는 어떨까? 하나는 벽화이고 하나는 관으로서 묘사 공간의 성격이 전혀 다르기 때문에 앞서의 해석 관점을 그대로 적용하기가 쉽지 않지만 벽면의 장식보다 묘주가 안치된 관이 더 중요하게 인식되었을 것으로 본다면 앞서의 해석 관점 역시 유효한 지점이 있게 된다. 특히 앞서 살펴본 바와 같이 위진시대 마저자 48호묘의 경우에도 부장품 가운데서 가장 중요하게 인식되었을 묘주의 관과 초거마 등에 보다 화려한 채색이 동원된 점 등을 고려하면 묘실내에서 묘주의 관이 차지하는 위상 및 중요도를 주목해서 볼 필요가 있다.

이상의 검토 내용이 신성 13호묘의 1전1화와 묘주 관 사이에 나타나는 표현법 차이의 원인을 분명하게 제시한 것이라고 단정할 수는 없지만 적어도 서로 다른 표현법 출현이 특별한 기준 없이 단순하게 출현한 것은 아니라는 점은 분명하게 인식시킨다. 아울러 표현 공간의 성격 혹은 도상의 중요도 차이에 따라 표현 기법이 다르게 동원될 수 있다는 사실도 어느 정도 인식시킨다.

그리고 이러한 인식을 기초로 할 경우 위진시대에 1전1화에 동원된 크로키식 선묘와 거친 터치식 채색법 등은 당시 하서지역 화공이 진정으로 지향한 표현법이 아니었음을 유추케 한다. 즉 1전1화에 동원된 선묘 및 채색 기법은 하서지역 화공의 고유한 미학적 특질을 반영한 것이 아니라 어떤 제약에 의해 선택된 표현법의 하나였음을 짐작케 한다.

3) 묘사 공간 의미성의 실제

하서지역의 경우 이미 한대에 넓은 벽면에 걸쳐 도상을 표현하던 묘실벽면 장식법을 발전시켜온 바 있기 때문에 1개의 벽돌에 1개의 제재를 표현하는 형식으로의 전환은 사실 쉽게 납득되는 것은 아니다. 벽면이 부족한 상황도 아니고 실제로 백색으로 바탕색을 칠한 벽돌의 여분이 없는 상황도 아니었기 때문에 하나의 벽돌에 화면을 한정시킨 공간 제약적 표현은 더 더욱 이해하기 어렵다. 따라서 1전1화로의 묘사 공간의 전환이 하서지역 화공의 진정한 지향점이었는지 여기서도 묻지 않을 수 없게 된다.

이와 같은 관점에서 볼 때 위진시대에 해당하는 가욕관 신성 5호묘 벽화는 간과할 수 없는 자료를 제공한다. 이 묘는 전실과 후실, 그리고

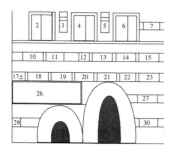 

〈그림 42〉 주천 가욕관 신성 5호묘
전실 동벽 벽화 편호도
(張寶璽, 『嘉峪關酒泉魏晉16國墓壁畫』,
甘肅人民美術出版社, 2001에서 재인용).

〈그림 43〉 주천 가욕관 신성 5호묘 전실 동벽 벽화 부분, 위진
(『甘肅嘉峪關魏晉5號墓彩繪磚』에서 재인용).

묘문의 궐문 위 등에 걸쳐 총 75폭의 벽화를 조성한 경우에 해당하는
데, 그 가운데 64폭이 전실에 집중되어 있어 전실 위주의 벽화묘에
해당한다고 할 수 있다. 다만 전실 각 벽면에 벽화가 균등한 규모로
배치된 것은 아니며, 주로 동벽과 서벽에 배치가 이루어진 경우이다.
〈그림 42〉는 동벽의 모습으로서 여기에 조성된 총 22폭의 벽화에 대한
편호를 표시한 것이다.[68]

본 연구자가 주목하는 도상 역시 동벽에 위치해 있으며, 편호 26이
그것에 해당한다. 편호 26에 주목하는 이유는 이 도상이 주변에 있는
벽화보다 벽화 면적이 크기 때문이다. 즉 편호 26 위에 있는 편호 18,
19, 20 등은 모두 1개 벽돌에 도상을 배치하는 1전1화에 해당하지만
편호 26은 이들과 달리 여러 개의 벽돌에 걸쳐 바탕색을 칠하고 넓은
화면을 이용하여 도상을 표현함으로써 차별화가 나타나고 있다. 〈그림
43〉은 편호 26과 주변 벽화의 실제 모습을 제시한 것으로서 그와 같은

---

68 張寶璽 編, 『嘉峪關酒泉魏晉16國壁畫墓』, 蘭州, 甘肅人民美術出版社, 2001.

〈그림 44〉〈出行圖〉 부분, 위진,
주천 가욕관 신성 5호묘 전실 동벽
(『甘肅嘉峪關魏晉5號墓彩繪磚』에서 재인용)

〈그림 45〉〈牧羊圖(편호 18)〉 부분,
위진, 주천 가욕관 신성 5호묘 전실 동벽
(『甘肅嘉峪關魏晉5號墓彩繪磚』에서 재인용)

제작 상황을 좀 더 구체적으로 확인시킨다. 사실 이 묘에 조성된 벽화
는 총 75폭인데 묘사 공간을 확대시켜 벽화를 제작한 경우는 편호 26이
유일하다. 그만큼 편호 26은 특별하게 취급된 경우에 해당한다.

그렇다면 편호 26은 왜 주변의 1전1화와 달리 묘사 공간의 확대라는
차별화된 표현 형식을 동원했을까? 본 연구자는 무엇보다도 이 도상이
다른 주제와 달리 맨 앞에 묘주가 실제로 등장하는 묘주출행도, 즉 중
요하게 간주된 제재에 해당하였기 때문으로 본다. 물론 뒤따르는 19명
의 기병을 함께 묘사해야하기 때문에 넓은 공간이 요구되기도 했을
것이다. 하지만 인원의 많고 적음은 말과 인물의 크기 조율로 해결할
수 있고, 다른 화면에 나누어 그릴 수도 있다.

중요한 것은 이 도상의 경우 다수의 말이 등장함에도 불구하고 오히
려 위에 있는 편호 10의 1전1화에 묘사된 말보다 더 크게 묘사가 이루어
지고 있다는 점이다. 이는 화면에 19명의 기병을 모두 묘사하되 말의
크기를 축소시키지 않고 오히려 더 크게 표현함으로써 묘주출행도로서
의 위엄성을 처음부터 고려했다는 것을 시사하는 대목이다.

특히 이 도상의 경우 〈그림 44〉와 〈그림 45〉에서 볼 수 있듯이 바로 위에 배치된 편호 18의 목양도와 비교했을 때 선묘 및 채색 기법이 보다 정세하고 정교한 형태로 표현되어 있다. 이러한 선묘 및 채색 기법의 차별은 앞서 검토한 내용에 근거하면 묘주출행도가 보다 중요하게 인식된 경우라는 것을 다시 한번 시사해주는 것이다.

묘주 출행도에 대한 이와 같은 차별화된 취급은 기타 묘에서도 확인된다. 일례로 앞서 이미 소개한 가욕관 3호묘의 경우 가욕관 5호묘보다 규모도 크고 벽화 역시 총 122폭으로 훨씬 장대하게 조성된 경우에 해당하는데, 이 묘 역시 유일하게 묘주출행도에 한정시켜 넓은 벽면을 조성하여 표현하고 있다〈그림 9〉.[69] 게다가 이 묘의 경우 묘주출행도를 전실 동벽, 북벽, 남벽 등에 걸쳐 여러 폭을 조성함으로써 보다 적극적인 표현 의지를 표출하고 있다. 이러한 상황이 특별한 의도 없이 단순하게 나타난 양상이라고 볼 수도 있지만 묘의 규모에 비례하여 나타난 점에 주목하면 단순 출현 양상으로 간과해버릴 수는 없게 된다.

이와 같은 상황은 돈황 불야묘만지역의 묘실 벽화에서도 유사하게 나타난다. 일례로 37호묘와 133호묘 등의 경우 〈그림 46〉에서 보듯이 건축물에 천 장식이 드리워진 도상을 하나의 넓은 벽면을 조성하여 배치하고 있다.[70] 이 벽면의 앞에는 묘주의 관이 놓이는 관대가 마련되어 있다. 뿐만 아니라 이들 건축물 도상의 경우 용도를 분명하게 파악할 수 없지만 주변 1전1화에 비해 선묘도 훨씬 정세하고 정교하게 이루어져 있다.[71]

---

69 張寶璽 編, 『嘉峪關酒泉魏晉16國壁畫墓』, 蘭州, 甘肅人民美術出版社, 2001. 33~39쪽.
70 鄭巖, 『魏晉南北朝壁畫墓硏究』, 北京, 文物出版社, 2002. 147쪽.

그렇다면 1전1화와 다른 이와 같은 묘사 공간의 차별화는 무엇을 의미할까?

여러 해석이 있을 수 있겠지만 무엇보다도 하서지역 화공들이 진정으로 원하고 지향했던 묘사 공간은 1전1화의 제약된 공간이 아니었다는 사실을 지시해준다. 즉 이전에 하서지역에서 발전시켜왔던 중원식의 넓은 표현 공간이 이들의 지향점이었다는 것을 말해준다. 아울러 선묘 및 채색의

〈그림 46〉 돈황 불야묘만 133호묘 묘실 북측 벽감에 묘사된 건축물 모습, 위진 (『敦煌佛爺廟灣西晉畫像磚墓』에서 재인용).

차별적 선택 과정에서 보여주었던 것과 마찬가지로 1전1화의 묘사 공간 역시 어떤 제약에 의해 선택, 제시된 경우에 해당하였을 가능성이 크다는 점을 말해준다. 나아가 이러한 내용에 기초하면 공간의 제약과 함께 더욱 강하게 표출된 간략화 된 제제 구성 역시 하서지역 화공들의 고유한 미적 정서를 발현한 경우로서 해석하기는 쉽지 않게 된다.

6. 결론

이상으로 1전1화의 고유성 담론에서 무엇보다도 중요한 논리적 근거와 기초가 되는 1전1화 표현법의 회화발전사적 의미성 파악에 관심을

---

71 甘肅省文物考古硏究所, 『敦煌佛爺廟灣－西晉畫像磚墓』, 文物出版社, 1998, 도판5, 도판 12 등 참조.

두고 1전1화의 표현 특징과 그러한 표현 특징의 출현 토대가 된 한대 하서지역의 묘실 벽면 장식법과 회화 표현 기법, 그리고 위진시대 묘실 벽면에 대한 장식 의욕 및 1전1화 표현에 동원된 선묘, 채색, 묘사 공간 의 의미성 등에 관하여 검토를 진행하였다.

검토내용을 적요하여 결론으로 하면 다음과 같다.

1전1화의 벽돌 크기는 기대했던 것보다 작지 않지만 중원지역 묘실 벽화의 화면에 비하면 작은 규모에 해당하며, 따라서 표현 제재가 매우 단순화되고 간략화되는 원인의 하나로 기능했다.

1전1화는 벽체 축조 후 벽면에서 직접 그리는 방식으로 진행되었으 며, 도상의 번잡성과 복잡성을 고려할 때 도상이 배치될 위치 등은 미 리 주도면밀하게 설계되었을 것으로 판단된다. 도상이 묘사될 벽돌은 넓은 면이 전면을 향하도록 세워 쌓는 것이 일반적이었으며, 이미지를 서로 연접하지 않게 배치함으로써 다수의 도상을 좀 더 일목요연하게 인식할 수 있게 했다.

벽체 쌓기가 완료되면 도상이 배치될 벽돌을 중심으로 바탕색이 칠해졌 으며, 바탕색은 대개 백색이지만 지역에 따라 회색, 회청색, 황색, 홍갈색 등 다양한 색이 선택되기도 했다. 바탕칠 이후에는 화면 가장자리를 따라 띠 모양의 선을 더하는 과정이 진행되었으며, 이를 통해 각 도상의 내용이 좀 더 독립적인 구조 및 내용으로 인식될 수 있는 기회를 제공했다.

띠 모양의 선 작업에 이어 선묘와 채색을 통한 이미지 묘사가 진행되 었으며, 공간의 제약 때문인지 제재 구성 및 표현이 간결하고 배경 묘 사 역시 대부분 생략된 형태로 이루어졌지만 측면상 위주의 집약적 장면 제시는 의미 파악을 좀 더 수월하게 했다.

도상의 묘사는 주로 선묘와 채색을 이용했으며, 선묘의 경우 정세한 선묘를 사용한 경우도 있지만 대부분 볼륨의 변화가 심한 크로키식 선묘를 구사했다. 채색 역시 선묘를 따라 비교적 정교하게 이루어진 경우도 있지만 거친 터치식 채색법과 정교하지 않은 엷은 농도의 평도법을 주로 사용했다. 이로 인해 선묘를 뒤덮거나 선묘를 벗어나 채색이 이루어지는 정교하지 않은 경우들이 종종 출현했으며, 채색 농도 역시 매우 낮아 바탕색이 드러나는 경우가 종종 출현했다.

한대 하서지역 벽화묘는 중원지역과 달리 주로 토동묘에 이루어졌으며, 그런 차이에 동반하여 제재 종류 및 도상 배치 등도 중원지역 벽화묘와 일정한 차이를 드러냈다. 다만 벽면에 회를 칠한 후 넓은 벽면을 활용하여 도상을 배치하고, 모필 선묘로서 대상을 묘사한 후 그 안에 채색을 더하는 회화 표현 기법은 중원지역과 차이가 없었다.

뿐만 아니라 한대 하서지역은 묘실벽화 이외에 목판화, 목간화, 목안화, 칠화, 백화 등 중원지역의 다양한 회화 표현 매체가 유입되어 중원지역의 세련된 선묘 및 채색 기법에 대한 인식이 서한시대부터 이미 형성되어 있었으며, 이들 표현법은 신망, 동한시대를 거치면서 중원지역과 거의 차이를 보이지 않을 정도로 상당한 수준으로 정착, 발전한 상황이었다.

한대 하서지역에 형성된 표현법의 발전에 기초할 경우 한대를 뒤이어 출현한 1전1화는 넓은 벽면에 걸쳐 도상을 배치하는 중원지역 벽면 장식법과 정세, 정묘한 선묘 및 채색 기법의 토대위에서 출현하고 발전한 것으로 파악되었다. 한마디로 넓은 공간에 이루어지던 풍부한 표현법을 좁은 공간으로 단순화시켜간 표현 양식의 하나로 인식케 했다.

1전1화가 단순, 간략한 표현 특징을 드러낸 것에 비해 위진시대 하서지역 화공들의 장식 의욕 및 표현 의지는 매우 컸던 것으로 파악되며,

따라서 1전1화의 후퇴된 표현 형식 및 기법은 적어도 장식의욕의 저하 혹은 표현 의지의 약화에서 비롯된 것으로 해석할 수는 없게 했다.

뿐만 아니라 위진시대에 하서지역 화공들이 진정으로 지향했던 표현법은 1전1화에서 보여준 크로키식 선묘, 터치식 채색법, 좁은 묘사 공간이 아니라 정세한 선묘와 정교하고 두터운 채색, 그리고 넓은 묘사 공간이었던 것으로 파악되었다. 즉 1전1화에 동원된 여러 표현 형식 및 기법은 하서지역 화공의 고유한 미학적 특질을 반영한 것이 아니라 어떤 제약에 의해 부득이 선택된 표현법의 하나였음을 인식케 했다.

이상의 연구 내용은 무엇보다도 1전1화가 하서지역 나름의 고유한 정서를 반영한 것으로 해석했던 기존의 인식 및 해석 관점을 재고케 했다. 아울러 1전1화를 어떤 제약 요소에 의해 선택된 표현법의 하나로 파악해냄으로써 향후 1전1화의 출현 원인 및 배경에 관한 연구를 진행하고자 할 경우 간과할 수 없는 내용을 제공했다.

참고문헌

『敦煌世族誌』.
『沙州文錄』.
『氏族略』.
『出三藏記集』.
〈曹全碑〉.

1. 國文 論著
김경호, 「前漢時期 河西徙民의 背景과 性格」, 『상명사학』 5집, 1997.

김경호, 「漢代 河西地域 豪族의 形成과 그 性格」, 『동양사학연구』 75, 2001.

金炳模, 「16國時代 河西 中東部地域의 顔料－種類와 用例 特徵을 중심으로－」,
　　　『美術文化研究』 11, 東西美術文化學會, 2017.

＿＿＿, 「東漢時代 武威地域에 形成된 繪畵 表現法과 顔料 需給－磨咀子地域 出土
　　　遺物의 分析을 中心으로－」, 『中國史研究』 103집, 중국사학회, 2016.

＿＿＿, 「東漢時代 회화 표현법의 分化에 관한 연구－墓室 壁畵 分析을 중심으로－」,
　　　『동방학』 33집, 한서대학교 동양고전연구소, 2015.

＿＿＿, 「商周시대의 안료와 채색문화－안료의 수급양상과 수요자의 경제력을 중
　　　심으로－」, 『백산학보』 91호, 백산학회, 2011.

＿＿＿, 「西漢時代 甘肅지역의 회화와 안료－표현법 발전과 안료 수급 양상의 분석
　　　을 중심으로－」, 『미술문화연구』 8호, 동서미술문화학회, 2016.

＿＿＿, 「신망(新莽)시대 깐쑤(甘肅)지역의 회화 표현법과 안료 수급－쮜옌(居延)
　　　지역과 우웨이(武威)지역 출토 자료의 분석을 중심으로－」, 『東洋文化研
　　　究』 24, 영산대학교 東洋文化研究院, 2016.

＿＿＿, 「魏晉 및 16國時代 敦煌地域의 顔料－種類 및 用例 特徵을 中心으로－」,
　　　『美術文化研究』 13, 東西美術文化學會, 2018.

＿＿＿, 「魏晉 및 16國時代 酒泉지역의 顔料－種類 및 用例 特徵을 중심으로－」,
　　　『美術文化研究』 12, 東西美術文化學會, 2018.

＿＿＿, 「중국 신석기시대 채도의 장식 개념과 목적」, 『先史와 古代』 33호, 한국고
　　　대학회, 2010.

＿＿＿, 「夏代의 안료와 채색문화－안료의 사용과 채색문화기반의 변화원인을 중
　　　심으로－」, 『고조선 단군학』 25호, 고조선단군학회, 2011.

＿＿＿, 「회화 표현 개념의 하부구조로서의 채색 의욕에 관하여－전국진한시대 회
　　　화를 중심으로－」, 『동양고전연구』 52, 동양고전학회, 2013.

閔成基, 「前漢의 徒民實邊에 대하여」, 『부산대논문집』 11, 1970.

박아림, 「중국 위진 고분벽화의 연원 연구」, 『동양미술사학』 1, 동양미술사학회,
　　　2012.

2. 中文 및 日文 論著

甘肅省文物考古研究所, 『敦煌佛爺廟灣西晉畵像磚墓』, 北京, 文物出版社, 1998.

＿＿＿＿＿＿＿＿＿, 『酒泉十六国壁画墓』, 北京, 文物出版社, 1989.

郭永利, 『河西魏晋十六国壁画墓研究』, 蘭州, 蘭州大學 博士學位論文, 2008.

羅世平, 『古代壁畫墓』, 北京, 文物出版社, 2005.

肅省文物队·甘肅省博物馆·嘉峪关市文物管理所, 『嘉峪关壁画墓发掘报告』, 北京,
　　　文物出版社, 1985.

岳邦湖, 田曉 等, 『甘肅考古文化叢書; 巖畫及墓葬壁畫』, 蘭州, 燉煌文藝出版社,
　　　2004.

榮新江, 『敦煌學十八講』, 北京, 北京大出版社, 2001.

永田英正, 『居延漢簡の研究』, 東京, 同朋舍, 1989.

張寶璽 編, 『嘉峪關酒泉魏晉16國壁畫墓』, 蘭州, 甘肅人民美術出版社, 2001.

褚良才, 『敦煌學簡明教程』, 中華書局, 2001.

鄭巖, 『魏晉南北朝壁畫墓研究』, 北京, 文物出版社, 2002.

郑岩, 『魏晋南北朝壁画墓研究』, 北京, 文物出版社, 2002.

周潤山, 『河西地区魏晋十六国墓葬研究』, 蘭州, 鄭州大學 碩士學位論文, 2013.

陈缓祥, 『魏晋南北朝绘画史』, 北京, 人民美术出版社, 2000.

祝重壽, 『中國壁畫史綱』, 北京, 文物出版社, 1995.

馮星宇, 『河西走廊魏晉墓葬磚畫的裝飾藝術研究』, 遼寧師範大學 碩士學位論文.

河北省文物研究所, 『安平東漢壁畫墓』, 北京, 文物出版社, 1990.

賀西林, 『古墓丹青－漢代墓室壁畫的發現與研究』, 西安, 陝西人民美術出版社, 2002.

何雙全, 「武威縣韓佐五壩山漢墓群」, 『中國考古學年鑒』1985, 北京, 文物出版社,
　　　1985.

胡之, 鄧士伏 等, 『中國古代壁畫精華叢書－甘肅嘉峪關魏晉12,13號墓彩繪磚』, 重
　　　慶, 重慶出版社, 2000.

＿＿＿＿＿＿ 等, 『中國古代壁畫精華叢書－甘肅嘉峪關魏晉3號墓彩繪磚』, 重慶,
　　　重慶出版社, 2000.

＿＿＿＿＿＿ 等, 『中國古代壁畫精華叢書－甘肅嘉峪關魏晉4號墓彩繪磚』, 重慶,
　　　重慶出版社, 2000.

＿＿＿＿＿＿ 等, 『中國古代壁畫精華叢書－甘肅嘉峪關魏晉5號墓彩繪磚』, 重慶,
　　　重慶出版社, 2000.

＿＿＿＿＿＿ 等, 『中國古代壁畫精華叢書－甘肅嘉峪關魏晉7號墓彩繪磚』, 重慶,
　　　重慶出版社, 2000.

嘉峪關市文物管理所,「嘉峪關新城12,13號畫像磚墓發掘簡報」,『文物』1982-8.

嘉峪關市文物淸理小組,「嘉峪關漢畵像磚墓」,『文物』1972-12.

甘肅居延考古隊,「居延漢代遺址的發掘和新出土的簡冊文物」,『文物』1978-1.

甘肅省文物考古硏究所,「甘肅酒泉崔家南灣墓葬發掘簡報」,『考古與文物』2006-6.

　　　　　　　　　　　, 日本秋田縣埋藏文化財中心, 甘肅省博物館,「2003年甘肅
　　　　武威磨咀子墓地發掘簡報」,『考古與文物』2012-5.

甘肅省文物工作隊,「額濟納河下流漢代烽燧燧址調査報告」,『漢簡硏究文集』, 甘肅
　　　　人民出版社, 1984.

甘肅省博物館,「武威雷台漢墓」,『考古學報』1974-2.

　　　　　　,「武威磨咀子3座漢墓發掘簡報」,『文物』1972-12.

甘肅省博物館·嘉峪關市文物管理所,「嘉峪關魏晉墓室壁畫的題材和藝術價値」,『文
　　　　物』1974-9.

孔令忠, 侯晉剛,「記新發現的家峪關毛庄子魏晉墓木板畵」,『文物』2006-11.

郭永利,「河西魏晋十六国壁画墓出行, 宴饮图的类型及其演变」,『考古与文物』2008
　　　　-3.

關尾史郎,「河西出土磚畵·壁畵に描かれた非漢族」,『西北出土文獻硏究』10, 2012.

黨國棟,「武威磨嘴子古墓淸理記要」,『文物』1958-11.

杜林淵,「河西汉魏画墓研究综述」,『延安教育学院学报』, 19-3, 2005.

梁晓英·朱安,「浅析武威魏晋时期墓葬的特点」,『陇右文博』2005-2

　　　　·　　,「浅析武威魏晋时期墓葬的特点」,『陇右文博』2005-2.

馬剛, 尹立峰,「魏晋时期河西墓室彩绘砖画的艺术特点」,『敦煌研究』91, 2005-3.

武威市博物館,「甘肅武威磨嘴子發現一座東漢壁畫墓」,『考古』1995-11.

寶鷄市博物館,「陝西省千陽縣漢墓發掘簡報」,『考古』75-3.

山西省文物管理委員會,「山西平陸棗園村壁畫漢墓」,『考古』59-9.

孫作雲,「洛陽西漢卜千秋墓壁畫考釋」,『文物』77-6.

市川任三,「論西漢的張掖郡都尉」,『簡牘硏究譯叢』第2集(中國社會科學院歷史硏
　　　　究所戰國秦漢史硏究室 編), 北京, 中國社會科學出版社, 1983.

　　　　　,「論西漢的張掖郡都尉」,『簡牘硏究譯叢』第2集(中國社會科學院歷史硏
　　　　究所戰國秦漢史硏究室 編), 北京, 中國社會科學出版社, 1983.

沈天鷹,「洛陽出上 一批漢代壁畵空心磚」,『文物』20005-3.

吳荣增,「"五朱"和汉晋墓葬断代」,『中国历史文物』2002-6.

維金華, 「漢代西北邊地物價考－以漢簡爲中心」, 『中國社會經濟史硏究』 2008-4.

張國榮·馮麗娟, 「甘肅高台魏晉墓壁畫與壁畫磚的藝術特點」, 『美術』 2009-8.

张朋川, 「由五坝山西汉墓壁画论我国早期山水画」, 『陇右文博』 创刊号(1996-1).

陈庚龄, 韩鉴卿, 「甘肃武威磨咀子出土汉代彩绘木马颜料分析与修复保护」, 『文物保护与考古科学』 23-1, 2011.

馮麗娟, 「高台縣魏晉壁畫墓的形態及其美學價値」, 『絲綢之路』 2015-16.

河南省文化局文物工作隊, 「洛陽西漢壁畫墓發掘報告」, 『考古學報』 64-2.

제3부

일본편

고대 일본에 있어서 遷宮과 遷京의 의미

송완범

1. 머리말

　고대일본에 도시가 존재했을까. 도시라는 말 자체가 서양의 폴리스에서 온 말이긴 하지만, 요즈음 일본고대사 학계에서는 지배자의 거주공간이며 정치 공간이기도 한 '궁도'를 도시의 영역에 넣고 있다.[1]

　그 중 사토 마코토(佐藤信)는 '권력과 도시', '도시민중의 세계', '도시문제', '발굴에 의해 명백히 밝혀진 도시상'이라는 네 가지 관점으로부터 '궁도의 도시성'에 주목하고 있다. 이는 또 수도로서, 방어적 측면에서, 장엄함과 의례공간으로서, 대칭성에 빛나는 종교적 성격을 가지면서 도시의 청정성과 계층성에 의지하면서 나름의 유통 경제 속에서 생활하는 도시민의 집합 덩어리라는 측면에서 도시성이 풍부한 공간이라 할 수 있다고 한다.[2]

1　カール・マルクス(手島正毅 訳), 国民文庫28『資本主義的生産に先行する諸形態』, 大月書店, 1959, 21쪽 참조; 狩野久, 「古代都城研究の視覺」, 『日本古代の國家と都城』, 東京大學出版會, 1990(처음 발표는 1962)과 鬼頭淸明, 『日本古代都市論序説』, 法政大學出版局, 1977 참조.

2　佐藤信, 「宮都の形成と変容」, 新体系日本史6『都市社会史』, 山川出版社, 2001, 11-26

여기서 분석대상으로 삼는 일본고대의 도시는 서양사회의 도시와는 다른 특성을 갖고 있지만, 인구의 집중과 사회적 분업의 전개 그리고 사회적 여러 계층의 존재와 부의 집중을 통한 유통의 전개 등의 도시적 경관을 갖는다는 점에서 틀림없는 고대도시로 이해되는 것이다.[3] 더 나아가 일본도시사연구는 전통도시-근대도시-현대도시의 삼분법으로 도시의 역사를 설명하는데, 그 중 고대도시는 조카마치(城下町)와 함께 전통도시의 영역에 속한다고 이해된다.[4]

그런데 종래의 이해는 고대일본의 도시를 궁과 도성의 합체로서의 '궁도'라는 공간적 이해와 관련지어 설명하려 했던 게 아닌가 생각된다.[5] 하지만 이러한 이해는 이동하는 지배자의 공간으로서의 궁과 경의

쪽 참조; 동, NHKカルチャーラジオ歴史再発見『木簡から読み解く平城京』, NHK出版, 2010 참조.

3 舘野和木, 日本史リブレット7『古代都市平城京の世界』, 山川出版社, 2001, 1~3쪽 참조; 佐藤信, 「宮都の形成と変容」, 新休系日本史6『都市社会史』, 山川出版社, 2001, 5~6쪽 참조.

4 佐藤信, 「宮都の形成と変容」, 新休系日本史6『都市社会史』, 山川出版社, 2001, 序 참조.

5 關野貞, 「平城京及大内裏考」, 『東京帝國大學紀要』工科第3冊, 1907; 喜田貞吉, 『藤原京』, 鵤故郷舎出版部, 1942; 八木充, 『古代日本の都』, 講談社現代新書, 1974; 鬼頭清明, 『日本古代都市論序説』, 法政大學出版局, 1977; 岸俊男, 『宮都と木簡一よみがえる古代史』, 吉川弘文館, 1977; 同, 『古代宮都の探究』, 塙書房, 1984; 동, 『日本古代宮都の研究』, 巌波書店, 1988; 동, 『日本の古代宮都』, 巌波書店, 1993; 狩野久, 『日本古代の國家と都城』, 東京大學出版會, 1990; 今泉隆雄, 『古代宮都の研究』, 吉川弘文館, 1993; 山中章, 『日本古代都城の研究』, 柏書房, 1997; 동, 『長岡京研究序説』, 塙書房, 2001; 橋本義則, 『平安宮成立史の研究』, 塙書房, 1995; 동, 『古代宮都の内裏構造』, 吉川弘文館, 2011; 直木孝次郎, 『難波宮と難波津の研究』, 吉川弘文館, 1994; 佐藤信, 『日本古代の宮都と木簡』, 吉川弘文館, 1997; 仁藤敦史, 『古代王權と都城』, 吉川弘文館, 1998; 亀田博, 『日韓古代宮都の研究』, 学生社, 2000; 林部均, 『古代宮都形成過程の研究』, 青木書店, 2001; 小澤毅, 『日本古代宮都構造の研究』, 青木書店, 2003; 金田章裕, 『古代景観史の探究-宮都・国府・地割』, 吉川弘文館, 2002; 石川千恵子, 『律令制国家と古代宮都の形成』, 勉誠出版, 2010 등 참조.

모습을 완전하게 설명하고 있다고는 할 수 없다. 그래서 율령국가 성립 이전의 왕궁 혹은 궁이 갖는 성격과 율령국가 이후의 궁과 경이 세트로 되어 있는 궁·경의 모습을 나누고, 특히 이동하는 궁과 경을 천궁과 천경의 문제로 분류하여 재검토할 필요가 있는 것은 아닌가 생각한다.

이상과 같은 비판적 이해 위에, 2장에서는 보통, 지배자가 사는 공간 인 궁과 지배자의 외연 공간인 도성을 합한 개념인 궁도와, 궁과 경을 합해 부르는 궁·경에 대해 비교 언급한다. 다음의 3장에서는 지배자를 위한 외연 공간이 확정되지 않은 궁의 단계와 외연 공간이 정비되고 구획된 경의 단계를 나누어 살펴보고, 또 그 궁과 경이 이동하는 현상 과 그 의미에 대해 언급한다. 그리고 4장에서는 앞에서의 궁과 경이 각자 이동하는 실태를 검토하고, 그 이유와 의미에 대해 살펴본다. 그 렇게 하는 것에 의해 고대 지배자와 그를 둘러싼 지배체제에 대한 설명 이 더 확연히 드러날 수 있고, 더 나아가 지배자의 공간의 이동과 고정 의 의미가 명백해지리라 생각한다.

2. 궁도와 궁·경

고대동아시아 여러 나라들에는 각국의 사정에 따라 '황제(皇帝)' '왕 (王)' '천황(天皇)'이라는 지배자가 존재했던 만큼 각국의 지배자의 공간 도 각각 다르게 존재했다. 이 지배자가 거주하는 공간적인 장소를 부르 는 말로는 도(都), 수도(首都), 도성(都城), 경(京), 궁(宮)과 경(京) 등등의 표현들이 존재한다. 일본학계에서는 천황이 사는 공간인 궁실(宮室) 혹 은 궁전(宮殿)과 그것들을 아우르면서 지배자를 위한 외연으로 존재했

던 도성(都城)을 합한 개념으로 '궁도(宮都)'라는 표현을 쓰고 있다.[6]

사실 '궁실, 도성'이나 '궁전, 도성'의 표현들은 고대 일본의 사료 상에 존재하고 있다. 먼저 전자는 '도성과 궁실은 어느 한 곳에 두는 것이 아니라 두 세 곳에 마련해야 한다'는 부분[7]에, 그리고 후자는 '도성을 만들기 시작하고 궁전을 건설한다'는 부분[8]에 보인다. 이러한 궁실과 도성, 궁전과 도성을 합해 연구사에서는 궁도라는 표현이 일반적이지만, 아울러 고대일본의 궁도와 같은 의미로 궁과 경을 합해 궁·경의 표현을 사용한다. 예를 들면 8세기 나라시대의 궁도인 평성궁과 평성경을 합해 '평성궁/경'이라 부르기로 한다.

왕권의 상징으로서의 지배공간인 궁경은 왕권의 권위를 나타내기 위한 공간의 집합체여야 했다. 그런 면에서 궁도 건축물들은 지배자의 권위를 나타내기 위해 여러 기술적 장치가 필요하기도 했다. 그것은 초석 위에 세워진 빨간 기둥 위에 파란 기와를 이고 장엄하게 서 있는 건물의 열병 그 자체였다. 게다가 국가적 사업으로 건설된 경내의 대사원들은 또 종교적 공간으로서 지배자가 사는 공간의 무게를 더하는 역할을 했다. 또 빠질 수 없는 것은 대자연을 축소한 정원의 배열이었다. 정원을 궁내에 장치하고 배열하는 것은 자연마저도 왕권 밑에 포섭할 수 있다는 위대한 왕권의 반추 그 이상도 그 이하도 아니었다.

이러한 자연미의 강제적 포섭은 진귀하고 기이한 동물을 수집하여 사육하는 것과 희귀한 식물들을 모아 가꾸는 잘 정돈된 정원에서 극단

---

6 岸俊男, NHK大学講座 『日本の古代宮都』日本放送出版協会, 1981, 7~12쪽 참조.
7 『日本書紀』天武 12년(683)12월조 참조.
8 『續日本記』延曆 3년(784)6월조 참조.

적으로 잘 드러난다. 또 근래 발견된 7세기 아스카의 거석과 물을 이용한 수로 장치가 의도했던 것은 바로 고대일본이 추구했던 자연의 포섭행위이자 통치행위인 것이다.[9]

그 외에도 고대일본의 왕권의 상징인 궁경은 국내의 지방호족은 말할 것도 없고 어느 중앙 귀족의 거주 공간보다도 훨씬 멋있고 뛰어난것이어야 했다. 이러한 기준은 특히나 변경과 복속민들에게는 말할 것도 없고, 국내의 지배 공간을 넘어 이동하는 외국 사절과 외국인들에게는 그 극도의 권위가 아무리 강조되어도 지나치지 않는 공간이기도했다.

나니와(難波)에 도착한 외국 사절을 맞이하기 위한 기마 의장대에서부터 천황의 공간까지 곧게 뻗어 있으면서 넓은 공간으로서의 궁도의메인스트리트인 '주작대로(朱雀大路)'는 또 다른 의식의 공간이기도 했다. 주작대로의 가운데를 통과하면서 주변의 건물들과 여기저기 솟아있는 대사원의 탑들은 왕권의 상징물로서 외국 사절에게 위압감을 주었을 것이고, 또 이는 외교적 성과를 유리하게 끌어내기 위한 의도된장치였을 것이다. 이러한 의도된 행위와 장치는 외국 사절이라는 특수한 대상만을 대상으로 한 것이 아니라, 지방의 복속이라는 측면에서도끊임없이 반복되는 의식과 의례의 표현으로서 시도되었고, 궁·경은그러한 의식과 의례가 강조되고 실천되는 공간이었던 것이다.

그 외에도 궁·경은 정무공간이었다. 대표적인 것으로는 각 궁에 위

---

9 小野健吉, 「古代 日本의 宮苑」, 『百済研究』53, 2011 참조; 김은정, 「平城宮 庭園의
   使用形態와 그 特徵」, 『百済研究』57, 2013, 178~202쪽 참조; 동, 「고대일본의 庭園과
   祥瑞」, 2013년 동양사학회 춘계연구발표회자료집 『동아시아에서의 통치와 지역지배』,
   2013 참조.

치한 조정(朝庭)이 들어진다. 조정에서 시작하는 조정(朝政)의 시작은 스이코(推古)조의 오하리다(小墾田)궁에서부터 시작된다. 그 궁의 구조는 대략 수나라로부터 온 수사 배세청(裴世淸)을 맞이하는 기사[10]와 신라와 임나의 사절을 응대하는 기사[11]로부터 파악할 수 있다.

이상의 기사로부터 궁문 혹은 남문을 지나 조정에 이르고 조정의 양 옆에는 건물들이 서 있으며, 또 맞은편의 대문을 지나면 왕이 있는 대전이 나온다는 것이다. 조정에는 대신과 대부들이 자리에 앉아 정무를 보는 건물들이 양 옆에 늘어서 있고, 또 가운데에는 그들이 모여서는 공간으로서의 광장이 위치하고 있다는 것이다. 그렇다면 오하리다궁 이후에는 존재했을 조정은 몇 시부터 몇 시까지 집무를 보았을까. 대략 오전 5시경에 시작하였다가 9시경에 해산하거나, 오전 3시에 집합하였다가 오전 11시쯤에 일을 마치고 귀가하는 일정이었던 것으로 확인된다.[12]

이러한 정무공간으로서의 조당과 그 집합체인 조당원은 이후 평안경(平安京)까지의 변화상을 보면 천황의 거주 공간인 다이리(內裏)와 분리되어 가는 경향을 띠고 있고, 그 규모도 점점 축소되어가고 있는 것을 알 수 있다.[13]

---

10 『日本書紀』推古天皇 16년 8월조 참조.

11 『日本書紀』推古天皇 18년 10월조 참조.

12 岸俊男, NHK大学講座 『日本の古代宮都』日本放送出版協会, 1981 참조.

13 古市晃, 「難波宮発掘」, 森公章 편 『日本の時代史3 倭国から日本へ』, 吉川弘文館, 2002; 飯田剛彦, 「『太政官院』について」, 笹山晴生 편, 『日本律令制の構造』, 吉川弘文館, 2003 참조.

3. 천궁과 천경의 사정

고대일본에서 궁도 즉 궁경이란 지배자인 '천황'이 거주하고 생활하는 공간이다. 때문에 '천황'이 언제 생성된 역사적 개념인가가 '궁·경' 시작의 중요한 판단 기준이 된다. '천황'은 7세기 후반에 율령을 통치체제로 한 강력한 중앙집권 국가가 출현하였을 때의 군주의 칭호이다.[14] 또 이 7세기 후반 이후를 고대일본의 완성된 국가형태가 성립된 시기라고 하는데, 이를 한마디로 '율령국가'라고 부르기도 한다. '궁·경'이란 바로 이 율령국가의 통치 체제 중 핵심인 천황의 지배 공간이었던 셈이다.[15]

한편 7세기 후반 이전의 지배자들의 정무공간이자 생활공간은 궁경과는 구별되는 것이지 않으면 안 된다. 이는 또 당시는 아직 경이 성립되지 않았던 것을 의미한다. 따라서 7세기 후반 이전의 율령국가 성립 이전의 지배자들이 거했던 공간은 왕궁 혹은 궁이라고 부르기로 한다.

그렇다면 그러한 왕궁 혹은 궁은 어디에 있었던 것일까. 그리고 당시 지배자들의 공간은 무슨 이유로 빈번히 이동하고 있었을까. 다음의 〈표 1〉은 『고사기(古事記)』와 『일본서기(日本書紀)』에 보이는 지배자의 통치 공간을 나열한 것이다. 특히 〈표 1〉에서 확인되는 바와 같이 전자의 '제기(帝紀)'의 인용에는 '치천하(治天下)'의 개념, 즉 통치하는 왕권이 소재한 궁의 이름이 반드시 기재되어 있다. 이러한 사례로부터 알 수 있는 것은 고대일본의 '궁도'는 정권의 중추라는 의미를 넘어서 통치의

---

14 森公章, 「天皇号の成立をめぐって」, 『古代日本の対外意識と通交』, 吉川弘文館, 1998 참조.

15 岸俊男, NHK大学講座 『日本の古代宮都』 日本放送出版協会, 1981 참조; 송완범, 「고대일본의 '궁도'에 대하여」, 『신라문화제학술논문집』 제29집, 2008 참조.

상징이라는 의식이 있었던 것을 알 수 있다.

물론, 이 기재 내용에는 신화에 바탕을 둔 기술도 많기 때문에 제시된 공간 모두가 역사적 사실을 담보한다고는 볼 수 없고, 또 전승 공간모두가 확실하게 비정되어 있는 것도 아니다. 하지만, 이와 같은 지배공간의 전승을 통해 '궁도' 성립 이전의 지배자의 통치 권한과 영역에대한 유추는 가능할 것이다. 요컨대, 이하의 전승 지역이 모두 야마토(大和)지역을 중심으로 하고 있는 것에서 보아 당시의 지배자들은 야마토를 중심으로 한 세력 공간을 운영하고 있었던 것을 알 수 있다.[16]

<h3 style="text-align:center">〈표 1〉『고사기』와 『일본서기』의 지배공간의 전승[17]</h3>

지배자	고사기	일본서기
神武	畝火之白檮原宮	畝傍橿原宮
綏靖	葛城高岡宮	葛城高丘宮
安寧	片塩浮穴宮	片塩浮穴宮
懿徳	軽之境岡宮	軽曲峽宮
孝昭	葛城腋上宮	腋上池心宮
孝安	葛城室之秋津嶋宮	室秋津嶋宮
孝霊	黒田盧戸宮	黒田盧戸宮
孝元	軽之堺原宮	軽境原宮
開化	春日之伊邪河宮	春日率川宮
崇神	師木水垣宮	磯城瑞籬宮
垂仁	師木玉垣宮	纒向珠城宮
景行	纒向之日代宮	纒向日代宮
成務	志賀高穴穂宮	

16 岸俊男, NHK大学講座 『日本の古代宮都』 日本放送出版協会, 1981 참조; 송완범, 「고대일본의 '궁도'에 대하여」, 『신라문화제학술논문집』 제29집, 2008 참조.

17 송완범, 「고대일본의 '궁도'에 대하여」, 『신라문화제학술논문집』 제29집, 2008, 255~256쪽 참조.

仲哀	穴門之豊浦宮・筑紫之詞志比宮	穴門豊浦宮・橿日宮
応神	軽嶋之明宮	明宮
仁徳	難波之高津宮	難波高津宮
履中	伊波礼之若桜宮	磐余稚桜宮
反正	多治比之芝垣宮	丹比柴垣宮
允恭	遠飛鳥宮	
安康	石上之穴穂宮	石上穴穂宮
雄略	長谷朝倉宮	泊瀬朝倉宮
清寧	伊波礼之甕栗宮	磐余甕栗宮
顕宗	近飛鳥宮	近飛鳥八釣宮
仁賢	石上広高宮	石上広高宮
武烈	長谷之列木宮	泊瀬列城宮
継休	伊波礼之玉穂宮	磐余玉穂宮
安閑	勾之金箸宮	勾金橋宮
宣化	檜隈之廬入野宮	檜限廬入野宮
欣明	師木嶋大宮	磯城嶋金刺宮
敏達	他田宮	訳語田幸玉宮
用明	池辺宮	磐余池辺双槻宮
崇峻	倉崎柴垣宮	倉梯宮
推古	小治田宮	小懇田宮

그럼, 이와 같이 지배자의 지배공간이 거의 지배자의 등장마다 새롭게 바뀌는 것은 무슨 이유 때문일까. 그 이유에 대해서는 다음과 같은 설들이 있다.

우선 첫 번째로, 이세(伊勢)신궁 등에 보이는 일정한 시기가 지나면 새롭게 신전을 만들어 신체를 봉납하는 '식년천궁(式年遷宮)' 같은 목조 건축의 내구성에서 보는 입장. 그런데, 새롭게 건축물을 지어 옮기는 햇수로서의 식년은 반드시 일정한 것은 아니다. 이세신궁은 20년마다, 가모(賀茂)신사는 21년째 후에는 50년마다, 우사하치만(宇佐八幡)궁은 33년째, 가스가(春日)대사는 21년째, 혹은 30년째, 스미요시(住吉)/가토리(香取)/가지마(鹿島)신사는 20년째로 정해져 있다. 두 번째로, '부자별거제(父子別居制)'에 의한 것으로 부왕의 죽음에 의해 즉위하는 아들은 처음부터 거주지가 달랐다는 이유. 세 번째로, 죽음이라는 부정(게가레; 穢れ)을 피하기 위한 것이라는 설. 마지막으로, 새로운 지배자의 즉위와의 관계에서 설명하려는 관행이라는 설 등이 있다.[18]

이후 6세기 말 7세기 초의 지배자인 스이코 이래로도 지배 공간은 대략 야마토의 아스카(飛鳥)지역으로 고정되게 된다. 이 이유에 대해서는 6~7세기 고대일본의 중신이었던 소가(蘇我)씨와의 관계에 주목하는 연구가 있다. 593년 이래 7세기의 아스카에서는 다음과 같이 적지 않은 변천이 되풀이 되었다.[19]

추고(推古)여왕; 豊浦宮・小墾田宮
舒明; 飛鳥岡本宮・田中宮・厩坂宮・百済宮
황극(皇極)여왕; 小墾田宮・飛鳥板蓋宮
孝德; 飛鳥川辺行宮/難波長柄豊碕宮
제명(斉明)여왕; 飛鳥板蓋宮・飛鳥川原宮・後飛鳥岡本宮
天智; 近江大津宮
天武; 島宮・岡本宮・飛鳥浄御原宮, 難波京
지통(持統)여왕; 飛鳥浄御原宮

그런데 7세기의 지배자들과 왕궁의 변화상에는 특기할만한 것이 있

---

18 仁藤敦史, 歴史文化ライブラリー333『都はなぜ移るのか−遷都の古代史−』, 吉川弘文館, 2011 참조.
19 송완범, 「고대일본의 '궁도'에 대하여」, 『신라문화제학술논문집』 제29집, 2008 참조.

다. 먼저 여성 지배자들의 대거 등장이다. 즉, 최초의 여성 지배자인 스이코와 최초의 양위를 실현하였다가 또 최초로 다시 왕위에 복귀한 고교쿠(皇極; 나중의 사이메이(齊明)천황), 그리고 최초의 여성 천황으로서의 지토(持統) 등이 그것이다. 그 외에도 고교쿠와 사이메이에서의 왕궁에서 알 수 있는 것처럼 최초로 아스카의 이타부키(板蓋)궁이 양 시대에 걸쳐 사용되고 있는 것을 알 수 있다. 이렇게 고대일본의 7세기는 여성 지배자의 시대이기도 하고 또 왕궁의 변천상에서도 지금까지와는 다른 면모를 보여주고 있다.[20]

이상과 같은 특징을 갖는 7세기 아스카에서의 왕궁의 변천과 지배자들의 상관관계를 알기 쉽게 나타낸 것이 다음의 〈표 2〉이다.

〈표 2〉 아스카에서의 왕궁의 변천[21]

이상의 〈표 2〉는 등원경 이전의 천황의 지배공간이 얼마만큼 변화하

---

20 岸俊男, NHK大学講座 『日本の古代宮都』 日本放送出版協会, 1981 참조.

21 송완범, 「고대일본의 '궁도'에 대하여」, 『신라문화제학술논문집』 제29집, 2008, 258쪽 참조.

고 있었던가를 보여준다. 물론 이는 아스카 이전 시대의 왕궁을 옮기는 천궁(遷宮) 정도는 아니지만, 여기 저기 많이 옮겨 다니는 것을 알 수 있다.[22] 하지만 시간적으로 잘 살펴보면 등원경과 평성경(平城京) 그리고 평안경을 제외하고는 그다지 오래 머무르고 있지는 않다. 이러한 사실로부터 이제 궁도의 변천은 국가적 규모로 진행하는 율령국가의 대사업으로서만이 가능한 것이 되었던 것을 의미한다.

그런데 일본 궁도의 시원은 어디에서 비롯된 것일까. 동아시아에서 도성이 제일 빨리 성립한 곳은 역시 중국이었다. 중국 도성의 원형은 신석기 시대의 종반기부터 하, 은의 시대에까지 거슬러 올라간다고 한다. 특히 은과 서주 시대의 도성을 이루는 중심 구조는 왕족의 선조를 제사지내는 종묘와 토지의 신을 모시는 사직이었다. 그러다가 춘추전국시대에 들어오면 무수히 많이 존재했던 봉국의 시대에서 7개의 대국이 만들어진다. 이 시대는 전쟁의 시대였기 때문에 방위력을 제고하는 시설이 구상되었다. 이 혼란의 시대를 장악한 것은 진의 시황제였다. 그는 지금의 서안 서쪽에 함양성을 만드는데, 이는 이후 전한의 장안성의 기반이 된다. 장안성의 특징은 성내에 정치공간을 마련하고, 제사공

---

22 고대 지배공간의 변천을 이하의 도표로 나타내면 다음과 같다.

```
飛 鳥 ── 645 ─────────→ 難波宮(孝德)
  │  ↑└── 654 ─────┘
  ↓
大津宮(天智、667)→飛鳥浄御原宮(天武、672)→藤原京(持統、694)
  │
  ↓
平城京(元明、710) ───── 740 ─────→ 恭仁宮(聖武)
  │                    ↓
  │  └── 745─紫香楽宮(聖武、744)←難波宮(聖武、744)
  ↓
長岡京(桓武、784)→平安京(桓武、794)
```

간으로서 성 밖의 남교(南郊)를 설정하여 정치와 제사를 분리하였다는 데 있다.

후한의 시대가 되면 낙양성이 도성으로 기능한다. 낙양성은 계획적으로 궁전과 시가지 정비가 이루어졌다는 데에서 유교의 정치 이념이 반영된 것으로 평가된다. 이후 이 낙양성은 삼국시대의 위, 유목민족인 북위가 계속 사용하게 된다. 북위는 한화정책을 급속도로 추진하였는데 이는 결과적으로 한인보다 더 중국적인 도성을 만드는데 일조한다. 북위의 낙양성의 특징으로는 불교 사원이 많이 배치된 것과 내성과 외곽성의 정비, 바둑판 모양의 시가지 정비 사업 등이 들어진다.

이러한 많은 도성의 역사가 있어 드디어 수, 당의 수도이며 동아시아의 원형이 되었던 장안성이 만들어진다. 그리고 이 시대는 배도로서 낙양성도 주목된다. 이로서 도성의 평면이 방형이고 중심축을 정해 좌우대칭형의 도시적 기능을 갖춘 도시 공간이 비로소 탄생하게 되는 것이다. 그리고 이러한 수, 당의 도성 구조는 이후 동아시아 도성의 전범이 되었던 것이다.[23]

다음의 〈지도 1〉은 등원경 이래 변동하는 궁경의 위치관계를 지도상에서 표현한 것이다. 지도상에 보는 바와 같이 그 위치관계는 계속 북쪽으로 움직이고 있는 것을 알 수 있다.

이러한 사정을 감안하면서 이제는 등원경, 평성경, 그리고 평안경까지의 궁경의 변천을 개별적으로 살펴보고자 한다. 단, 이상의 궁경이 옮겨지는 설명의 중심이 되겠지만, 이 세 군데의 궁경 이외에도 복수의

---

23 岸俊男, NHK大学講座 『日本の古代宮都』 日本放送出版協会, 1981 참조; 송완범, 「고대일본의 '궁도'에 대하여」, 『신라문화제학술논문집』 제29집, 2008 참조.

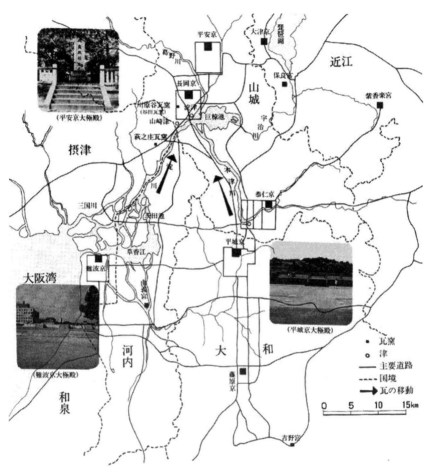

▲古代都城位置関係図　藤原京に始まる中国式都城の位置は、相互に関連しており、藤原京の西京極大路は下ツ道によって平城京の朱雀大路に、平城京の西京極大路は、平安京の東京極大路と一直線上に並ぶ。

〈지도 1〉 궁경의 위치관계[24]

　궁이나 궁경의 기능을 가졌던 천황의 임시 거소들에 대해서도 간단하게나마 언급하기로 한다. 이렇게 하는 것에 의해 정도로서 기능했던 세 궁경의 모습이 더욱 명확하게 부각될 수 있지 않을까 생각하기 때문이다.

먼저 고대일본의 '궁경'의 시작은 천무와 지통 이후의 시기를 기다리지 않으면 안 된다. 앞에서 궁도의 시작은 천황이라는 군주호의 시작과 관계한다고 언급했다. 일본고대사 학계에서는 천황호의 시작에 대해 천무를 천황호의 시작으로 한다. 그리고 현존 목간에서 천황호가 쓰인 가장 빠른 예도 역시 천무 때이다. 천무와 그의 정치적 동업자인 지통의 시기를 보통 율령국가의 시작으로 간주하는 것이다.[25]

한편 이 시기는 바로 한반도에서의 백제의 멸망과 663년의 '백촌강(白村江)싸움'이라는 외부적 요인이 있었음을 잊어서는 안 된다. 또 672년의 고대 최대의 내전인 '임신의 난(壬申の亂)'의 결과 강력한 중앙집권국가가 필요하였다. 이러한 과정을 거쳐 일본은 율령국가라는 고대국가의 완성단계로 접어들게 된다.[26]

율령국가의 초입을 보여주는 것이 바로 689년의 정어원령(淨御原令)과 694년의 등원궁/경의 건설이다. 그리고 그 뒤를 이어 701년 대보령(大寶令) 시행, 710년 평성궁/경 천도, 718년 양노령(養老令) 제정이라는 일련의 과정의 정점에 720년의『일본서기』의 완성[27] 이 있었다. 이러한

---

24 송완범, 「고대일본의 '궁도'에 대하여」, 『신라문화제학술논문집』 제29집, 2008, 261쪽 참조.

25 森公章, 「天皇号の成立をめぐって」, 『古代日本の対外意識と通交』, 吉川弘文館, 1998 참조.

26 송완범, 「'백촌강 싸움'과 '임신의 난'」, 김준엽선생기념서편찬위원회 편, 『동아시아 국제관계사』, 아연 출판부, 2010 참조.

27 이러한 이유로『日本書紀』는 고대일본의 완성으로서의 율령국가의 이상을 담아낸 지침서이자 텍스트였던 셈이나. 그러다 보니 율령국가의 이념이 내장된 이념서의 구실도 담당했다.

율령국가의 탄생 과정에 '궁·경'의 출현으로서의 등원궁/경의 의미가
있는 것이다.

다음으로는 율령국가의 출현과 함께 나타난 새로운 궁경 건설을 전
후로 한 사정을 살펴보면 다음과 같다.

> 덴무 5년 9월; '신성(新城)'의 계획
> 덴무 11년 3월; '신성'의 시찰을 위해 천무가 직접 순행
> 덴무 12년 7월; '왜경(倭京)'을 순행
> 덴무 12년 12월; 또 하나의 수도를 나니와에 두고 택지를 반급
> 덴무 13년 2월; 음양사와 기술자를 기내에 파견
> 덴무 13년 3월; 경사를 순행하고 궁실을 확정

덴무(天武)천황 5년경부터 시작된 궁경 출현의 움직임이 덴무 13년에
이르면 드디어 결행 단계에 이르고 있는 듯이 보인다. 그러나 이후 덴
무조의 기사 어느 곳을 보아도 궁경에 관한 기사는 보이지 않게 된다.
이 원인은 와병에 따른 천무의 죽음과 황태자 구사카베(草壁)황자의 돌
연한 죽음과 관계있는 듯하다. 그러다가 이후 등장한 지토천황은 덴무
천황의 장례를 마치고 난 이후, 지토 4년 10월에 새롭게 건설되고 있는
궁경을 시찰하고, 경과 궁의 지신(地神)에게 제사를 지낸다. 그리고 4년
이후인 지토 8년 12월에 비로소 등원궁/경 천도를 실행한다. 이로서
지통과 문무천황 2대에 걸쳐 번성한 명실상부한 궁·경이 만들어져 실
제로 기능하게 된 것이다.[28]

---

28 송완범, 「고대일본의 '궁도'에 대하여」, 『신라문화제학술논문집』 제29집, 2008 참조.

〈그림 1〉 등원궁/경[29]

그런데, 이러한 본격적인 궁·경의 시작으로서의 등원궁/경은 비교적 빠른 시기에 그 수명을 다하고 있다. 이러한 사정에 대해서는 등원경의 지정학적 입장으로부터 그 이유를 찾는 작업이 이루어지고 있다. 즉, 등원궁/경의 위치 구조가 위쪽인 북쪽이 낮고, 밑인 남쪽이 높은 구조였기 때문에 도시의 유지에 필수적인 오물 수거의 어려움으로 인해 빨리 문을 닫을 수밖에 없었다는 것이다. 이로부터는 도시의 운용과 위생이 얼마나 중요한 요소인가를 생각하게 한다. 이러한 위생으로부터의 관점은 이후 고대 궁·경의 연구에 있어서 중요한 포인트가 된다.[30]

---

29 송완범, 「고대일본의 '궁도'에 대하여」, 『신라문화제학술논문집』 제29집, 2008, 265쪽 참조.
30 송완범, 「일본율령국가'의 도시 '平城宮·京' 연구」, 『史叢』 제77호, 2012 참조.

다음은 평성궁/경의 나라시대이다. 나라시대는 평성궁/경 이외에도 복도로서의 난파경(難波京)[31]과 천도한 임시 왕도로서의 공인경(恭仁京), 자향낙궁(紫香樂宮), 보량궁(保良宮), 유의궁(由義宮)이 있었다.[32] 이러한 경위는 8세기 일본율령국가의 공식적 궁도였던 평성궁/경의 운영이 때로는 복도제로 인해, 또 때로는 정치적 상황 논리에 따라 얼마나 가변적이었던가를 말해준다. 한편으로 이러한 점은 8세기의 일본율령국가가 이후의 평안궁/경의 시대에 비해 많이 불완전하고 미숙한 시대였

---

[31] 난파경은 고토쿠(孝德)조 백치 3년(652)에 보이고 있는데, 이것은 이후의 난파경와 구별하기 위해 전기난파경라고 한다. 이후 7세기말의 복잡한 국내외 정세와 관련하여 코토쿠 이후의 난파경은 부침을 거듭하게 된다. 덴무 8년 11월에 난파의 주위의 산에 검문소(關)를 설치하고 난파경을 둘러싸는 나성을 쌓았다는 기사가 보인다. 덴무12년 12월에는 궁도와 도성은 한 곳에 있는 곳이 아니라는 복도(複都)제 구상이 말해지고 있다. 그러다가 686년 정월의 화재로 전소하고 만다. 이후 난파경은 몬무천황의 순행을 시작으로 8세기의 겐세이(元正)천황을 거쳐 쇼무(聖武)천황의 치세인 천평(天平) 연간에 본격적으로 정비되어 평성경과 함께 궁도로서의 기능을 담당한다. 뒤에서 언급하는 '쇼무의 방황' 기간 중에는 난파경도 하나의 대안으로 떠오른다.

[32] 나라시대의 임시적인 천황의 처소는 공인경, 자향낙궁, 보량궁, 유의궁이 있다. 이 네 군데의 천황의 임시 거소들은 궁경으로서 완벽한 위치에는 이르지 못했다 할 수 있지만, 이들을 살펴보는 것은 8세기 천황의 궁경으로 기능했던 평성궁/경의 이해를 위해서도 필요하다. 이러한 빈번한 천황 거소의 전이의 배경에는 나라조의 복잡한 정치상황이 있었다. 먼저 공인경과 자향낙궁에의 천도에는 등원씨에 대한 기존 씨족의 반격에 대해 규슈(九州)에 있던 후지와라노 히로쓰구(藤原廣嗣)가 일으킨 반란이 배경이 되었다. 이 사건으로 당시의 천황 성무는 740년에서 745년까지의 약 5년 동안 평성궁/경을 떠나있게 되는데 이를 '성무의 방황'이라고도 한다. 그리고 보량궁과 유의궁은 등원씨의 세력을 만회하기 위해 노력한 권신 후지와라노 나카마로(藤原仲麻呂)와 승려로서 최고의 관위에 올라 천황의 자리를 넘본 불승 도교(道鏡)와의 사이에 벌어진 권력 다툼이 배경에 있다. 전자는 나카마로가 '북경'이라고 불렀는데, 이는 당시의 당나라의 정책을 모방해 실시한 급격한 당풍(唐風)정책의 일환으로서 동서남북에 있었던 복수의 수도를 흉내 낸 것이다. 또 후자는 나카마로의 실각에 동반하여 권력의 공백을 메우는 과정에서, 다분히 나카마로를 의식한 도교가 신호경운 3년(767) 10월에 천도한 곳으로 '서경'으로 불렀다 한다.

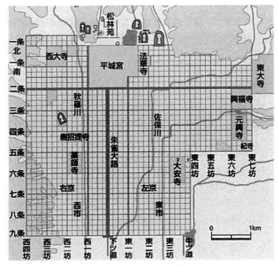

〈그림 2〉 평성궁/경[34]

던가를 웅변해 준다.[33]

　평성궁/경을 전후로 한 궁도의 성립 사정은 다음과 같다. 몬무(文武)
천황 사후 겐메이(元明)천황이 즉위한다. 이후 화동원년 2월에는 평성
에의 천도의 명령이 하달되고, 동 3년 3월에는, 천도가 실현된다. 그러
나 천도의 실현 후에도 궁도의 담이 아직 만들어지지 않은 불완전한
상태인 것이 확인되고 동 5년경에는 궁경이 이제 거의 완성되었다는
기사가 보인다.

　이 건설 사업은 8세기 이후의 일본을 좌지우지한 후지와라(藤原)씨
집안의 실력자인 후지오라노 후히토(藤原不比等)가 주관한 것으로 고대
일본의 율령국가에 적합한 궁경의 건설이라는 의미를 갖는다. 게다가

---

33 송완범, 「고대일본의 '궁도'에 대하여」, 『신라문화제학술논문집』 제29집, 2008 참조.

평성경은 외관상으로 구별되는 특징을 갖는데, 이는 좌경의 동쪽으로 튀어나온 외경(外京)의 존재이다. 이러한 돌출된 외관은 평성궁의 경우에도 공통으로 해당된다. 이러한 외관적 특징은 다음의 그림에서 확인하는 대로이다.

다음은 장강궁/경(長岡宮/京)이다. 장강궁/경의 경우는 연력 3년(784) 5월의 천도를 위해 시찰한다는 기사가 떨어지기 무섭게, 같은 해 11월에 천경이 결행되고 있는 것에서 알 수 있는 것처럼 매우 급작스럽게 천도 계획이 추진되고 실천된 매우 드문 예에 속한다.

그럼 본래 이 사업은 왜 추진되었을까, 또 왜 이렇게 천도가 빠른 속도로 추진될 수 있었을까 하는 의문이 든다. 먼저 전자는 장강궁/경도 그렇지만, 이후 추진될 평안궁/경 사업의 추진자가 덴무계의 천황이 아닌 덴치(天智)계의 감무(桓武)천황이라는데 주목할 필요가 있다. 즉, 감무는 나라조의 정통인 천무천황의 피를 이어받는 덴무계의 황통이 아니라 덴무에 의해 권력에서 축출된 덴치계의 혈통을 이어받은 다른 성격의 황통이었던 셈이다. 이러한 감무의 의도와는 달리 평성궁/경에 익숙해 있던 나라조의 귀족들은 새로운 궁경의 건설에 반대하는 의견이 많았다.

다음으로 평안궁/경의 조영 과정을 들여다보자.[35] 장강궁/경의 조영

34 송완범, 「고대일본의 '궁도'에 대하여」, 『신라문화제학술논문집』 제29집, 2008, 266쪽 참조.
35 평안궁/경 건설에는 건물의 이축이 행해지는데, 평성궁/경에서 만이 아니라 또 하나의 수도였던 난파경으로부터도 시행되었다는데 주목할 필요가 있다. 즉, 이러한 건물의 이축 행위는 기존의 장소로 두 번 다시 돌아가지 않겠다는 의지의 표현이기도 하고, 또 건물의 신속한 재배치를 무난하게 설명할 수 있는 것이기도 하다. 요컨대, 평성궁/경과 난파경의 양쪽으로부터 건물의 이축 행위라는 것은 이제 궁경을 한 군데만 운영하겠

이 예상대로 여의치 않자 감무는 새로운 궁도의 조영을 계획하기 시작한다.[36] 이후 평안궁/경은 잠깐 동안 천황 거소가 옮겨 다니는 경우를 빼 놓고는 거의 천년 동안 고대의 수도로서만이 아니라 일본의 수도로서 기능한다. 이러한 평안궁/경 건설의 의미는 고대에서는 대체적으로 남쪽에서 북쪽으로의 천도라는 지정학적 특성을 보인다.[37]

고대일본의 지배자가 거주하고 정무하는 공간이 바뀌고 이동하는 것에서 움직이지 않는 공간으로의 변화는 무엇을 말하는 것일까. 이는 일본율령국가의 전개와 전환과도 매우 밀접한 관계가 있을 것이다.

4. 고대일본의 도시와 이동

앞의 3장에서 천궁과 천경의 실태를 언급하고 그 의미에 대해 정리해 보았다. 고대의 지배공간의 변화에는 정치적인 문제는 물론이고 천재이변이나 위생에 관계하는 여러 문제가 이동의 배경에 있음을 알았

다는 궁경의 축소라는 것을 의미한다.

36 이러한 사정은 연력 12년 정월조 기사에서부터 출현하기 시작하는데, 같은 해 12월에는 택지를 나누어 주고 다음 해 6월에는 경내를 청소시키고 있고, 다음 달에는 시인, 즉 시장에 종사하는 사람들을 배치하기 시작한다. 그리하여 다음 해인 연력13년(794) 10월에 정식으로 천도를 결행한다. 그 이후에도 평안궁/경의 건설 사업은 연력24년까지 간단없이 계속된다.

37 이러한 이유에 대해서는 고대의 야마토왕권 이래의 옛길의 존재와 그 활용의 확산을 전체적으로 볼 필요가 있다는 의견이 있다. 그 옛길은 남북만이 아니라 동서를 가로지르는 직선도로이다 보니 그 길들은 때로는 교차하기도 한다. 대개 남북을 관통하는 옛길에는 상/중/하의 세 길이 축을 이루고 있고, 동서의 옛길은 물길을 따라서 존재하는 경향이 강하다고 한다.

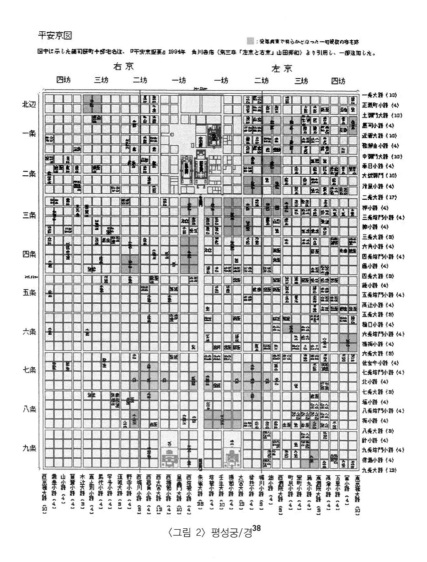

〈그림 2〉 평성궁/경[38]

다. 다음은 고대의 도시문제를 키워드로 도시의 이동을 살펴보고 그
이동의 의미에 대해 정리하기로 한다.

　고대의 도시문제란 인구의 집중에 따른 상수도 확보와 하수도 처리,

폐기물의 오염과 위생상의 문제로 발생하는 역병의 유행[39], 식량 수급의 컨트롤부재에 의한 사회적 약자, 즉 유망민의 증가와 배회 그리고 도시민의 장지(葬地)의 마련 등이 가장 대표적이다.[40]

이를 해결하기 위해 고대국가는 율령제라는 틀 속에서 도시 곳곳에서 제사를 지내는데, 이 제사의 흔적이 바로 역병과 악을 예방하는 부적목간[41]으로, 혹은 남을 저주하는 인형목간[42]으로 남아있다. 물론 종

---

38 송완범, 「고대일본의 '궁도'에 대하여」, 『신라문화제학술논문집』 제29집, 2008, 266쪽 참조.

39 福原栄太郎, 「天平9年の疫病流行とその政治的影響について」, 『神戸山手大学環境文化研究所紀要』 4, 2000; 野崎千佳子, 「天平7·9年に流行した疫病に関する一考察」, 『法政史学』 53, 2000

40 新村拓, 『日本医療社会史の研究』, 法政大学出版局, 1985; 酒井シヅ, 『病が語る日本史』, 講談社, 2008; 福原栄太郎, 「天平9年の疫病流行とその政治的影響について」, 『神戸山手大学環境文化研究所紀要』 4, 2000; 野崎千佳子, 「天平7·9年に流行した疫病に関する一考察」, 『法政史学』 53, 2000; グラ・アレクサンドル, 「8-9世紀における飢疫発生記録に関する一考察」, 『アジア遊学』 79, 2005; 董科, 「平安時代前期における疫病流行の研究」, 『千里山文学論集』 82, 2009; 同, 「奈良時代前後における疫病流行の研究」, 『東アジア文化交渉研究』 3, 2010; 浅見益吉郎, 「『続日本紀』に見る飢と疫と災」, 『奈良女子大学食物学会誌』 34, 2009; 浅見益吉郎·新江田絹代, 「六国後半における飢と疫と災」, 『奈良女子大学食物学会誌』 35, 2010; 今津勝紀, 「古代災害と地域社会」, 『歴史科学』 196, 2009; 浅野潔, 「『日本疫病史』データベース化の試み」, 『関西大学経済論集』 54-3·4併合号, 2004 참조.

41 일반적으로 부적목간은 저주보다 악역을 피하기 위한 액막이를 위한 기능을 가진 사례가 압도적으로 많다. 저주의 의미를 갖는 기호인 '부첨(符籤)'과 저주하는 문장을 써서 그 끝에 '급급여율령(急急如律令)'이라고 쓴 예가 많다. 구체적 예는 목간은 평성경 좌경2방의 이조대로의 노면 끝에 있던 쓰레기 버리는 곳에서 출토한 2조대로목간 중의 한 점인데, 아마도 737년(천평 9)에 규슈에서 발생해 평성경에서도 맹위를 떨쳐 후히토의 네 아들의 목숨을 앗아간 천연두의 유행에 대해 역병을 일으키는 당귀(唐鬼)를 모두 먹어치우는 큰 뱀에게 역병퇴치를 소원한 부적목간으로 생각된다.

· 南山之下有不流水其中有

　一大蛇九頭一尾不食余物但

　食唐鬼朝食三千暮食

교적인 방법으로의 해결을 위해 불교와 신사의 힘을 빌리기도 했다.[43]

좀 더 구체적으로 도시문제의 구체상을 언급하자면 평성궁/경 이전의 궁도였던 등원궁/경은 악취가 진동했다는 기사[44]가 보인다. 사료에 보이는 '예취(穢臭)'는 원래 시신에서 나는 냄새이다. 다시 말하자면 등원궁/경은 초봄에 시신 썩는 냄새로 뒤덮였다는 것이 된다. 이러한 악취가 등원궁/경의 존속의 단명을 설명하는 중요한 요소가 아닐까.[45]

그렇다면 지금까지의 정치나 경제적인 구조의 문제로 등원궁/경의 전개와 변용을 설명하는 것이 만능이 아님을 알게 된다. 게다가 평성궁/경 시대의 정사인 『속일본기(続日本紀)』에는 '예취'를 뜻하는 기사가 비록 지방에서의 사례지만 725, 749, 776년의 기사에 보인다.[46] 평성궁/경의 인구는 등원궁/경의 약 2.5배가 된다고 보았을 때, 인구 밀집도와 이로부터 파생하는 오염된 폐기물의 양은 등원궁·경을 훨씬 상회했

·八白 急急如律令

42 평성궁적의 다이리 부근의 우물에서 출토한 '저주의 인형'이라고 불리는 인형은 사람의 모습을 한 얇은 판의 양쪽 눈 부분과 심장 부분에 나무못이 박혀 있고, 묵서도 보인다. 가장 청정해야 할 천황의 생활공간인 다이리에서 실제로 저주가 행해진 것을 잘 나타내주는 실물자료인 것이다. 『속일본기』에는 나라시대 후기의 여성천황의 쇼토쿠(稱德)천황 때에 사호(佐保)천의 강변에서 주은 해골 안에 천황의 머리카락을 넣어 저주한 사례가 보인다. 평성궁의 다이리 안에서도 관계자에 의한 저주가 행해졌다고 하는 것은 주목할 만하다.(佐藤信, NHKカルチャーラジオ歴史再発見 『木簡から読み解く平城京』, NHK出版, 2010, 159쪽 참조.)

43 舘野和木, 日本史リブレット7『古代都市平城京の世界』, 山川出版社, 2001, 73~95쪽 참조; 佐藤信, NHKカルチャーラジオ歴史再発見 『木簡から読み解く平城京』, NHK出版, 2010, 157~163쪽 참조.

44 『続日本紀』慶雲 3년 3월 丁巳조 "如聞, 京城內外多有穢臭" 참조.

45 송완범, 「일본율령국가'의 도시 '平城宮·京' 연구」, 『史叢』 제77호, 2012 참조.

46 『続日本紀』神亀2年(725)7月戊戌(17日)条; 동, 天平勝宝元年(749)11月甲寅(24日)条; 동, 宝亀7年(776)8月丙辰朔条 참조.

을 것이다.

그럼 평성궁/경 이후의 궁도인 평안궁/경의 사정은 어떠했을까. 조방제에 의해 바둑판처럼 도시구획이 되어 있는 중에 직선으로 만들어 놓은 도랑마다 배설물들로 인해 도시의 오염은 심각한 것이었다. 결국 이로 말미암은 역병의 만연도 피할 수 없는 것이었다. 그래서 평안궁/경도 별 수 없이 '분뇨도시'이고, 병자나 사자의 시신은 물론이고, 동물의 사체도 개천이나 도랑에 투기하고 있었으니 '예취도시'인 것을 피하기 어려웠을 것이다.[47]

물론, 이러한 오염 제거를 위한 청소는 종종 행해졌다.[48] 하지만 이러한 평성궁/경 이후의 평안궁/경의 청소상황은 인구의 집중에 의해 그리고 궁·경을 둘러싼 자연환경의 황폐에 의해 자정능력을 점차 잃게 되어 도시 변용의 길을 걷게 된다.[49]

한편, 이러한 도시문제의 해결을 위해 율령국가는 율령제 체제가 정한 테두리 안에서 도시의 도처에 제사의 장을 설정하고 제사를 행한다. 평성궁/경의 유적에서 종종 출토하는 제사유물에 의해 고대의 율령제적 제사의 실상을 엿볼 수가 있다. 율령의 신기령에서는 6월과 12월의 그믐날에 도향제(道饗祭)가 열리는 것을 정하고 있는데, 그것은 궁성의 네 귀퉁이의 귀신이 경내에 침입하는 것을 막는 의미가 있었

47 安田政彦, 歷史文化ライブラリー224『平安京のニオイ』, 吉川弘文館, 2007, 1~101쪽 참조.
48 먼저 평성궁의 청소는 비오는 날을 골라 주전료(主殿寮), 좌우위문부(左右衛門府), 수옥사(囚獄司)가 공동으로 담당했다.(『令集解』囚獄司조 참조) 그리고 평성궁 내외와 주작도로, 그 외의 오물의 청소는 탄정대(彈正台)와 좌우경직(左右京職)가 담당한다.(『延喜式』彈正台式조; 동, 左右京職式조 참조)
49 송완범, 「일본율령국가'의 도시 '平城宮·京' 연구」, 『史叢』제77호, 2012 참조.

다.[50] 바로 여기서 다수의 인구가 집중하는 도시와 결부된 궁도의 제사의 모습을 살펴볼 수가 있다. 한편으로 지방의 국부와 군가 등의 지방 관아의 유적 주변에서도 궁도와 똑같은 제사유물[51]을 많이 사용하여 물가에서 제사가 행해진 모습이 알려진다.[52]

이상으로 고대도시의 이동에는 여러 가지 도시문제가 얽혀있고, 도시문제의 발생에 대한 고대도시민들의 대응의 양상도 다양한 것임을 실문자료와 관련지어 알 수 있었다. 그렇다면 천궁과 천경 그리고 이동하지 않는 고정도시 평안궁/경의 확보라는 변화의 흐름이 의미하는 것은 무엇일까.

다시 말해 고대일본의 지배자의 거처이며 이를 지탱하는 신하들의 집단거주지이면서 경제생활의 지반이자 상업의 거점 그리고 종교시설의 확보 등이 가능한 일정 공간을 도시와 결부시켜 생각한다고 했을 때 궁과 경이 중요한 소재임은 부정하기 어렵다. 그런데 이 궁과 경을 도시 이동의 문제와 관련지어 생각한다면 그 의미는 어떻게 정리할 수 있을 것인가.[53]

---

50 평성궁·경, 기나이(畿內) 각각의 경계에서 악역을 막는 제사가 행해지고 있다. 또 6월, 12월의 그믐날에 행해지는 오하라에(大祓)에서는 백관이 참가하여 대규모의 액막이 제사가 주작문(朱雀門) 앞에서 행해졌다.

51 제사유물 중에는 평성궁이 남면하는 궁성문 앞의 도랑에서 오하라에서 사용된 제사구로 보이는 인형, 제사용구의 하나로 나뭇가지에 종이오리를 매단 이구시(齊串), 목제 제사구(말 모양, 배 모양, 칼 모양 등), 흙으로 만든 말, 사람 얼굴모양의 묵서토기 등이 출토한다. 또한 같은 제사유물은 평성경내의 조방(條坊)도로의 양쪽 편의 도랑이나 하천에 걸린 다리 부근에서도 대량으로 발견된다. 이러한 물가에서 액막이를 하는 제사에 의해 궁도의 청정을 지키고, 경내의 악역의 침입을 지키려고 한 것이었다.

52 다지마(但馬)국부 부근의 하카자(袴座)유적(兵庫현 豊岡시)에서 방대한 양의 인형과 제관이 출토하고 있고, 미노(美濃)국 무기(武儀)군가(岐阜현 關시)인 미륵사 서(西)유적에서 인형, 이구시가 많이 출토하고 있다.

이전에 율령국가의 성립과 전개, 변용의 3단계를 제시한 적이 있다.[54] 이러한 이해 위에 서서 일본도시의 이동에서 고정으로의 3단계를 들여다보자면, 천궁(7세기 이전) → 천경(8세기) → 고정도시(9세기 이후)의 3단계는 시사점이 풍부하다.

즉, 천궁의 시기는 한반도와의 관련 속에서 아직 왜국이 국가적 형성기에 속한 단계이고, 8세기 천도의 시기는 동아시아 속의 혼란기라는 7세기 중후반 시기를 지나 왜국에서 일본으로 대왕에서 천황으로의 탈각을 거친 나라시대의 일본을 가리킨다. 그 이후 고정도시 평안궁/경의 등장 이후는 7세기말에 성립되고 8세기의 전개기를 거친 일본율령국가가 이제 한반도와 중국대륙의 영향보다는 일본 자체에 침잠하는 변용의 시기를 맞이하는 또 다른 증거일 수 있다는 것이다.

5. 맺음말

이상을 간단히 요약하면 다음과 같다.

첫째, 지배자의 거주공간이며 정치 공간이기도 한 '궁도'를 도시의

---

53 仁藤敦史, 歷史文化ライブラリー333『都はなぜ移るのか-遷都の古代史-』, 吉川広文館, 2011 참조.

54 송완범, 「'百濟王氏'와 日本律令國家의 성립과정에 대한 일고찰」, 고려대학교 일본사연구회 편 『동아시아 속의 한일관계사(상)-반도와 열도의 교류』, 제이앤씨, 2010; 동, 「동아시아세계 속의 '백제왕씨'의 성립과 전개」, 『백제연구』 44, 2006; 동, 「일본율령국가의 개·사성정책에 대하여」, 『일본역사연구』 22집, 2005; 동, 「9세기 일본율령국가의 전환과 백제왕씨의 변용」, 『한일관계사연구』 제29집, 2008; 동, 「일본율령국가의 변용에 대한 일고찰」, 『일본학연구』 31호, 2010 참조.

영역에 넣을 수 있다. '궁도'는 수도이며, 방어적 측면에서나, 장엄함과 의례공간으로서나, 대칭성에 빛나는 종교적 성격을 갖고 있다. 또 도시의 청정성과 계층성에 의지하면서 나름의 유통 경제 속에서 생활하는 도시민의 집합 덩어리라는 측면에서도 도시성이 풍부한 공간인 것이다.

둘째, 궁실과 도성, 궁전과 도성을 합해 연구사에서는 궁도라는 표현이 많이 사용되지만, 여기서는 고대일본의 대표적인 궁도인 등원궁/경, 평성궁/경, 평안궁/경 등의 존재에 주목하여 궁과 경을 합해 궁·경의 표현을 사용한다.

셋째, 7세기 후반 이후를 고대일본의 완성된 국가형태가 성립된 시기라고 하고 '율령국가'라고 부른다. '궁경'이란 바로 이 율령국가의 통치 체제 중 핵심인 천황의 지배 공간이다. 그렇다면 7세기 후반 이전의 지배자들의 정무공간이자 생활공간은 궁경과는 구별된다 할 것이다. 더구나 당시는 아직 경이 성립되지 않았던 것을 의미한다. 결국, 7세기 후반 이전의, 즉 율령국가 성립 이전의 지배자들이 거했던 공간은 왕궁 혹은 궁이라고 부를 수 있다.

넷째, 일본도시의 이동에서 고정으로의 의미는 3단계로 구분할 수 있다. 천궁(7세기 이전) → 천경(8세기) → 고정도시(9세기 이후)의 3단계 중, 천궁의 시기는 한반도와의 관련 속에서 아직 왜국이 국가적 형성기에 속한 단계이다. 다음, 8세기 천도의 시기는 동아시아 속의 혼란기인 7세기를 지나 왜국에서 일본으로 대왕에서 천황으로의 탈각을 거친 8세기의 나라시대를 가리킨다. 마지막 고정도시 평안궁/경은 7세기말에 성립되고 8세기의 전개기를 거친 일본율령국가가 일본 자체에 침잠하는 변용의 시기를 맞이하는 증거인 것이다.

참고문헌

カール・マルクス(手島正毅 訳), 国民文庫28『資本主義的生産に先行する諸形態』, 大月書店, 1959.

狩野久,「古代都城研究の視覺」,『日本古代の國家と都城』, 東京大學出版會, 1990.

鬼頭清明,『日本古代都市論序説』, 法政大學出版局, 1977.

岸俊男, NHK大学講座『日本の古代宮都』, 日本放送出版協会, 1981.

佐藤 信,「宮都の形成と変容」, 新体系日本史6『都市社会史』, 山川出版社, 2001.

舘野和木, 日本史リブレット7『古代都市平城京の世界』, 山川出版社, 2001.

林部均, 歴史文化ライブラリー249『飛鳥の宮と藤原京－よみがえる古代王宮－』, 吉川弘文館, 2008.

飯沼賢司,『環境歴史学とはなにか』(日本史リブレット), 吉川弘文館, 2004.

本谷勲,『歴史としての環境問題』(日本史リブレット), 吉川弘文館, 2004.

佐藤信, NHKカルチャーラジオ歴史再発見『木簡から読み解く平城京』, NHK出版, 2010.

馬場基,『平城京に暮すー天平びとの泣き笑いー』, 吉川弘文館, 2010.

仁藤敦史, 歴史文化ライブラリー333『都はなぜ移るのかー遷都の古代史－』, 吉川広文館, 2011.

福原栄太郎,「天平9年の疫病流行とその政治的影響について」,『神戸山手大学環境文化研究所紀要』4, 2000.

野崎千佳子,「天平7・9年に流行した疫病に関する一考察」,『法政史学』53, 2000.

新村拓,『日本医療社会史の研究』, 法政大学出版局, 1985.

酒井シヅ,『病が語る日本史』, 講談社, 2008.

福原栄太郎,「天平9年の疫病流行とその政治的影響について」,『神戸山手大学環境文化研究所紀要』4, 2000.

野崎千佳子,「天平7・9年に流行した疫病に関する一考察」,『法政史学』53, 2000.

グラ・アレクサンドル,「8-9世紀における飢疫発生記録に関する一考察」,『アジア遊学』79, 2005.

董科,「平安時代前期における疫病流行の研究」,『千里山文学論集』82, 2009.

____,「奈良時代前後における疫病流行の研究」,『東アジア文化交渉研究』3, 2010.

浅見益吉郎,「『続日本紀』に見る飢と疫と災」,『奈良女子大学食物学会誌』34, 2009.

浅見益吉郎·新江田絹代,「六国後半における飢と疫と災」,『奈良女子大学食物学会誌』35, 2010.

今津勝紀,「古代災害と地域社会」,『歴史科学』196, 2009.

浅野潔,「『日本疫病史』データベース化の試み」,『関西大学経済論集』54-3·4併合号, 2004.

安田政彦, 歴史文化ライブラリー224『平安京のニオイ』, 吉川弘文館, 2007.

송완범,「고대일본의 '궁도'에 대하여」,『신라문화제학술논문집』제29집, 2008.

_____,「'일본율령국가'의 도시 '平城宮·京' 연구」,『史叢』제77호, 2012.

_____,「9세기 일본율령국가의 전환과 백제왕씨의 변용」,『한일관계사연구』제29집, 2008.

_____,「일본율령국가의 변용에 대한 일고찰」,『일본학연구』31호, 2010.

히토마로[人麻呂]「아스카[明日香] 강」노래와 古都奈良의 문화사적 의미 고찰

고용환

1. 도부토리(飛鳥)와 아스카

히토마로 우타(歌)에는 장·단가를 포함하여 古都奈良의 아스카(明日香·飛鳥) 강 지명 표기를 한 노래가 다수 발견되고 있다. 본고에서는 이러한 히토마로의 아스카 강 지명표현을 중심으로 만요가인들이 즐겨 노래한 아스카 지명에 비춰진 문화사적 의미와 그 특징을 고찰해 보고자 한다.

우선, 아래에 아스카로 표기된 히토마로의 대표작들을 다음에 예시하여 보자.

㉮ ◎히토마로가 하쓰세베 공주와 오사카베 황자에게 헌상한 노래(献泊瀬部皇女忍坂部皇子歌)

飛鳥 明日香乃河之 上瀬爾 生玉藻者 下瀬爾 流触経 玉藻成 彼依此依 靡相之 嬬乃命乃 多 田名附 柔膚尚乎 劔刀 於身副不寐者 烏玉乃 夜床母 荒良無(以下略)　　　　　　　　　　　　　　　　　　　　　　　(2·194)

(도부토리노 아스카 강의 위 여울에 자라난 옥 풀이 아래여울에 흘러

서로 만난다. 옥 풀과 같이 이리저리 흔들리며 서로 기대어 잤던 그 황태
자님은 다타나즈쿠 부드러운 피부에 조차 쓰루기타치 몸에 부착하여 잘
수가 없기에, 누바타마노 밤의 침상도 허무하게 거칠어져만 가누나. (이
하 생략)

㉯ ◎아스카 공주가 키노헤 빈궁에 있을 때 히토마로 작가(明日香皇女
木瓲殯宮之時人麻呂作歌)

飛鳥 明日香乃河之 上瀨 石橋渡 一云 石浪 下瀨 打橋渡 石橋 一云 石浪
生靡留 玉藻毛敍 絕者生流 打橋 生乎為礼流 川藻毛敍 干者波由流 何然毛
吾王能 立者 玉藻之母許呂臥者 川藻之如久 靡相之 宜君之 朝宮乎 忘賜哉
夕宮乎 背賜哉(以下略) (2·196) (아스카 강 상류에는 돌을 나열하여, 하
류에는 목재로 다리를 놓았다. 나열한 돌에 피어난 옥 모자반은 없어지면
다시 돋아나 자란다. 나무다리에 자라 돋아난 풀은 고갈되면 재차 싹이
돋아난다. 그런데도 우리 아스카 공주님은 일어서시면 옥 풀과 같이, 몸을
누이면 강풀과 같이 서로 화목했던 부군의 조궁을 어찌하여 잊어버리셨는
지. 또 석궁을 어찌하여 저버리고(중략). 때때로 외출하여 놀던 키노헤의
궁을. (생략))

㉰ ◎明日香川 四我良美渡之塞益者 進留水母能杼爾賀有万思一云水乃
与杼爾加有益(2·197)

(아스카 강에 수책을 걸어 막는다고 하면, 흐르는 물도 느긋하게 흐를
것인데. 일설에 흐르는 물이 어딘가에 고인 것인지.)

㉱ ◎明日香川 明日谷将見等 左倍 念八方 念香毛 吾王 御名忘世奴

(2·198)

(아스카 강 공주님에게 적어도 내일만 이라도 뵙고 싶다고 매일 매일을
생각하며 살고 있기에 우리 공주님의 이름을 잊을 수가 없구나.)

위에 예시한 ㉮㉯㉰㉱의 노래는 모두가 반카(挽歌)로 히토마로가 궁
정가인으로서 황자나 공주에게 헌상한 노래이며, 공통적으로 우타(歌)

의 초두에 아스카 강을 표기하고 있다는 점이 그 두드러진 특징이라 하겠다.

그중에서도 ㉮의 노래에서는 아스카 강의「옥 풀」(玉藻)이, ㉯의 노래에서는「돌다리」(石橋)에 의한 궁들 묘사가 마치 아스카 강 문화를 대변하듯 많이 표현되어 있다는 점에 주목할 필요가 있을 것이다. 그밖에도 아스카 지명을 기록한 노래의 예는 많이 있지만, 특히 장가(長歌) 중에서도 제일 긴 199의 구절을 가지는 다케치황자의 방카에도 있다.

> ㉰ ◎다케치황자의 키노헤 빈궁에 있을 때 히토마로가 지은노래(高市皇子尊城上殯宮之時作歌)
>
> 挂文 忌之伎鴨 一云 由遊志計礼杼母言久母 綾爾畏伎 明日香乃 真神之原爾 久堅能 天都御門乎 懼母 定賜而 神佐扶跡 磐隱座 八隅知之 吾大王乃 所聞見為(以下略)   (2・199)
>
> (입에 담기에도 꺼려지는 일설에 너무 황송한 말이지만 아스카의 마카미 언덕에 히사카타의 하늘의 궁궐을 황송하게도 정하시고 이윽고 신이되셔서 바위 문에 숨으셨다. 야스미시시 우리 대왕님이 다스리시게 될 북쪽 미노의 마키나무가 무성하게 서있는 후와산을 넘어서, 고마쓰루기와자미언덕의 행궁에(이하생략))

먼저, 위의 199번 노래에서「바위(岩)에 숨어계시다.」로 고인이 된 다케치 황자가 무덤에 뉘인 모습을 애도하는 표현구로 그려내고 있다. 이러한 아스카 지명과 관련하여 가토치에(加藤千惠) 씨는「아스카(飛鳥)의 표기에 관하여」라는 논고[1]에서,

---

1 加藤千恵, 三重大学紀要『三重大学日本語学文学』13号, 2002年, 17~26쪽. 朱鳥元

　지토(持統)천황이 부군(天武)천황의 병이 낫기(癒)를 기원하여 「아카미도리(朱鳥)」로 改元하고, 그와 관련된 이름을 붙인 것이 '토부도리노키요미노하라'라는 궁 이름은, 히토마로의 마쿠라고토바(枕詞) 「飛鳥」를 성립하게 하였다고 생각한다. 이 마쿠라고토바를 히토마로가 시작하였다고 하는 것은, 지토천황과 히토마로와의 문화적 관계를 생각함에 있어서 흥미 깊은 일이다.

라 하여, 아스카 지명과 그 유래를 논하였는데, 그중에서도 히토마로 노래와 관련이 깊다고 지적하고 있다.

1) 히토마로의 「도부토리」와 청정 궁(淸淨之宮)

　이번에는, 아스카를 수식하는 마쿠라고토바인 「도부토리」와 아스카 지명과의 관련설을 제시한 선행 논문들을 관찰해 보기로 하자.

　　(a) 혼다요시노리(本田義憲)씨[2]는 「만요가인과 아스카」에서 「아스카(飛鳥)」 표기가 마쿠라고토바 「도부토리노(飛ぶ鳥の)」에 선행한다고 언급하였다.
　　(b) 히로오카요시타카(廣岡義隆)씨[3]는 「아카네사스 자색 들(あかねさす 紫野)―마쿠라고토바에 있어서 피마쿠라(被枕) 섭취와 隔語修飾에 관하여」 피마쿠라의 섭취(씨가 만든 말(造語))＝마쿠라고토바가 특정의 피마쿠라를 수식하는 사이에 피마쿠라가 마쿠라고토바 자체에 흡수되어 들어

年: 아스카시대 686年.

2　本田義憲, 「만요가인과 아스카」井上光貞·門脇禎一編『古代を考える·飛鳥』吉川弘文館, 1987, 22쪽.
3　廣岡義隆, 『蒲生野』 제26호, 1994, 2~20쪽.

간다는 현상에 관하여 논술하였다.

(c) 하마다히로유키(浜田裕幸)씨[4]는 「아스카」의 유래가 「비조」를 正訓으로 파악하여 flying bird(새)와 관계가 있다고 생각하여 「비조」를 借訓으로 본 것이다. 이는 「塔寺 유래설」로, 외래어인 「탑」, 「사」(고개한어)가 차용어 「토부トブ」 「토리トリ」가 되는 과정을 상술하였다.

(d) 『일본서기』기록에 「天武紀朱鳥元年7月条에 「改元日朱鳥元年仍名宮日飛鳥浄御原宮」라고 적고 있는데, 瑞祥인 「朱鳥」와 관련해서 宮 이름 「아스카(飛鳥)」가 생겨났다. 이에 따라 궁도 「아스카」와 宮 이름인 「아스카(飛鳥)」가 연결되었다.」고 논하였다.

우선 (a)(b)에서의 핵심은 마쿠라고토바→지명으로 논점을 좁혀간 것에 의의가 있다. 하지만, 「아카미도리(朱鳥)」와 「아스카(飛鳥)」와는 새가 공통으로 표현되고는 있지만, 어찌하여 「비조」가 아스카의 어원이 되었는지에 관한 해설은 수긍하기 어려운 점이 없지 않다하겠다. 다음으로 (d)에서 『일본서기』의 기사의 예에서, 「비조」라는 지명의 용례를 記紀만요에서 금석문까지 검토하여, 「비조」의 표기가 朱鳥보다 이전으로 확실하게 거슬러 올라가는 사례가 없다고 하는 점을 제시하였고, 더욱이 「새」가 텐무(天武) 朝의 상서로운(瑞祥) 이미지를 담고 있다. 고, 지적하였다. 결론으로는 「지토(持統)천황이 남편, 텐무천황의 병이 낫기(病気平癒)를 기도하려는 의도가 깃들어져 「아카미도리(朱鳥)」로 改元하였다고 논하였고, 이와 관련지운 이름으로 「도부토리노키요미하라궁(トブトリノキヨミハラノミヤ)」이름으로 히토마로에 의해서 마쿠라고토바가 성립하게 되었다.」고 논하고 있는 것이다.

---

4 浜田裕幸, 아스카의 表記「飛鳥」考 『歴史研究』昭和61(1986年)4月号, 28~33쪽.

이상과 같이 마쿠라고토바(枕詞)가 지명과 관련이 깊다. 고하는 주장을 정설로 지켜가려는 취지의 논고들을 발견할 수가 있겠다. 이렇게 「아스카 강」 표기와 관련하여 가토 씨가 지적한 「지명과 마쿠라고토바」의 관련성을 히토마로의 표현구를 통하여 구체화해 가고 있다는 점이 정곡을 찌르는 논이라고 생각되는데, 또 하나 「도부토리」가 수식하는 아스카 강 지명 외에 「키요미노미야(飛鳥之 浄之宮爾: 167번 노래)」(청정한 宮) 도 함께 수식되고 있다는 점에 주목하여 볼 필요가 있겠다. 왜냐하면, 아카미도리(朱鳥)의 年號와 함께 「아스카의 키요미하라」의 지명 표현을 통하여 히토마로 노래의 서정성을 파악하고 자 한다면, 같은 도부토리(마쿠라고토바)의 피수식어인 「청정한 궁전」의 이미지도 특이한 표기로서 해부해 볼만한 가치가 있다고 생각되기 때문이다.

2) 아스카 강과 청정함의 표현구

히토마로 노래 중에는 강과 바다를 「청정하다」고 표현한 예가 적지 않다.

　　◎ 요시노 궁에 행차하였을 때 히토마로 노래(幸于吉野宮之時柿本朝臣人麻呂作歌)
　　(前略)所聞食 天下爾 国者思毛 沢二雖有 山川之清河内跡 御心乎 吉野乃国之(1・36)
　　(야스미시시 우리 대왕님이 다스리시는 천하에 나라는 많이 있는 가운데에도 특히 산과 들의 청정한 강에 둘러싸여 마음도 요시노국에(이하 생략))

특히 여기에서 청정함으로 수식되는 「카우치(河內)」를 오모다카히사타가(沢瀉久孝)씨는, 지명의 고유명사가 아닌 「문자(글자) 그대로, 강에 둘러싸여 있는, 강을 순회하는 곳」[5]으로 해석하고 있다. 특히 히토마로의 「◎히나미시 황자(日並皇子尊167))」의 빈궁방카(殯宮挽歌)에서도 아스카 궁을 「청정한 궁(飛鳥之浄之宮)」으로 묘사되고 있다는 점에 주목할 필요가 있을 것이다.

> ★玉久世 清川原 身秡為 斎命 妹為 (11・2403) (옥같이 아름답고 청정한 강변에 齋戒하고 몸을 정갈하게 기도하는 것은 그님을 위함이라.)
> 明日香河 〃戸乎清美 後居而 恋者京 弥遠曾伎奴 (19・4258) (아스카 강 언저리가 청정하니 그만 舊都에 남아 연모하고 있는 동안에 도읍지는 더욱 멀어져 버렸다.)

위의 2403번 노래는 히토마로의 약체가 노래인데 여기에서 「옥처럼 아름다운 청정한 강」이 표현되어 있다. 4258번은 나카토미키요마로가 야마시로의 久世에 있으면서 옛 수도의 이미지를 전달한 노래(中辨中臣朝臣清麻呂伝誦古京時歌也)인데, 역시 히토마로의 노래와 함께 아스카 강이 주는 청정한 이미지를 부각 표출하고 있다고 생각된다. 이와 같이 아스카 강과 요시노 강에 위치한 궁은 모두 청정(清静)한 이미지로 묘사되고 있다는 점을 확인할 수 있겠다.

3) 시문에서 「청도」로 표기한 궁궐

앞에서와 같이, 히토마로가 노래한 아스카 강과 요시노 강 주변에

---

5 沢瀉久孝, 『万葉集注釈』 卷第一, 中央公論者, 1957, 282쪽.

천황이 거하는 궁궐이 지어져 있고, 어느 것이나 「청정함」으로 표현되고 있다는 사실을 확인할 수 있었다. 그렇다면 이러한 궁의 발상은 어디에서 유래된 것인지 시문을 통하여 고찰해 보기로 하자. 먼저, 『열자』의 周穆王[6]을 참조해 보면,

> 王實以為淸都、紫微、鈞天、廣樂, 帝之所居。王俯而視之, 其宮榭若果塊積蘇焉。
>
> 王自 以居數十年不思其國也。化人復謁王同游, 所及之處, 仰不見日月, 俯不見河海。
>
> (왕은 진실로 천제의 궁전인 청도(淸都)이며, 자미요, 천제의 음악인 균천, 광악으로, 천제가 거처하는 곳.(후략))

이라 기록하고 있어, 왕이 거하는 자신의 궁전을 뭉친 흙덩어리요, 땔나무를 쌓은 것 같다. 고 표현 하였고, 왕 스스로 생각하기로는 거기에 있기 수십 년이 된 것 같았고, 그동안 자기의 나라는 잊고 살았다. 고 이야기 하는 가운데, 그중에서도 특히 왕도를 「청정한 도읍」이라 강조하듯 기록하고 있는 것이다. 또 다른 예로 晉나라 左思의 「魏都賦」[7]의 기록을 살펴보자.

> 至於山川之倬詭, 物產之魁殊。
>
> (뛰어나고 기이한 산천의 모양과 풍부하고 독특한 산물에 이르면 혹은 기이하다 칭찬을 받고 혹은 진실로 남다르다 하여 기록되기도 하였다.)
>
> (중략)

6 柳坰秀, 『列子』, 「周穆王」, 자유문고,, 1995, 93쪽.
7 허성도, 『문선역주』 1권, 소명출판, 2010, 456~64쪽.

易陽壯容, 衛之稚質。邯鄲躡步, 趙之鳴瑟。真定之梨, 故安之栗。

(역수의 남쪽에는 소녀들이 아름답고, 위나라 땅에도 어리고 예쁜 얼굴이 많았다.)

醇酎中山, 流湎千日。淇洹之筍, 信都之棗。雍丘之粱, 清流之稻。

(천일동안 취해있게 하는 중산지방의 독주, 기원과 원수의 죽도, 신도의 대추, 옹구의 기장, 청류의 쌀.)

錦繡襄邑, 羅綺朝歌。綿纊房子, 縑總清河。

(양읍의 수놓은 비단, 조가의 무늬가 있는 비단 등과 방자의 가는 목화솜, 청하의 가볍고 고운비단 같은)

若此之屬, 繁富夥夠, 非可單究, 是以抑而未磬也。

(물건은 풍부하고 다양하여 하나하나 다 살펴볼 수 없으므로 감정을 억제하고 말하지 않으려한다.)

蓋比物以錯辭, 述清都之閑麗。(晋左思 『魏都賦』)

(사물을 나란히 비교하여 문장으로 지어내어 위도의 웅장하고 아름다움을 서술하려고 하는데, 비록 글자를 뽑아 문장으로 만들려고 해도 여러 차례 반복하기만 할 뿐이라서 본래의 아름다움을 빠뜨리게 된다.)

위의 문장에서 위도 주위에 흐르는 강을 고운 비단 같이 맑게 흐르는 清河로 비유하고 있으며, 그 청류로 쌀 등의 곡물이 자라는 비옥한 옥토라 하여, 위도의 美麗함을 「청도」로 역설하고 있는 것을 알 수 있다

2. 칸나비(神名備)와 아스카 강

한편, 히토마로 노래는 아스카 강을 중심으로 주변 산(언덕)을 가무오카(神岳)또는 칸나비(神奈備)라 일컬어지고 있다. 이들 산을 『万葉辞典』[8]

에서는 「神이 강림하는 聖스러운 산이라는 뜻, 혹은 신이 깃든 장소로 〈미모로〉와 같은 뜻」이라 해석하고 있다.

1) 히토마로 「칸나비」노래의 예

다음으로 히토마로 노래에서의 「칸나비」와 아스카 강의 관련성을 추론해 보자.

> ☆神南備 神依板尓 爲杉乃 念母不過 戀之茂尓・柿本人麻呂歌集歌
> (9・1773) (칸나비의 신이 타고 내려오는 판으로 삼는 삼나무에 그님 그리는 마음이 지나쳐 사라져 버리지를 않네. 사랑의 격정에)

위에 예시한 히토마로 가집의 노래를 비롯한 만요슈에 「칸나비」노래는 23首가 있고, 아래와 같은 다양한 표기 형태를 보여주고 있다. 먼저, 권13의 3227장가에는 「甘南備」「甘甞備」의 2개의 표기예가 있고, 그밖에 일자일음과 훈독으로 아래와 같은 표기의 예를 발견할 수 있다.

> 神名火 8 甘南備 5 神名備 4 神奈備 2 神南備 2 神邊山 1 甘甞備 1 (총23例)
> 帛削(月を口) 楢従出而 水蓼 穂積至 鳥網張 坂手乎過 石走 甘南備山丹 朝宮 仕奉而 吉野部登 入座見者 古所念 (13・3230) 反歌・月日 摂友久経流 三諸之山 砺津宮地 但或本歌曰故王都跡津宮地也 (13・3231) (미테구라를 나라(奈良)로부터 나와서 호즈미에 이르고, 사카테를 지나, 아스카 강의 바위(磐)를 격하게 흐르는 곳에 있는 칸나비산에 朝宮을 섬기고 모시

---

8 沢瀉久孝, 『時代別国語大辞典・上代編』 1983年, 三省堂, 224쪽.

는 우리 님이 요시노로 납시는 것을 보니 옛날이 생각난다.)반가(오랜 시
간이 지나도 여전히 변함없는 미모로 산의 행궁(離宮)이여!)

위의 노래는 나라(奈良)에서 요시노(吉野)로 행차하였을 때 읊은 작가
미상의 노래다. 일행은 나라에서 밑 길로 남하하여, 아스카의 칸나비산
이궁에 들어, 이모 산마루(芋峠)를 넘어 요시노의 미야타키(宮滝)로 행
차하였던 루트를 유추할 수 있는 노래다. 또한, 바로 뒤에 이어지는
요시노 행궁노래 2수의 예를 들어보자.

> 斧取而 丹生桧山 木折來而 柎爾作 二梶貫 礒榜廻乍 嶋伝 雖見不飽 三
> 吉野乃 滝動〃
> 落白浪 (13・3232)
> (도끼를 들고 니후의 히 산에 나무를 해 와서 뗏목 배를 만들고 노를
> 붙여서 물가를 저어 섬을 따라 돌아보아도 싫증나지 않는 요시노의 격류
> (폭포와 같이 세차게 흐르는)에 떨어지는 하얀 파도.)
> 反歌・三芳野 滝動〃 落白浪 留西 妹見西巻 欲白浪 (13・3233)
> (요시노의 폭포 같이 세차게 흐르는 격류에 떨어지는 하얀 파도(를) 두
> 고 온 처에게 보이고 싶다고 생각하는 하얀 파도.)

위 노래와 같이 요시노 강은 행궁으로 이어지는 선경지로 묘사되고
있다.

2) 칸나비와 함께 쓰인 아스카 강

또한, 히토마로 이외의 「칸나비」와 함께 「아스카 강」을 동시에 표기한
노래의 예도 쉽게 발견할 수 있는데, 여기에서 궁극적으로 만요 가인들

이 즐겨 표현하고 자 한 절경을 담은 표현구의 의미를 되새겨 보자.

葦原笑 水穂之国丹 手向為跡 天降座兼 五百万 千万神之 神代従 云続 來在 甘南備乃 三諸山者 春去者 春霞立 (中略) 甘甞備乃 三諸乃神之 帯為 明日香之河之 (後略) 水尾 (13·3227)

(아시하라의 미즈호국에 제사지내기 위하여 강림하셨다고 하는 수많은 신들이 신대로부터 말을 전해온 칸나비의 미모로 산은 봄이 되면 봄 안개가 일어나고, 칸나비의 미모로 신이 띠로 하고 있는 아스카 강 (略))

反歌·神名備能 三諸之山五十串立 (뒷 페이지 참조) (13·3229) (신대 목을 세워 신에게 술을 바쳐 제사지내는 신관의 머리장식은 보기에도 매료된다.)

이 노래에서는 아시하라의 미즈호(葦原瑞穂)국에 「공물을 바치다(供物: 타무케)」고 한 것으로 보아, 많은 신들이 강림(天降) 하셨다고 하는 의미를 담고 있다. 즉, 神代로부터 이어져온 칸나비의 미모로산(三諸山)이라는 의미로도 해석되고 있는 것이다. 이렇듯, 만요 노래에 칸나비는 「많은 神들이 강림한 산」이라는 뜻을 가지고 있으며, 요리시로(依り代: 신에 타고 내려오는 대상물)가 되는 바위(磐)나 나무에 신들이 타고 내려왔다(강림하였다). 고 기록하고 있는 것이다. 이와 같이 칸나비가 신들이 강림하는 의미로 쓰이고 있다면, 또 하나 신들이 강림하는 장소에 사초를 제목으로 읊은 「우나테 신사(卯名手之神社)」를 칸나비(신이 강림하는 곳)로 표현하고 있다는 점에 주목해볼 필요가 있겠다.

真鳥住 卯名手之神社之 菅根乎 衣爾書付 令服児欲得 (7·1344)

(독수리가 사는 우테나 신사의 사초뿌리를 옷에 써 붙여서 그 옷을 입힐

수 있는 여인이 있었으면 한다.)

우선 위의 노래에 보이는 우나테 신사를 기록한 이즈모국의 요고토[9](천황의 장수 성대를 비는 말: 出雲国造神賀詞)를 살펴보자.

倭大物主櫛甕魂命登名乎稱天。大御和乃神奈備尓坐。己命乃御子阿遲須伎高孫根乃命乃御魂乎。葛木乃鴨能神奈備尓坐。事代主命能御魂乎宇奈提尓坐。賀夜奈流美命能御魂乎。飛鳥乃神奈備尓坐天。皇御孫命能近守神登貢置天。
(야마토의 오모노누시 쿠시미카타마의 미코토 이름을 칭송하여 오미와의 칸나비에 좌하시고 그 아들 아지스키타가네미코토의 혼을 카쓰라기 가모의 칸나비에 앉히시고, 고토시로누시의 혼을 우나테에 앉혀, 가야나루미노 미코토의 혼을 아스카의 칸나비에 앉히셔서, 스메미마노미코토(천황신) 가까이에 지키는 신으로 바쳐두고.)

위의 요고토에서 신으로 앉혀서(진좌) 모신다는 구절이 표현되고 있는 가운데, 고토시로누시 신의 혼이 우나테 신사에 진좌하셨다. 고 기록하고 있고, 이어지는 구절에 가야나루미노 미코토의 혼을 아스카의 칸나비에 앉히셔서, 스메미마노미코토(천황신) 가까이에 지키는 신으로 바쳤다는 구절을 확인 할 수 있겠다. 이는 곧 신들이 강림하는 신사로서 칸나비＝우나테가 둘 다 요리시로(依り代)로 공통분모를 가지는 동격이라는 사실을 알 수 있다.

---

9 倉野憲司, 『古事記·祝詞』, 岩波書店, 1958, 453~456쪽.
   宇奈提: 出雲国造神賀詞: 事代主命能御魂乎宇奈提尓坐。賀夜奈流美命能御魂乎。飛鳥乃神奈備尓坐天。皇御孫命能近守神登貢置天。

3) 「돌베개」와 「돌 강」의 표현구

다음으로 히토마로는 돌 강(石川)에서 「바위를 베고 누워있다」라든지, 돌 강에서 누워 정처 없이 임종할 때의 절박한 심정을 노래로 나타내고 있다. 이러한 신이 타고 내려왔다는 대표적인 요리시로의 뜻을 가지는 이와시로(岩代)의 「바위(磐)」 개념을 살펴보자.

> 키이국에 행차하였을 때 소나무를 엮은 것을 보고 지은노래(人麻呂歌集中出也)
> ☆後将見跡 君之結有 磐代乃 子松之宇礼乎 又将見香聞 (2・146) (나중 보려고 그대가 엮은 이와시로(바위타고 오는)의 작은 소나무 가지 끝을 또다시 볼 수 있으려나.)

위의 146번 노래는 히토마로가 비운에 처형된 아리마황자의 혼령이 이와시로(지명이자 혼이 바위를 타고 강림하다는 의미)의 작은 소나무가지를 타고 내려오다. 고 읊조리고 있는 것이다. 이들 노래의 특징은, 모두 「강의 바위를 베개로 하다」고 표현하고 있다. 심지어 「사랑할 수 없다면 깊은 산에서 도를 닦듯이 높고 험준한 산중에 들어가 바위를 감고 죽어버리고 싶다」고 자학적인 노래(86번)의 형태까지 등장하고 있는 것이다. 또한, 히토마로 노래에도 「강의 돌베개」를 개재하여 죽음에 임박한 절박한 심정을 토로한 노래의 예도 있다.

> 히토마로 이와미에서 임종할 때 스스로 애달파하여 지은노래(人麻呂在石見国臨死時自傷作) ◎鴨山之 磐根之卷有 吾乎鴨 不知等妹之 待乍将有 (2・223) (가모산의 바위를 베개로 삼고 누워있는 나를 아무것도 모르고 처는 기다리고 있을 텐데.)

　　히토마로가 임종할 때 히토마로 처, 요사미 낭자가 지은 노래(人麻呂死時妻依羅娘子作歌)

◎且今日〃〃〃 吾待君者 石水之 貝爾交而 一云 谷爾 有登不言八方 (2·224) (오늘이야 말로 내가 기다리는 그대는 돌 강에 조개에 섞이어 있다고 하지 않는가.)

◎直相者 相不勝 石川爾 雲立渡礼 見乍将偲 (2·225) (바로 직접 만남은 어려울 것이라. 돌 강에 구름아! 건너라. 적어도 바라보며 그분을 그리자구나.)

　　오늘날의 상식으로 생각해 보더라도, 누구든 죽음에 이른 긴박한 위기 상황에 처했다면, 가장 사랑하는 사람을 먼저 찾기 마련인데. 히토마로는 어찌하여 임종에 가까워서 「바위를 베고 누워있다」고 표현하게 된 것일까. 고 의문을 가지게 될 것이다. 이와 관련하여 遊仙詩에 가까운 曹操의 시집 「秋胡行」(其一)[10]를 다음에 시구를 제시해 보기로 하자.

　　「秋胡行」晨上散關山, 此道當何難, 晨上散關山, 此道當何難!
　　(새벽에 오르는 散関에 山, 이 길은 얼마나 험한지.~ 후렴)
　　牛頓不起, 車墜谷間, 做盤石之上, 彈五弦之琴。
　　(소가 넘어져 일어나질 못하고, 수레는 계곡사이에 떨어졌네. 반석 위에 앉아서 五弦의 거문고를 켜고자.)
　　作為清角韻, 意中迷煩, 歌以言志, 晨上散關山。(中略) 我居崑崙山, 所

10　逯欽立輯校 『先秦漢魏晋南北朝詩』 中華書局, 349~50쪽.
　　曹操孟徳(155~220年)후한말기의 무장, 정치가, 시인, 병법가. 후세에 魏의 武帝로 불리었다.

謂者眞人, (후렴).

(「나는 곤륜산에 있는 眞人이라 남이 부른다네, ~후렴)

道深有可得, 名山歷觀, 遨遊八極, <u>枕石漱流</u>.

(깊은 道理를 탐구하려고 명산을 돌아보고 나라 끝까지 맘껏 노닐고, <u>돌을 베개로</u> 하여 물로 헹군다네.)

飮泉「沈吟不決」, 遂上升天, 歌以言志, 我居崑崙山.

(샘물을 마시고 깊게 음미하며 결정치 않으며, 이윽고 높이 하늘에 오른다네. 노래로 마음을 노래하리오.)

去去不可追, 常恨相牽攀. 去去不可追, 常恨相牽攀. 夜夜安得寐,

(나는 곤륜산에 있어 가고 가서 쫓지도 않고, 만류한들 오래 원망하리. 후렴 밤마다 잠도 자지 않고 슬퍼)

惆悵以自憐。正而不譎, 乃賦依因. 經傳所過, 西來所傳。歌以言志, 去去不可追.

(한탄하며, 스스로를 가련히 여긴다. 桓公 바로 속이지 않고 노래한 부의 驛에서 멀리 달려 서쪽으로부터 돌아가려한다. 노래로 마음을 읊고자, 가고 또 가서 뒤쫓아 가지도 않으련다.)

위의 시는 聖山에서 曹操자신이 선인을 쫓으려다 실패하고 밤잠도 못 이루어 애석해하는 심정을 토로한 가공적인 이야기다. 그럼에도 신선의 발자취를 동경하여, 仙境을 찾는 일종의 遊仙詩임에 틀림없다. 그 대표적인 시구가 「새벽에 聖스러운 山을 오르니 얼마나 <u>험한 길</u>일까요」로 시작하여 「소가 쓰러져 일어나지 못하고 수레는 골짜기 밑에 떨어져버려 방법 없기에 반석위에 앉아 거문고를 켜는 중에 그 아름다운 음조에, 그래도 어지러운 마음은 어쩔 수 없어…」라고 표현하는 가운데, 특히 <u>돌 위에 앉아</u> 세속을 벗어나 체념하고 도를 닦고자 하는 모습을 읽을 수 있겠다.

이러한 모습들은 「나는 <u>곤륜산에 살고 있는 仙人이라 불러요.</u>」를 반복하는 구절에서도 심산에서 도 닦는 선인을 상기할 수 있다고 생각된다. 더구나, 신선도의 극치라고 할 수 있는 표현이 「名山을 돌아보고 아득히 먼 곳을 마음껏 노닐며, <u>돌을 베개(石を枕とし)로</u> 삼아 청정한 흐르는 물로 씻고, 샘물을 마시며 사색의 도를 터득하여, 이윽고는 천계에 올라가 신선이 되었다.」로 기록한 대목이라 할 것이다. 이어서 江淹의 「郭弘農璞遊仙詩」[11]를 감상해보자.

> 「郭弘農(遊仙)璞」·崦山多靈草, 海濱饒奇石. 偃蹇尋青雲 隱淪駐精魄.
> (崦嵫山에는 영묘한 芝草가 많고, 계곡의 강에는 기이한 돌이 많이 있다. 그 높고 구름사이에 솟아있는 산을 기어올라, 그기에 숨어 살며 영혼과 육체를 놓인다.)
> 道人讀丹經 方士鍊玉液(중략) 眇然萬里遊 矯掌望煙客 永得安期術 豈愁濛汜迫
> (그리고 道士·方士는, 仙書를 읽고 또 仙藥을 이겨 만든다.(중략)
> 또 아득하게 만 리 먼 곳에 노닐며, 손을 들어 선인을 바란다. 이와 같이 仙人安期의 도술을 얻어서 언제까지나 살 수 있으면, 세월이 태양이 해 저무는 쪽에 다가가듯이 저물어가는 것 따위 어찌 근심하리요.)
> (『文選』下)

이처럼 산 뿐 만아니라 강도 「우리 천왕님은 신으로 계시는 대로 신성하게 거동하시려고 <u>요시노 강</u>의 소용돌이치며 흐르는 계곡사이에 <u>궁전</u>을 높고 높이 지으시고」(3·38)에 신성한 산과 함께 강의 신성성을

겸비한 기암괴석인 <u>바위</u>에 혼이 강림하는 구체적인 요리시로(依り代)로서의 역할을 하고 있다고 생각되며, 이들 또한 신선사상에서 유래된 詩想이라는 사실을 유추할 수가 있을 것이다.

4) 아스카 강과 칸나비의 위치

〈그림 1〉 아스카 강과 야마토(타쓰다) 강
(http://howapi.la.coocan.jp/kasihara/ht)

한편, 아스카의 칸나비(神奈備)의 실제 위치를 아스카 촌(明日香村) 이와이도(祝戸)에 있는 통칭 「미와(みわ)山」으로 상정하여, 주변 산에는 이카즈치 언덕(雷丘)이 있고, 아마카시언덕(甘樫丘)이라고도 하며, 아스카의 이나부치(飛鳥稲淵)라 불리었던 곳이다. 단지, 만요에는 「이와바시루 칸나비산(石走る 甘南備山)」라 노래하여 칸나비산 곁을 <u>아스카 강</u>이 흐르고 있다는 사실을 다음의 1366노래에서의 여울(瀬) 표기로 확인 할 수 있겠다.

寄鳥・明日香川 七瀬之不行爾 住鳥毛 意有社 波不立目 作者未詳 (7・1366)

(아스카 강 일곱 여울의 물웅덩이에 사는 새 조차도 깊은 마음이 있기에 파도를 일으키지 않을 것이라.)

위의 노래에서「七瀬」는, 많은 여울(瀬)이 있었다는 점에 주목하여 보면, 이것이 결정적이라고 만은 할 수 없지만, 여울은 칸나비 다운 条件의 하나로서 만요인들의 생각을 대변하고 있다고 할 수 있을 것이다.

또한, 위의 〈그림 1〉을 참조해보면, 만요슈에서「칸나비」로 노래불리는 장소는 2곳이 있다. 하나는「타쓰다(龍田)의 칸나비」와「아스카(明日香)의 칸나비」이다.「타쓰다의 칸나비」는「이와세(磐瀬)의 모리(杜)」라 노래하고 있고, 아스카 촌 이와이도(明日香村祝戸)에 있는「미와산」을「아스카의 칸나비(神奈備)」라 불린다. 이를 만요(万葉)노래에 적용시켜보면, 미와산이 있는 아스카의 古都와 아스카 촌 언덕에 키요미하라 궁터(飛鳥浄御原宮跡)가 눈 아래 펼쳐져있고, 멀리 가구야마(天香具山)가 보이는 곳이다. 다시 아스카에서 요시노의 미야타키(宮滝: 吉野離宮)로 빠져나오면, 미와 산 중간에 이와쿠라(磐座)가 있다. 여기에서「칸나비의 이와세의 신사」는 타쓰다 강(현재의 야마토 강(大和川))주변을 말하고 있는데, 이 같은 타쓰다 지명에 관한 노래의 예를 들어보자.

　　야시로 여왕이 천황에게 바친 노래(八代女王献天皇歌) 大伴坂上郎女詠元興寺之里歌 君爾因 言之繁乎 古郷之 明日香乃河爾 潔身為爾去 一尾云 竜田超 三津之浜邊爾(4・626) (그대를 때문에 소문이 빈번하니, 옛 도읍인 아스카 강에 목욕재계하러 갑니다. 혹은, 타쓰다 넘어 미쓰의 해변에)

위의 〈그림 1〉을 참조하여 야시로 여왕의 노래(4・626)를 살펴보면, 좌주에 의해 오토모노이라쓰메가 아스카절의 이전 이름인 간코지(元興寺) 마을을 노래한 것임을 알 수 있다. 특히 이 노래에서는 타쓰다의 칸나비(神奈備)는 나라의 도읍에서 나니와(難波)로 빠져나가 타쓰다로 넘어가는 입구에 위치하고 있다는 루트를 지도를 통하여 가늠해 볼 수 있는데, 결과적으로 타쓰다 강은 아스카 강과 이어지는 위쪽에 위치하고 있다는 것을 관찰해 볼 수가 있다. 한편, 칸나비로 수식되는 강 이외에도 산을 수식하는 예도 적지 않다.

> 「개구리를 읊다(詠蝦)」·三吉野乃 石本不避 鳴川津 諾文鳴來 河乎浄 (10·2161) (요시노의 돌부리 마다 피하지 않고 우는 개구리가 우는 것도 일리가 있다. 강이 청정하니까.)
> 神名火之 山下動 去水丹 川津鳴成 秋登将云鳥屋 (10·2162) (칸나비의 산 밑을 굉음을 내며 흐르는 물에 개구리가 울고 있다. 벌써 가을이라 말하려는가.)

위의 두 노래는 요시노 강을 배경으로 개구리를 읊은 노래인데. 강가에 개구리 울음소리가 선경을 대변해주고 있다는 느낌이 든다고 하겠다. 다음으로 아스카의 칸나비는 아스카에서 요시노의 미야타키(宮滝)[12]로 빠져나가면 이모고개(妹峠(3230))의 입구가 나온다.

3. 요시노강(吉野川)과 遊仙詩의 仙境

앞장의 히토마로 약체가인 「칸나비」(1773)노래에서 보아왔듯이, 아스카 강 주변 산들은 神이 거주하는 신성한 의미로 여겨져 왔으며, 이를 만요(万葉)에서는 「가무오카(神岳)」로 부르고 있다. 이어서, 「가무오카」를 제목에 붙이고, 아스카의 궁도인 헤죠쿄(平城京)로 천도한 이후

에 아스카의 全景을 노래한 아카히토(山部赤人)의 324·325번 노래[13]는 「아스카 강」을 조망하며 궁도로서 합당한 신성성을 나타낸 서경가다.

　야마베노아카히토 가무오카에 올라서 지은노래(登神岳山部宿祢赤人 作歌)

　　三諸乃 神名備山爾 ①五百枝刺 ②繁生有 ③都賀乃樹乃 ④弥継嗣爾 玉葛 ⑤絶事無 在管裳 不止将⑥通 明日香能 ⑦旧京師者 山高三 河登保志呂之 春日者 山四見容之 秋夜者 河四 ⑧清之 旦雲二 多頭羽亂 夕霧丹 河津者驟 毎見⑨哭耳所泣 ⑩古思者 (3·324)

　　(미모로의 칸나비 산에(중략)아스카의 옛 도읍은 산이 높고 강이 웅대하다. 봄날은 산이 훌륭하고, 가을밤은 강물소리가 청아하다. 아침구름에 학이 난무하고 저녁안개에 개구리가 끊임없이 운다. (이하생략))

위에 제시한 아카히토의 서경가 노래 중에서 ①부터 ⑩까지의 歌句는 히토마로의 표현구와 유사한 표기 형태를 보이고 있다[14]. 그밖에도 히토마로의 가집에 있는 약체가 비약체가에 있는 어구까지 동원하여 비교해 본다면, 무로(諸/卷11·2472三諸山)미야코(たぎのみやこ/卷1·36·45) 다카(いやたかしらす/卷1·36)·하루(春部はる/卷1·38)·미가호시(見我欲/卷11

---

13 졸고, 「야마베노아카히토(山部赤人)의 저녁안개 속에 개구리가 울다(河津驟)」 고찰, 2010, 일어일문학 제47집, 239~254쪽.

　아카히토의 324번 노래는, 황통을 중심으로 율령체제하에서 이상적 세계를 칭송하려는 노래의 형식을 취하고 있다. 천황의 행차지인 요시노와 황도 아스카는, 야마토 3산을 내려다 볼 수 있는 아마카시 언덕(甘樫丘)이 있고, 북쪽 이카즈치 언덕(雷丘)에서, 띠와 같이 흐르는 아스카 강을 배경으로 神岳인 三神山을 조망할 수 있는 곳이 된다.

14 졸저『만요(万葉)의 叙景歌人야마베노아카히토(山部赤人)문화사 탐구』, 도서출판 책사랑, 2012, 12쪽.; 야마베노아카히토로, 텐뾰(天平8: 736年))는 奈良시대의 가인이며 三十六歌仙의 한 사람이다.

·2512)아키들(秋野/卷10·2241)아키요(秋夜/2241), 기리(霧/卷10·2241) 등의 어구까지 포함하여 비교해본다면 실로 거의 과반이상의 歌句에서 히토 마로의 노래구절과 흡사하다는 것을 확인할 수 있다.

　이처럼 아카히토의 노래는 히토마로의 필적을 모방한 흔적이 뚜렷하 다고 논증할 수 있겠다. 그렇다면 이러한 유사성의 의미는 한마디로 히토마로 노래를 전수하였다고 하여도 과언이 아닐 것이지만, 그 보다 도 아스카 강의 시정을 진기한 동물(獸)인 학(多頭)과 강개구리(河津)를 등장시켜서 더욱 세세하게 묘사하여 서정성을 높이고 있다는 점이 두 드러진다고 할 수 있을 것이다. 그밖에도 아스카 강 노래에서「개구리 (두꺼비)」의 표현 예를 발견할 수 있겠다.

　　가미노코마로 노래(上古麻呂歌)·今日可聞 明日香河乃 夕不離 川津鳴 瀨之 清有良武
　　(오늘도 또한 아스카 강에서는 밤마다 개구리가 우는 여울이 청정하리 라.) (3·356)
　　☆飛鳥川 奈川柴避越 來 信今夜 不明行哉 (12·2859)
　　(아스카 강을 힘들게 겨우 건너서 왔기에, 진정 오늘밤은 새벽이 밝지 않고 있었으면 좋겠네.)

　이번에는 아스카 강과 대비가 되는 히토마로의 요시노 강 노래와 遊仙詩에 초점을 맞추어 고찰하여보자.

　　八隅知之 吾大王之 所聞食 天下尓 國者思毛 澤二雖有 山 川之 清河内 跡 御心乎 吉野乃國之 花散相 秋津乃 野邊尓 宮柱 太敷座波 百礒城乃 大宮人者 船並弖 旦川渡 舟〈競〉 夕河渡 此川乃 絕事奈久 此山乃 弥高〈思

良〉珠 水激 瀧之宮子波 見礼跡不飽可 (1·36)

(우리 대왕님이 다스리시는 천하에 많은 나라 중에서도 특히 산도 강도 청정한 계곡이라 마음을 요시노 국 아키즈 들 주변에 궁전의 기둥을 튼튼하게 세우셨기에 궁인들은 배를 나열하여 아침 강을 건너고 배를 경주하여 저녁 강을 건넌다. 이 강과 같이 끊임없이 이 강과 같이 더더욱 높이 지으신 물 흐름이 격한 폭포궁전은 아무리 보아도 물리지 않네.)

安見知之 吾大王 神長柄 神佐備世須登 〈芳〉野川 多藝津河内尒 高殿乎 高知座而 上立 國見乎爲〈勢〉婆 疊有 青垣山 々神乃 奉御調等 春部者 花挿頭持 秋立者 黄葉頭刺理 逝副 川之神母 大御食尒(略)(1·38)

(우리 천왕님은 신으로 계시는 대로 신성하게 거동하시려고 요시노 강의 소용돌이치며 흐르는 계곡사이에 궁전을 높고 높이 지으시고, 올라서서 구니미(國望)하시려고 몇 겹이나 겹쳐진 파란 산들은 산신이 바치는 공물이요 이건.(이하생략))

1) 폭포(瀧)같이 세차게 흐르는 「요시노 강」

다음의 요시노 〈그림 2〉에서 ⑩번이 미야타키(宮瀧)가 있는 지점이다. 히토마로는 요시노 강노래(36번)에서는 마치 폭포수같이 세차게 흐르는 강물을 「타기쓰(多藝津·水激)」로 궁 (瀧之宮子)을 묘사하고 있다. 이들 노래에서는 36번 37번의 요시노 강이 마르지 않고 끊임없이(絶事無久) 천대 만대까지 이어지기를 기원하고 있는 것이다. 이와 같이 깊은 산과 격하게 흐르는 강물 주변에 세워진 미야타키의 궁전 묘사에는 仙境의식이 깊이 반영된 노래라는 것을 알 수 있다. 다음에, 만요에 표현된 세찬 강물의 흐름과 궁전을 표현한 예를 들어보자.

㉮ ◎(前略)此川乃 絶事奈久 此山乃 弥高〈思良〉珠 水激 瀧之宮子波 見礼跡不飽可 (1·36番)

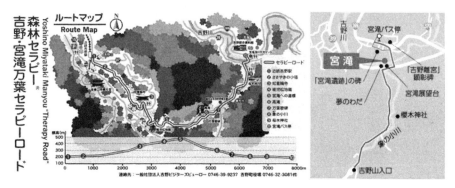

〈그림 2〉 요시노 강과 만요의 미야타키(宮瀧)
출처: https://search.yahoo.co.jp/image

(이 강과 같이 언제나 다함없이 이산과 같이 이윽고 높이 지으신 물 흐름이 격렬한 폭포행궁은 아무리 보아도 질리지 않네.)

㈏ 帥大伴卿遥思芳野離宮作歌・隼人乃 湍門乃磐母 年魚走 芳野之滝 爾 尚不及家里 (6・960)

(하야부사의 좁은 해협에 큰 바위도 은어가 달리는 요시노의 격류에는 역시 미치지 못한다네.)

㈐ 市原王宴禱父安貴王歌・春草者 後波落易 巖成 常磐爾座 貴吾君 (6・988)

(봄풀은 나중에는 싹 바뀌는 것이래요. 바위와 같이 언제라도 변한 없으시기를.)

㈑ 同鹿人至泊瀬河邊作歌・走 多芸千流留 泊瀬河 絕事無 亦毛來而将 見 (6・991)

(바위 위를 세차게 솟구치듯 흐르는 하쓰세 강을 끊어짐 없도록 오래 또 와서 보자구나.)

위에 예시한 히토마로 요시노 강 노래(36)를 비롯한 960와 988번의 다비토(旅人)노래, 또한 991번의 키노카히토(紀鹿人) 노래들의 특징으로

모두 「폭포(瀧)수 같이 세차게 흐르는(たぎもとどろに) 강물」로 묘사되고 있다는 점에 주목해 볼 필요가 있을 것이다. 또한 이들 세차게 부닥쳐 흐르는 대상물을 관찰해보면, 선경으로서 바위(磐)가 주된 표현에 가미되어 있다는 것을 알 수 있겠다. 이러한 현상을 『山海经』[15]에 나타난 경물묘사와 비교하여 노래의 성격을 파악해 보기로 하자.

> 昆仑山的每一面有九眼井, 每眼井都有用玉石制成的围栏. 昆仑山的每一面有九道门, 而每道门都 有称作开明的神兽守卫着 众多天神聚集的地方是在八方山岩之间, 赤水的岸边, 不是具有像夷羿那 样本领的人就不能攀上那些山冈岩石.
>
> (곤륜산에는 9개의 우물이 있고, 옥으로 난간을 에워싸고 있다. 위에는 9개의 문이 있고, 문에는 개명수가 있어 이를 지킨다. 이곳은 수많은 신들이 사는 곳이다. 8방의 구석에 있는 바위는 붉은색 물가에 솟아, 인덕이 있는 예와 같은 사람이 아니면, 언덕의 바위에 오를 수가 없다.) (「海内西经」)

중국신화에 정통한 정재서 씨[16]는 「무속신앙에서 비롯된 불사 관념 및 산악숭배 등이 전국시대에 신선설로 발전하고, 신선설은 다시 진(秦)·한(漢) 시기에 도가를 이념적 기반으로 끌어들여 도교로 발전한 태세를 갖추게 된다.」고 『산해경』의 성격을 이야기하였다. 즉, 『산해경』에 표현되고 있는 「신성한 산, 바위에 부닥쳐 흐르는 폭포 등의 자연물이 고대 일본에서는 신이 깃들은 신사의 신전에 신령이 진좌하는 신앙의 대상물(요리시로)이 되어, 신을 제사지내는 신토(神道) 의 주체가

---

15 本田 濟, 他2人, 『抱朴子/列仙伝/神仙伝/山海経』(中国の古典シリーズ 4)1973, 「海内西経」, 平凡社, 494쪽.

16 정재서, 『도교와 문학 그리고 상상력』, 푸른숲, 2002, 50쪽.

된 것이다」[17]. 고 논하고 있다.

2) 요시노 우타(歌)에서의 岩石과 仙境묘사

Ⓐ 야마다후히토미카타의 「곡수연」시(山田史三方曲水宴) [18]

錦巖飛瀑激 春岫수曄엽桃開 不憚流水急唯恨盞遲来。

(꽃들이 피어 비단을 깔은 듯 색상이 고운 아름다운 <u>바위</u>로부터 폭포가 세차게 흘러 떨어지고 봄에 안개 낀 봉우리에 복사꽃이 미려하게 피어있다. 곡수의 흐름이 급한 것은 개의치 않지만, 단지, 술잔 돌아오는 것이 늦어지는 것을 원망할 뿐이다.)

Ⓑ 「遊仙詩」靑靑陵上松, 亭亭高山柏. 光色冬夏茂, 根抵無凋落. 吉士懷貞心, 悟物思遠託.

揚志玄雲際流目矚<u>岩石</u>, 羨昔王子喬, 友道獲伊洛, 遙遞陵峻岳, 連翻御飛鶴.(이하생략)

(언덕위의 푸른 소나무나 높은 산에 우뚝 선측백나무는 색상이 아름답고 겨울이나 여름에도 연중 무성하고, 땅속에 뿌리를 내려서 그 잎은 시들어 떨어지는 일이 없네. 길한 사내(우리들)는 그야말로 굳은 마음을 품고, 저 송백을 보고서 깨달아 느낀 점이 있어, 몸을 먼 곳에 의지하여 살고 싶다고 생각한다. 그리고 뜻한 바를 높은 구름사이로 보내고, 혹은 눈을 움직여서(흘려) 암석을 보고 지내며 옛 王子喬의 모습을 따라하며, 仙人을 친구로 사귀고 싶다고, 伊水·洛水 사이를 출발하여 멀리 험준한 산을 넘어, 훨훨 나는 학을 타고, 몸을 만 리 위에 올려서 멀리 떨어져 속세를 잊을 수 있으니, 사람세상(俗世)의 즐거움 등을 사랑하진 않으리. 이렇게 언제나 仙人을 끊임없이 그리워하여, 마음은 멀리까지 펼쳐진다.)

---

17 岡田精司, 『新編 神社의 古代史』, 学生社, 2011, 6쪽.
18 小島紀之, 『懷風藻·文華秀麗集·本朝文粹』, 岩波書店, 1965, 120쪽.

앞의 요시노 〈그림 2〉에서 ⑩번이 미야타키(宮瀧)가 있는 지점이다. Ⓐ히토마로는 요시노 강(36번)을 마치 폭포수같이 세차게 흐르는 강물 (타기쓰(多藝津·水激)로 폭포 궁(瀧之宮子)을 묘사하였는데, 이는 Ⓐ야마다후히토미카타의 요시노 시에서 보이는, 세차게 흘러 떨어지는 폭포 (瀑激)와 같은 시적묘사를 와카(和歌)로 번안한 선경시의 형태를 취하고 있다고 생각된다. 또 다른 Ⓑ何敬祖의 「遊仙詩」에서도 「혹은 눈을 움직여서(흘려) 암석을 보고 지내며 옛 王子喬의 모습을 따라하며, 仙人을 친구로 사귀고 싶다」[19]고 암석을 (험준하고 영험한 산)으로 비유하여 속계를 벗어나 仙界에 노니는 선인이 되고 자 한 모습을 읽을 수 있겠다.

여기에서 古都 나라의 도읍지에 있는 아스카 강을 중심으로 타키노미야(瀧宮)인 선경에 이르는 루트를 살펴보면, 쌍방모두 언덕(峠)입구에 위치하고 있다는 하나의 공통점을 발견할 수 있다. 이러한 내용들은 만요 「아침 궁에 시중 들고 요시노로 들어감을 보니 옛날이 생각난다. (朝宮に 仕へ奉りて 吉野へと 入ります見れば いにしへ思ほゆ)」(권4·543)라 노래하고 있어, 朝宮를 출발하여, 요시노 길로 들어가는 루트임을 알 수 있다. 또한, 히토마로의 요시노 강 노래(36)와 유하라 왕의 요시노 노래(湯原王芳野作歌, 375번)를 통하여, 아키즈 궁 또는 나쓰미(夏身)라 일컫는 행궁(離宮)이 있었다는 사실을 확인할 수 있겠다. 한편, 이들 요시노 강 묘사는 일본 한시집, 『懷風藻』[20]에 「후히토(不比等)의 요시노 시」(행차하였을 때 읊음.) 를 통해서 그 위치를 추적할 수 있는데, 그밖에도,

---

19 內田泉之助·網祐次, 『文選(詩篇)上』, 明治書院, 144~145쪽(何劭, 晋初诗人, 236~301).

20 졸저, 『懷風藻』지만지 고전선집, 2010, 79·106·182쪽.

후지와라아소미우마카이(藤原朝臣宇合)의 「요시노 강에 노닐다(吉野川に遊ぶ)」나, 나카토미노아소미히토타리(中臣朝臣瓦足)의 「요시노 궁에 놀다(吉野宮に遊ぶ)」「其一」의 시에서 보이는 것과 같이 요시노가 神仙鄕으로 간주되고 있다.

이처럼, ⒶⒷ두 작품은 모두 왕조의 漢詩로 산악이 험준함을 신령함의 상징처럼 해석하고 신선경을 노래하고 자 하였던 것을 알 수 있다. 즉, 히토마로의 요시노 우타와 시에는 왕도(都)의 신령한 산과 강변에 궁이 지어졌던 것으로 묘사되어 있고, 모두가 도교적 詩詞의 한 형태로 통일을 보이고 있는 것이 그 특징이라 할 것이다.

3) 아스카 강에 담긴 신성성의 의미

> 春去者花咲乎呼里 秋付者丹之穗爾黃色味酒乎 神名火山之 帶丹為留明日香之河乃(13・3266) (봄이 되면 꽃이 어지럽게 피고, 가을이 되면 새빨갛게 단풍지는 우마사케오 칸나비산이 띠를 하고 있는 아스카 강의 빠른 여울에 무성한 옥 수초와 같이 오로지 마음이 쏠려서 아침이슬이 사라져 없어지듯 사랑에 애타는 그 보람이 있어 만날 수 있었던 나의 감추어놓은 아내여!)

이들 노래에서 핵심은, 신이 강림하다는 뜻의 칸나비산과 아스카 강이 에워싸고 있는 미와산을 직접 수식하고 있는 것이 특징적이다 할 수 있다. 이러한 아스카 강을 배경으로 한 관념에 대하여, 오호시미쓰후미(大星光史氏)[21]는 다음과 같이 표현하고 있다.

---

21 大星光史, 「노장신선사상의 세계」, 『일본의 仙人들』(賦篇) 上, 東書選書, 56쪽.

야마토의 아스카 지역은 정원과 인공 못의 遺構가 많다. 酒船石, 스미산, 二面石 등 괴이하고 진귀하게 여겨지는 석조물은 그 대부분이 아스카 지방에 둘러싸여 있는 수로로 정원 못을 이루고 있는데, 이는 도교적인 발상에서 온 것으로, 아스카의 광범위한 정원의 못이 설계되어 경치가 정비되어져 갔던 것이다.

4. 히토마로 노래와 「미모로(三諸)산」의 서정

다음으로 「미모로(三諸)」의 神으로 표기되는 아스카 강 노래의 예를 들어보자.

1) 미모로의 神과 아스카 강

葦原笑 水穗之国丹 手向爲跡(중략)甘嘗備乃 三諸乃神之 帶爲 明日香之河之 水尾速(13·3227) (아시하라의 미즈호국은 신에게 공물을 바치기 위하여 내려오셨다고 하는 오백만 천만의 神들이 神代로부터 전하여 내려온 칸나비의 미모로 산에는 봄이 오면 봄 안개가 서리고 가을이 오면 단풍이 드는 그 칸나비의 미모로 神이 띠로 엮고 계시는 아스카 강의 흐름이 빨라서 붙어 자라기 어려운 돌베개에 이끼가 돋아날 때까지 길게, 새로운 밤도 하루도 빠지지 않고, 무사히 다니도록 좋은 방도를 꿈에서 보여주구려. 쓰루기타치(劍刀) 神官들이 소중히 제사지내어 온 신이시라면.)

反歌·神名備能 三諸之山丹 隱蔵杉 思将過哉 蘿生左右 (13·3228) (가무나비의 미모로 산에 소중하게 지키는 신의 삼나무 그냥 지나칠 수 있으리오 이끼가 자라날 때까지 오래도록.)

五十串斎串[22]立 神酒座奉 神主部之 雲聚玉蔭 見者乏文 (13·3229) (신대목을 세우고 御神酒를 바쳐 모시는 神官들이 머리장식 하는 넝쿨 풀은

보기에도 그윽하다.)

이처럼 아스카 강을 배경으로 2번째 反歌에서는 神官들이 아스카 강에서 제사지내는 모습을 연출하고 있다. 3227노래에서 「미모로(御諸)」는, 「미(ミ)는 接頭語, 모로(モロ)는 모리(モリ社)와 同根으로, 신이 내려오는 장소로 神座」[23]라 설명하고 있다. 이로써 「아스카 강」은 신을 제사지내기에 합당한, 신이 강림하는 장소로 신을 제사지내는 신선한 곳이라는 의미가 명확하게 밝혀진다 하겠다.

2) 神이 강림하는 신성한 산

이어지는 아스카 강 노래의 예에서도,

春去者 花唉乎呼里 秋付者 丹之穗爾黃色 味酒乎 神名火山之 帶丹爲留 明日香之河乃 速瀨爾 生玉藻之 打靡 情者因而 朝露之 消者可消 戀久毛 知久毛相 隱都麻鴨 (13 · 3266)

(봄이 되면 꽃이 흐트러지게 피고, 가을이 되면 새빨갛게 단풍드는 우마 사케오 칸나비산이 띠로 하고 있는 아스카 강의 빠른 여울에 무성하게 자란 玉水草와 같이 오로지 마음은 한쪽으로 휘어져 아침 이슬이 사라져들 듯 사랑에 애태우던 보람이 있어, 만날 수 있었던 나의 비밀스러운 아내여.)

反歌 · 明日香河 瀨湍之珠藻之 打靡 情者妹爾 因來鴨 (13 · 3267)

---

22 大野晋外2人『古語辞典』岩波書店, 1974, 87~88쪽. 이쿠시(齋串) : 제사지내기 전에 부정이 타지 않도록 몸을 정갈하게 하는 목간(串) 비쭈기 나무나 솜대 따위의 가지에 종이 오리를 달아 신에게 바치는 물건. 神을 초치할 때 依代, 神에게 바치는 供物, 또는 재앙을 제거하는 道具등으로 사용되었다.

23 위의 책 주22), 1238쪽.

(아스카강의 여울마다 옥수초가 너울거리듯 마음은 오로지 사랑하는 여인에게 기울어버렸네.)

위의 3266노래에서도 '칸나비산을 아스카 강이 띠로 감싸듯 흐르고 있고, 강여울에는 옥수초가 생명수와도 같이 자라나 있다.'고 묘사하고 있다.

5. 아스카 강과 渭水에 공존하는 天上의 궁전 개념

필자가 서두에 예시한 히토마로의 1094번·2512번과 위의 3227번 노래에서 표기된 「칸나비」와 「미모로산」이란, 궁극에는 아스카 강줄기를 따라 흐르는 주변 산들의 신성함을 표현한 것으로, 이는 곧 일본 고대국가의 여명기에 백제의 불교선진 문화[24]와 함께 도교가 한반도를 거쳐 일본에 전래되어 정착하게 된 곳[25]이 바로 아스카 절이며, 히토마로가 노래한 아스카 강변의 이나부치(飛鳥稲淵)궁전인 것이다. 이어서 또 다른 히토마로의 아스카 강 노래를 들어보자.

☆年月毛 未経爾 明日香川 湍瀬由渡之 石走無 (7·1126)
(세월도 아직 흐르지 않았는데, 아스카 강 여기저기의 여울에 건네 놓은

---

24 이도학『백제 사비성시대 연구』일지사, 2010, 472~3쪽.
　　백제25대 위덕왕이 588년 백제 관리와 사찰건립 기술인단을 야마토 아스카에 파견하여 법흥사를 짓게 하고 593년에 불사리를 보내 안치식을 거행하였다.
25 大野晋·坂本太郎·家永三朗·井上光貞『일본서기』(하)岩波書店, 1979, 179~8쪽.
　　스이코(推古)10년(602)백제 승, 관륵이 역본·천문지리서·둔갑방술서를 공물로 바쳤다고 기록하고 있어, 이 시기에 본격적으로 도교문화가 전래되었음을 알 수 있다.

　　신선한 돌다리도 없구나.)

　　앞 장에서는 아카히토의 주요한 구절에서「강물이 청정하다(⑧河四清
之)」고 언급하였고, 이 또한 히토마로의 필적과 매우 닮은 강의 유사구
를 모방하여 서경가로 지은 흔적이 역력하다 하겠다. 그래서 아카히토
의 대표적인 노래(324번)의 제목(題詞)에서「神岳」개념은 고대중국의 진
시황제는 仙을 구해서 전국을 돌던 중에 특히 북방연해지구에 신비한
색체를 띠고 있다는 것을 발견하고, 신비한 문화 활동을 하였던 碣石山
을「신악」이라 칭하고 사신을 보냈다고 기록[26]한 내용과, 또 하나, 진시
황이후에도 한 무제가 산동 반도인 하북의 발해연해 지역을 찾아 封禅
하고, 神仙説의 충실한 신도가 되었다고 기록한 예에서와 같은「신악」
과 동일한 개념에서 유래된 것임을 간파할 수 있을 것이다.
　　한편, 히토마로의 강 개념은 다음의 예에서 보여 지듯, 모두가「아마
노카와라(은하수 강변天河原)의 개념을 기반으로 그려져 있다는 것을 알
수 있다.

　　◎天地之 初時之 久堅之 天河原爾 八百万 千万神之 神集 〃座而 (이하
생략) (2·167)
　　（천지가 최초로 일 때, 히사카타의 은하수 강변에 팔백만 수천만의 신들

26　김원중 옮김,「孝武本纪」,『史记』, 을유문화사, 2005, 436쪽.
　　「漢武帝가 즉위하자 李少君이 祠竈, 穀道와 불로장생하는 方術로써 천자를 알현하였
　　다. 신기한 물건을 얻으면 丹沙를 이용하여 황금을 제련할 수 있으며, 황금을 제련한
　　후에 그것으로 음식 담는 그릇을 만들어서 사용하면 장수할 수 있습니다. 장수하게
　　되면 바다에 떠있는 蓬萊島의 선인을 만날 수 있으며, 선인을 만나서 천지에 제사지내
　　면 불로장수할 수 있습니다." 황제께서도 이와 같이 하셨습니다.」고 적고 있다.

이 모들이 모이는 곳에 모이셔서)

☆久方之 天漢原丹 奴延鳥之 裏歎座都 乏諸手丹 (10·1997)

(히사카타의 은하수 강변에 호랑쥐빠귀 새와 같이 남몰래 탄식하고 계셨네. 애처로울 정도로)

☆吾等戀 丹穗面 今夕母可 天漢原 石枕卷 (10·2003)

(내가 사랑하는 처의 뽈그스레한 얼굴이 오늘밤도 은하수 강변에서 돌베개하고 있는 것일까)

위의 167번 노래는 히나미시노 미코의 힝큐(日並皇子尊殯宮)挽歌이다. 그 밖의 히토마로 의 두 非略体歌(권10·1997과 2003)에서 모두「은하수 강변(天河原)」을 표현하고 있다는 것을 알 수 있다. 이처럼, 히토마로 강 노래는 견우와 직녀의 우주를 그린 칠석노래의 형태를 취하고 있다는 것을 알 수 있는데, 이러한 강의 묘사는 어디에서 유래한 것일까. 코미나미이찌로(小南一郎) 씨[27]는 「孝堂山祠堂画像」를 해설하던 중에, 西周·前漢·唐나라의 長安城에 이르기까지 많은 왕조의 도읍지였던 西都(지금의 서안)는 渭水 강이 왕도로서의 지리적 이점을 간직한 강으로, 다음과 같이 논평하였다.

예를 들면, 「三輔旧事」에는 원래, 秦나라는 渭水의 북쪽에 왕도를 두고, 渭水의 남쪽은 長楽宮을 만들고, 다리를 사이로 두 궁전을 연결하였다. 渭水가 왕도를 관통하고 있는 것은 은하수를 본떠서 橫橋가 [그 渭水를] 남쪽으로 건너고 있는 것은 牽牛를 본뜬 것이다. 그 중에서도 특히 주목해 보아야 할 것은, 牽牛가 남북으로 건네겨있는 역할을 하고 있다고 하는 것이다. (略)

---

27 小南一郎, 『西王母と七夕伝説』, 平凡社, 192~197쪽.

위와 같이 渭水는 은하수와 같은 개념으로 왕도의 위치가 정해졌다
는 것을 알 수 있다. 이러한 내용은 「西京賦」의 궁전찬미에서도 渭水의
중요성이 잘 나타나 있다.

1) 아스카 강과 渭水의 「두꺼비(蟾蜍)와 거북」의 상징성

다음으로 이러한 선경지를 찾아다니는 내용들 중에 강의 지형적인
중요성을 잘 표출해내고 있다고 생각되는 것이 張平子가 서술한 「西都
賦」[28]의 기록이 있다.

> 巨獸百尋, 是為曼延神山崔巍, 欻從背見(中略)
> (팔백 척 큰 짐승이, 만연지희를 연출하고, 높다란 신산이. 홀연히 등
> 뒤로부터 나타나네. 주변에는 괴상한 동물이 뛰어 다니고, 큰 굴뚝새가
> 꼬르륵거리며 날고 있다.)
> 白象行孕, 垂鼻轔困, 海鱗變而成龍, 狀蜿蜿以蟺蟺。
> (하얀 코끼리는 새끼에게 젖을 먹이면서 어슬렁거리며 걷고, 긴 코를
> 축 널어 떨이고 늘어진 코가 휘청거리네. 큰 물고기는 변하여 용이 되고,
> 넘실대며 꿈틀대고 있다.)(中略)괴상한 짐승들 엉금엉금 기고,
> 含利颶颶, 化爲仙車 驪駕四鹿, 芝盖九葩。蟾蜍與龜, 水人弄蛇。
> (함리가 입 벌려 숨을 내뿜으니, 신선의 수레가 되었네. 네 마리 사슴이
> 나란히 수레를 끌고, 지초(芝草)로 만든 수레 지붕엔 아홉 송이 꽃이 피어
> 있네. 두꺼비와 거북이가 기어 나오고, 수인은 뱀을 놀리네.)
> 奇幻倏忽, 易貌分形。吞刀吐火, 雲霧杳冥。畵地成川, 流渭通涇。(以
> 下略)

---

28 中島千秋, 『文選』 「西都賦」 明治書院, 1977, 126~128쪽.

〈그림 3〉 아스카 지방, 아마카시 언덕
(小学館 『新版原色百科事典』 あ~え) 1967, 70쪽

(마법사는 즉시 모습을 바꿔 칼을 먹고 불을 토하고, 운무를 피워 주변을 어둡게 한다. 땅을 갈라 강을 만들어, 위수를 흐르게 하고, 경수를 통과하게 하였다.

위 시의 내용에서 「함리(含利)가 입 벌려 숨을 내뿜으니, 신선의 수레가 되었네. 네 마리 사슴이 나란히 수레를 끌고, 지초(芝草)로 만든 수레 지붕엔 아홉 송이 꽃이 피어 있네. 두꺼비와 거북이가 기어 나오고, 수인(水人)은 뱀을 부리네.」라, 하여, 한나라 시대에 뱀을 훈련시켜 재주를 부리는 사람을 수인농사(水人弄蛇)라 했는데, 표기 중에 진귀한 동물인 「두꺼비」와 「거북」이 등장하고 있음을 관찰해 볼 수 있겠다.

이들 표현 중에서도, 특히 「西都인 長安이 토지도 비옥하고 산이 높게 둘러 쌓여있으며, 강이 길게 띠와 같이 흐르고 (嚴險周固 衿帶易守)」

있어 帝都로서 합당한 지리적인 이점이 많다고 표현하고 있는 대목에 주목할 필요가 있겠다. 이렇게 왕도를 감싸고 있는 「渭水」강의 중요성은, 아스카 강을 마치 「띠로 하고 있다(帶丹為留 明日香之河乃3227·3266번)」고 표현노래와 동일한 출전을 가지는 유사구라 생각된다. 특히, 그 중에서도 「渭水」는 비록 지류이기는 하지만 「두꺼비」와 「거북」이 표현되고 있음을 확인하였다. 히토마로의 표현구와 매우 유사한 아카히토의 아스카 강의 표현구에도 동일하게 「개구리(두꺼비324)」가 그려져 있다고 하는 사실은 아무리 강조해도 부족함이 없을 것이다. 궁극적으로 아스카 강의 흐름이 띠와 같이 길게 형성되어 진 강줄기에 황도가 자리하게 된 지리적인 이점과 萬壽를 누리게 하는 동물인 「두꺼비」로 상징성[29]을 가미하여, 그에 합당한 도읍지라 표현하고 자 하였던 작가의 서정과 의도를 읽을 수 있는 것이다.

2) 아스카 강 주변지명을 배경으로 한 노래

아래의 지도 3)은, 아스카 강을 중심으로 키요미하라(浄御原宮)의 궁전에서부터 북서방향을 바라보면, 좌측에서 뻗어진 언덕이 아마카시 언덕(甘橿丘)이 있고, 이어지는 지도 4)에서, 오른쪽 끝 작은 언덕이 이카즈치 언덕(雷丘)이다. 또한 미와산(ミハ山)을 눈앞에 두고 키요미하라(浄御原)宮이 있으며, 북쪽에는 아스카 절(飛鳥寺)이 있고, 멀리 가구야마(香具山)와 미미나시산(耳成山)을 조망할 수 있다. 즉, 이와 같이 히토마로와 아카히토가 그리고자 한 신성한 神山으로, 가무오카[神岳]와

---

29 위의 주15)와 같은 책, 74쪽.

〈그림 4〉 아스카 강과 칸나비·이카즈치 언덕
(小学館 『新版原色百科事典』 あ～え) 1967, 70쪽

같은 개념을 바탕으로 礒石山과 같은 신선경이 묘사되어져 왔다는 사
실을 확인 할 수 있는 것이다.

　다시, 위의 지도 3)에서는 아스카지방의 칸나비(神奈備)산을 이카즈
치 언덕(雷丘)으로 표시하고 있다. 이카즈치 언덕은 아스카의 북방에
위치하고 있으며, 야마다 길(山田道)과 아스카 강이 교차하는 지점 가까
이에 있는 작은 언덕이다. 히토마로는 지토(持統)천황이 이카즈치 언덕
에 행차하였을 때 부른 노래의 예도 있다.

　◎皇者 神二四座者 天雲之 雷之上爾 廬為流鴨 王 神座者 雲隠 伊加土
山爾 宮敷座 (3·235)
　(천황님은 신으로 계시니까 하늘구름 천둥 위에 간이 궁전을 짓고 계
시다.)

여기에서 이카즈치(雷)는 천둥치는 소리(鳴神)를 말하는데, 그 이카즈치(雷丘＝神岳)를 신의 언덕이라고 표현하고 있는 것이다.

3) 아스카의 후지와라 궁의 거북

앞장에서 아스카 강에 「개구리(두꺼비)가 울다」(권3·320, 356)고 표현한 것은, 아스카의 키요미하라 궁(飛鳥浄御原宮) 궁이 영원히 번영할 것을 기원한 것으로, 이는 西都를 끼고 도는 渭水 강의 두꺼비 표현과 같이, 왕도를 상서로운 기운을 가지는 두꺼비로 형상화 하고 자 한 詩情을 표현하였던 것이다. 그렇다면, 여기에서 아스카 강 주변에 궁이 지어진 역사를 일별하여 보기로 하자. 텐무천황 672년(天武1), 壬申의 乱을 끝내고 나서, 전대의 656년 사이메이(斉明2)여제 때 궁이 소실되어, 같은 장소에 아스카의 오카모토노미야(飛鳥岡本宮) 남쪽에 宮室을 운영하도록 명을 내리고, 그해 겨울에 궁을 옮기고, 이를 아스카 키요미하라 궁(飛鳥浄御原宮)이라 하고, 다음해 2월에 즉위하였다.[30]고 기록하고 있다. 이와 함께, 만요 중에 「거북」이 등장하는 후지와라 궁 노래의 예를 들어보자.

후지와라 궁[31]의 부역자가 지은노래(藤原宮之役民作歌)
八隅知之 吾大王 高照 日乃皇子 荒妙乃 藤原我宇倍爾 食国乎 売之賜牟
登 都宮者 高所知 武等 神長柄 所念奈戸二 天地毛 縁而有許曾 磐走 淡海
乃国之(略)吾作 日之御門爾 不知 国 依巨勢道従 我国者 常世爾成牟 図負

---

30 桜井満, 『年表만요문화지』, 오우후우샤, 1995, 45쪽.

31 위의 주30)책, 65쪽. 지토천황 8년 12월(695년 1월)条「후지와라궁(藤原宮)에 천도하였다」고 기록되어 있다. (694年-710年)

留 神龜毛 新代登 泉乃河爾(以下略) (1·50)

 (천하를 넓게 통치하시는 우리 대왕님의 하늘까지 위대한 빛을 비추는 皇子님이, 새로이 후지와라에 나라를 다스리려고 왕궁을 세우시려고 현존하는 신으로서 생각하시고, 天神도 地祇도 찬동하고 있기에, 바위가 강을 흐름과 같이 (중략)그 천황의 왕궁에 사람들이 모르는 아득히 먼 나라에서도 왕림하는 그 코세(巨勢)의 길을 우리나라는 영원히 번영하리라고 거북의 등에 나타난 신의 뜻이 거북(亀)에도 나타났다.(생략)

 위의 만요 노래(50번)에는 지토(持統)천황의 새 시대를 맞이하여 부역자들이 궁을 건설하려고 키즈강(木津川)에 우지강(宇治川)에서부터 가져온 목재를 뗏목에 싣고 아스카 강 쪽 궁터로 옮기는 모습이 연출되어 있다. 이도록 부역하는 노동자들이 궁전을 짓기 위하여 힘쓰고 자한 것은, 영구불변의 상서로운 나라를 건설하고 자 하였는데, 때마침 후지와라의 왕궁 터에 거북이 등을 구워 점괘를 보니, 신비한 기운이 나타났다고 노래한 것이다. 아울러, 아스카 강의 두꺼비(개구리) 표현과 함께 도교의 성립과정을 설명한 구보노리타다(窪德忠) 씨의「거북」에 대한 논설[32]을 다음에 소개해보자.

 이와 같이, 거북은 신성한 동물로 믿어져 왔다. 또, 거북이 神聖視되어졌던 이유는『莊子』逍遙遊에, 楚나라의 남방에 있는 冥靈라는 거북이 등장하는 데, 이 거북에 있어서 一年은 1000年이라고 한다.『史記』亀策列伝에「천지와 같은 장수를 하며 끝을 모른다.」『抱朴子』에「천년(千歳)의 靈亀는 五色을 가지고, 옥과 같기도 돌 같기도 하다. 変幻自在이다.」이러

---

32 窪德忠,『道教入門』南斗書房, 1983, 82쪽.

한 거북에 대한 長寿의 기록에 대한 신앙은 점차 과대화 되어져 갔다. 거북이 등은 薬用으로 쓸 수 가 있고, 혹은 仙用되었다. 등껍질을 벗겨내어 불에 구워 1일 3회 복용하고, 한 마리 분을 먹으면, 천세를 얻을 수 있다.

다시 주3)의 지도에서 후지와라 궁의 위치를 추정해보면, 아스카(飛鳥)북부에 위치하고 있으며, 야마토(大和)三山(香具山、畝傍山、耳成山)이 궁에 둘러싸여 있고, 서쪽에는 소가(曽我) 강이 중앙에서 동쪽으로 아스카 강이 흐르고 있음을 확인할 수 있겠다. 말하자면 아스카 강을 따라 지어진 궁이라는 것을 두말할 필요가 없겠다. 그러한 궁도를 노래한 위의 50번 노래에서「거북등에 瑞祥의 신의 뜻인 점괘가 나타나, 이를 받들어 지어진 궁(왕도)」이라는 것을 노래로 표현하고 있는 것을 확인하였다.

이상과 같이, 필자는 히토마로 노래에 있어서 띠로 하여 흐르고 있는 아스카 강 주변의 키요미하라 궁과 후지와라 궁, 나아가 요시노 강이 격하게 흐르는 선경지의 미야타키 궁에 주목하여 보았다. 이에 대비되는 渭水와 西都(咸陽)의 상관관계를 설명한 다나카 탕(田中淡) 씨[33]의 논문을 들어보자.

실제로 인공적인 造園의 濫觴은 秦시황제와 漢武帝의 離宮에 있어서 현저하게 나타난다. 『史記正義』秦始皇本紀31年(前226)『秦記』를 인용하면, 현재의 咸陽이 있었던 蘭池宮에 관하여 기록하였고, 시황제는 長安에

---

33 田中淡, 「中国庭園の初期的風格と日本古代庭園」, 「東アジアにおける理想郷と庭園に関する国際研究会」報告書, 2009年 11月 30日, 62쪽.

　　왕도를 지었다. 渭水의 물을 끌어 못을 만들고, 蓬莱、瀛洲의 築山을 세
　　웠다. 遺址를 조각하여 고래를 만들고, 그 길이는 200丈이었다.

라고 하여, 渭水의 물을 끌어 長安에 蘭池宮을 지은 배경을 설명하고
있는 것이다. 즉, 秦始皇帝의 上林苑은, 咸陽의 離宮에 渭水의 물을
끌어 연못을 만들고, 蓬萊山과 같은 선경의 인공섬을 축조하였다고 기
록하고 있다. 또한『문선』의 기록[34]에 의하면, 前漢武帝 때 上林苑을
넓힌 建章宮의 太液池 가운데를 東海神山을 지었다고 적고 있다. 이들
내용들을 히토마로의 아스카 강 표현에 적용시켜보면, 강주변의 키요
미하라 궁과 후지와라 궁과 요시노 강에 미야타키 궁을 짓게 한 지리적
인 이점과 상서로운 위치관계를 말하여주고 있다는 것을 알 수 있겠다.
결론적으로 아스카 강을 띠로 하듯 엮어진 왕도의 궁들은, 마치 渭水가
흐르는 西都에 蘭池宮을 지은 것과 같은 불노장생과 내세의 영구한
이상세계를 추구하고 자 한 것으로, 단, 이들 궁을 「아마노가와라(천상
의 강변(天河原))에 궁(왕도)」의 개념(日並皇子의 167番殯宮挽歌)으로 구현
표출하고자 한 詩想과 일치하는 개념이 히토마로 아스카 강 노래에
표출되어져 있다고 추론할 수 있을 것이다.

---

34 위의 注11)과 같은 책, 44쪽. 建章宮 앞에는 唐都中의 못이 있고, 뒤에는 太液의 못이
있으며, 들여다보면 滄海와 같이 흐르고 있다. 큰 파도는 碣石山에 밀어닥치고 그 높이
가 神岳에 부딪혀 격하게 흐른다. 太液의 못에는 瀛洲 方丈 壺梁의 仙山이 떠오르고,
蓬萊山이 그 중앙에 용립하였다. 여기에는 靈草가 겨울에도 꽃을 피워 마르는 적이
없고, 태고이래의 神木이 모여자라고, 험준한 신악이 높이 솟아있고, 금돌 봉우리가
험준하게 우뚝 솟아있다.

6. 맺음말

히토마로의 아스카 강과 지명유래에 대한 선행논문에 있어서 핵심이
되는 논점은 마쿠라고토바(도부토리)에서 지명으로 논리가 비약하고 있
는 가운데, 불교문화의 전래와 함께 도교문화의 전개과정으로 해석하
려는 노력을 발견할 수 있겠다. 그렇다고 해서, 궁극적으로 아스카지명
의 유래를 「朱雀」과 관련지운 설로 논점을 좁히기는 하였지만, 여전히
도부토리와 어원으로 관련짓는 해석에는 적지 않은 음운상의 난점이
발견될 수 있다고 생각된다.

그래서, 필자는 히토마로의 주요한 노래 어귀에 「아스카 강」이 표기
되고 있다는 점에 착안하여. 강줄기를 따라 형성된 백제의 선진불교문
화와 함께 유입된 도교문화가 아스카 강과 주변 산들을 천황의 도읍지
로 신성시하고 천황영이 깃든 신을 제사지내는 영지로 그려지고 있다
고 하는 사실을 밝혀내려하였다.

먼저, 히토마로 노래에는 청정함으로 수식되는 표현의 예가 많다는
것을 알 수 있다. 예를 들면, 요시노 강 노래에서 「카우치(河內)」(36번)
는, 「문자(글자) 그대로 강에 둘러싸여 있는, 강을 순회하는 곳」이란
뜻으로 해석된다. 이는 『열자』의 周穆王의 궁을 「천제의 궁전인 청도
(淸都)」라고 한 것과, 왕도를 청정한 도읍지라 기록한 것과 같은 의미를
가진다고 하겠다. 다음으로 의문이 드는 것은, 히토마로의 강 표현 중
에 임종에 가까워 스스로를 슬퍼하는 노래를 어찌하여 「바위를 베고
누워있다」(2·224-5)고 표현했는가 하는 문제이다. 이는 「돌을 베개(枕
石)로 하여 청정한 물로 씻고, 샘물을 마시며 사색의 도를 터득하여,
이윽고는 천계에 올라가 신선이 되고 자」하였던 曹操의 遊仙詩 「秋胡

行」에서와 같은 사고에서 발현된 것이라 생각된다.

특히, 히토마로의 표현구 중에서도 후대의 아카히토는 히토마로의 시귀를 모방한 흔적이 뚜렷하다 하겠다. 그중에서도 강에 사는 동물 「두꺼비(개구리324)」와 「거북(50)」표현에 주목하여 보았다. 이는 「西都賦」에서 「두꺼비와 거북(蟾蜍与龟)」이 표기되고 있듯이, 渭水의 선경적인 시구와 일치하는 것으로, 이는 왕도의 위치를 찾아다니며 선경을 물색하는 가운데 강물의 상서로운 기운이 서려있는 지형적인 중요성을 표출해 내고자 한 취지에서 유래된 詩想이라고 생각한다.

결론적으로 히토마로의 「아스카 강」노래에는 띠와 같이 흐르는 강변에 宮都가 세워진 것으로, 이는 마치 渭水 강이 흐르는 西都의 蘭池宮이 지어진 것과 같은 동격의, 「불노장생」과 「영원한 이상세계」를 추구하려는 은하수 강(天河原)의 仙境的인 성격을 가지는 宮都(예, 히나미시황자(日並皇子)의 殯宮挽歌 167번, 또는 권10의 1997, 2003번 칠석노래)의 개념이 「아스카 강」노래의 성격에 나타나있다고 추론할 수 있을 것이다.

참고문헌

大野晋·坂本太郎·家永三朗·井上光貞, 『日本書紀』, 岩波書店, 1979, 3~651쪽.

内田泉之助·網祐次, 『文選』, 明治書院, 1970, 1~172쪽.

志村佳名子, 「飛鳥淸御原宮における儀礼空間の復元的考察」 明治大学大学院文学研究科, 『文学研究論集』 28号, 2008年 2月, 345~363쪽.

이도학, 『백제 사비성 시대 연구』, 「백제불교의 도입과 발전」, 일지사, 2010, 1~623쪽.

정재서, 『도교와 문학 그리고 상상력』, 푸른숲, 2002, 1~336쪽.

内田泉之助·網祐次, 『文選』, 明治書院, 1970, 1~382쪽.

小尾郊一, 『文選』, 「文章編」, 集英社, 1986, 1~492쪽.

沢瀉久孝, 『万葉集注釈』, 中央公論者, 1973, 1~263쪽.

※ 拙稿에 있어서 主된 와카의 해석은 이와나미 岩波古典文学体系『万葉集』(1)~(4) (오노 스스무(大野晋)외, 2人공저)와 集英社의 『万葉集注釈』(이토하쿠(伊藤博)외, 2人공저)를 底本으로 참고하였음을 밝혀둔다. 또한 본문에 있는 히토마로(人麻呂)의 작가와 略体歌, 非略体歌는 各々〈◎〉〈★〉〈☆〉로 구분하여 표시하였다.)

万葉集에 나타난 도시문화 연구

相聞歌를 중심으로

이상준

1. 들어가기

고대 일본사에서 스슌 천황(崇峻天皇) 五(592)年부터 와도(和銅) 三
(710)年까지 118年間「아스카(飛鳥)」에 왕궁(王宮)이 있었던 시대가「아
스카 시대(飛鳥時代)」다. 이 시대의 초창기는 古墳時代의 終末期와 중첩
되기 때문에, 스이코 천황(推古天皇) 元(593)年에 쇼토쿠 태자(聖德太子)
가 섭정(攝政)을 하고 나서부터, 지토 천황(持統天皇) 八(694)年에 후지와
라쿄(藤原京)로 천도할 때까지의 약102년 동안을「나라 시대(飛鳥時代)」
라고 한다.

이전(以前)은 고분시대(古墳時代)와 아울러 야마토시대(大和時代)라고
한다. 이 야마토 시대에는 왕궁을 자주 옮겼다. 스이코(推古) 조(朝)는
아스카 문화(飛鳥文化), 덴무(天武)·지토(持統) 조(朝)는 하쿠호 문화(白鳳
文化)가 화려하게 꽃핀 시대이기도 하다.

아스카 문화는 스이코 조를 정점으로 해서, 야마토(大和)를 중심으로
화려하게 꽃핀 불교문화다. 일반적으로 불교 도래부터 다이카 개신(大

化改新)까지다. 조선반도의 백제(百濟)와 고구려(高句麗)를 통해서 전(伝)해진 대륙(大陸)의 남북조(南北朝) 문화의 영향을 받아, 국제성이 풍부한 문화이기도 하다. 많은 큰 사원이 건립되기 시작하고, 불교문화 최초의 흥륭기(興隆期)였다.

하쿠호(白鳳)[1]문화란, 다이카 개신부터 와도 三(710)年에 헤이죠 쿄(平城京)로 천도하기까지 아스카(飛鳥)에 화려하게 꽃핀 대범한 문화이고, 호류지(法隆寺)의 건축·불상 등으로 대표되는 아스카 문화와 도다이지(東大寺)의 대불(仏像), 도쇼다이지(唐招提寺)의 건축 등으로 대표 되는 덴뾰 문화(天平文化)와의 중간에 위치한다.

후지와라 쿄는 天武五(676)年에 착공하기 시작하였지만, 持統四(690)年[2]에 다시 착공해서, 아스카노 키요미하라노 미야(飛鳥淨御原宮)[3]에서부터 持統八(694)年에 천도한 왕궁으로, 천도 후 10년이 경과한 慶雲元(704)年에 완성되었다. 이것은 아스카쿄(飛鳥京)의 西北部, 나라현(奈良縣) 가시와라시(橿原市)에 소재하는 일본역사상 최초 최대의 왕도(王都)며, 또한, 조방제(條坊制)를 최초로 실시한 본격적인 당나라 식 도성(唐風都城)이기도 하다. 이 도성은, 주례(周礼)가 설명하는 사상을 잘 반영하고 있다. 와도 三(710)年에 헤이죠 쿄(平城京)로 천도되기까지 지토(持統)·몬무(文武)·겐메이(元明) 세 천황이 16년간 거주한 왕도 서울이었다. 왕도의 중심 약간 북쪽으로 어소(御所)·관아(官衙)가 있는 후지와라 궁(藤原宮)을 배치하고, 후지와라 궁으로부터 北·南방향으로 메인 거리

---

1 『續日本紀』, 神龜元年冬十月條(724年), 「白鳳より以來、朱雀以前、年代玄遠にして、尋問明め難し。」.

2 『日本書紀』, 持統天皇 四年 十月條.

3 『日本書紀』, 天武天皇 元年是歲條.

인 스자쿠오호지(朱雀大路)가 있었다.

나라시대(奈良時代)란, 헤이죠 쿄(平城京, 奈良)에 서울(王都)이 있었던 시대로, 헤이죠 시대(平城時代)라고도 한다. 와도 三(710)年에 元明天皇이 헤이죠 쿄로 천도하고 나서, 延曆 十三(794)年에 간무 천황(桓武天皇)이 헤이안 쿄(平安京)로 왕도 서울을 옮길 때까지 84年間을 말한다.[4]

> 和銅三年庚戌春二月從藤原宮遷于寧樂宮時御輿停長屋原廻望古鄉作歌
> [一書云太上天皇御製]
> 01/0078 飛ぶ鳥の明日香の里を置きて去なば君があたりは見えずかもあらむ[一云][君があたりを見ずてかもあらむ]
> (도부토리노) 고향 아스카(明日香)를 뒤로 하고 간다면, 그대가 계시는 곳을 볼 수 없게 되어 버리겠지요.

상기 01/0078歌의 題詞에 의하면, 나라 천도는 和銅 三(710)年 2月이고, 겐메이 여제(元明女帝)가 나가야노 하라(長屋原)에서 「헤이죠 쿄」로 가는 가마를 세우고, 천도의 감회를 노래하고 있다. 이 노래에 의해, 아스카(飛鳥)는 고향이 된 것이고, 새로운 왕도인 나라(平城)에서 생활이 시작되는 것이다. 헤이죠 코의 인구는 총 20만 명에 달했다. 그 구성은, 5위 이상의 官人 96명(0.05%), 6위 이하 初位이상의 관인 559명

---

4 710年부터, 延歷 三(784)年에 간무천황(桓武天皇)이 나가오카쿄(長岡京)로 王都를 옮길 때까지의 74年間을 말한다. 「나라의 미야코(奈良の都)」라고 하는 異名을 가지는 헤이죠쿄로 王都를 옮긴 때부터, 「奈良時代」와 「平城時代」라고 한다. 740年부터 745年에 걸쳐서 쇼무천황(聖武天皇)은 구니쿄(恭仁京: 京都府木津川市), 나미와쿄(難波京: 大阪府大阪市), 시가라키노 미야(紫香樂宮: 滋賀縣甲賀市信樂)에, 각각 短期間이지만, 왕도를 옮긴 적이 있다.

(0.3%), 그 이하의 관인 5970명(3%), 이상의 관인의 가족 30%, 관청의 잡부는 413명, 게다가 일반 경호(京戶)는 66%를 차지했다.[5]

왕궁은 왕도 서울의 중심이고, 이 왕도의 이동에 따라, 왕도 문화도 자연스럽게 이동하게 된다. 「나라(奈良)」를, 왕도 서울로 하기 以前에는 왕도의 이동은 자주 있었다. 즉, 천도라고 해도, 왕도로서의 규모가 작아서, 단지 왕궁을 옮기는 정도였지만, 「나라」로 서울이 옮겨진 이래는 규모도 커지고, 왕궁이 옮겨짐에 따라 신하(臣下)의 거주지도 옮겨지기 때문에, 서울을 옮기는 일 즉 천도도 쉽지 않은 일이 되었다.

본 연구에서는 일본 고대국가에서 다이카 개신으로 율령(律令)이 반포 되고, 자주 이동되던 왕도도 한 곳에 오랫동안 건설되고 확장됨에 따라, 그 시대에 탄생된『만요슈』의 소몽카(相聞歌)에 투영된 왕도 서울 문화의 변천과정과 특성이 어떻게 얼마나 시적 서정으로 형상화되었는가 하는 문제를, 『萬葉集相聞の世界』(伊藤博)[6], 『万葉集の文學論的硏究』(久米常民)[7], 『万葉の時代と風土』(中西進)[8], 『記紀万葉集の世界』(三谷榮一)[9] 등의 相聞歌에 대한 연구 성과를 바탕으로 해서, 「후지와라 쿄」시대를 중심으로 고찰하고, 「헤이죠 쿄」 시대는 다음 기회에 고찰하고자 한다.

5 鬼頭淸明, 『日本古代都市論序說』, 法政大學出版局. 1977, 45~46쪽.

6 伊藤博, 『葉集相聞の世界』, 塙書房, 1959.

7 久米常民, 『万葉集の文學論的硏究』, 櫻楓社, 1960.

8 中西進, 『万葉の時代と風土』, 角川選書, 1980.

9 三谷榮一, 『記紀万葉集の世界』, 有精堂, 1984.

2. 과도기의 사랑

결혼은 남녀의 개인적인 문제고, 그들이 속한 사회집단의 문제기도 하기 때문에, 사회적인 제약을 받는다. 고대 일본에는 모계 사회의 유풍이 강하게 남아있다. 『日本書紀』孝德天皇의 다이카 개신 元(645)년 八月의 조칙(詔)에 남녀의 신분에 관한 法이 있다. 즉, 양인 남녀(良人男女) 사이에 태어난 아이는 아버지에 배속시킨다.[10]

이것은 일반 양민 상호간에 태어난 아이의 소속에 관한 친족법 상의 부계제(父系制) 원칙이 발포된 것이지만, 이와 같이, 다이카 개신과 더불어, 이러한 법률이 공포된 배후에는 아이가 어머니의 성(姓)을 따르는 것과, 태어난 아이가 일정기간 어머니의 집에서 양육되는 모계제적인 사고가 널리 행해지고 있었던 것을, 중국식 친족법의 원칙을 따르도록 하기 위하여, 이 조칙이 공포되었다. 그러나 이 조칙의 공포로 바로 관습이 바뀌는 것은 아니다. 『만요슈』 등에는 이 모계제의 풍습이 뿌리 깊게 남아있어서, 결혼에 대해서는 어머니의 승인이 반드시 필요하게 되었던 것이 보인다.

> 12/3000 魂合(たまあ)へば相.(あひね)るものを小山田の鹿猪田守(ししだも)るごと母し守(も)らすも[一云][母が守らしし]
> 영혼이 서로 끌어당기면, 자연스럽게 동침할 수 있는 것을 그런데도, 산간에 있는 논밭의 곡식을 망치는 멧돼지의 난입을 막기 위해 논을 주시하고 있듯이, 어머니는 감시하고 계셔요. 나의 일거수일투족을

---

10 『日本書紀』孝德天皇의 大化 改新 元年 八月의 詔.

이 노래는 『万葉集』 卷12의 「기물진사(寄物陳思)」 중에 "논에 비유한 사랑(田に寄せる.)12/2999-3000" 2首중의 두 번째 노래(歌)다. "다마아와바(魂合はば)"는, 혼(魂)이 서로 끌어당겨 하나가 되면, 몸까지도 서로 가까이 다가간다고 하는 信心에 바탕을 둔 표현이다. 이 혼의 합일인 혼봉(魂逢)은 꿈(夢)에서 실현된다. 다마(タマ)라고 하는 혼은 단순히 마음이 아니고, (상대를 동경해서) 인간의 육체로부터 빠져나오는 유리혼(遊離魂)이다.[11] 두 사람의 혼이 서로를 동경해서 육체로부터 유리해 나와 하나로 만나면, 어떠한 울타리를 쳤다 해도, 빠져 나가서, 함께 동침한다고 하는 것이다. 그러므로, 이 "다마아후(魂合ふ)"는, 「마음이 맞다」고 하는 의미의 「기가아후(氣が合ふ)」와는 의미가 다르다.

이 12/3000歌에 의하면, 젊은 남녀가 서로 아무리 사랑하고 있다고 해도, 늘 어머니가 딸을 감시하고 있어서 행동이 자유롭지 않다. 이와 같이 아가씨의 어머니가 감시하고 있는 상태를, 산간에 있는 논밭을 황폐하게 만드는 멧돼지가 침범하지 못하도록 논밭에 번을 선다고 하는 기발한 비유표현으로 노래하고 있다.

> 14/3531 妹をこそ相見に來しか眉引きの橫山辺ろの獸なす思へる
> 나는 저 아가씨를 만나러 왔을 뿐인걸요. 그런데도 橫山주변에 있는 짐승따위처럼 생각하는 것인가?

이 14/3531歌도, 같은 비유를 이용해서, 아가씨를 만나러 왔는데도, 산기슭에 있는 논밭을 망치러 온 짐승처럼 취급당하며 어머님으로부터

---

11 土屋文明, 『万葉名歌』, 社會思想社, 1956, 148쪽.

쫓겨났다, 고 분개한 남자의 심정을 노래하고 있다. 멧돼지는 야행성 동물로 논밭을 망치러 오는 짐승이다. 그 정황을 상기의 두 수에서 잘 이용해서 표현한 노래다.

　때로는 아가씨를 만나러 가서 발각되어 아가씨의 어머님으로부터 야단맞는 경우도 적지 않았던 것 같다.

　　14/3519 汝(な)が母(はは)に 嘖(こ)られ我(あ)は行(ゆ)く 靑雲の出(い)で
　　來(こ)我妹子(わぎもこ) 相見(あひみ)て行(ゆ)かむ
　　네 어머니에게 야단맞고 나는 돌아간다. (푸른 하늘이 구름을 뚫고 나오
　　듯이) 나와 주세요. 사랑하는 여인이여! 한번이라도 만나보고 돌아가고
　　싶다.

　상기의 14/3519歌는 짐승(猪)처럼 쫓아내듯이, 아가씨의 어머님에게 들켜서 터덜터덜 돌아가는 남자의 노래로 14/3531歌와 쌍벽을 이룬다. 이러한 모습은 자주 있었던 풍경같다.

　15/3531 歌는 母親의 생각에, 14/3519歌는 어머니의 행동에 덤벼들고 있다. 총체로서는, 14/3519歌쪽이 정경이 선명하다. 어머니에게 갇혀있는 아가씨가 머뭇거리고 있는 모습까지도 보이는 것 같다. 第3句「아오구모노(靑雲の)는 「이데코(出で來: 나오다)」의 마쿠라코토바(枕詞)다.

　靑雲이라고 하는 말은 서울(都)의 노래인 02/0161, 13/3329, 16/3883 歌에도 보인다. 그것은 한적(漢籍)의 영향에 의한 표현이고, 「白雲」과 짝을 이루어, 회색 구름(灰色雲)을 가리킨다. 중국에서는 영운(靈雲)을 가리키는 경우가 많고, 02/0161歌의 例 등은 그와 같은 분위기가 강하다. 그러나, 14/3519歌에서는 상기의 서울 노래의 의미와는 관계없이,

구름사이에 얼핏 보이는 푸른 하늘(靑空)[12]을 말하는 것으로, 구름 사이를 얼핏 푸른 하늘이 나오듯이, 만나고 싶은 아가씨를 상징하고 있는 것이다.

> 16/3806 事しあらば小泊瀬山(をはつせやま)の石城(いはき)にも隠らばともにな思ひそ我が背
>
> 右伝云 時有女子 不知父母竊接壯士也 壯士悚才其親呵嘖稍有猶預之意, 因此娘子裁作斯歌贈与其夫也
>
> 우리 두 사람 사이에 방해가 낄 것 같으면, 하츠세야마(小泊瀬山)에 있는 바위굴에 갇히게 되어도 그대 곁에 있겠습니다. 끙끙 앓지 말아주세요. 당신!

오른쪽 전언에 의하면, 어느 때, 한 여인이 있었다. 부모에게 숨기고 비밀로 어떤 남자와 인연을 맺었다. 남자는 여자 양친의 노여움을 두려워해서 차차 무기력하게 되었다. 그래서 여자는 이 노래를 만들어서 남편에게 보내주었다고 한다.

상기의 노래에서 주목해야 할 것은 부모에게 알리지 않고 밀회한 것이 목숨을 걸어야만 할 정도로 중대한 행위였다고 하는 것이다. 일본은 예부터 전해져 오는 결혼제도는 "부부가 따로 살며 남편이 밤에 아내의 처소로 다니는"「妻問婚」이었다. 결국, 이와 같이 부모에게 알리지 않고 밀회한 것이, 바위굴에 갇힐 정도의 죄가 된 것은 율령제 시행에 의한 것이다.

---

12 「14/3519歌의 頭註」, 『新編 日本古典文學全集』, 小學館, 1995, 504쪽.

아가씨가 시집감에 즈음해서는, 모두, 우선, 조부모(祖父母), 부모(父母), 백숙부고(伯叔父姑), 형제(兄弟), 외조부모(外祖父母)에게 보고할 것. 다음으로, 장인(친정 아버지), 이모, 산촌과 형제에게 알릴 것. 만약 동거 공재하고 있는 친족이 없는 경우에는, 누구나 아가씨의 희망에 따라서, 혼주(婚主)로 할 것.[13]

중국의 혼인 제도를 그대로 적용하려는 율령을 반포한 이후, 전통적인「妻問婚」을 부정하려고 한다. 16/3806歌는 고대적인 습관이 율령의 시행과 부딪친 시기에 생긴 것이다. 율령사회로 나아가는 과도기에 남녀의 사랑이 얼마나 힘들고 어려웠던 것인가를, 이들 노래가 대변하고 있는 것이다.

3. 磐姫皇后의 相聞歌

『日本書紀』에 질투의 화신[14]으로 소개된 이와히메노 오호키미(磐姫皇后)에게 가탁된 노래가 『만요슈』卷 第二「소몽(相聞)」의 卷頭歌로서 다음과 같이 장식되어 있다.

相聞
磐姫皇后思天皇御作歌四首

---

13 「養老令」全 三十編: 第八編 戸令25 凡男年十五, 女年十三以上, 聽 婚嫁. 凡嫁女, 凡嫁女。皆先由祖父母. 父母. 伯叔父姑. 兄弟. 外祖父母. 次及舅從父. 從父兄弟. 若舅從母. 從父兄弟. 不同居共財. 及無此親者. 並任女所欲. 爲婚主.
14 『日本書紀』仁德 三十年 秋九月條.

02-0085 君が行き日長くなりぬ山たづね迎へか行かむ待ちにか待たむ

그 분이 떠나시고 나서 꽤 세월이 흘렀지만, 아직도 돌아와 주시지 않습니다. 도저히 가만히 기다릴 수 없기에, 큰 맘 먹고 마중 나아갈까요? 그렇지 않으면 기다리고 있을까요?

02-0086 かくばかり戀ひつつあらずは高山の 磐根し枕きて死なましものを

이렇게 애타게 그리워만 하고 있지 않고, 차라리 마중 나아갈까요? 험하고 높은 산 바위 뿌리를 베개로 삼아 죽을지라도 나아가는 편이 좋겠다.

02-0087 ありつつも君をば待たむ打ちなびく 我が黑髮に霜の置くまでに

역시 마중 나아가지 않고, 이렇게 기다리고 있겠어요. 설령 내 이 검은 머리카락에 서리가 내린 듯이 백발이 될 때까지 기다리게 될지라도, 만나 뵙고 싶은 맘은 꿀떡 같지만, 마중 나아가기 싫기보다도, 그대가 흔쾌히 돌아와 주실 때까지 나는 가만히 기다리겠습니다.

02-0088 秋の田の穂の上に霧らふ朝霞 いづへの方に我が戀やまむ

가을 벼 이삭에 자욱한 아침안개가 이윽고 사라져 가듯이, 언젠가 내 그리움은 사라질 것인가? 마음은 응어리져 기분이 좋아질 날이 없다.

상기의 가군은 제사(題詞)에 의하면, 「이와히메노 오호키미(磐姫皇后)가 닌토쿠 천황(仁德天皇)을 그리면서 만든 御歌 四首(02/0085-0088歌)」다. 『만요슈』의 소몽가(相聞歌)는 전승가(傳承歌)인 바로 상기의 가군으로 시작된다. 이 相聞歌를 『만요슈』卷第二의 卷頭에 놓인 이유와 그 배경은 무엇인가?

이와히메노 오호키미는 단순히 질투심이 많은 여성이 아니다. 생각하고 또 생각한 끝에 내린 別居生活이다. 그녀가 기다리고 또 기다리고 있었던 사람은 바로 남편인 닌토쿠 천황이다. 그녀는 황후이기 때문에, 당연히 정처(正妻)이기는 하지만, 신하(臣下)인 가즈라키 씨(葛城氏)의 출신이다. 그런데, 닌토쿠 천황은 황족인 야타노 히메미코(八田皇女)를 좋아하게 되어, 이와히메노 오호키미에게는 전혀 돌아와 주지 않는다. 그래서 부득이 별거(別居)를 단행하지만, 임을 향한 그리움은 더욱더 심해질 뿐이다. 마중 나가고 싶고, 만나고 싶은 기분으로 가득하지만, 자존심이 허락되지 않는 것이다. 마음과 행동이 상반하는 것이 여심(女心)이기도 하다. 고대의 천황이 많은 여성을 궁정(宮廷)에 들이는 것은, 아주 당연하다. 설령 황후라도, 그것은 묵인(黙認)하지 않을 수 없는 일이다. 인내야말로 황후로서 갖추어야할 필수조건의 하나였던 것이고, 천황을 혼자서 독점하는 것은 생각도 할 수 없는 일이다. 그런데, 이와히메노 오호키미는 달랐다. 닌토쿠 전황이 그녀의 부재중에 야타노 히메미코를 비(妃)로 삼은 것은 절대로 용납할 수 없는 일이었다. 「야타노 히메미코와 헤어져 주시지 않으면 내가 이 왕궁을 나가겠습니다.」라고 하는 식으로, 야마시로(山城) 스츠키노 미야(筒城宮)로 들어가 두문불출했다. 천황은 몇 번이나 데리러 왔지만, 그녀는 돌아가지 않고, 그곳에서 최후를 맞이했다. 자기 자신 한 사람의 천황이 아니기 때문이다. 질투심 많은 여성의 대명사처럼 이야기되는 이와히메노 오호키미지만, 고대나 현재나, 여성의 남성을 향한 연심(戀心)의 참 모습이 그녀에게서 찾아볼 수 있는 것이 아닌가 한다.

한시 절구의 기승전결에 비견되는, 「번민 → 흥분 → 반성 → 탄식」이라고 하는 심정전개를 빌려 나타낸 연작을 이와히메노 오호키미의 혼(魂)을 먼 후대까지도 편안히 진정하기 위하여[15], 『만요슈』卷 第二「相聞」의 모두(冒頭)에 장식한 것이라고 하는 이토하쿠(伊藤博)의 주장을

15 伊藤博, 『萬葉集釋注一』, 集英社, 1999, 240~242쪽.

수용한다. 「험하고 높은 산 바위 뿌리를 베개로 삼아 죽을지라도 (002/0086歌)」는 화려한 왕도 서울의 풍경과는 확연히 대조가 되는 표현으로써 천황의 뜻에 반하면 이와 같이 신세가 된다고 하는 엄중한 경고로도 이해할 수 있다. 그러므로, 전제 군주로서의 천황제가 확립되고, 화려한 왕도인 헤이죠 쿄으로 천도하는 와도 三(710)年 전후한 시대, 황후로서 지녀야 하는 덕목인 인내와 끝없는 사랑이 강력하게 요구되었던 것이다. 이러한 시대적인 요구에 응해서, 질투의 화신(化身)인 이와히메노 오호키미를 사랑의 화신으로 승화시키기 위하여, 구전(口傳)되어 오던 노래들을 연작으로 구성해서 『만요슈』卷二 相聞의 卷頭歌로 편집한 것이다.

4. 연애유희

卷 第二 相聞의 덴치천황(天智天皇)과 가가미노 오호키미(鏡王女)가 주고받은 戀歌」는 『만요슈』相聞歌 중에서 작가를 알 수 있는 노래 중에서 최초의 작품이다. 『만요슈』相聞歌는 실질적으로 이 연가로 시작된다고 할 수 있다.

상기의 「磐姬皇后」의 노래(02/0085-88歌)를 제외하면, 『만요슈』卷 二의 相聞歌 중에서 가장 오래된 것은 덴치 조(天智朝)의 작품이고, 대부분의 相聞歌는 개인 사이에 교환된 증답가(贈答歌)[16]다.

원래 相聞이란, 중국에서, 서로 사정을 묻기 위해 문서를 교환하는,

---

16 伊藤博, 『萬葉集の表現と方法(上)』, 塙書房, 1975, 336쪽.

즉 往復存問을 나타내는 말[17]이다. 하지만, 『만요슈』相聞은 雜歌·挽歌와 같이 노래 내용의 분류로 이용되고 있다. 『만요슈』相聞歌를 전체적으로 보면, 贈答의 형태가 아닌 戀歌도 많이 포함되어 있고, 독수공방과 失戀의 탄식을 노래한 것도 적지 않지만, 초기 万葉의 相聞歌에는, 題詞에 「장가들 빙(娉)[18]」「장가들 취(娶)[19]」라고 하는 문자가 보이는 것에 의하면, 분명히 求婚의 贈答歌가 거의 대부분을 차지한다. 증답가가 아닌 것은 후지와라 카마타리(藤原鎌足)가 우네메 야스미코(釆女安見兒)를 얻었을 때의 노래뿐이다. 이것은 천황으로부터 우네메를 하사받았을 때의 노래로, 통상의 求婚에 의한 것은 아니기 때문에, 한 수뿐인 것이겠다.

초기 相聞歌에 구혼하는 贈答歌[20]가 많은 것은, 相聞歌의 원류를 「우타가키(歌垣)의 흥정」에서 찾는 근거의 하나가 된다. 그것은 표현 면에서부터도 뒷받침된다. 「우타가키의 흥정」에서는 기지(機智)를 발휘한 응수(應酬)가 이루어졌다. 答歌는 상대가 노래한 가사(歌詞)를 이용하여, 되받아치는 당의즉묘(堂意卽妙)한 기술이 중요시되었던 것이다.

초기 相聞歌에 상기와 같은 성격이 계승되고 있는 것은, 가가미노

---

17 山田孝雄, 『萬葉集考叢』, 玉文館, 1955, 42쪽.

18 內大臣藤原卿娉鏡王女時鏡王女贈內大臣歌一首(02/0093-0094), 久米禪師娉石川郎女時歌五首(02/0096-02/0100), 大伴宿祢娉巨勢郎女(こせのいらつめ)時歌一首[大伴宿祢諱日安麻呂也難波朝右大臣大紫大伴長德卿之第六子平城朝任大納言兼大將軍薨也](02/0101-02/0102).

19 內大臣藤原卿娶釆女安見兒時作歌一首(02/0095).

20 橋本四郎, 「卷二の贈答歌」, 伊藤博·稻岡耕二, 『万葉集を學ぶ(第二集)』有斐閣, 1977, 23쪽. "「贈」은 본래, 능동자에 명확한 목표가 의식된 다음에 이루어지는 행위고, 그 작용을 받아서 목표 측에서부터 되돌아오는 행위가 「答」이다. 개인과 개인 사이에, 상호 능동자고 수동자인 것에 대한 공동의 이해가 있어서 성립되는 것이 贈答이다."

오호키미(鏡王女)와 가마타리(鎌足)」의 贈答에서 「다마구시게(玉櫛笥)」라고 하는 말을 共有하고 있지만, 答歌에서 완전 다른 방향으로 轉換하고 있는 것과, 또, 「구메젠시(久米禪師)와 이시카와이라츠메(石川郎女)」의 노래에서 보이는 「미코모카루 시나누노 마유미(み薦刈る信濃の眞弓)」를 둘러싼 증답에서도 분명하다. 「오호토모노 야스마로(大半安麻呂)」와 교세노 이라츠메(巨勢郎女)」의 증답에서 사용된 「다마가쓰라 미나리누키(玉葛實ならぬ木)」「다마가쓰라 하나노미 사키테 나라자루와(玉葛花のみ咲きてならざるは)」라고 하는 응수는 웅주(雄株)·자주(雌株)가 있는 「다마가쓰라(玉葛)」를 비유하고 있다. 구혼에 응하려고 하지 않는 여성을 향하여 욕하는 노래를 보낸 「오호토모노 야스마로」에, 「교세노 이라츠메」가 부실한 것은 당신 쪽이라고 통렬한 보복을 한 것으로, 남녀의 전형적인 흥정가라고 할 수 있다. 「贈」「報贈歌」로 기록되어 있는 것에 어울리는 내용과 표현을 가지는 것이다.

　　　近江の大津の宮に天の下知ろしめしし天皇の御代, 天皇の鏡女王に賜へる御歌一首[21]
　　　02/0091 妹が家も継ぎも見ましを 大和なる大島の嶺に家も居らましを
　　적어도 그녀의 집만이라도 계속해서 보고 싶은데 야마토에 있는 오호시마고개 꼭대기에 내 집이 라도 있으면 좋으련만.
　　　鏡女王の和へ奉れる歌一首
　　　02/0092 秋山の樹の下隱り行く水の 吾こそ勝さらめ思ほすよりは

---

21 02/0091歌의 題詞에 天皇으로 되어 있을지라도, 노래는, 나가노 오호에 미코(中大兄皇子)가 大化 元年(645)부터 하구치(白雉) 四(653)년까지 나니와(難波) 皇都에 있었던 무렵의 노래로, 제36대 고토쿠천황(孝德天皇)의 황태자 시절의 작품이다.

가을 산 나무 밑으로 흘러가는 물이 보이지 않을지라도 내 생각은 당신 생각보다 깊어요.

02/0091歌에 의하면, 「오호시마고개 꼭대기(大島の嶺)」는 적어도 남자의 시선에 투영되어야 한다. 게다가 두 사람은 이 산을 끼고, 좌우로 헤어져 있는[22] 것이다. 나카오호에노 미코(中大兄皇子)와 가가미노 오호키미」는 이복남매(異腹男妹)다. 이복남매가 연애하는 것은 당시에는 아주 흔한 일이었다. 서로 떨어져 각자의 어머니 곁에서 살고, 서로 만날 기회도 적고, 특히 皇族은, 신분상 터무니없는 여자에게 손을 내밀 수도 없고, 자연히, 상대도 한정되었던 것이다. 이복남매의 연애랑 결혼은 원래부터, 삼촌과 질녀의 결혼조차도, 상식적이었던 것은, 親子랑 남매가 결혼한다고 하는 원시사회의 습속의 잔재랑 유교윤리의 부족함도 그렇지만, 하나에는, 이 사회의 폐쇄성(閉鎖性)에 기인하는 것이다.

상기의 두 歌群의 노래는 題詞와 歌詞에 의하면, 어떠한 사정으로 만날 수 없는 상황에서 상대를 그리워하는 노래가 바로 相聞歌인 것이다.

贈歌의 下句인 「오호시마 고개 꼭대기에 내 집이 라도 있으면 좋으련만(大島の嶺に家も居らましを)」에 鏡王女의 집(家)[23]을 눈에 띄기 쉬운 산 꼭대기에 있으면 좋을 텐데, 라고 노래하고 있는 것에 대해서, 鏡王女

22　澤瀉久孝, 『萬葉集注釋(卷第二)』, 中央公論社. 1960, 33쪽. 「오시마 고개(大島の嶺)」를, 伊騶山의 一峰, 志貴山 또는 그 주변으로 상상되고, 二首는, 天皇이 아직 中大兄皇子로 불리고 있었던 무렵, 孝德天皇과 함께, 難波宮에 살고 있었을 때(645~653), 大和 飛鳥에 있었던 鏡王女와 贈答한 것이다.

23　橋本四郎, 「卷二の贈答歌」伊藤博・稻岡耕二, 『万葉集を學ぶ(第二集)』, 有斐閣 1977, 27쪽. "상대에서는, 단순한 건조물이 「屋」이고, 그 속에 펼쳐지는 인간관계와 생활을 포함해서 말하는 것이 家로, 상당히 분명하게 구별되어 있다."

의 答歌는 「가을 산 나무 밑으로 흘러가는 물이 보이지 않을지라도(秋山の樹の下隱り行く水の)」를 비유로 해서 자기 자신의 깊은 생각을 나타내고 있고, 同語의 공유는 없지만, 贈歌의 「오호시마 고개 꼭대기(大島の嶺)」를 「가을 산(秋山)으로 말을 바꾸어서 받아들이고 있다고 볼 수 있다. 이것은 상대의 발상을 받는 점에서, 類語의 공유라고 해도 좋을지 모른다. 또 天智가 남의 시선을 피해서 몰래 흐르는 물처럼 있고 싶다고 되받아치고 있는 것이고, 그 의미에서 보가적(報歌的)인 특징을 나타는 것이다. 게다가 天智의 「계속해서 보고 싶은데(継ぎも見ましを)」에 대해서 「가가미노 오호키미」의 「내 생각은 당신 생각보다 깊어요.(吾こそ勝さらめ思ほすよりは)」가 상대의 애정을 충분히 의식하면, 그것에 대항해서 일부러 상대를 폄하해서 노래하는, 흥정하는 노래의 반격하는 자세를 나타내는 것으로 주목되는 것이다.

이렇게 보면, 이 두 수에도, 다른 贈報歌에 準하는, 흥정가적인 특징이 있는 것이 분명한 것이다. 가가미노 오호키미 노래의 序詞는 소수의 초기 万葉歌에서 볼 수 있는 비유적인 성격의 노래라고 할 수 있는 것이다.

贈歌의 내용과 표현을 계승하면서 되받아 치는 報歌의 性格에 관하는 한, 다음의 天智天皇과 鏡王女와의 唱和歌(02/0093-94歌)도 그 예외는 아니다. 天智天皇과 鏡王女의 관계는 확실하지 않지만, 그녀가 「후지와라노 가마타리(藤原鎌足)」의 嫡妻로 되어 있는 점, 그 墓가 舒明天皇의 陵域안에 만들어져 있는 점 등으로부터, 舒明天皇의 皇女로도 추정되고 있다.

天武12년(683) 7월조에, 「乙丑, 天皇幸鏡姫王之家訊病」라고, 病床에 있는 王女를 天武天皇이 병문안 가신 것을 기록하는 것도, 오누이 관계였다고 하면, 자연스러울 것이다. 天智天皇과의 唱和歌는, 求婚問答은 아니고, 꼭 연애관계에 의한다고도 할 수 없는 것이고, 오누이 간의, 연애감정과도 같은 情愛를 노래한 것으로 봐도 좋을 것이다.

> 近江の大津の宮に天の下知ろしめしし天皇の代
> 内大臣藤原卿の鏡王女を娉(よば)ひし時に, 鏡王女の内大臣に贈れる歌一首
> 02-0093 玉櫛笥(たまくしげ) 覆ふを安み 明けていなば 君が名はあれど 吾が名し惜しも
> (두 사람 사이를) 덮어 가리는 것은 간단하기 때문에 날이 새고 돌아가시면 그대 이름은 어쨌든 내 이름이 소문나는 것은 곤란하지요.
> 内大臣藤原卿の鏡王女に報える歌一首
> 02-0094 玉櫛笥 みむろの山の さね葛さ 寝ずはつひに 有りかつましじ
> (다마쿠시게 미무로노야마노 사네카쓰라) 동침을 하지 않고 있을 수는 없는 일이겠지요?

상기의 두 歌群에 등장하는 鏡王女는 앞 가군에서는 中大兄皇子의 사랑을 받고 있지만, 뒤 歌群에서는 그의 수족이 되어서 활약했던 藤原鎌足과 결혼했다. 02/0093歌에서 그녀는 의도적으로 상대를 무시하고 자신만을 소중히 여기는 말투로 흥겨워하고, 상대의 반응을 엿보고 있다. 하룻밤을 같이 지세고 오랫동안 있어주는 것은 기쁘다. 하지만, 그 기쁨을 감추고 참고 있는 것이다. 이 한 수를 받은 「후지와라노 가마타리」는 02/0094歌에서 그것을 이해하고, 너는 그렇게 말하고 있지만, 「미모로노야마노 사나가쓰라」는 아니지만, 共寝하지 않고 있어도 좋은 것인가? 그런 짓을 하지 않으면 도저히 살아 있을 수 없겠지요?

라고, 살아 있을 수 없는 것은 자신이 아니라, 상대인 것처럼 일부러 시치미 떼고 화답(和答)한다. 상대가 사용한 말(玉櫛笥)을 이용하면서 그 조롱을 받아치는 것으로 두 사람의 친화는 더욱더 깊어진다고 하는 구조다.[24]

세상에 염문이 나는 것은 무서운 일이다. 염문이 나면 사랑하는 사람과 함께 있을 수 없게 된다. 相聞歌는 그리워하는, 함께 있을 수 없는 상대를 원하는 노래이다. 염문이 나는 것을 문제로 삼고 있다고 하는 것은 사랑이란 남의 눈에 띄거나, 소문나거나 해서는 안 된다고 하는 습관을 노래하지만, 그것은 결국, 연애가 禁忌에 둘러싸여 성립된다고 하는 사실을 나타내고 있다. 연애는 언제나 금기와 갈등하고 있는 것이었다.

久米禪師が石川郎女を娉つまどふ時の歌五首
02/0096 美薦(みこも)苅る信濃(しなぬ)の眞弓 吾(あ)が引かば 貴人(うまひと)さびて 否(いな)と言はむかも 禪師
(미코모카루) 信濃産의 멋진 활의 시위를 당기듯이, 내가 당신의 맘을 끌어당기면, 고상한 貴人인양 싫다고 말하겠는가?
02/0097 美薦苅る信濃の眞弓引かずして弦を著はくる行事わざを知ると言はなくに 郎女
(미코모카루) 信濃産의 멋진 활의 시위를 당기듯이, 나를 유혹도 해보지 않고서 무슨 말을 하는 것인가? 그런 말 하지 마세요.
02/0098 梓弓引かばまにまに寄らめども後の心を知りかてぬかも 郎女
信濃産 아츠사유미라고 하는 멋진 활의 시위를 당기듯이 내 맘을 유혹

---

24 伊藤博, 『萬葉集釋注一』, 集英社, 1997, 252쪽.

한다면 그대의 맘대로 따르겠지만, 앞으로도 당신이 나를 계속 사랑할지는 알 수 없어요.

02/0099 梓弓弓弦(つらを)取り佩(は)け引く人は後の心を知る人ぞ引く 禪師

信濃産 아츠사유미라고 하는 멋진 활에 현을 달고 활의 시위를 당기는 사람처럼 지금 유혹하는 사람은 앞으로 계속해서 그대를 사랑할 수 있는 사람만이 (그대를) 유혹한다.

02/0100 東人(あづまひと)の荷前(のさき)の箱の荷(に)の緒にも妹が心に乘りにけるかも 禪師

아즈마 지방 사람들이 바치는 진상품을 담은 상자를 꽁꽁 묶은 끈처럼, 당신은 내 맘을 사로잡아 버렸어요.

상기의 가군(02/0096-0100歌)은 남자가 구애하고, 여자가 화답한다고 하는 헤이안 시대의 연애 증답에 자주 보이는 패턴이다. 「시나누노 마유미(信濃の眞弓)」는『日本古典文學全集 萬葉集 一』02/0096歌 頭註의 "『續日本紀』大寶 二年 三月條에 시나누(信濃)에서 아츠사유미(梓弓)라고 하는 활(弓)을 헌상했다"[25]고 하는 기록에 의하면, 「시나누」라고 하는 고장이 활의 産地임을 알 수 있다. 「미코모카루 시나누노 마유미(美薦(みこも)苅る信濃(しなぬ)の眞弓)(02/0096)」는 아래의 「활시위를 당기다(弓を引く)」의 「히쿠(引く)」를 끌어내는 序로 사용되었다. 남자가 「미코모카루 시나누노 마유미(美薦(みこも)苅る信濃(しなぬ)の眞弓)(02/0096)」라고 노래해서, 여자에게 보냈기 때문에, 여자도 이 「미코모카루 시나누노마유미(美薦苅る信濃の眞弓)(02/0097)」을 넣어서 노래로 화답한다. 게다가 여자는 거기에

---

25 小島憲之 등,『日本古典文學全集 萬葉集 一』, 小學館, 1971, 02/0096歌 頭註, 121쪽.

서 「유미(弓)」을 끄집어내서, 「아츠사 유미(梓弓)」로 바꿔서, 남자를 야유한다. 남자는 또 그 「아츠사 유미」를 받아서 자신을 팔아넘긴다. 이일련의 노래는 노래 전개의 재미가 중심이 되어 있다고 할 수 있을 것 같다. 구메노 젠지(久米.師)와 이시카와노이라쓰메(石川郎女)의 조합도 심각한 연애라고 하기보다, 만남의 인사를 즐기고 있는 것을 생각하게 한다.

石川郎女는 이시카와노 이라스메(石川女郎)와 동일인물이라고 하면, 오호츠노 미코(大津皇子), 히나미시 미코(日並皇子), 오호토모노 타누시(大半田主), 오호토모노 스쿠나마로(大半宿麻呂) 등과의 증답(贈答)이 있고, 더욱이 오호나코(大名兒)라고 하는 이른바 遊女的인 이름(02/0110의 題詞)을 가지고, 오호츠노 미코 宮의 시녀(侍女, 02/0129의題詞), 즉 헤이안기의 궁정이나 귀족의 저택에서 시중드는 女官인 뇨보(女房)와 같은 사람으로 간주할 수 있다. 『枕草子』에 보이는, 宮廷에서 의 戀愛遊戲의 대상이 되는 여자였다.

久米禪師에 대해서는 달리 史料는 없지만, 僧侶인 점에 의미가 있음에 틀림없다. 요컨대, 宮廷의 女房的인 여자와 원칙적으로는 사랑(戀)에는 아무런 인연이 없는 僧侶의 사랑의 주고받기인 것이다. 이 사랑의 조합은 완전히 말장난인 것인가? 또는 상당히 심각한 戀愛인가? 심각한 연애라도 좋지만, 서로 만날 때 주고받던 노래로서 여유가 있기 때문에, 그렇게는 생각하기는 어려운 것이다.

역시, 왕도 서울에 있는 궁정인가 어딘가에서 딱 얼굴을 맞대고, 戀愛遊戲에 비견되는 인사를 했다고 하는 것이다. 이와 같은 戀愛遊戲는 궁정생활의 중요한 요소가 된다. 「미야비」라고 하는 개념이 있지만, 그것과 깊이 관련 있는 것이다.

상기 歌群의 노래는 황도 서울의 중심에 있는 궁정생활을 하는 고귀한 사람과 관인 등 궁정 사람이 주고받은 연가로 연가 본연의 목적인 사랑을 얻기 위한 것이라기보다는 궁정생활의 하나로 행해진 연애유희로 보는 편이 바람직한 것이다.

5. 서울 스타일(都風)

왕도 서울인 후지와라쿄는 궁전(宮殿)으로서는 처음으로 기와지붕의 초석건축을 본격적으로 채용하고, 천황의 御代를 넘어선 항구적인 시설로서 건축되었다. 가로세로(縱橫)로 난 도로로 구획되는 규격적인 거리 분할인 조방을 갖춘 광대한 경역(京域)이, 이 주변을 둘러싸고 있었다.

이러한 왕도 서울에 대하여, 스데히로시(都出比呂志)는 사람들이 밀도 높게 집주(集住)해서 센터 기능을 가지는 장소고, 집주 결과, 제1차 산업이라고도 할 수 있는 농경, 목축, 어업 등 근린 자원에 의존하는 자급자족체제로서는 유지할 수 없고, 원격지의 자원에 의존하고, 필연적으로 수공업이랑 상업의 비중을 높인 사회로 하고, 「중심기능, 집주, 상공업 발달, 외부의존」이라고 하는 네 가지를 도시의 주요한 요소로 생각한다.[26] 라고 정의하고 있다. 이러한 서울의 특징이 相聞歌에 어떻게 투영 되어 있는가?

연애는 남자가 엿보거나, 우연히 보거나, 소문을 듣거나 하는 따위로, 일방적으로 남자가 구애하는 것으로 시작된다. 연애는 짝 관련문제

---

26 都出比呂志, 「都市形成と國家論」, 『日本古代の國家と村落』, 塙書房, 1998, 40쪽.

기 때문에, 늘 사회적으로 일탈할 가능성을 가지고 있다. 그래서, 다양한 사회적인 제도, 금기가 부과되었다. 율령에는 결혼에 관한 언급은 있어도 연애에 관한 언급은 없다. 이것은 연애는 율령으로 규제할 문제가 아니라는 것이다. 즉, 율령은 이 지상에서의 사람의 위치를 설정하고, 역할 등을 정하는 것이기 때문에, 그것에 언급되어 있지 않은 것은 연애가 지상적인 것이 아니라고 할 수 있다. 그렇다면 사회적인 범주로부터 벗어나는 것이다. 예를 들면, 연심을 억누를 수 없어 낮에도 연인을 만나고, 일을 하지 않았다고 하자. 그것이 사회적으로 벌 받는다고 하면, 일하지 않았다고 하는 사회적인 행동 때문이지, 사랑하고 있기 때문은 아니다.

> 但馬皇女在高市皇子宮時窃接穂積皇子事既形而御作歌一首
> 02/0116 人言を繁み言痛みおのが世にいまだ渡らぬ朝川渡る
> 사람들의 소문이 많아서 시끄럽기에 생전 처음으로 나는 지금가지 건넌적이 없는 새벽 강을 건넌다.

상기의 노래에서는 여자가 남자를 만나러 가고 있는 상황을 노래하고 있지만, 남자가 여자 곁으로 밤에 방문하여 아침에 돌아오는 「가요 이콘」이라고 하는 「통혼(通婚)」이 기본이다. 이것은 이때까지 경험이 없다고 하는 내용이다. 이 노래에는 「다지마노 히메미코(但馬皇女)」가 다케치노미코(高市皇子)의 宮에 있었을 때, 몰래 호쓰미노 미코(穂積皇子)를 만나서, 일이 이미 나타나서 만드신 노래」라고 하는 題詞가 있다. 但馬皇女, 高市皇子, .積皇子는 모두 天武天皇의 자식이지만, 어머니가 다르다. 이복남매혼은 일단 禁忌는 아니기 때문에, 但馬皇女와 穂積皇子가 정을 통하는 것은 금기는 아니다. 高市皇子의 宮에 있었다고 하는 것이 결혼을 의미하면, 高市皇子와 但馬皇女도 이복남매기 때문에, 역시 이복남매혼은 허락되어 있는 것이 된다. 그러면, 但馬皇女는 高市皇子의 아내면서도, 穗積皇子와 정을 통했다. 그것이 「몰래」의 내용이다. 그 금기가 남의 말인 히토고토(人言)가 된 것이다. 02/0116歌에서 「人言」가 歌語로서 初出한다. 이것은 持統天皇의 藤原京시대의 노래로, 이 시대에 연애의 룰이 생겼기 때문에, 人言과 같은 말이 만들어졌다고 생각하는 것이다.

> 笠女郎贈大伴宿祢家持歌廿四首
> 04/0597 うつせみの人目を繁み石橋(いははし)の間近き君に戀ひわたる
> かも
>> 세상 사람들의 시선이 많아서, 징검돌처럼 아주 가까이에 있는 그대를 만날 수도 없고, 단지 (그대의 방문을) 애타게 그리며 지내고 있어요.

상기의 노래는 남의 시선인 히토메(人目) 가 많기 때문에 이렇게 가까이에 있는데도 만날 수 없이 계속 애타게 그리워하고 있다고 하는 것으로, 사랑(戀)의 의미를 잘 알 수 있는 것이다. 이 노래는 「가사노 이라쓰메(笠女郎)」가 「오호토모노 야카모치(大伴家持)」에게 보낸 것으로, 『万葉集』도 말기의 작품이지만, 이런 종류의 남의 시선을 의미하는 「히토메」라고 하는 말이 처음으로 나온 노래는 가키노 모토노 히토마로(柿本人麻呂)가 아내의 죽음을 탄식하는 長歌(02/0207)다. 이것도 藤原京시대의 작품이고, 藤原京이 궁정생활의 성립기였던 것이 확인된다.

그럼, 미야비후(都風) 라고 하는 서울 스타일 이란 어떤 것인가? 藤原京은 礼에 가장 충실한 형태로 건설된 왕도 서울이고, 그 바둑판 형태는 礼를 근간으로 하는 질서의 상징이 된다. 景觀의 礼를 근간으로 하는 질서는 藤原京에 거주하는 사람들에도 미친다. 藤原京밖에서는 「男女無別, 晝夜相會」는 일상적인 광경이었다 해도, 藤原京 내부에는 있어서는 안 되는 광경이었다. 藤原京은 礼에 의한 질서가 유지된 특별한 공간이었기 때문이다. 王畿[27]의 중심에 있는 도성은 왕의 덕을 가장 강하게 받는다. 따라서, 도성의 내부에서는 礼가 가장 올바르게 지켜져야 하는 것은 이 때문이다.

연애는 사회적인 질서로부터 일탈할 가능성이 높은 것이다. 예를 들면, 연애를 하게 되면, 노동할 시간인 대낮에도 연인을 만나고 싶은 법이다. 그래서 연애는 남의 시선인 「人目」과 남의 말인 「人言」을 기피하게 되는 것이다.

> 石川女., 贈大伴宿.田主.一首 .佐保大納言大伴卿第二子母日巨勢朝臣也
> 01/0126 遊士跡吾者聞流乎屋.不借吾乎還利於.能風流士
> 遊士(みやびを)と吾は聞けるを屋.(やと)貸さず吾を還せりおその風流士(みやびを)
> 風流가 있는 분으로 나는 들었는데, (야밤에 몰래 찾아간 나에게, 하룻밤 그대와 同寢할) 침실도 내주지도 않고 (그대로 아무 짓도 하지 않고) 나를 돌려보내다니 (여자의 기분도 모르는) 아둔한 풍류인이군요.
> 大伴田主字日仲、容姿佳艶風流秀絕。見人聞者靡不歎息也。時有石川女、自成雙栖之感、恒悲獨守之難、意欲寄書未逢良信。爰作方便而似己提子而到側、音蹄足叩諮曰、東隣貧女、取火矣。於是仲暗裏非識冒之

---

27 古代中國에서, 王城을 中心으로 한 周囲地域. 帝王의 直轄地. 畿内라고도 한다.

形。慮外不堪拘接之計。任念取火、就跡歸去也。明後、女恥自媒之可愧、復恨心契之弗果。因作斯以贈謔焉。

오호토모노 타누시(大伴田主)는 통상 츄로(仲郎)라고 했다. 容姿는 端麗, 風流는 비유할 데가 없이 뛰어나고, 보는 사람, 듣는 사람, 한 사람으로서 感歎하지 않는 사람은 없었다. 때마침 이시카와이라스메(石川女郎)가 있었다. 그녀는 평소 늘 그와 함께 보내려고 해서, 늘 獨守空房의 어려움을 참기 어려워했다. 마음속으로 몰래 戀文을 보내려고 했지만, 人便이 없었다. 그래서 한꾀(方便)를 생각해 내서, 초라한 노파(嫗)로 분장하고, 스스로 질그릇 냄비(土鍋)를 들고 그의 침실 옆에 가서, 쉰 목소리를 내고 다리를 비틀거리고, 문을 두드리고 방문해서, 「나는 이 근방의 가난한 여자(東隣貧女)입니다만, 불씨를 얻으러 찾아왔습니다.」라고 말했다. 이때, 그는 주위가 아주 어두워서 상대가 설마 변장하고 있다고도 생각하지 않고, 또 생각지도 않은 일이었기 때문에 상대에게 동침을 원하는 속마음이 있는 것도 알아차리지 못했다. 그래서 여자의 생각대로 불씨를 가지게 하고, 곧바로 돌아가게 해 버렸다. 다음 날 아침, 그녀는 중매인도 없이 스스로 짝을 찾아나간 것(自媒)에 대한 수치감에 괴로워하고, 또, 밀회가 잘 이루어지지 않은 것을 원망했다. 그래서 이 노래를 만들어 희롱으로 보냈다.

大伴宿祢田主報贈一首

02/0127 遊士爾 吾者有家里 屋戸不借 令還吾曾 風流士者有

遊士(みやびを)に吾はありけり屋戸(やと)貸さず還しし吾(われ)ぞ風流士(みやびを)にはある

한역: 나야말로 풍류인이다. 神話속에서 伊邪那岐命와 伊邪那美命와의 이야기에 있듯이, 여자가 남자 곁으로 찾아오는 것은 좋지 않은 일이기에, 여자 몸으로 찾아온 그대에게 하룻밤 동침할 침실을 빌려주지 않고 그대에게 아무 짓도 아지 않고 그대로 돌려보낸 나는 풍유인인 것이다.

　상기의 歌群는『만요슈』卷二 相聞에 전하는『이시카와 이라스메(石川女郞)』와 오호토모노 스쿠네타누시(大伴宿祢田主)의 贈答歌」다. 이 가군은「持統天皇 御代」의 노래다. 02/0126歌는 그의 좌주에 의하면,「容姿佳艶風流秀絕」한 風流人으로서 評判이 있는 大伴宿祢田主와 동침하고 싶어 하는 石川女郞이 어느 날 밤 비천한 할망구로 변장해서 냄비를 들고 그의 집을 방문하여 불을 빌려주도록 부탁하지만, 그는 그것을 알아차리지 못 하고, 불을 주고 그녀를 돌려보내 버린다. 그 다음날 아침, 그녀가 노래한 것이라고 한다. 이것이『만요슈』에 있는「미야비오」라고 하는「風流士」의 初出이다.

　「風流」와「미야비(みやび)」는 본래 다른 말이다.「風流」를「미야비」로 읽는 것은「風流」가 서울 스타일(都風)이라고 인식된 것에 의한다.

　「미야비」가 持統朝에 모습을 나타낸 것은 持統朝에 藤原京이 건설된 것과 무관하지 않을 것이다. 藤原京은 都城制를 채용한 최초의 본격적인 왕도인 서울로 여겨진다. 都風인 것을 주장하는「미야비」는 본격적인 왕도인 서울 없이는 출현할 수는 없는 것이다.

　그럼, 서울 스타일이라고 하는「都風」이란 어떤 것인가? 藤原京은 礼에 가장 충실한 형태로 건설된 王都고, 그 바둑판 형태는 礼에 의한 질서의 상징이 된다. 景觀의 礼的질서는 藤原京에 거주하는 사람들에도 미친다. 藤原京밖에서는「男女無別, 晝夜相會」는 일상적인 광경이었다해도, 藤原京내부에는 있어서는 안 되는 광경이었다. 藤原京은 礼에 의한 질서가 유지된 특별한 공간이었기 때문이다. 王畿[28]의 중심에 있는 도성은 왕의 덕을 가장 강하게 받는다. 따라서, 도성의 내부에서

---

28 古代中國에서, 王城을 中心으로 한 周圍地域. 帝王의 直轄地. 畿內라고도 한다.

는 礼가 가장 올바르게 지켜져야 하는 것은 이 때문이다. 예가 가장 올바르게 지켜지는 것이 서울 스타일인 것이다.

大伴宿礼田主는 이것에 대해서, 「스스로 찾아온 여자와 하룻밤을 함께 지낼 침대를 경솔하게 빌려주지 않고 그대로 돌려보낸 나야말로 진정한 풍류인인 것이다」라고 반박한다.

풍류인을 둘러싼 해석의 논쟁으로 볼만한 이 증답가가 보이는 것은 당시(奈良時代) 이것이 상당히 중시되고 있었던 것을 이야기하고 있는 것이다.

大伴宿祢田主와 石川女郎은 둘 다 「風流人」을 「遊士」와 「風流士」 두 가지로 적고 「미야비오(みやびを)」라고 동일하게 읽고 있지만, 이것은 「모토오리 노부나가(本居宣長)」의 『万葉集玉の小琴』에서 「風流士」를 「미야비오」로 읽은 후부터 통상 「미야비오」로 읽게 되었다. 그 이전에는 「다와레오(たはれを)」라고 읽었다.[29]

미야비(みやび)란 「미야(ミヤ)」+「부(ぶ: 위의 상태로 있는 것을 나타내는 접미어)」라고 하는 語構成을 가지는 상2단 활용 동사 「미야부(みやぶ)」의 연용형이 명사로 전성된 것이고, 서울 스타일(都風)이라고 하는 것이 기본적인 語義다. 그것에 대해서, 「風流」에는 都風이라고 하는 의미는 없다. 반복하지만, 風流는 도덕적 풍격과 好色的인 태도를 나타낸다. 「風流」를 「미야비」로 읽는 最古의 자료는 醍醐寺本 『遊仙窟』(正安二年, 1300)인 점이다. 上代에는 「風流」를 미야비 로 읽는 자료는 없다. 단지, 『만요슈』 05/0852歌의 「미야비(美也備)」라고 하는 一字一音表記의 예가 있어서 上代에 「미야비」라고 하는 말(語)이 존재한 것을 확인할 수

---

29 福澤健, 「石川女郎·大伴田主増報歌と藤原京」, 2000, 261쪽.

있다.

「風流」와 「미야비」는 본래 다른 말이다. 「風流」를 「미야비」로 읽는 것은 「風流」가 都風 즉 서울 스타일로 인식된 것에 의한다.

「미야비」가 持統朝에 모습을 나타낸 것은 持統朝에 藤原京이 건설된 것과 무관하지 않을 것이다. 藤原京은 都城制를 채용한 최초의 본격적인 왕도인 「서울」이다. 都風인 것을 주장하는 「미야비」는 본격적인 왕도 서울인 「미야코」 없이는 출현할 수는 없는 것이다.

또한, 「遊士」도 都風이라고 하는 의미는 없지만, 「미야비오」로 읽고 있다. 이것도 「遊士」(歌詞)와 「風流秀才之士」(左注)가 同義인 것을 나타내는 예다. 게다가 「遊」를 「아소부(あそぶ)」로 읽고, 이 「遊」야말로 宴席 등에서 文雅를 즐기는, 이른바 「미야비」의 실체인 것을 이 노래가 무엇보다도 증명하고 있는 것이다. 즉, 「遊士」가 「미야비오」로 읽히는 것은 「遊士」의 「아소비(遊び)」가 서울 스타일(都風)이라고 인정되었기 때문이다.

상기의 歌群에 의하면, 이시카와 이라스메의 「風流(遊)」가 戀愛·好色의 의미를 지니고 있는 것에 대해, 大伴宿祢田主의 것은 도덕적·인격적인 면을 의미하고 있다.

중국의 風流는 원래 호색적인 면과 도덕적인 면의 성격을 가지고 있었다. 大伴宿祢田主의 風流도 호색적인 면을 완전히 폄하하고 있는 것은 아니고, 남녀 교유의 본연의 모습으로서 자기의 행위를 자찬하고 있는 것이다. 그는 원래 「容姿佳艶」에 상응하는 「風流秀絶」이라고 하는 인물이기 때문에, 연애·호색 세계의 주인공 자격을 가지고 등장하고 있는 것이다. 말할 필요도 없이 男女交遊의 세계에 있어서, 그것이 그녀의 진실한 연애로부터 발생하지만, 특히 무례하게 된 상호 自嘲의

裏面이 戱歌가 된 것으로, 여기에는 꽤 고도의 웃음과 여유를 가진 문예적 태도를 엿볼 수 있다.

02/0126-0127歌群의 「미야비」와 왕도 서울이 礼을 근간으로 하는 질서의 공간으로 간주된 것은 무관하지 않다. 藤原京의 중심에 위치하는 藤原宮에서부터 天皇의 덕을 流出하고 있는 한, 藤原京에서는 礼가 지켜진다. 藤原京의 礼을 근간으로 하는 질서는 천황의 德性이라고 하는 증명이다. 그리고, 상기의 歌群에서는 藤原京의 礼을 근간으로 한 질서를 지키는 風流를 「미야비」로 하고 있는 것이다. 그렇다고 하면, 藤原京의 풍류를 잘 반영하고 있는 것이 大伴宿祢田主의 「미야비」고, 石川女郎의 風流(遊)는 호색적인 것으로 平城京의 「미야비」로 나아가는 가교적인 역할을 하고 있는 것이다.

6. 결론

일본 고대국가에서는 다이카 개신으로 율령이 반포되고, 王都도 자주 이동되었지만, 持統天皇時代부터는 藤原京이 건설됨에 새로운 王都文化를 형성해 갔다. 이러한 환경변화 속에서, 『万葉集』가 탄생되었다. 본 연구에서는 이 『만요슈』相聞歌에 투영된 王都文化의 변천과정과 그 특성을 고찰해 왔다.

중국식 혼인 제도를 그대로 적용하는 율령을 반포한 이후에도, 고대 일본의 전통적인 풍속과 율령이 부딪치는 현상이 相聞歌에 그대로 투영되어 있다. 이러한 相聞歌는 율령사회로 나아가는 과도기에 남녀의 사랑이 얼마나 힘들었던 것인가 대변하고 있는 것이다.

전제 군주로서의 천황제가 확립되고, 화려한 王都인 平城京으로 遷都한 와도 三(710)年 전후한 시대, 황후로서 지녀야 하는 덕목인 인내와 끝없는 사랑이 강력하게 요구되었던 것이다. 이러한 시대적인 요구에 응해서, 질투의 化身인 磐姬皇后를 사랑의 화신으로 승화시키기 위하여, 口傳되어 오던 노래들을 연작으로 구성해서 만요슈 卷二 相聞의 卷頭歌로 편집한 것이다.

『만요슈』卷二 相聞歌 歌群의 노래는 왕도의 중심에 있는 궁정에서 생활하는 고귀한 사람과 관인 등 궁정 사람이 주고받은 연가다. 이 연가는 본연의 목적인 사랑을 얻기 위한 것이라기보다는 궁정생활의 하나로 행해진 연애유희인 것이다.

藤原京의 중심에 위치하는 藤原宮에서부터 天皇의 德을 流出시키고 있는 한, 藤原京에서는 礼를 근간으로 하는 사회가 유지되는 것이다. 藤原京의 이러한 질서는 천황의 德性의 증명이기도 한 것이다. 연애는 사회적인 질서로부터 일탈할 가능성이 높은 것이다. 예를 들면, 노동할 시간인 대낮에도 만나고 싶은 것이다. 그래서 연애를 할 때는 남의 시선인『人目』와 남의 말인『人言』를 기피하게 되는 것이다. 이러한『人目』과『人言』이 歌語로 등장하기 시작한 것은 藤原京시대인 것이다.

藤原京의 礼을 근간으로 하는 사회의 질서를 지키는「風流士」를「미야비오」라고 한다. 藤原京의 風流를 잘 반영하고 있는「미야비오」는「大伴宿祢田主」인 것이다. 그에 반해,「石川女郎」는 호색적인「미야비오」기 때문에, 平城京의「미야비(風流)」로 나아가는 가교적인 역할을 하고 있는 것이다.

참고문헌

坂本太郎 外3人, 『日本古典文學大系 日本書紀(上)』, 岩波書店, 1967.

小島憲之, 『新編日本古典文學全集(万葉集Ⅰ, Ⅱ, Ⅲ, Ⅵ)』, 小學館, 1995.

鬼頭淸明, 『日本古代都市論序說』, 法政大學出版局, 1977, 45~46쪽.

久米常民, 『万葉集の文學論的硏究』, 櫻楓社, 1960.

三谷榮一, 『記紀万葉集の世界』, 有精堂, 1984.

中西進, 『万葉の時代と風土』, 角川選書, 1980.

中島光風, 「鏡王女について」, 『文學』, (第11卷 제10號).

土屋文明, 『万葉名歌』, 社會思想社, 1956, 148쪽.

山田孝雄, 『萬葉集考叢』, 玉文館, 1955, 42쪽.

澤瀉久孝, 『萬葉集注釋二』, 中央公論社, 1960.

伊藤博, 『萬葉集の表現と方法(上)』, 塙書房, 1975, 336쪽.

＿＿＿・稻岡耕二, 『万葉集を學ぶ(第二集)』, 有斐閣, 1977, 23쪽, 27쪽.

＿＿＿, 『萬葉集釋注一』, 集英社, 1997, 240~242쪽, 252쪽.

小島憲之 等, 『日本古典文學全集萬葉集一』, 小學館, 1971, 121쪽.

都出比呂志, 「都市形成と國家論」, 『日本古代の國家と村落』, 塙書房, 1998, 40쪽.

福澤健, 「石川女郎・大伴田主贈報歌と藤原京」, 2000, 261쪽.

헤이안[平安] 시대 일본의 都城과 疫神제사

김은정

1. 머리말

지금까지 필자는 고대 일본에서 왕권의 정통성과 위엄을 드러내기 위해 조영된 도성, 특히 왕궁에 설치된 조당과 정원의 구조 및 사용형태를 고찰함으로써 해당 공간들이 역사적으로 어떻게 변화되었는가를 살펴보았다. 그 결과를 단적으로 말하면 고대 일본에서 자신의 통치이념을 적극적으로 표현하려고 노력했던 천황일수록 도성의 활용도가 훨씬 높게 나타났다.[1] 이것은 도성의 구조적인 특징과 사용법, 그리고 변화 과정을 제대로 분석할 수만 있다면, 각 시기에 보이는 천황의 통치이념과 자세를 보다 다양한 시각에서 접근할 수 있으며, 나아가 그 의의를 해명하는 데 새로운 단서를 확보할 수 있다는 것을 의미한다. 이러한 입장을 견지하고 있는 필자가 최근에 관심을 갖게 된 연구 대상

---

1 김은정, 「平城宮 庭園의 使用形態와 그 特徵」, 『백제연구』 57, 충남대학교백제연구소, 2013, 178~202쪽; 同, 「平安京 神泉苑의 造營 目的과 特徵」, 『백제연구』 59, 2014, 충남대학교백제연구소, 140~163쪽; 同, 「平城宮 朝堂을 통해 본 고대 일본의 천황」 (2017년도 시간강사연구지원사업 연구과제); 同, 「고대 일본의 殯의례와 왕권」, 『日本歷史研究』 47, 일본사학회, 2018, 5~29쪽.

은 도성 밖에 위치한 공간이다. 고대 일본에서 정치·경제·문화의 중심
이며, 律令制라는 통치이념에 따라 조영된 도성이 다른 공간보다 중요
시되었다는 것은 새삼 말할 필요도 없을 것이다. 그러나 이러한 시각에
서 조금만 벗어나 도성을 일본이라는 전체 공간 내에 있는 하나의 공간
으로 간주할 경우, 畿內[2]에 설치된 도성이 차지하는 비율은 대단히 낮
다. [그림 1·2·4·6 : 528~532쪽 참고]

따라서 본 논고에서는 도성을 구성하는 각 공간의 성격에 착안했던
기존의 연구 방법에서 벗어나, 平安시대에 일본의 영역으로 인식되었
던 전체 공간 내에서 도성의 성격과 의미를 주목하고자 한다. 이러한
시도는 고대 일본사회에서 도성이 차지하는 위치 또는 위상과 관련해
새로운 시각을 제시할 수 있을 뿐만 아니라, 도성의 진정한 주인공인
천황의 의미를 분석하는 데도 좋은 자료가 될 것이다. 이를 위해 구체
적으로는 平安시대에 疫病이 유행할 조짐이 보이거나 이미 창궐했을
경우 이를 막기 위해 平安宮과 平安京 그리고 이것을 둘러싸고 있는
諸 공간이 어떻게 대응했는지 그 일단을 살펴볼 것이다. 이때 宮城-京
城-畿內 등의 각 경계지점과 주요 교통로에서 실시된 疫神제사와 道饗
祭를 주목한 선학들의 연구는,[3] 본 논고의 논지를 전개하는 데 중요한

---

2 왕도를 둘러싸고 있는 특별 행정구획을 畿內라고 하는데, 고대 일본에서 그것의 첫
  출현은 『日本書紀』 권제25 대화 2년(646) 정월 갑자(1일)조 改新의 詔에 보이는 "凡畿
  內, 東自名墾橫河以來, 南自紀伊兄山以來〈兄, 此云制〉西自赤石櫛淵以來, 北自近江
  狹々波合坂山以來爲畿內國."이다. 율령제 하에서 기내는 大倭·河內·攝津·山背國으
  로 이루어진 四畿·四畿內였으나, 하내국에서 和泉監이, 대왜국에서 芳野監이 분리된
  이후에는 四畿二監·四畿內及二監이 되었다. 그러나 이후 두 監은 폐지되고, 화천국이
  독립됨으로써 五畿·五畿內로 정착되었다(廣瀨和雄·山中章·吉川眞司, 「總說」, 廣瀨
  和雄·山中章·吉川眞司編, 『(講座 畿內の古代學 第Ⅰ卷) 畿內制』, 東京, 雄山閣,
  2018, 8~9쪽).

지침이 될 것이다. 그리고 이러한 검토는 궁극적으로 平安시대에 왕권을 유지 또는 강화하는 데 도성이 어떻게 이용되었는지 그 실태를 이해하는 데 도움이 되리라 생각한다.

본 논고에서 시기를 平安시대로 한정한 이유는 관련 사료가 대부분 9세기 이후의 사실을 대변하고 있기 때문이다. 필자의 이러한 접근 방식이 8세기 이전의 상황을 유추할 수 있는 계기가 되기를 기대한다.

2. 疫病의 유행과 대응 방법

본 장에서는 平安시대에 역병이 유행할 징조가 보이거나 창궐했을 때 평안궁과 평안경, 그리고 이것을 둘러싸고 있는 諸 공간이 어떻게 대응했는지 살펴볼 것이다. 이때 【사료1】은 그 대응 방법을 이해할 수 있는 중요한 단서가 된다.

---

3 前田春人, 「古代國家の境界祭祀とその地域性(上)」, 『續日本紀研究』215, 續日本紀研究會, 1967; 同, 「古代國家の境界祭祀とその地域性(下)」, 『續日本紀研究』216, 大阪歴史學會古代史部會内, 1967; 中村英重, 「畿内制と境界祭祀」, 『史流』24, 北海道教育大學史學會, 1983; 關口靖之, 「古代畿内東限の疫神祭祀地と主要交通路−山城と伊賀, 大和と伊賀國境の事例」, 『地理學報』24, 大阪教育大學地理學教室, 1986; 同, 「疫神祭祀地と主要交通路−『延喜式』にみる畿内十界の檢討−」, 『地理學報』28, 大阪教育大學地理學教室, 1992. 道饗祭와 관련해서는 和田萃, 「夕占と道饗祭」, 『日本古代の儀禮と祭祀・信仰 中』, 東京, 塙書房, 1995; 前田春人, 『日本古代の道と衢』, 東京, 吉川弘文館, 1996; 鬼塚久美子, 「古代の宮都・國府における祭祀の場−境界性との關連について−」, 『人文地理』47-1, 人文地理學会, 1995; 宍戸香美, 「鎮火祭・道饗祭にみる都城の境界」, 『寧樂史苑』52, 奈良女子大學史學會, 2007; 舩井まどか, 「道饗祭の成立過程とその意義に關する一考察」, 『神道研究集録』第26輯, 國學院大學大學院文學研究科神道學專攻, 2012 등을 참조.

【사료1】『延喜式』권3 神祇3 臨時祭 宮城四隅疫神條

宮城四隅疫神祭〈若應祭京城四隅准此〉

五色薄絁各一丈六尺〈等分四所, 已下准此〉, 倭文一丈六尺, 木綿四斤
八兩, 麻八斤, 庸布八段, 鍬十六口, 牛皮, 熊皮, 鹿皮, 猪皮各四張, 米,
酒各四斗, 稻十六束, 鰒, 堅魚各十六斤, 腊二斗, 海藻, 雜海菜各十六斤,
鹽二斗, 盆四口, 坏八口, 匏四柄, 槲十六把, 薦四枚, 藁四圍, 楉棚四脚
〈各高四尺, 長三尺五寸〉, 杉一枝.

먼저 조문이 실린『延喜式』은 강보 4년(967)에 고대 일본의 기본 법
전인 율령을 보완하기 위해 만든 시행세칙이다.『延喜式』은 10세기 중
반에 편찬되었으나, 이보다 앞서 시행된 천장 7년(830)의『弘仁式』, 정
관 13년(871)의『貞觀式』을 취사선택하여 편찬되었을 가능성이 큰 만
큼, 平安시대뿐만 아니라 奈良시대의 시행세칙을 엿볼 수 있는 중요한
사료이다.

【사료1】은 宮城 즉, 평안궁의 네 모퉁이에서 역신제를 드릴 때 사용
한 제물의 종류와 양을 기록한 것으로, 사실 그 구성은 대단히 단순하
다. '宮城四隅疫神祭'라는 제사명을 기록한 후에 역신에게 드릴 오색의
薄絁·목면 등의 섬유, 소·곰 등의 가죽, 쌀과 술, 전복·해초 등의 해산
물, 그릇과 돗자리 등이 나열되어 있을 뿐이다.[4] 임시제였기에 제사를
지낸 정확한 시기는 알 수 없으나, 역병이 유행할 징조가 보이거나 이
미 창궐했을 때 제사를 주관한 神祇官은 해당 제물을 준비해 평안궁의
네 모퉁이에서 제사를 지냈을 것이다. 그리고 제사명에 '若應祭京城四

---

4 西宮秀紀,「『延喜式』に見える祭料に關する一考察」,『延喜式研究』19, 延喜式研究會,
   2002, 105~124쪽.

隅准此'라고 附記된 것에서 알 수 있듯이, 이와 동일한 형태의 제사가 평안경의 네 모퉁이에서도 행해진 것으로 보인다. 평안궁은 이렇게 二重의 제사 網을 통해 역병이 그 내부로 들어오지 못하도록 철저히 보호되었던 것이다. [그림 3 : 528~532쪽 참고]

그리고 平安시대에 실시된 역신제와 관련해 주목되는 또 하나의 사료가【사료2】이다.

【사료2】『延喜式』 권3 神祇3 臨時祭 畿內堺疫神條

畿內堺十處疫神祭〈山城與近江堺一, 山城與丹波堺二, 山城與攝津堺三, 山城與河內堺四, 山城與大和堺五, 山城與伊賀堺六, 大和與伊賀堺七, 大和與紀伊堺八, 和泉與紀伊堺九, 攝津與播磨堺十〉

堺別五色薄絁各四尺, 倭文四尺, 木綿, 麻各一斤二兩, 庸布二段, 金鐵人像各一枚, 鍬四口, 牛皮, 熊皮, 鹿皮, 猪皮各一張, 稻四束, 米, 酒各一斗, 鰒, 堅魚, 海藻, 滑海藻各四斤, 雜海菜四斤, 腊五升, 鹽五升, 水瓫一口, 坏二口, 匏一柄, 槲四把, 薦一枚, 藁一圍, 輿籠一脚, 杓一枝, 擔夫二人〈京職差徭充之〉.

【사료2】는【사료1】과 비교해 역병을 퇴치하기 위한 제사라는 점에서 공통점을 갖지만, 祭場이 기내와 국경이 맞닿은 경계지역이라는 점에서 구분된다.[5] 山城國과 近江國의 경계·山城國과 丹波國의 경계·山城國과 攝津國의 경계·山城國과 河內國의 경계·山城國과 大和國의 경계·山城國과 伊賀國의 경계·大和國과 伊賀國의 경계·大和國과 紀伊

---

5 高橋美久二·近江俊秀等著,「第1章 畿內」, 古代交通硏究會編著,『日本古代道路事典』, 東京, 八木書店, 2004.

國의 경계·和泉國과 紀伊國의 경계·攝津國과 播磨國의 경계가 제사의 場으로 사용되었다.[6] 이러한 경계지역은 〈그림 4〉[528~532쪽 참고]에서도 알 수 있듯이, 크게 두 가지 측면에서 특징을 갖는다. 첫 번째는 祭場으로 사용된 지역이 기내와 畿外의 경계 지점이라는 것이다.[7] 산성국과 근강국·단파국·이하국의 각 경계, 대화국과 이하국·기이국의 각 경계, 화천국과 기이국의 경계, 섭진국과 파마국의 경계가 그것이다. 이처럼 기내와 기외를 구분하는 경계 지점에서 역신제를 지냈다는 것은 기내와 기외를 달리 인식했다는 것을 의미한다. 천자가 거주하는 왕성을 포함한 주변 지역을 기내, 그 외곽 지역을 기외와 蕃夷로 구분한 중국 기내제[8]의 영향을 받아 성립된 일본의 기내제는 역신제를 통해서도 그 차별성이 확인된 셈이다. 그리고 두 번째 특징은 산성국과 국경을 접하고 있는 모든 국의 경계에서 제사를 지낸 점이다. 산성국과 섭진국·하내국·대화국의 경계에서 지낸 역신제가 그것이다. 이러한 사실은 기내를 구성하는 대화국·하내국·섭진국·산성(또는 山背)국·화천국 가운데 산성국을 가장 중요시했다는 것을 뜻하며, 그 이유는 平安 시대 왕권의 소재지인 평안궁이 산성국에 있었기 때문일 것이다.[9]

---

6 藤岡謙二郎編, 『古代日本の交通路 I』, 東京, 大明堂, 1978.

7 前田春人은 고대 일본에서 경계를 획정하는 방식은 국가권력의 시대적인 특질에 따라 규제된다고 보았다(前田春人, 앞의 논문(下), 1967, 36~38쪽).

8 曾我部靜雄, 「日中の畿內制度」, 『律令を中心とした日中關係史の研究』, 東京, 吉川弘文館, 1968.

9 熊谷公男·白石太一郎, 「古代史の舞臺 畿內とその近國」, 上原眞人·吉川眞司等編集, 『列島の古代史 ひと·もの·こと1』, 東京, 岩波書店, 2006, 253~301쪽; 吉川聰, 「畿內と古代國家」, 『史林』, 史學研究會, 1996, 43~77쪽; 同, 「文獻史學からみた畿內」, 『古代學研究』 211, 古代學研究會, 2017, 1~12쪽.

이상으로 【사료1】·【사료2】를 통해 드러난 사실은 平安시대에 역병에 대응하기 위해 평안궁과 평안경의 네 모퉁이, 산성국과 인접한 모든 국의 경계, 기내와 기외를 구분 짓는 모든 국의 경계에서 역신제가 행해졌다는 것이다. 이렇게 평안궁을 중심으로 四重의 동심원을 이루며 전개된 역신제는 평안궁에 거주하는 천황의 존재와 의미를 이해하는 데 시사하는 바가 크다고 할 수 있다.[10] 그리고 역신제를 통해 천황의 거주공간이자 통치공간인 평안궁이 철저히 보호된 사례는, 陰陽寮가 주관한 儺祭에서도 확인된다.

【사료3】『延喜式』 권16 陰陽寮 儺祭條

儺祭料

　五色薄絁各一尺二寸, 飯一斗, 酒一斗, 脯, 醃堅魚, 鰒, 乾魚各一斤, 海藻五斤, 鹽五升, 柏廿把, 食薦五枚, 匏二柄, 缶一口, 陶鉢六口, 松明五把, 祝料當色袍一領, 袴一腰.

　右, 預前申省請受, 依件辨備, 十二月晦日昏時, 官人率齋郎等, 候承明門外, 即依時赳共入禁中, 齋郎持食薦安庭中, 陳祭物, 訖陰陽師進讀祭文, 其詞曰, 今年今月今日今時, 時上直符, 時上直事, 時下直符, 時下直事, 及山川禁氣江河谿壑廿四君, 千二百官, 兵馬九千萬人〈已上音讀.〉, 位置衆諸前後左右, 各隨其方謫定位可候, 大宮內〈尓〉神祇官宮主〈能〉伊波比奉〈里〉敬奉〈留〉, 天地〈能〉諸御神等〈波〉, 平〈久〉於太比〈尓〉伊麻佐布倍志〈登〉申, 事別〈氐〉詔〈久〉, 穢惡〈伎〉疫鬼〈能〉所所村村〈尓〉藏〈里〉

隱〈布留乎波〉, 千里之外, 四方之堺, 東方陸奧, 西方遠値嘉, 南方土佐, 北方佐渡〈與里〉乎知能所〈乎〉, 奈牟多知疫鬼之住〈加登〉定賜〈比〉行賜〈氏〉, 五色寶物, 海山能種種味物〈乎〉給〈氏〉, 罷賜移賜〈布〉所所方方〈尒〉, 急〈尒〉罷往〈登〉追給〈登〉詔〈尒〉, 狹奸心〈氏〉留〈里〉加久良波, 大儺公, 小儺公, 持五兵〈氏〉, 追走刑殺物〈曾登〉聞食〈登〉詔.

山中裕에 의하면 고대 일본의 나제는 중국에서 疫癘를 퇴치하던 의식이 전래된 것으로,[11] 그것의 첫 출현은 文武 천황기인 경운 3년(706)에 역신을 몰아내기 위해 土牛를 만든 기사이다.[12] 平安時代에 나제는 천황과 친왕 이하의 대신이 참가한 가운데 方相과 侲子를 앞세워 내리의 네 문과 궁성의 열 두 문에서 역귀를 내쫓은 후, 다시 京職의 관인으로 하여금 역귀를 도성 밖으로 몰아내는 의식으로 정착하였다.[13]

---

11 山中裕, 「平安朝の年中行事の特質と意義-正月四方拜より十二月追儺まで-」, 『平安朝の年中行事』, 東京, 塙書房, 1972, 262~272쪽; 阿部猛·義江明子·相曾貴志編, 『平安時代儀式年中行事事典』, 東京, 東京堂出版, 2003.

12 『續日本紀』 권제3 경운 3년(706) 시년조 "天下諸國疫疾, 百姓多死, 始作土牛大儺."

13 『內裏式』·『儀式』·『延喜式』에 보이는 平安時代 大儺의 작법은 다음과 같다. 12월 그믐날 戌刻(오후 7시~9시) 中務省이 사전에 지명한 친왕 및 대신, 次侍從 이상의 儺人과 중무성의 관인이 承明門 밖 동쪽 뜰에 모여 의식이 시작되기를 기다린다. 이후 나인을 나누어 宣陽門(동)·承明門(남)·陰明門(서)·玄暉門(북)에 대기시킨 후 그들에게 桃弓·葦矢·桃杖을 하사한다. 亥1刻(오후 9시)이 되면 方相에 임명된 장신의 大舍人을 선두로 친왕 이하의 나인과 음양료의 관인이 中庭(紫宸殿 앞뜰)에 나아간다. 여기서 方相은 대나라고도 하는데, 대나는 눈이 네 개인 황금색의 가면을 쓰고, 玄衣와 朱裳을 입었다. 그리고 오른손에는 창을, 왼손에는 방패를 들고 侲子 20명을 거느리고 악귀를 내쫓았다. 진자는 官奴가 맡았는데, 그들은 감색의 布衣를 입고, 붉은 抹額(冠의 가장자리에 두른 머리띠)을 착용했다. 齋郞이 자신전의 뜰 중앙에 돗자리를 깔고 그 위에 제물의 진열을 마치면 음양사가 나아가 제문을 읽었다. 이후 방상이 儺聲을 내며 세 번 창으로 방패를 두드리면, 그것을 신호로 삼아 친왕 이하 나인은 큰 소리를 내며 桃弓·葦矢·桃杖을 가지고 악귀를 사방에 있는 네 문 밖으로 쫓아냈다(『續日本紀』 권제3 補注

【사료3】은 임시제가 아닌 '十二月晦日昏時' 즉, 매년 12월 그믐날 저녁(오후 7시~9시)에 치러진 정기제로서 신기관뿐 아니라 음양료도 제사를 주관했다는 점에서 앞의 두 사료와는 차이가 있지만, 역신을 제사지낸 점에서 공통점을 갖는다. 그리고 무엇보다 평안궁이 역귀로부터 어떻게 보호되었는지 그 구체적인 작법을 엿볼 수 있어 주목된다. 12월 그믐날 날 저녁 나제가 시작되면 음양료의 陰陽師는 齋郎을 거느리고 承明門을 지나 내리의 정전인 紫宸殿 前庭에 나아가 제문을 읽었다. 〈그림 5〉[528~532쪽 참고] 이후 신기관의 宮主도 전정에 나아가 축사를 큰 소리로 읽었는데, 이때 궁주의 축사 가운데 대단히 흥미로운 내용이 눈에 띈다. 바로 일본의 所所村村에 숨어 있는 역귀를 몰아내야 할 곳으로 千里之外 즉, '東方陸奧, 西方遠値嘉, 南方土佐, 北方佐渡'를 언급하고 있는 점이다. 여기서 동쪽의 陸奧는 현재 일본의 동북지방(福島·宮城·岩手·青森·秋田縣 지역)을, 서쪽의 遠値嘉는 長崎縣의 五島 열도 및 그 부속 도서를, 남쪽의 土佐는 高知縣을, 북쪽의 佐渡는 新潟縣의 佐渡를 가리킨다. 〈그림 6〉[528~532쪽 참고]은 이 네 지점을 표기한 것이다. 이렇게 역귀를 네 지점 밖으로 쫓아내려고 했다는 것은, 그 내부에 해당하는 지금의 本州·四國·九州 전 지역은 역귀로부터 보호해야 할 공간으로 인식했다는 것을 의미한다. 따라서 【사료3】은 【사료2】에서 기내와 구분된 기외의 경계 밖 한계가 어디까지 인가를 보여주고 있으며, 나아가 9세기 당시 일본 조정에서 인식했던 일본이라는 영역의 범위를 추정케 한다.

　요컨대 평안궁의 네 모퉁이 → 평안경의 네 모퉁이 → 산성국의 경계

　3에서 참조).

→ 기내의 경계에서 실시된 역신제사는,[14] 平安시대에 일본 영역의 경계로 인식된 陸奧(동)·遠値嘉(서)·土佐(남)·佐渡(북)에 이르러 완성되었던 것이다. 따라서 陸奧 바깥 지역에서 발생한 역병이 평안궁에 다다르기 위해서는 이러한 五重의 방어선을 넘지 않으면 안 되었다. 〈그림 6〉[528~532쪽 참고]그리고 당시 조정에서 五重의 방어선 가운데 가장 지키고자 했던 곳은 바깥쪽에 위치한 경계였을 것이다. 왜냐하면【사료1】·【사료2】에 보이는 역신제는 임시제였던 반면,【사료3】의 나제는 매년 12월 그믐에 실시된 정기제였기 때문이다. 이러한 차이는 일본 영역의 경계로 인식했던 공간을 수호하려는 의식이 강하게 작용했다는 것을 뜻한다. 그리고 내부에 위치한 四重의 동심원은 정기제가 정상적으로 작동하지 않아 역병이 유행할 징조가 보일 때, 좀 더 구체적으로 말하면 평안궁에 거주하는 천황을 보호할 필요가 대두되었을 때 작동하였다. 平安시대에 천황의 거주공간이자 통치공간인 평안궁은 이러한 중층의 제사 網을 통해 '穢惡'한 역귀 즉, 더럽고 악한 역귀가 근접할 수 없는 淸淨한 공간[15]으로 유지되었던 것이다.

---

14 前田春人은 율령제적 경계 제사의 중요한 지리적 특징은 예외 없이 행정구획의 경계 지점에서 제사를 지냈다는 것이며, 이것은 기내와 중앙의 국가기관이 집주한 宮城의 四隅에서 시작해, 都城四隅·畿內十堺·諸國境界라는 동심원적인 형태로 확대되었다고 보았다(前田春人, 앞의 논문(上), 1967, 16~23쪽).

15 中村英重에 따르면 宮城-京城-畿內의 각 경계 지점에서 역신제사가 실시된 이유는 각각의 내부 공간을 종교적인 聖域(코스몰로지)으로 인식했기 때문이었다. 일본 영토의 경계 지점인 陸奧·遠値嘉·土佐·佐渡에 대한 언급이 없어 아쉬운 감이 있지만, 四至의 내부 공간을 '종교적인 聖域'으로 인식했다는 점은 높게 평가할 만하다(中村英重, 앞의 논문, 1983, 51~52쪽).

3. 疫神제사와 武官

율령제 하에서 역신제사는 神祇를 제사지내고 諸國에 있는 官社를
총괄했던 神祇官,[16] 中務省에 예속되어 卜筮·天文·曆 등을 담당했던
陰陽寮[17]의 관인들이 주관하였다. 그러나『朝野群載』[18]에 따르면 역신
제사에 관여했던 사람들 중에는 이와 같이 조정의 제사에 종사했던
전문 관인들만 있었던 것이 아니었다.

【사료4】『朝野群載』제15 陰陽道 四角四堺祭使發遣官宣旨

右辨官下 山城國

　和邇堺

　　使　蔭子橘兼舒　　　從三人　　陰陽允中原善益　　　　從三人

　祝　少属秦春連　　　從三人　　奉禮　陰陽師布留満樹　　從二人

　祭郎　學生四人　　　從一人　　左衛門府生美努定信　　從二人

　　看督長一人　　從一人　　火長一人

---

16 『令義解』권1 職員令 神祇官條 神祇官 "伯一人,〈掌神祇祭祀, 祝部神戸名籍, 大嘗,
御巫, 卜兆, 惣判官事. 餘長官判事准此〉大副一人,〈掌同伯, 餘次官不注職掌者, 同長
官〉少副一人,〈掌同大副. 大祐一人, 掌糾判官內, 審署文案, 勾稽失, 知宿直, 餘判官
准此〉少祐一人,〈掌同大祐, 大史一人, 掌受事上抄, 勘㿟文案, 撿出稽失, 讀申公文,
餘主典准此〉少史一人,〈掌同大史〉神部卅人, 卜部廿人, 使部卅人, 直丁二人."

17 『令義解』권1 職員令 陰陽寮條 陰陽寮 "頭一人,〈掌天文, 曆數, 風雲氣色, 有異密封奏
聞事〉助一人, 允一人, 大屬一人, 少屬一人, 陰陽師六人, 掌占筮相地〉陰陽博士一人,
〈掌教陰陽生等〉陰陽生十人, 掌習陰陽〉曆博士一人,〈掌造曆及敎曆生等〉曆生十人,
〈掌習候天文氣色〉漏尅博士二人,〈掌奉守辰丁, 伺漏尅之節〉守辰丁廿人,〈掌伺漏
尅之節, 以時擊鐘鼓〉使部廿人, 直丁二人."

18 平安時代 후기 算박사 三善爲康이 平安時代의 시문·宣旨·官符 등을 분류해 편찬한
시문집이다. 현재는 30권 가운데 21권이 남아 있으며, 平安時代 고문서의 서식이나
제도와 문물을 이해하는 데 귀중한 사료로 평가받는다.

　　　會坂堺　同前　　　　大枝堺　同前　　山崎堺　同前
　　右今月廿七日爲祭治郊外四所鬼氣, 差件等人宛使發遣者, 國宜承知, 依
　例供給, 官符追下
　　　　　天曆六年六月廿三日　　　　　　　　　　大史阿蘇宿禰
　　右大辨藤原朝臣

　　【사료4】는 村上천황기인 천력 6년(952)에 산성국과 경계를 이루는
네 곳에서 鬼氣를 제사지내기 위해 관계자들을 파견한 내용이다. 따라
서【사료4】는【사료2】에서 산성국과 국경이 맞닿은 섭진국·하내국·대
화국에서 실시된 역신제의 구체적인 모습을 보여주고 있다.

　　먼저 祭場으로 선정된 네 곳을 보면, 和邇堺와 會坂堺는 현재 滋賀縣
大津市에 있으며, 北陸·東海·東山道가 근강국에서 산성국으로 진입
하는 곳에 위치한다. 大枝堺는 현재 京都府 龜岡市 老ノ坂 고개를 가리
키는데, 山陰道의 입구로서 丹波國과는 국경을 이룬다. 山崎堺는 현재
京都府 大山崎町과 大阪府 島本町에 걸친 지역을 가리키며, 山陽道에
서 산성국으로 진입하기 위해서는 반드시 이곳을 지나야 했다. 그렇다
면 이렇게 주요 도로가 지나는 길목에서 鬼氣를 제사지낸 이유는 무엇
일까? 그것은 아마도 산성국과 연결된 도로를 철저히 봉쇄하면 역병이
산성국 내부로 퍼지는 것을 막을 수 있다고 생각했기 때문일 것이다.
당시 사람들은 鬼氣 즉, 역병을 일으키는 존재를 관념적이고 불가시적
인 것이 아니라, 도로를 통해 이동하는 구체적인 존재감을 동반한 것으
로 인식했던 것이다. 그리고 그러한 존재를 물리치기 위해서는 특별한
도구나 능력을 갖춘 사람이 필요하다고 생각했다.【사료4】는 이러한
추정을 뒷받침해 주는데, 여기서 흥미로운 점은 鬼氣를 제사지내기 위

해 파견된 관계자 중에는 제사와 관련된 음양료의 음양사와 실무를
맡은 신기관의 祝[19]뿐만 아니라, 左衛門府의 生美努定信, 檢非違使에
예속된 看督長,[20] 火長[21]과 같이 역신제사와 무관해 보이는 衛門府, 檢
非違使의 관리 즉, 무관이 포함되어 있는 점이다.

어째서 鬼氣를 제사지내는 데 宮城에 설치된 諸문의 경호와 출입을
담당했던 위문부[22]와 슈外官으로서 평안경의 치안을 유지하고 재판을
담당했던 검비위사[23]에 예속된 무관이 파견되었던 것일까? 아마도 그
이유는 이들의 직무를 통해 유추해보건대, 무관이라는 점과 이들이 지
닌 武具의 주술적인 능력 때문이었을 것이다.

平安시대에 무구의 주술적인 힘을 빌려 외부의 사악한 기운을 떨쳐
버리려 했던 행위는 귀족 여성의 출산 과정에서도 확인된다. 귀족 여성
들은 산달이 다가오면 친정에 産室을 차려 출산을 준비했는데, 그때
반드시 준비해야 되는 것 가운데 하나가 활의 시위를 당겨 소리를 내는

---

19 여기서 祝은 신기관의 伴部로서 神部를 가리키며, 이들은 제사·神事와 관련된 잡무를
　담당하였다(『令集解』 권2 職員令 神祇官條 義說).

20 看督長은 平安시대 검비위사에 예속된 관인으로 처음에는 牢獄을 관리했으나, 이후에는
　追捕 등 죄인을 포박하는 일을 담당하였다(阿部猛編, 『增補改訂 日本古代官職辭典』,
　東京, 同成社, 2007).

21 火長은 검비위사에 예속된 하급관인으로, 원래는 律令軍團制에서 10명의 병사를 1火로
　편성했을 때 그 長을 가리키는 용어로 사용되었다. 화장은 군단제 하에서 병사를 통솔
　하고 官馬 여섯 필과 火 단위로 필요했던 釜·鍬·斧 등의 비품을 관리하였다. 이후
　화장은 衛府의 衛士와 駕輿丁 중에서 선발되었으며, 平安시대에는 看督長, 案主, 관인
　의 종자 등으로 구성되었다.

22 『令義解』 권1 職員令 衛門府條 衛門〈管司一〉 "督一人, 〈掌諸門禁衛, 出入, 禮儀,
　以時巡撿, 及隼人, 門籍, 門牓事〉佐一人, 大尉二人, 少尉二人, 大志二人, 少志二人,
　醫師一人, 門部二百人, 物部卅人, 使部卅人, 直丁四人, 衛士."

23 검비위사는 桓武천황이 군단을 폐지한 후 도성의 치안이 악화되자 嵯峨천황이 弘仁연
　간(810~823)에 군사·경찰 업무를 담당하기 위해 창설한 영외관이다.

鳴弦役을 산실 옆에 대기시키는 것이었다.[24] 이 명현역의 역할은 18세기에 성립한『鳴弦蠹目考』에 의하면 사람은 물론 鳥獸에 이르기까지 두려움에 떨게 할 소리를 내는 것이었다. 출산하는 데 방해가 되는 요망스럽고 간악한 기운을 쫓아내기 위해 무구와 그것을 다룰 줄 아는 사람을 준비했던 것이다. 사실 平安시대에 귀족 여성이 출산과 관련해 이렇게까지 민감한 반응을 보이게 된 것은 조정의 관직이 家産化되기 시작한 것과 무관하지 않다.[25] 12세기가 되면 가부장제 원리에 기초한 家의 모습이 그 형태를 갖추면서 부친의 관직을 아들이 계승해야 할 家의 재산으로 생각하는 경향이 두드러졌다. 이로써 귀족의 자제들은 태어나는 순간부터 자신이 출세할 수 있는 최고의 관직을 예측할 수 있게 된 것이다.

　율령제가 제 기능을 발휘했던 8세기에서 9세기 중반만 하더라도 관인들이 출세하기 위해서는 蔭位制와 같이 일부 계층에게 부여된 특권도 있었으나,[26] 일반적으로는 근무 수행능력 및 태도가 그들의 출세를

24　平安시대 귀족의 출산의례에 관해서는 中村義雄, 『王朝の風俗と文學』, 東京, 塙書房, 1962; 平間充子, 「平安時代の出産儀禮に關する一考察」, 『お茶の水史學』 34, お茶の水女子大學 比較歷史學講座讀史會, 1990; 二村友佳子, 「古代の出産儀禮に關する一考察-平安時代の皇族の出産儀禮を中心に」, 『歷史研究』 42, 愛知學芸大學歷史學会, 1996; 服藤早苗, 「産養と王權-誕生儀禮と皇位繼承」, 『平安王朝の子どもたち 王権と家・童』, 東京, 吉川弘文館, 2004 등을 참조.

25　鷲見等曜, 「平安時代末期貴族の『家』」, 『岐阜經濟大學論集』 18-3・4호, 岐阜經濟大學學會, 1984; 服藤早苗, 「山陵祭祀より見た家の成立過程-天皇家の成立をめぐって-」, 『家成立史の研究』, 東京, 校倉書房, 1991; 佐藤健治, 「攝關家行事の成立-葬送と追善佛事を中心に-」, 『中世權門の成立と家政』, 東京, 吉川弘文館, 2000.

26　율령제 하에서 高位의 자손은 21세가 되면 자동으로 父祖의 위계에 따라 종5위하에서 종8위하에 해당하는 위계를 하사받았다.(『令義解』 권4 選敍令 五位以上條, 『同』 同 授位條).

좌지우지했다.[27] 따라서 관인들은 더 높은 지위에 오르기 위해 치열한 경쟁에 노출되었고, 그 과정에서 음모 또는 배신과 같은 불공정한 경쟁 요소로 인해 억울하게 죽거나 정계에서 배척되기도 하였다. 이때 경쟁에서 승리한 자는 고관의 자리에 올라 표면적으로는 승자의 기쁨을 누리는 것처럼 보였다. 그러나 그들은 내심 패자의 원한 때문에 자신의 지위와 일족의 번영이 저해되지는 않을까 전전긍긍했다. 의료기술이 지금과는 비교할 수 없을 정도로 열악했던 平安시대에 귀족 여성이 출산 과정에서 그토록 민감하게 반응했던 이유도 그들이 원한의 표적이 될 수 있다는 두려움과 공포 때문이었다. 이로 인해 異變 즉, 예상치 못한 사태가 일어날 때면 요괴로 변신한 패자의 원한이 벌인 일로 치부되었다. 귀족 여성이 출산 과정에서 명현역을 준비시킨 이유는 바로 이러한 邪氣를 막기 위한 조치였던 것이다. 이와 비슷한 사례가 『古事談』에 인용된 삽화에서도 확인된다. 白河상황이 요괴와 원령의 위협에 시달려 잠을 청할 수 없어 궁여지책으로 東國에서 源氏 세력의 기반을 쌓은 源義家의 활을 머리맡에 두었는데, 그 후로는 불면증 증세가 사라졌다고 한다.[28] 이 이야기 역시 당시 사람들이 무구와 이를 갖춘 무관에게 이변을 일으키는 형이상학적인 존재를 물리칠 수 있는 주술적인 능력이 있다고 믿었다는 것을 말해주고 있다. 그리고 이와 동일한 기대가 산성국과 국경이 맞닿은 네 곳의 祭場에 파견된 무관들에게도 적용되었을 것이다.

종래 선학들은 이러한 국면에서 무관들의 활약을 주목하였다.[29] 그

---

27 『令義解』 권4 考課令 內外官條.
28 『古事談』 第4 勇士 白河法皇立義家武具于御枕上事.

이유는 무사와 불가분의 관계에 있는 중세[30]에 대한 평가와 관련이 있었기 때문이다. 그들은 무사를 아시아적 노예사회의 한 형태인 고대 율령국가를 타도한 새로운 시대의 기수로 생각했으며, 지방에서 세력을 형성한 무사의 영향력이 당시 율령국가의 계보를 잇는 조정을 능가했다고 보았다.[31] 鎌倉막부는 그러한 무사의 동량이 수립한 최초의 무인정권이었던 것이다. 그러나 겸창막부의 성립 배경에 대한 이러한 이해는 黒田俊雄이 權門體制論을 제창하면서 전환점을 맞이하였다.[32] 권문체제론에 의하면 중세사회에서 무사와 천황은 적어도 표면상으로는 단절된 것이 아니었으며, 조정·무사·寺社는 상호 보완적이었다. 특히 조정과 무사의 관계는 대립적이지 않았고, 무사는 국가권력 내에서 군사·경찰의 임무를 담당했던 조정의 봉사자였다. 이러한 권문체제론이 제기된 이후 무사의 발생, 무사의 사회적 역할에 대한 기존의 통설은

---

29 高橋昌明, 『酒呑童子の誕生 もう一つの日本文化』, 東京, 中央公論社, 1992; 伊藤喜良, 「中世における天皇の呪術的權威とは何か」·「四角四堺の場に生きた人々」·「衛門府とケガレのキヨメ」, 『日本中世の王權と權威』, 京都, 思文閣出版, 1993; 同, 「王權をめぐる穢れ·恐怖·差別」, 網野善彦·樺山紘一等編, 『岩波講座 天皇と王權を考える7 ジェンダーと差別』, 東京, 岩波書店, 2002; 野口實, 『武家の棟梁の條件 中世武士を見なおす』, 東京, 中央公論社, 1994.

30 大正~昭和시대 초기 일본의 역사학계는 유럽사회가 경험한 역사를 분석하는 과정에서 유럽의 중세사회=봉건제사회를 일본사에 적용시키려고 하였다. 즉, 토지의 授受를 중심으로 전개된 무사의 주종관계를 봉건제의 전형으로 삼고자 했던 것이다(原勝郎, 『日本中世史』(講談社學術文庫 256), 東京, 講談社, 1978). 중세를 무사의 시대로 평가했던 이러한 시각은 근대화에 성공한 구미제국과 일본이 동등한 위치에 있다는 것을 강조하고 싶었던 당시 일본의 國是에 부응한 것이었다. 그 결과 일본의 역사는 봉건제를 기축으로 한 사회를 내포하게 되었고, 아시아 제국이 아닌 구미제국의 역사와 유사한 것으로 기술되었다.

31 石母田正, 「中世的世界の形成」, 『石母田正著作集』 제5권, 東京, 岩波書店, 1988.

32 黒田俊雄, 『日本中世の國家と宗敎』, 東京, 岩波書店, 1975.

재검토되었고, 그 결과 무사가 중세사회의 한 축으로 성장할 수 있었던
발판은 지방이 아닌 평안경이었을 가능성이 새롭게 제기되었다. 그리
고 그 일환으로 주목받은 것이 바로 평안궁을 중심으로 동심원상으로
전개된 역신제사에서 천황의 신체를 보호했던 무사의 역할이었다. 이
러한 시각으로 볼 때【사료4】의 무관은 조정의 봉사자로서 자신의 직무
에 적합한 역할을 수행한 것이 된다.

　이상의 내용을 통해 평안궁과 평안경의 중심에 있는 천황은 형이상
학적인 존재의 접근을 막기 위해 조정의 제사를 전담했던 신기관과
음양료의 관인들뿐만 아니라, 무구를 갖춘 무관을 통해서도 철저히 보
호되었다는 것을 알 수 있다.

4. 疫病의 원인

　平安시대 사람들은 역병을 일으키는 역신·역귀 등이 도로를 통해
기내를 지나 평안경과 평안궁으로 들어온다고 생각했다. 이것은 역신
·역귀를 형태가 없는 막연한 것이 아니라, 구체적인 형태를 갖춘 특별
한 존재로 인식했다는 것을 뜻한다. 그렇다면 그와 같은 인식은 언제
성립된 것일까? 그리고 어떻게 변화되었던 것일까?

　사료 상에서 그러한 인식을 엿볼 수 있는 첫 사례는 앞에서 언급한
경운 3년(706) 역병으로 인해 수많은 사망자가 속출하자, 조정에서 大
儺를 드려 역병을 막고자 한 기사이다. 이때 흙으로 만든 소 모양의
土牛라는 구체적인 형태를 갖춘 도구를 사용해 역병에 대처했다는 것
은, 奈良시대에도 역병의 원인이 되는 존재가 형체가 없는 막연한 것이

아니라 구체적인 형태를 갖춘 존재로 인식했다는 것을 의미한다. 그리고 【사료5】를 보면 奈良시대도 平安시대와 마찬가지로 역병이 도로를 통해 퍼진다고 인식했다는 것을 알 수 있다.

【사료5】『續日本紀』 권제12 천평 7년(735) 7월 을미(12일)조
　　勅曰, 如聞, 此日, 大宰府疫死者多. 思欲救療疫氣, 以濟民命. 是以, 奉
　　幣彼部神祇, 爲民禱祈焉. 又府大寺及別國諸寺, 讀金剛般若經. 仍遣使賑
　　給疫民, 并加湯薬. 又其長門以還諸國守, 若介, 專齋戒道饗祭祀.

　　聖武천황은 천평 7년(735) 大宰府에서 疫氣 즉, 역병으로 인해 사망자가 속출하자,[33] 대재부에 명하여 天神地祇에게 폐백을 올리고 백성을 위해 기도하게 했다. 그리고 大寺와 다른 國의 사찰에 명하여 金剛般若經을 읽게 하는가 하면, 사신을 현지에 파견해 米・布와 탕약을 지급해 고통 받는 백성들을 구제하게 했다.[34] 또한 역병이 기내로 퍼지는 것을 막기 위해 山陰道에 속한 長門・周防・安藝・備後・備中・備前・美作・播磨國의 守(장관)와 介(차관)에게 명하여 齋戒한 후 道饗祭를

---

33 천평 7년(735)에 발생한 역병(천연두로 추정됨)이 일본 열도를 덮친 이래, 천평 9년(737)에는 藤原不比等의 네 아들 武智麻呂・房前・宇合・麻呂를 포함해 공경들이 역병으로 인해 목숨을 잃었다. 최근의 연구에 따르면 당시 유행한 역병으로 100만 명에서 150만 명 정도가 사망했다고 한다(吉川眞司, 「律令體制の展開と列島社會」, 『列島の古代史8 古代史の流れ』, 岩波書店, 2006, 153쪽).

34 8세기 후반에서 9세기에 걸쳐 전국의 國分寺에서는 역병의 유행을 막기 위한 法會와 讀經을 행했는데, 이것은 災異가 천황의 不德으로 인해 발생한다는 믿음에 기인한 것이었다. 따라서 이 시기 천황은 백성에게 물질적・정신적 구제를 베푸는 일에 적극적일 수밖에 없었다(有富純也, 「疫病と古代國家－國分寺の展開過程を中心に」, 『歷史論評』 728, 歷史科學協議會, 校倉書房, 2010, 38~39쪽).

지내게 했다. 여기서 도향제는 四時祭의 일환으로 매년 여름과 겨울 두 번에 걸쳐 역병이 京內로 들어오는 것을 막기 위해 京城의 四隅 즉, 평안경의 네 모퉁이에서 지낸 제사를 말한다.[35] 도향제를 산양도의 諸國에서 지내게 한 것은 역병이 도로를 통해 기내로 들어온다고 생각했기 때문이다. 이렇게 각 國의 도로에서 역병을 막고자 한 방식은, '穢惡〈伎〉疫鬼'를 일본의 영역 밖으로 내쫓고자 했던【사료3】의 도식과 중복된다.

【사료5】에서 주목할 필요가 있는 또 하나의 것은 역병이 발생한 곳으로 대재부가 소재한 筑紫, 지금의 福岡縣이 확인되고 있는 점이다. 천평 7년(735)에 역병이 대재부에서 발생한 것은 우연한 일이었는지도 모른다. 그러나 천평 9년(737) 봄에 창궐한 疫瘡의 발상지로 고대 일본에서 외교의 관문인 축자가 다시 언급되었다는 것은,[36] 당시 조정에서 역병을 풍토병이 아닌 중국이나 한반도에서 건너온 전염병으로 인식했을 가능성을 시사한다.

그리고 奈良시대 중반 이후에도 직접적인 표기는 확인할 수 없으나, 역병을 일으키는 존재를 인식하고 있었던 것이 분명하다.

---

35 『延喜式』권제1 四時祭上 道饗祭條 道饗祭〈於京城四隅祭〉"五色薄絁各一丈, 倭文四 尺, 木綿一斤十兩, 麻七斤, 庸布二段, 鍬四口, 牛皮二張, 猪皮, 鹿皮, 熊皮各四張, 酒 四斗, 稻四束, 鰒二斤五兩, 堅魚五斤, 腊八升, 海藻五斤, 鹽二升, 水盆, 杯各四口, 槲 八把, 匏四柄, 調薦二枚."

36 『續日本紀』권제12 천평 9년(737) 시년조 "是年春, 疫瘡大發. 初自筑紫來, 經夏涉秋. 公卿以下天下百姓, 相繼沒死. 不可勝計. 近代以來未之有也.", 『同』同 4월 계해(19일) 조 "大宰管內諸國, 疫瘡詩行, 百姓多死. 詔, 奉幣於部內諸社以祈禱. 又賑恤貧疫之家, 并給湯藥療之."

【사료6】『續日本紀』권제21 천평보자 2년(758) 8월 정사(18일)조

勅, 大史奏云, 案九宮經, 來年己亥, 當會三合, 其經云, 三合之歲, 有水
旱疾疫之災, 如聞, 摩訶般若波羅蜜多者, 是諸佛之母也. 四句偈等, 受持
讀誦, 得福德聚, 不可思量. 是以, 天子念, 則兵革災害, 不入國裏. 庶人
念, 則疾疫癘鬼, 不入家中. 斷惡獲祥, 莫過於此. 宜告天下諸國, 莫論男
女老少, 起座行步口閑, 皆盡念誦摩訶般若波羅蜜. 其文武百官人等, 向朝
赴司, 道路之上, 每日常念, 勿空往來. 庶使風雨随時, 咸無水旱之厄, 寒
溫調氣, 悉免疾疫之災. 普告遐邇, 知朕意焉.

【사료6】에 의하면 천평보자 2년(758)에 大史局, 즉 음양료가 淳仁천
황에게 중국의 역학서인『九宮經』의 한 구절을 인용하며, 천자가『摩
訶般若波羅蜜經』을 암송하여 나라에 병란과 재해가 없기를 기원하듯
이, 庶人도 家에 역병이 돌지 않기를 기원하면 癘鬼가 들어오지 못한다
고 아뢰자, 순인천황은 諸國에 있는 남녀노소에게 명하여『摩訶般若波
羅蜜經』을 암송하게 했다고 한다. 보귀 5년(774) 光仁천황이 내린 칙서
에도 이와 동일한 내용이 인용된 것을 보면,[37] 奈良시대에 병란과 역병
으로 인한 두려움을 떨쳐내는 데 이러한 정형화된 표현이 사용된 듯하
다. 그리고 이때 역병의 원인으로 癘鬼를 지목하고 있는 점이나, 보귀
2년(771) 3월에 諸國에서 역신제사를 지낸 것으로 보아,[38] 奈良시대에

---

37 『續日本紀』권제33 보귀 5년(774) 夏4월 기묘(11일)조 "勅曰, 如聞, 天下諸國疾疫者衆,
雖加醫療, 猶未平復, 朕, 君臨宇宙, 子育黎元, 興言念此, 寤寐爲勞, 其摩訶般若波羅蜜
者, 諸佛之母也, 天子念之, 則兵革災害, 不入國中, 庶人念之, 則疾疫癘鬼, 不入家內,
思欲憑此慈悲, 救彼短折, 宜告天下諸國, 不論男女老少, 起坐行步, 咸令念誦摩訶般若
波羅蜜, 其文武百官, 向朝赴曹道次之上, 及公務之餘, 常念念誦, 庶使陰陽叶序, 寒溫
調氣, 國無疾疫之災, 人遂天年之壽, 普告遐邇, 知朕意焉."
38 『續日本紀』권제31 보귀 2년(771) 3월 임술(5일)조 "令天下諸國祭疫神."

도 역병을 일으키는 존재에 대해 분명히 인식하고 있었다는 것을 알 수 있다. 따라서 【사료1】·【사료2】·【사료3】에서 확인된 平安시대의 역병에 대한 인식과 대응 방법은 奈良시대에도 그 형태를 조금씩 갖추고 있었다고 볼 수 있다.

하지만 여기서 奈良시대의 상황이 그렇다고는 해도 平安시대에 이르러 역병에 대한 인식과 대응 방법이 더욱 구체적이고 적극적으로 변화되었다는 사실을 간과해서는 안 된다. 그 이유는 첫째로 앞에서 언급했듯이 奈良시대에는 볼 수 없었던 무관이 등장하고 있기 때문이다. 무구와 그것을 소지한 무관의 주술적인 힘을 빌려 역병을 퇴치하려던 발상은 平安시대에 시작되었다. 그리고 둘째는 이국을 역병 유행의 起點으로 생각하는 의식이 奈良시대에 비해 훨씬 고조되었다는 점이다. 물론 奈良시대에도 이국에서 발생한 역병이 대재부, 축자를 통해 일본 국내로 퍼졌다고 생각했을 가능성은 있지만, 平安시대가 되면 그러한 추정은 보다 구체적인 사실로 표현되었고, 【사료7】은 그러한 변화를 여실히 보여준다.

> 【사료7】『日本三代實錄』 권21 정관 14년(872) 정월 신묘(20일)조
>   是月, 京邑咳逆病發, 死亡者衆, 人間言, 渤海客來, 異土毒氣之令然焉.
>   是日, 大祓於建禮門前以厭之.

정관 14년(872) 정월에 발생한 咳逆병(고혈과 기침을 동반한 일종의 유행성 감기)으로 인해 평안경에서 다수의 사망자가 발생하자, 조정에서는 해역이 평안궁까지 퍼지는 것을 막기 위해 평안궁의 建禮門 앞에서 大祓을 행하였다.[39][그림 5 : 528~532쪽 참고] 그런데 이 기사에서 주목을

끄는 것은 해역이 발생한 원인으로 발해 사신이 가져온 '異土毒氣'를
지적하고 있는 점이다. 당시 발해 사신이 평안경에 체류하고 있었다는
것은 정관 14년(872) 정월 6일에 菅原朝臣道眞과 美努連淸名이 存問渤
海客使로 임명된 것을 보면 분명하다.[40] 그런데 어째서 당시 사람들은
발해 사신이 해역 즉, 역병을 퍼트렸다고 생각했던 것일까? 발해 사신
이 해역을 평안경에 퍼트렸을 가능성이 전혀 없다고 단정할 수는 없겠
지만, 그러한 발상이 이국에 대한 혐오감이 고조된 상황에서 표출된
것이라면 문제의 본질은 다른 시각에서 살펴볼 필요가 있다.

그리고 이때 정관 11년(869) 5월 22일 밤 신라해적이 博多津을 침입
하여 豊前國에서 진상한 공물을 약탈해 도주한 사건[41]은 이 문제를 이
해하는 데 중요한 단서를 제공한다. 정관 11년(869) 신라해적 사건이
발생했을 때 조정에서는 제대로 대응하지 못한 대재부를 견책하면서
도,[42] 그렇게 심각한 문제로 생각하지 않았다. 그러나 그로부터 반년이

---

39 음양료는 전년도에 이듬해인 정관 14년(872)에 역병이 창궐할 것을 예견하였다(『日本
三代實錄』권20 정관 13년(871) 12월 乙卯(14일)조 "陰陽寮言, 明年當有天行之災, 又古
老言, 今年衆木冬華, 昔有此異, 天下大疫, 勅令五畿七道諸國, 頒幣境內諸神, 於國分
二寺轉經, 禱冥助於佛神, 銷凶札於未萌.").

40 『日本三代實錄』권21 정관 14년(872) 정월 정축(6일)조 "以正六位上行少內記菅原朝
臣道眞, 從六位下行直講美努連淸名爲存問渤海客使, 園池正正六位上春日朝臣宅成爲
通事."

41 『日本三代實錄』권16 정관 11년(869) 6월 신축(15일)조 "大宰府言, 去月廿二日夜, 新羅
海賊, 乘艦二艘, 來博多津, 掠奪豊前國年貢絹綿, 卽時逃竄, 發兵追, 遂不獲賊.". 사건
의 경위에 대해서는 山崎雅稔, 「貞觀十一年新羅海賊來寇事件の諸相」, 『國學院大學大
學院紀要 文學研究科』32, 國學院大學大學院, 2001; 村上史郎, 「九世紀における日本
律令國家の對外意識と對外交通—新羅人來航者への對應をめぐって」, 『史學』69-1, 慶
應義塾大學文學部內三田史學會, 1999 등을 참조.

42 『日本三代實錄』권16 정관 11년(869) 7월 무오(2일)조 "(전략) 是日, 勅譴責大宰府司
曰, 諸國貢調使史領將, 一時共發, 不可先後零疊離其羣類, 而令豊前一國獨先進發, 亦

지난 12월에 대재부의 관사, 문, 樓, 兵庫에 大鳥가 몰려드는 괴이한 일이 일어나면서 상황은 급변하기 시작했다. 신기관과 음양료의 관인들은 서둘러 이 괴이한 현상에 대해 점을 쳤고, 그 결과 隣境兵寇 즉, 이국과 전쟁할 징조라는 점괘가 나왔다. 이로 인해 5월에 발생한 신라 해적 사건은 그러한 징조 가운데 하나로 간주되었고, 일본 열도는 순식간에 신라가 습격해 올지도 모른다는 두려움에 휩싸였다. 다급해진 조정은 대재부의 방비 태세를 강화하는가 하면, 유력한 사찰과 신사에 명하여 이적 토벌을 위한 기도를 올리게 했다.[43] 그리고 같은 해 12월 14일에는 伊勢神宮을 시작으로 29일에는 石淸水八幡宮, 이듬해인 정관 12년(870) 2월 15일에는 八幡大菩薩宮·香椎宮·宗像大神·甘南備神에 사신을 파견해 폐백을 올리는 등 신라의 습격에 대비해 神의 가호를 기원하였다.[44]

그런데 이때 신사에서 올린 告文을 보면 대단히 흥미로운 내용이 확인되는데, 바로 神의 능력을 의지하는 근거로 '我朝〈乃〉神國〈止〉畏憚〈禮〉來〈禮留〉故實〈乎〉淺〈多之〉失〈比〉賜〈布奈〉〔일본(필자 우리 조정)은 神國으로서 異國이 두려워했다는 故實을 쉽게 잊지 말

弱奸人, 乘餌虎口, 遂使新羅寇盜, 乘隙致侵掠, 非唯亡失官物, 兼亦損辱國威, 求之往古, 未有前聞, 貽於後來, 當無面目, 雖云使人之可責, 抑亦府官之有怠, 又或人言, 盜賊逃去之日, 海邊百姓五六人, 冒死追戰, 射傷二人, 事若有實, 寧非忠敬, 而府司不申, 何近掩善, 又所禁之人, 雖有嫌疑, 緣是異邦最思仁恕, 宜停拷法, 深加廉問早從放却."

43 『日本三代實錄』 권16 정관 11년(869) 12월 경자(17일)조 "去夏, 新羅海賊掠奪貢綿, 又有大鳥, 集大宰府廳事并門樓兵庫上, 神祇官陰陽寮言, 當有隣境兵寇, 肥後國風水, 陸奧國地震, 損傷廨舍, 沒溺黎元, 是日, 勅命五畿七道諸國, 班幣境內諸神, 豫防後害.", 『同』同 12월 무자(5일)조.

44 『日本三代實錄』 권16 정관 11년(869) 12월 정유(14일)조, 『同』同 12월 임자(29일)조, 『同』同 정관 12년(870) 2월 정유(15일)조.

라] '45고 언급하고 있는 점이다. 일본은 신국으로서 이국이 두려워했던 사실을 쉽게 잊어서는 안 되며, 힘을 다해 신라를 물리쳐야 한다는 것이다. 사료 상에서 신국이라는 표현이 처음으로 등장한 것은『日本書紀』이다. 仲哀천황이 죽은 후 그의 부인인 신공황후가 神의 가호로 신라를 공격하여 신라를 항복시켰을 때 신라왕이 "내가 들으니 동쪽에 신국이 있는데, 일본이라 한다. 또한 (그곳에) 聖王이 있는데, 천황이라고 한다. 반드시 그 나라의 神兵일 것이다. 어찌 군사를 일으켜 방어할 수 있겠는가?"46라고 말한 것이 그것이다. 이 신국 관련 기사는『日本書紀』가 편찬될 당시 윤색되었을 가능성이 큰 만큼 해당 내용을 곧이곧대로 받아들이기는 어렵다. 다만 여기서 신라왕을 빙자해서 표현된 신국이라는 것이 당시 집권층이 갖고 있던 의식 즉, 일본이 이국과 비교해 우월하다는 그들의 의식이 반영되었다는 점은 주목할 필요가 있다. 정관 11년(869) 신라가 습격해 올지도 모르는 상황에서 당시 조정에서는 위기의식을 희석시키기 위해 이러한 신국 의식을 재차 강조할 필요성을 느꼈는지도 모른다. 결과적으로 정관 11년(869)에 발생한 신라해적의 습격과 그와 관련한 일련의 사건은 조정의 대외인식을 변화시켰고,

---

45『日本三代實錄』권16 정관 11년(869) 12월 정유(14일)조 "遣使者於伊勢大神宮奉幣, 告文曰, (중략) 我朝〈乃〉神國〈止〉畏憚〈礼〉來〈礼留〉故實〈乎〉澆〈多之〉失〈比〉賜〈布奈〉, (후략)."

46『日本書紀』권제9 신공황후(섭정전기 仲哀천황) 9년 冬10월 기해삭 신축조 "從和珥津發之, 時飛廉起風, 陽侯擧浪, 海中大魚悉浮扶船, 則大風順吹, 帆舶隨波, 不勞櫓楫, 便到新羅, 時隨船潮浪遠逮國中, 卽知, 天神地祇悉助歟, 新羅王於是戰戰慄慄厝身無所, 則集諸人曰, 新羅之建國以來, 未嘗聞海水凌國, 若天運盡之, 國爲海乎, 是言未訖之間, 船師滿海, 旌旗耀日, 鼓吹起聲, 山川悉振, 新羅王遙望以爲非常之兵將滅己國, 讋焉失志, 乃今醒之日, 吾聞, 東有神國, 謂日本, 亦有聖王, 謂天皇, 必其國之神兵也, 豈可擧兵以距乎, (후략)."

일본사회는 이전보다 더욱 폐쇄적이고 배타적으로 바뀌었다.[47] 일본사회에 해롭고 나쁜 영향을 끼치는 것은 이국에서 건너왔다고 하는 이러한 인식은, 폐쇄적이고 배타적인 자세를 견지했던 당시 일본 조정의 모습을 대변하고 있으며, 【사료3】에서는 그러한 요소가 '穢惡〈伎〉疫鬼'로 표현되었던 것이다.

일본의 영역 밖에 있는 세계를 不淨한 것으로 규정할수록, 그 중심에 있는 천황은 특별한 존재로 부상되기 마련이다.[48] 따라서 9세기 중반 이후 천황을 중심으로 주변 지역을 뒤처진 지역으로 판단했던 소위 中華思想의 한 형태가 만들어진 것도 결코 우연은 아닐 것이다.[49] 이와 같은 맥락에서 볼 때 【사료5】도 시기적으로 다소 차이가 있지만, 외부 세계에 대한 차별의식의 연장선에서 이해될 수 있을 것이다.

한편 平安時代에 역병의 원인으로 지목된 것은 비단 異國만이 아니었다. 정쟁에서 패배한 자의 怨念 또한 그 원인으로 새롭게 주목받기 시작했다. 앞에서 언급했듯이 가부장제적인 家가 형성된 平安時代 후기 이전만 하더라도 귀족들의 정치적 지위는 결코 안정적이지 못했다.

---

47 石上英一, 「古代國家と對外關係」, 歷史學研究會·日本史研究會編, 『講座日本史 古代 2』, 東京, 東京大學出版會, 1984; 大日方克己, 「古代における國家と境界」, 『歷史學研究』 6-3, 歷史學研究會, 1990; 村井章介, 「王土王民思想と九世紀の轉換」, 『思想』 847, 東京, 岩波書店, 1995; 應地利明, 「認識空間としての「日本」」, 網野善彦·樺山紘一·宮田登等編, 『岩波講座 天皇と王權を考える八 コスモロジーと身體』, 東京, 岩波書店, 2002; 木村茂光, 『「國風文化」の時代』, 東京, 青木書店, 1997; 保立道久, 『黃金國家 東アジアと平安日本』, 東京, 青木書店, 2004.

48 片岡耕平, 「「神國」の形成」, 永井隆之·片岡耕平·渡邉俊編, 『日本中世のNATION-統合の契機とその構造』, 岩田書院, 2007, 25~60쪽; 佐藤弘夫, 「神國思想考」, 『日本史研究』 390, 日本史研究會, 1995, 1~30쪽.

49 菊池勇夫, 「境界と民族」, 荒野泰典·石井正敏·村井章介編著, 『アジアのなかの日本史 Ⅳ 地域と民族』, 東京大學出版會, 1992, 59~60쪽.

정쟁이 빈번하게 발생했으며, 그 과정에서 패배한 자들은 정계에서 뜻을 이루지 못하고 죽임을 당하거나 도성을 떠나는 경우가 적지 않았다. 역병으로 인해 사회가 큰 혼란에 빠졌을 때, 그 원인을 찾아내 대책을 마련해야 했던 위정자들에게 정쟁에서 패배한 자들의 원한은, 역병이라는 難題를 해결할 수 있는 좋은 방책이었다. 【사료8】은 平安시대 위정자들의 그러한 모습을 보여준다.

> 【사료8】『日本三代實錄』권7 淸和천황 정관 5년(863) 5월 임오(20일)조
> 於神泉苑修御靈會, 勅遣左近衛中將從四位下藤原朝臣基經, 右近衛權中將從四位下兼行內藏頭藤原朝臣常行等, 監會事, 王公卿士赴集共觀, 靈座六前設施几筵, 盛陳花果, 恭敬薰修, 延律師慧達爲講師, 演說金光明經一部, 般若心經六卷, 命雅樂寮怜人作樂, 以帝近侍兒童及良家稚子爲舞人, 大唐高麗更出而舞, 雜伎散樂競盡其能, 此日宣旨, 開苑四門, 聽都邑人出入縱觀, 所謂御靈者, 崇道天皇, 伊子親王, 藤原夫人, 及觀察使, 橘逸勢, 文屋宮田麻呂等是也, 並坐事被誅, 寃魂成厲, 近代以來, 疫病繁發, 死亡甚衆, 天下以爲, 此災, 御靈之所生也, 始自京畿, 爰及外國, 每至夏天秋節, 修御靈會, 往々不斷, 或禮佛說經, 或歌且舞, 令童貫之子靚粧馳射, 膂力之士袒裼相撲, 騎射呈藝, 走馬爭勝, 倡優嫚戲, 遞相誇競, 聚而觀者莫不塡咽, 遐邇因循, 漸成風俗, 今玆春初咳逆成疫, 百姓多斃, 朝廷爲祈, 至是乃修此會, 以賽宿禱也.

淸和천황기인 정관 5년(863)에 죽은 자의 원혼을 달래기 위한 御靈會가 평안경 神泉苑에서 거행되었다. 〈그림 3·7〉[528~532쪽 참고] 어령회를 신천원에서 그것도 평안경 주민들이 지켜보는 앞에서 실시했다는 것은 대단히 이례적인 일이었다. 왜냐하면 어령회의 場으로 사용된 신

천원은 천황의 전유 공간인 禁苑으로서 주민들이 자유롭게 출입할 수 없는 곳이었기 때문이다. 그러한 신천원에서 어령회가 열린 이유는 정관 5년(863) 초봄에 유행한 咳逆의 원인으로 지목된 여섯 원령 즉, 崇道천황·伊予친왕·藤原부인·觀察使·橘逸勢·文屋宮田麻呂를 위로하여 역병을 퇴치하기 위해서였다.[50] 그런데 여기서 여섯 어령이 당시 조정에서 최고의 권세를 누렸던 藤原北家에 의해 배척된 사람들이라는 점은 대단히 흥미롭다.[51] 역병으로 인한 평안경 주민들의 동요를 막기 위해 조정과 藤原北家가 그 해결책으로 내놓은 것은, 다름 아닌 주민들이 보는 앞에서 여섯 원령을 달래고 위로하는 어령회를 연출하는 것이

---

50 고대 일본에서 재해의 원인에 대한 인식은 시대마다 달랐다. 즉, 奈良시대에는 중국의 天命災異사상에 따른 천황의 不德을, 平安시대에는 원령에 의한 崇를, 그리고 9세기 중엽 이후에는 천체의 운행에 의한 理運을 그 원인으로 보았다(山口えり, 「日本古代の 國家と災害認識」, 新川登龜男編著, 『日本古代史の方法と意義』, 東京, 勉誠出版, 2018, 549~553쪽). 山下克明, 「災害·怪異と天皇」, 網野善彦·樺山紘一等編集, 『岩波 講座 天皇と王權を考える』, 東京, 岩波書店, 2002, 185~188쪽.

51 早良친왕은 光仁천황의 둘째 아들로서 환무천황의 친동생이다. 연력 4년(785) 藤原種繼의 암살 사건에 연루되어 폐위되었다. 조양친왕은 무죄를 호소했으나, 유배지인 淡路로 이송되는 도중 아사하였다. 이 사건은 藤原씨가 권력을 장악하는 과정에서 발생한 일련의 사건으로 평가받는다. 伊予친왕은 환무천황의 셋째 아들로서 연력 25년(806) 10월 藤原宗成이 도모한 반역사건에 연루되어 체포되었다. 이때 모친인 藤原夫人(藤原吉子, 南家是公의 딸)도 함께 체포되어 川原寺(현재 弘福寺)에 유폐되었는데, 같은 해 11월 12일에 두 모자는 독을 마시고 생을 마감하였다. 두 사람의 죽음도 藤原諸家의 권력 싸움과 관련된 것으로 추정된다. 藤原種繼의 아들인 藤原仲成은 대동 4년(809) 平城천황이 동생인 嵯峨천황에게 양위하자, 권세를 잃을까봐 두려워하여 누이인 藥子와 함께 평성상황의 복위를 꾀하다가, 도중에 右兵衛府에 발각되어 사살되었다(藥子의 변). 橘逸勢는 承和의 난(842)을 주도한 수모자로 지목되어 伊豆로 유배 가던 중에 遠江국(현재 靜岡縣) 板築역에서 사망하였다. 文屋宮田麻呂는 承和 10년(843) 종자인 陽侯氏雄의 밀고로 체포되어 伊豆로 유배되었다. 문옥궁전마려가 체포되어 추궁당한 정확한 이유는 알 수 없으나, 藤原北家가 瀨戶內海에서 세력을 확장해 가던 중에 문옥궁전마려가 걸림돌로 작용했을 가능성이 있다.

었던 것이다.[52]

여기서 역병의 원인을 정쟁에서 패배한 자의 원령에서 찾으려는 행위와 이국에서 건너온 사신에게서 찾으려는 행위가 언뜻 보기에 서로 무관하게 보일지도 모른다. 그러나 반드시 그렇게 볼 수만은 없는 것 같다. 왜냐하면 정쟁에서 패배한 자는 처형이 되는 경우를 제외하면 대부분 淡路(현재 兵庫縣), 伊豆(현재 靜岡縣)와 같이 평안경에서 멀리 떨어진 곳으로 유배되었는데,[53] 당시 사람들은 기내 밖에서 죽은 사람들의 원령이 역병을 일으켜 평안경을 공격해 온다고 믿었을 가능성이 있기 때문이다.

5. 맺음말

지금까지 살펴본 내용을 공간이라는 관점에서 정리하면 다음과 같다. 고대 일본에서 천황의 거주공간이자 통치의 場인 平安宮은 평안궁의 네 모퉁이 → 평안경의 네 모퉁이 → 산성국의 경계 → 기내의 경계 → 일본 영역의 경계라는 五重의 제사 網을 통해 보호된 특별한 공간이

---

52 宮崎浩, 「貞觀五年御靈會の政治史的考察」, 『史學硏究』198, 広島史学研究会, 1992.
53 奈良시대에 遠配로 지정된 곳은 伊豆·安房·常陸·佐渡·隱岐·土左國으로, 平安시대도 이와 동일하다(『續日本紀』권9 신귀 원년(724) 3월 경신(1일)조 "定諸流配遠近之程, 伊豆·安房·常陸·佐渡·隱岐·土左六國爲遠, 諏方·伊像爲中, 越前·安藝爲近.", 『延喜式』권29 刑部省 遠近條 "凡流移人者, 省定配所申官, 具錄犯狀下符所在并配所〈良人請內印, 賤隷請外印.〉, 其路程者, 從京爲計, 伊豆〈去京七百七十里〉, 安房〈一千一百九十里〉, 常陸〈一千五百七十五里〉, 佐渡〈一千三百卅五里〉, 隱岐〈九百一十里〉, 土佐等國〈一千二百卅五里〉爲遠流, 信濃〈五百六十里〉, 伊豫等國〈五百六十里〉, 爲中流, 越前〈三百一十五里〉, 安藝等國〈四百九十里〉爲近流."

었다. 이 중에서 정기적으로 제사를 지내고 일본 영역의 경계로 인식했던 陸奥(동)·遠値嘉(서)·土佐(남)·佐渡(북) 밖으로 역귀를 쫓아내려고 했다는 것은, 당시 조정에서 바깥쪽에 위치한 경계지역을 중요하게 생각했다는 것을 의미한다. 그리고 정기적인 제사가 효과를 보지 못하고 일본 열도에 역병이 유행할 징조가 보이거나 창궐했을 경우에는 역병이 평안궁에 퍼지는 것을 막기 위해 주요 간선 도로에서 역신·역귀를 제사 지냈다. 이때 신기관과 음양료의 관인들뿐만 아니라 무관들의 주술적인 능력이 역병을 퇴치해 줄 것으로 기대되었다.

고대 일본에서 역병이 이국을 통해 들어왔다는 발상은 平安시대뿐만 아니라 奈良시대에도 존재했을 가능성이 있다. 그러나 9세기 후반 신라해적이 博多津을 침입하여 공물을 약탈해 도주한 사건이 발생한 이후부터 이국을 구분하는 의식은 분명히 변화되었다. 고대 동아시아를 바라보는 국제인식은 점차 폐쇄적인 경향을 띠게 되었고, 경계 밖에 있는 세계 그리고 그곳에서 건너온 존재를 不淨한 것으로 생각하는 부정적인 가치가 더해졌다. 그 결과 내부 세계는 청정한 일본 즉, 신국으로 자리매김되었다. 이러한 관점에서 볼 때 역귀를 일본의 영역 밖으로 몰아내고자 했던 행위는 이국과 대비되는 일본 영역의 존귀성을 둘러싼 의식이 정기적으로 재생산되는 기능을 수행한 셈이며, 그 중심에 있는 평안궁의 존귀성은 상대적으로 고양되었다.

이상의 내용을 통해 드러난 사실은 역신제사를 통해 평안궁에 거주하는 천황이 엄중하게 보호되었다는 사실이다. 물론 역병을 일으킨 원인에 대한 인식만 가지고 본다면 奈良시대에도 역병으로부터 도성을 보호하려는 조치가 단행되었다. 그러나 국가의 영역이라는 관점에서 보면 그 형태가 명확하게 갖추어진 것은 역시 平安시대로 보는 것이 타당할 것이다. 또한 천황을 보호하기 위해 중층의 역신제사를 실시한 것은 平安시대에 왕권을 강화하는 데 가시적인 효과를 중요시했기 때문이다. 그리고 그러한 효과는 신천원에서 열린 어령회를 통해서도 드러났다. 신천원은 환무천황기에는 천황의 專有 공간으로서 遊覽·연회場으로 사용되었고, 平城·嵯峨천황기에는 7월 7일 절회·9월 9일 重陽과 같은 연중행사의 場으로 사용되었다.[54] 이러한 신천원을 개방하여 평안경 주민들이 보는 앞에서 어령회를 거행했다는 것은, 조정은 물론 평안경 주민들을 불안에 떨게 했던 역병이라는 難題를 해결하기 위해 위정자들의 고심이 그만큼 컸다는 것을 방증한다. 당시 위정자들은 천황이 역병을 퇴치하기 위해 적극적으로 행동에 나서고 있다는 사실을 평안경 주민들에게 보여줌으로써, 천황이 그들의 기대에 부응할 수 있는 존재라는 사실을 알리고 싶었던 것이다. 신천원은 이러한 위정자들의 의도를 관철시킬 수 있는 최적의 장소였으며, 정관 5년(863)에 이어 정관 7년(865)에 어령회가 신천원에서 열린 것도,[55] 이러한 이유가 반영된 결과일 것이다.

---

54 김은정, 앞의 논문, 2014, 145~150쪽; 太田靜六, 「神泉苑の研究」, 『寢殿造の研究』(新裝版), 東京, 吉川弘文館, 2010.

55 『日本三代實錄』권10 정관 7년(865) 5월 계사(13일)조 "延僧四口於神泉苑, 讀般若心經, 又僧六口, 七條大路衢, 分配朱雀道東西, 朝夕二時讀般若心經, 夜令佐比寺僧惠照, 修疫神祭以防災疫, 預付左右京職, 令東西九箇條男女人別輸一錢, 以充僧布施供養, 欲令京邑人民賴功德免天行也, 右京職言, 右京人伴健岑, 承和九年七月卄八日謀反, 配流隱岐國, 而彼國稱健岑會赦放免入京, 勅, 宜殊從寬宥遷配出雲國, 差充防援逓送前所."

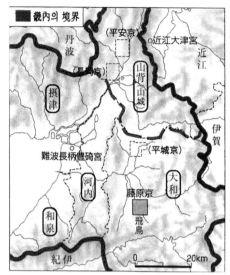

〈그림 1〉 畿内의 경계
(『ビジュアルワイド 圖說日本史』, 2012)에서 轉載한 후 고침

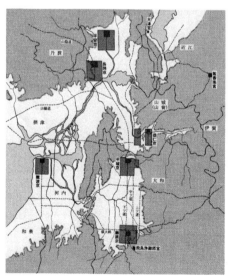

〈그림 2〉 고대 都城 위치도
(『日中古代都城圖錄』, 2002)에서 轉載

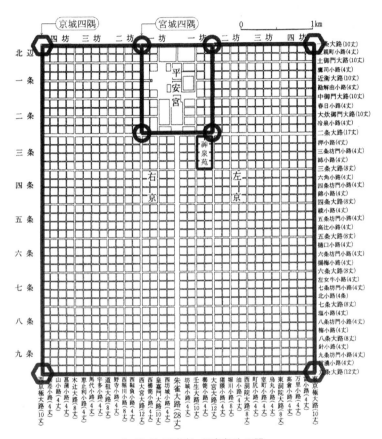

〈그림 3〉平安宮·平安京의 四隅

(『日中古代都城圖錄』, 2002)에서 轉載한 후 고침

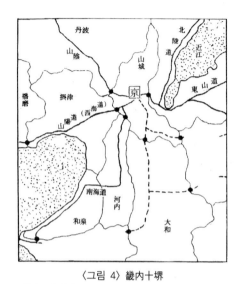

〈그림 4〉 畿內十堺

（●은 경계점, ━은 基幹 교통로, ---은 支路）

（前田春人,「古代國家の境界祭祀とその地域性(上)」, 1967)에서 轉載

〈그림 5〉 裏松固禪考證 平安宮域 복원도

（『日中古代都城圖錄』, 2002)에서 轉載

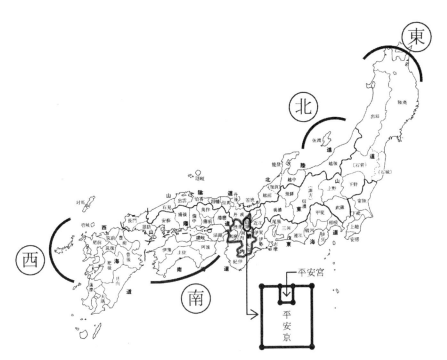

〈그림 6〉『延喜式』儺祭에 보이는 平安시대 일본 영역의 범위
(『續日本紀 一』(新日本古典文學大系12), 1989)에서 轉載한 후 고침

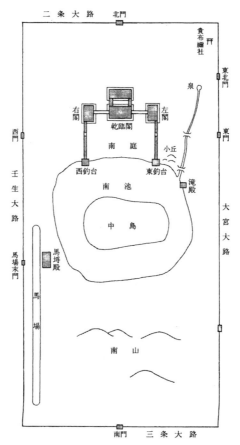

〈그림 7〉神泉苑 복원도
(嵯峨천황의 弘仁頃)
(太田靜六,『寢殿造の研究』, 2011)에서 轉載

참고문헌

1. 사료
『古事談』.
『內裏式』.
『令集解』.
『續日本紀』.
『延喜式』.
『令義解』.
『儀式』.
『日本三代實錄』.
『日本書紀』.
『朝野群載』.

2. 연구서
藤岡謙二郎編, 『古代日本の交通路Ⅰ』, 東京, 大明堂, 1978.
木村茂光, 『「國風文化」の時代』, 東京, 靑木書店, 1997.
保立道久, 『黃金國家 東アジアと平安日本』, 東京, 靑木書店, 2004.
原勝郎, 『日本中世史』(講談社學術文庫 256), 東京, 講談社, 1978.
前田春人, 『日本古代の道と衢』, 東京, 吉川弘文館, 1996.
中村義雄, 『王朝の風俗と文學』, 東京, 塙書房, 1962.

3. 연구논문
ブルース・バートン, 「「境界」とは何か-理論的考察の試み」, 村井章介・佐藤信・吉田
　　　伸之 編著, 『境界の日本史』, 東京, 山川出版社, 1997.
關口靖之, 「古代畿內東限の疫神祭祀地と主要交通路-山城と伊賀, 大和と伊賀國境
　　　の事例」, 『地理學報』 24, 大阪敎育大學地理學敎室, 1986.
關口靖之, 「疫神祭祀地と主要交通路-『延喜式』にみる畿內十界の檢討-」, 『地理學
　　　報』 28, 大阪敎育大學地理學敎室, 1992.
廣瀨和雄・山中章・吉川眞司, 「總說」, 廣瀨和雄・山中章・吉川眞司編著, 『(講座 畿
　　　內の古代學 第Ⅰ卷) 畿內制』, 東京, 雄山閣, 2018.

菊池勇夫,「境界と民族」, 荒野泰典·石井正敏·村井章介 編著,『アジアのなかの日本史Ⅳ 地域と民族』, 東京大學出版會, 1992.

宮崎浩,「貞觀五年御靈會の政治史的考察」,『史學研究』198, 廣島史學研究會, 1992.

吉川眞司,「律令體制の展開と列島社會」,『列島の古代史8 古代史の流れ』, 東京, 岩波書店, 2006.

吉川聰,「畿内と古代國家」,『史林』, 史學研究會, 1996.

_____,「文獻史學からみた畿内」,『古代學研究』211, 古代學研究會, 2017.

김은정,「고대 일본의 殯의례와 왕권」,『日本歷史研究』47, 일본사학회, 2018.

_____,「平城宮 庭園의 使用形態와 그 特徵」,『백제연구』57, 충남대학교백제연구소, 2013.

_____,「平安京 神泉苑의 造營 目的과 特徵」,『백제연구』59, 충남대학교백제연구소, 2014.

大日方克己,「古代における國家と境界」,『歷史學研究』613, 歷史學研究會, 靑木書店, 1990.

保立道久,「平安時代の國際意識」, 村井章介·佐藤信·吉田伸之 編著,『境界の日本史』, 東京, 山川出版社, 1997.

服藤早苗,「山陵祭祀より見た家の成立過程−天皇家の成立をめぐって−」,『家成立史の研究』, 東京, 校倉書房, 1991.

_____,「産養と王權−誕生儀禮と皇位繼承」,『平安王朝の子どもたち 王權と家·童』, 東京, 吉川弘文館, 2004.

山口えり,「日本古代の國家と災害認識」, 新川登龜男編著,『日本古代史の方法と意義』, 東京, 勉誠出版, 2018.

山崎雅稔,「貞觀十一年新羅海賊來寇事件の諸相」,『國學院大學大學院紀要 文學研究科』32, 國學院大學大學院, 2001.

山中裕,「平安朝の年中行事の特質と意義−正月四方拜より十二月追儺まで−」,『平安朝の年中行事』, 東京, 塙書房, 1972.

山下克明,「災害·怪異と天皇」, 網野善彦·樺山紘一等編集,『岩波講座 天皇と王權を考える』, 東京, 岩波書店, 2002.

西宮秀紀,「『延喜式』に見える祭料に關する一考察」,『延喜式研究』19, 延喜式研究會, 2002.

石上英一,「古代國家と對外關係」, 歷史學研究會·日本史研究會編,『講座日本史

古代2』, 東京, 東京大學出版會, 1984.

舩井まどか, 「道饗祭の成立過程とその意義に關する一考察」, 『神道研究集錄』第26輯, 國學院大學大學院 文學研究科神道學専攻, 2012.

櫻井光堂, 「日本古代における統治權の表示と國境の劃定」, 『駒澤大學 法學論集』6, 駒澤大學法學部法學論集刊行會, 1969.

熊谷公男·白石太一郎 저, 「古代史の舞臺 畿內とその近國」, 上原眞人·吉川眞司等編集, 『列島の古代史 ひと·もの·こと1』, 東京, 岩波書店, 2006.

有富純也, 「疫病と古代國家-國分寺の展開過程を中心に」, 『歴史論評』728, 歴史科學協議會, 校倉書房, 2010.

宍戸香美, 「鎭火祭·道饗祭にみる都城の境界」, 『寧樂史苑』52, 奈良女子大學史學會, 2007.

應地利明, 「認識空間としての「日本」」, 網野善彦·樺山紘一·宮田登等編, 『岩波講座 天皇と王權を考える八 コスモロジーと身體』, 東京, 岩波書店, 2002.

伊藤循, 「終章 古代天皇制と邊境」, 『古代天皇制と邊境』, 東京, 同成社, 2016.

二村友佳子, 「古代の出産儀禮に關する一考察-平安時代の皇族の出産儀禮を中心に」, 『歴史研究』42, 愛知學芸大學歴史學会, 1996.

前田春人, 「古代國家の境界祭祀とその地域性(上)·(下)」, 『續日本紀研究』215·216, 大阪歴史學會古代史部會內, 1967.

佐藤健治, 「攝關家行事の成立-葬送と追善佛事を中心に-」, 『中世權門の成立と家政』, 東京, 吉川弘文館, 2000.

中林隆之, 「古代における國境編成」, 『歴史論評』586(特集 古代國家の自他認識), 歴史科學協議會, 校倉書房, 1999.

中村英重, 「畿內制と境界祭祀」, 『史流』24, 北海道教育大學史學會, 1983.

曾我部靜雄, 「日中の畿內制度」, 『律令を中心とした日中關係史の研究』, 東京, 吉川弘文館, 1968.

村上史郎, 「九世紀における日本律令國家の對外意識と對外交通 新羅人來航者への對應をめぐって」, 『史學』69-1, 慶應義塾大學文學部內三田史學會, 1999.

村井章介, 「王土王民思想と九世紀の轉換」, 『思想』847, 東京, 岩波書店, 1995.

鷲見等曜, 「平安時代末期貴族の『家』」, 『岐阜經濟大學論集』18-3·4號, 岐阜經濟大學學會, 1984.

太田静六, 「神泉苑の研究」, 『寝殿造の研究』(新装版), 東京, 吉川弘文館, 2010.

片岡耕平,「「神國」の形成」, 永井隆之・片岡耕平・渡邉俊編,『日本中世のNATION-統合の契機とその構造』, 岩田書院, 2007.

平間充子,「平安時代の出産儀禮に關する一考察」,『お茶の水史學』34, お茶の水女子大學 比較歷史學講座讀史會, 1990.

和田萃,「夕占と道饗祭」,『日本古代の儀禮と祭祀・信仰』中, 東京, 塙書房, 1995.

4. 도록

奈良文化財研究所,『創立50周年記念 日中古代都城圖錄 奈良文化財研究所史料第57册』, 奈良, 奈良文化財研究所, 2002.

東京書籍編集部,『ビジュアルワイド 圖說日本史』, 東京, 東京書籍出版社, 2012.

5. 사전

古代交通研究會編著,『日本古代道路事典』, 東京, 八木書店, 2004.

阿部猛・義江明子・相曾貴志編,『平安時代儀式年中行事事典』, 東京, 東京堂出版, 2003.

초출알림

고도(古都)와 문화적 상상력 [안영훈]
동아시아고대학회 제70회 정기학술대회 발표문, 2018.07.

경주의 海港都市的인 성격에 대한 검토 [윤명철]
『동아시아고대학』 제20집, 2009.12.

신라 고도 경주의 지역 축제 스토리텔링 전략 연구 [이채영]
『동아시아고대학』 제56집, 2019.12.

林椿 漢詩에 나타난 都城 心象과 意識 일고찰 [劉志峰]
『동아시아고대학』 제46집, 2017.06.

중암 강이천의 문학관과 〈漢京詞〉 [주지영]
『동아시아고대학』 제43집, 2016.09.

서울 한강변 마을신앙의 전승 양상 [홍태한]
동아시아고대학회 제65회 정기학술대회 발표문, 2017.04.

中原의 등장과 변천 [홍성화]
『동아시아고대학』 제55집, 2019.09.

中原의 古都와 天下의 지속가능한 세계관 [김연재]
동아시아고대학회 제70회 정기학술대회 발표문, 2018.07.

고대 중국에서의 聖人南面과 남면하는 그 시선 [지현주]
『동아시아고대학』 제44집, 2016.12.

漢代 길상명문 와당과 길상문양과의 상관성 연구 [허선영]
『동아시아고대학』 제22집, 2010.08.

魏晉時代 河西地域 1磚1畵 표현법의 회화 발전사적 의미성 연구 [김병모]
『미술문화연구』 제18집, 2020.12.

고대 일본에 있어서 遷宮과 遷京의 의미 [송완범]
『동아시아고대학』 제31집, 2013.08.

히토마로[人麻呂] 「아스카[明日香] 강」 노래와
古都奈良의 문화사적 의미 고찰 [고용환]
『동아시아고대학』 제47집, 2017.09.

万葉集에 나타난 도시문화 연구 [이상준]
『동아시아고대학』 제30집, 2013.04.

헤이안[平安] 시대 일본의 都城과 疫神제사 [김은정]
『동아시아고대학』 제52집, 2018.12.

집필진 소개 (게재 순)

안영훈 경희대학교 국어국문학과

윤명철 동국대학교, 우즈베키스탄 국립사마르칸트대학교

이채영 동국대학교 경주캠퍼스 파라미타칼리지

劉志峰 中國 西安外國語大學校 亞非學院 韓國語學科

주지영 경희대학교 후마니타스칼리지

홍태한 전북대학교 무형유산정보연구소

홍성화 건국대학교 글로컬캠퍼스 교양대학

김연재 공주대학교 동양학과

지현주 경성대학교 인문과학연구소

허선영 안산대학교 호텔관광학과

김병모 동국대학교 문화학술원

송완범 고려대학교 글로벌일본연구원

고용환 경남정보대학교 일본어과

이상준 인천대학교 교육대학원

김은정 충남대학교 사학과

동아시아고대학회 학술총서 14

동아시아의 고도와 문화

2021년 4월 30일 초판 1쇄 펴냄

편 자 동아시아고대학회
발행인 김흥국
발행처 보고사

등록 1990년 12월 13일 제6-0429호
주소 경기도 파주시 회동길 337-15 보고사
전화 031-955-9797(대표)
    02-922-5120~1(편집), 02-922-2246(영업)
팩스 02-922-6990
메일 kanapub3@naver.com / bogosabooks@naver.com
http://www.bogosabooks.co.kr

ISBN 979-11-6587-182-6 94300
    979-11-6587-180-2 94080 (세트)
ⓒ 동아시아고대학회, 2021

정가 28,000원